Ewald Röder
Der Deutsch-Österreichische
Vermögensvertrag von 1957

BWSG

Beiträge zur
Wirtschafts- und Sozialgeschichte

Nr. 106

Herausgegeben von
Jürgen Schneider,
Markus A. Denzel,
Rainer Gömmel,
Margarete Wagner-Braun

Redaktion:
Hans-Jürgen Gerhard
Jürgen Nautz

Ewald Röder

Der Deutsch-Österreichische Vermögensvertrag von 1957

Franz Steiner Verlag Stuttgart 2006

Anschrift der Schriftleitung der Beiträge zur
Wirtschafts- und Sozialgeschichte

Prof. Dr. Markus A. Denzel
Historisches Seminar
Universität Leipzig
Postfach 100920
D-04009 Leipzig

http://www.uni-leipzig.de/~gesowi

Als Dissertationsschrift 2005 unter dem Titel „Deutsch-österreichischer Vermögens- und Interessenausgleich nach dem Vermögensvertrag vom 15. Juni 1957. Die Schiedsgremien des Deutsch-österreichischen Vermögensvertrages" vorgelegt zur Erlangung des Dr. phil. an der Kulturwissenschaftlichen Fakultät der Universität Wien

Meinen Eltern und meiner Frau Margit gewidmet

Bibliografische Information der Deutschen Bibliothek
Die Deutsche Bibliothek verzeichnet diese Publikation in der Deutschen Nationalbibliografie; detaillierte bibliografische Daten sind im Internet über <http://dnb.ddb.de> abrufbar.

ISBN-10: 3-515-08936-5
ISBN-13: 978-3-515-08936-4

ISO 9706

Druck: DIFO-Druck GmbH, Bamberg.
Printed in Germany

INHALTSVERZEICHNIS

TABELLENVERZEICHNIS

ABBILDUNGSVERZEICHNIS

I. EINLEITUNG

1. GEGENSTAND DER UNTERSUCHUNG

Schwierigkeiten mit der Behandlung von Vermögen nach einem Krieg, nach dem Ende einer Besatzung und der Aufteilung eines Staates waren eine völkerrechtlich, politisch und ökonomisch viel diskutierte Materie.[1] Gerade auch in Deutschland, das nach zwei verlorenen Kriegen von seiner Bevölkerung und der Wirtschaft an seine Fürsorgepflicht für das deutsche Vermögen im Ausland erinnert wurde.[2] Im Deutsch-Österreichischen Verhältnis spielte diese Problematik eine besondere Rolle und sorgte für sehr große Aufregung und tiefgehende Irritationen.

Am 15. Juni 1957 unterzeichneten die Delegationen der Bundesrepublik Deutschland und der Republik Österreich den „Vertrag zwischen der Republik Österreich und der Bundesrepublik Deutschland zur Regelung vermögensrechtlicher Beziehungen". Dem waren langwierige und schwierige Verhandlungen vorausgegangen. Ursache des beschwerlichen Weges zum Vertragsabschluß waren nicht nur die Kompliziertheit und Vielschichtigkeit der zu regelnden Tatbestände, sondern auch politische Probleme, welche von außenpolitischen Einschränkungen bis hin zu Wechselwirkungen mit jeweils nationalen ordnungs- und sozialpolitischen Konzepten reichten. Außenpolitisch wirkte das Kräftegefüge der Alliierten, z. B. hatte Österreich bis nach dem Staatsvertrag sowjetische Truppen im Land hinzunehmen.

Innenpolitisch stellte sich sowohl in der Bundesrepublik Deutschland als auch in der Republik Österreich die Frage nach der ordnungspolitischen Ausrichtung: In beiden Ländern gab es eine Mehrheit für die Etablierung eines privatwirtschaftlichen Ordnungskonzepts, was auch das Bekenntnis zum Privateigentum implizierte. In diesem Kontext hatte – vor allem angesichts der umfangreichen Verstaatlichungen in Österreich – die Behandlung des sogenannten Deutschen Eigentums eine durchaus zentrale Bedeutung. Die österreichische Regierung befand sich hier in einem Interessenkonflikt:

- Es waren außenpolitische Rücksichten zu nehmen, vor allem auf die Sowjetunion.
- Es ergaben sich innenpolitische Notwendigkeiten, wollte man eine stabile österreichische Gesellschaft und einen selbstbewußten demokrati-

---

1 Siehe exemplarisch: Werner VEITH / Karl-Heinz BÖCKSTIEGEL, Der Schutz von ausländischem Vermögen im Völkerrecht. Mit einem Vorwort von Hermann J. ABS, Baden-Baden 1962.

2 Michael L. HUGHES, Shouldering the Burdens of Defeat. West Germany and the Reconstruction of Social Justice, Chapel Hill – London 1999.

schen Staat aufbauen. Die Bürgerkriegskatastrophe, der Ständestaat und die anschließende Besetzung des Landes durch Nazi-Deutschland waren noch zu verkraften.

- Wenn Österreich sich in den Westen integrieren wollte – und das wollte zumindest die überwiegende Mehrheit der politischen und gesellschaftlichen Eliten – konnten die Verstaatlichungen nicht das letzte Wort sein. Österreich mußte demonstrieren, daß es den Primat des Privateigentums und der Property Rights, der privaten Verfügungsrechte über Eigentum, hochhalten wollte.

Zusätzlich wirkten zwischen Österreich und Deutschland Spannungen, die sich nicht nur aus der jüngsten Vergangenheit ergeben hatten und die bis heute immer wieder neue Konjunkturen haben: Hier handelt es sich um mentale Differenzen, die wohl auch wegen der gemeinsamen Sprache weit über den üblichen Rahmen der Probleme zwischen einem Kleinstaat und seinem großen Nachbarn hinausgehen. Die Wirkung solcher Einflüsse auf die Politik sollte nicht unterschätzt werden. Andererseits ist über diese Komponenten des Deutsch-Österreichischen Verhältnisses schon so viel geschrieben worden,[3] daß sich diese Arbeit auf die diplomatischen, ökonomischen und politischen Einflußgrößen beschränken kann.

Wie wichtig das Vertragswerk und dessen Abwicklung genommen wurde, mag man daraus erschießen, daß es erstens bis 1958 dauerte, bis der Vertrag ratifiziert war und in Kraft treten konnte und zweitens, das Vertragswerk ein sehr detailliertes und komplexes System der Regelung vermögensrechtlicher Fragen und der Streitbeilegung enthält. Dies ist jener Bereich, dem sich diese Studie in ihrem Schwerpunkt zuwendet.

Das Verhältnis zwischen Österreich und der Bundesrepublik war durch die Enteignung und teilweise Verstaatlichung des Eigentums deutscher natürlicher und juristischer Personen sehr schwer belastet worden. Der Streit über Vermögensfragen, aber auch über Versorgungsleistungen aus dem deutschen Lastenausgleich, trübte in den fünfziger Jahren das Verhältnis zwischen beiden Staaten. Der Deutsch-Österreichische Vermögensvertrag war ein wichtiger Schritt auf dem Weg zur Verbesserung der Deutsch-Österreichischen Beziehungen, ja er war schon das Ergebnis einer Wiederannäherung. Ein zweiter Meilenstein war das Kreuznacher Abkommen aus dem Jahr 1961, ein Finanz- und Ausgleichsvertrag, der die Problematik der Sozialversicherungen regelte.

---

3 Vgl. hierzu mit weiterführenden Literaturhinweisen: Heidemarie UHL, Zwischen Versöhnung und Verstörung. Eine Kontroverse um Österreichs historische Identität fünfzig Jahre nach dem „Anschluß", Wien – Köln – Weimar 1992; Matthias PAPE, Ungleiche Brüder. Österreich und Deutschland 1945–1965, Köln – Weimar – Wien 2000; Michael EBERT, Bonn – Wien. Die Deutsch-Österreichischen Beziehungen von 1945 bis 1961 aus westdeutscher Perspektive unter besonderer Berücksichtigung der Österreichpolitik des Auswärtigen Amtes, Berlin 2003.

Bei der Betrachtung der Spannungen zwischen Westdeutschland und der Republik Österreich in der Vermögensfrage dürfen die westdeutsch-amerikanischen Beziehungen nicht außer acht gelassen werden: Auch die Problematik der beschlagnahmten deutschen Vermögen in den Vereinigten Staaten harrte in jenen Jahren einer Lösung. Trotz der immer enger werdenden politischen und militärischen Zusammenarbeit, beharrte die amerikanische Seite zur Begleichung der Kriegskosten auf der Kassierung deutscher Vermögenswerte in den USA. Hinzu kam, daß Teile der amerikanischen Wirtschaft gegen eine Rückgabe des deutschen Industrievermögens intervenierten. Sie wollten deutsche Großunternehmen, vor allem der chemischen Industrie, dauerhaft vom amerikanischen Markt fernhalten. Washington war nur zu einer Teilfreigabe der deutschen Vermögen bereit. „Im Februar/März 1955 boten die USA bei Besprechungen, die Hermann Josef Abs in Washington für die Bundesregierung führte, eine Rückgabe der Vermögen bis zu 10.000 Dollar an natürliche – nichtjuristische- Personen an. Damit sollte den vielen kleinen Privateigentümern geholfen werden, während die Industrievermögen verlorengegangen wären. Doch scheiterte nach 1960 auch diese Regelung.“[4]

Mit dem Deutsch-Österreichischen Vermögensvertrag wurde die Übertragung des laut Staatsvertrag an Österreich gefallene sogenannte Kleine Deutsche Eigentum bis zu einer Wertgrenze von 260.000 österreichischen Schillingen an die deutschen Eigentümer sowie die Geltendmachung von Forderungen privater österreichischer Staatsangehöriger gegenüber privaten deutschen Schuldnern geregelt: Vermögenschaften, Rechte und Interessen in Österreich, die am 8. Mai 1945 Eigentum eines deutschen Staatsbürgers (natürliche Person deutscher Staatsangehörigkeit) waren und die durch die Bestimmungen des Artikels 22 des Staatsvertrages auf die Republik Österreich übertragen wurden, waren Gegenstand des Vermögensvertrages.[5]

Eine genaue Definition des Begriffes „Deutsches Eigentum“ fand zunächst nicht statt. Erst im Ersten Staatsvertragsdurchführungsgesetz vom Sommer 1956, etwa ein Jahr nach Inkrafttreten des Staatsvertrages, findet sich eine genaue Definition in den Paragraphen 1 bis 3: Als Deutsches Eigentum sind solche Vermögenswerte anzusehen, die 1) einer deutschen natürlichen Person gehörten, die am 8. Mai 1945 die deutsche Staatsbürgerschaft besessen hatte, 2) Vermögenswerte einer deutschen juristischen Person, die am 8. Mai 1945 ihren Sitz im Gebiet des Deutschen Reiches nach dem Stand vom 31. Dezember 1937 hatte und 3) Vermögenswerte, die am

4 PAPE, Ungleiche Brüder, S. 141 mwN.

5 Monsterbetrug und Intrigen um das „Deutsche Eigentum“ in: Die Union, Wien, 12. November 1955.

8. Mai 1945 dem Deutschen Reich oder einer seiner Einrichtungen gehört hatten.[6]

Daß die Einigung auf die Durchführungsprinzipen so lange gedauert hatte, lag nicht nur an der Kompliziertheit der Materie, sondern auch daran, daß hier ein ganz zentraler Punkt von Gesellschafts-, Rechts- und Wirtschaftspolitik berührt wurde: die Frage, ob sich Österreich in Richtung Privatwirtschaft oder doch stärker in Richtung einer Staatswirtschaft bewegen sollte. Auf die Beantwortung dieser Frage sollten auch die Ergebnisse der Nationalratswahl im Mai 1956 einen Hinweis geben.[7] Das Durchführungsgesetz eröffnete die Möglichkeit, das „Deutsche Eigentum" wieder in privatwirtschaftliche Regie zurückzuführen, kurz es zu verkaufen; ein durchaus heikles Unterfangen, das auch von der deutschen Politik und der deutschen Wirtschaft sorgfältig beobachtet wurde.[8]

Der rechtliche Ausgangspunkt für den Deutsch-Österreichischen Vermögensvertrag waren die Artikel 22 und 23 des „Staatsvertrages betreffend die Wiederherstellung eines unabhängigen und demokratischen Österreich" vom 15. Mai 1955. Artikel 22 übertrug das deutsche Vermögen von den Besatzungsmächten auf Österreich. In Artikel 23 wurde von der Republik Österreich im eigenen Namen und im Namen ihrer Staatsangehörigen ein Verzicht auf alle zwischen dem 13. März 1938 und dem 8. Mai 1945 begründeten Forderungen gegen Deutschland und gegen deutsche Staatsangehörige ausgesprochen. Der Abschluß des österreichischen Staatsvertrages führte in Deutschland zu heftigen Reaktionen. Die Deutsch-Österreichische Verstimmung konnte erst durch den Besuch des bundesdeutschen Außenministers Brentano in Wien (November 1955) gemildert und später beigelegt werden. Bei diesem Besuch wurde der Einsatz einer Gemischten Kommission von Experten beschlossen, um die Fragen hinsichtlich des sogenannten Kleinen Vermögens im Rahmen der Bestimmungen des Staatsvertrages zu regeln. Bei dem Kleinen Vermögen handelte es sich um das ehemalige Vermögen natürlicher Personen bis zu einem Wert von 260.000 österreichischen Schillingen.

Die vorliegende Studie ist im Rahmen des von Univ.-Doz. Dr. Jürgen Nautz geleiteten Forschungsvorhabens „*Property rights* als Problem der

---

6 Wilhelm BUKOVICS, Das Deutsche Eigentum in Österreich und seine rechtliche Behandlung auf Grund des Ersten Staatsvertragsdurchführungsgesetztes, Wien 1956, S. 14.

7 Gegenüber 1953 gewann die ÖVP 8 Sitze hinzu, die SPÖ hingegen nur 1, die KPÖ verlor einen Sitz und der VdU 8 Sitze im Nationalrat, demnach ergab sich folgende Sitzverteilung: ÖVP 82, SPÖ 74, KPÖ 3, VdU 6. Siehe: Manfried RAUCHENSTEINER, Die Zwei. Die Große Koalition in Österreich 1945/46, Wien 1987; Christian HAERPFER, Wahlverhalten, in: Herbert DACHS u. a. (Hg.), Handbuch des politischen Systems Österreichs, Wien 1991, S. 475-497.

8 Hinweise hierzu in den nachfolgenden Kapiteln.

österreichischen Ordnungs- und Außenpolitik: Der Deutsch-Österreichische Vermögensvertrag 1957. Entstehung, Durchführung und Wirkung" entstanden. Die Entstehungsgeschichte des Deutsch-Österreichischen Vermögensvertrages wird von Frau Dipl. Oec. Manuela Hoffmann bearbeitet. Univ.-Doz. Dr. Jürgen Nautz befaßt sich selbst vor allem mit den aus der Behandlung des deutschen Eigentums in Österreich erwachsenen ordnungspolitischen Problemlagen. Hier gibt es eine Verknüpfung zu einem an der Dr.-Wilfried-Haslauer-Bibliothek angesiedelten Projekt zur Geschichte der Ordnungspolitik in Österreich seit 1945 (Bearbeitet von Christian Dirninger, Jürgen Nautz, Engelbert Theurl und Theresia Theurl). Ein weiterer Zusammenhang ergibt sich zu der in Deutschland neu aufgelebten Diskussion über den Lastenausgleich, wo auch die Problematik der *property rights* einen zentralen Platz einnimmt.[9]

2. STAND DER FORSCHUNG

Es hat sich eine umfangreiche Forschung zu Staatsvertrag und Verstaatlichung in Österreich mit bemerkenswertem Output entwickelt. In diesem Zusammenhang taucht auch die Problematik des „Deutschen Eigentums" auf, jedoch sind Arbeiten, die sich explizit mit der Bewältigung der Schwierigkeiten, die sich aus der Eigentumsfrage ergaben, nicht vorhanden. Lediglich Matthias Pape widmet der Entstehung des Deutsch-Österreichischen Vermögensvertrags und dem Streit um das Deutsche Eigentum einige – sehr informative – Seiten innerhalb seiner Studie „Ungleiche Brüder". Pape konzentriert sich in seiner Monographie auf die Entwicklung der Beziehungen zwischen beiden Staaten speziell, indem er versucht diplomatische, ökonomische und kulturelle Entwicklungen zu kombinieren.

Dieser Befund kann nicht verwundern, denn die Deutsch-Österreichischen Beziehungen sind bislang vor allem, als Fußnote der Außenpolitik behandelt worden. Hatte Pape die österreichische Sicht und Politik in den Mittelpunkt gestellt, hat Michael Ebert in seiner 2003 erschienen Dissertation „Bonn – Wien. Die Deutsch-Österreichischen Beziehungen von 1945 bis 1961" vor allem aus westdeutscher Perspektive argumentiert und dabei die Politik des Auswärtigen Amtes behandelt. Ebert widmet sich etwas ausführlicher der Entstehung des Vermögensvertrages und des Kreuznacher Abkommens, befaßt sich aber auch nicht mit der Durchführung der Verträge.

9 Vgl. hierzu: Paul ERKER (Hg.), Rechnung für Hitlers Krieg – Aspekte und Probleme des Lastenausgleichs, Heidelberg u.a. 2004; HUGHES, Shouldering the Burdens of Defeat.

Besondere Behandlung haben – aus gegebenem Anlaß – allein jene Fragen genossen, die im Kontext mit der Enteignung oder Übervorteilung jüdischer Rechtsträger entstanden sind. Umfangreiche Arbeiten sind in jüngster Zeit im Zusammenhang mit der Tätigkeit der Historikerkommission der Republik Österreich entstanden.[10] Diese haben sich mit Restitutionsfragen jüdischen Eigentums befaßt, aber das Thema „Deutsch-Österreichischer Vermögensvertrag" höchstens kurz angesprochen. Zum Deutsch-Österreichischen Vermögensvertrag existieren fast ausschließlich zeitgenössische Abhandlungen. Lediglich Seidl-Hohenfeldern hat 1974 eine rechtswissenschaftliche Studie über das Schiedsgericht des Deutsch-österreichischen Vermögensvertrages vorgelegt.

Bislang ist über die Entstehungsgeschichte des Deutsch-Österreichischen Vermögensvertrages sehr wenig, über die Abwicklung und die Wirkung so gut wie gar nichts bekannt. Die Dissertation von Frau Hoffmann wird in Kürze eine ausführliche Würdigung der Entstehungsgeschichte liefern.[11] In dieser Arbeit soll versucht werden, die Abwicklung des Vertragswerkes, insbesondere die Rolle der Schiedsorgane des Vermögensvertrages, darzulegen.

Die Arbeit gliedert sich in sieben Kapitel. Den Anfang macht eine Darstellung der wirtschaftlichen und politischen Bedingungen, die schließlich zum Abschluß des Vermögensvertrages geführt haben. In einem zweiten Teil werden die wesentlichen Bestimmungen des Deutsch-Österreichischen Vermögensvertrages in der gebotenen Knappheit dargelegt. Der dritte Teil befaßt sich mit den Schlichtungsorganen des Vermögensvertrages, ihren rechtlichen Grundlagen, ihrer Geschäftsordnung, sowie ihrer inhaltlichen Tätigkeit. Dem schließt sich eine Zusammenfassung und Analyse der Tätigkeit der Schlichtungseinrichtungen an. Am Ende der Arbeit finden sich Quellen- und Literaturverzeichnis.

3. QUELLENLAGE

Die Auslandsvermögen fielen bis 1954 in die Kompetenz des Bundesfinanzministeriums in Bonn. In der Dienststelle für Auswärtige Angelegenheiten des österreichischen Bundeskanzleramtes wurden sie in einem eigenen Referat bearbeitet. In der Bundesrepublik existierte seit Anfang 1951

10 Vgl. hierzu auch die Berichte der österreichischen Historikerkommission unter: www.historikerkommission.gv.at.

11 Bislang ist nur ein Aufsatz erschienen: Manuela HOFFMANN, Die Problematik des Lastenausgleichs und die Formulierung und Durchführung des Deutsch-Österreichischen Vermögensvertrages, in: Paul ERKER (Hg.), Rechnung für Hitlers Krieg – Aspekte und Probleme des Lastenausgleichs, Heidelberg – Ubstadt-Weiher – Basel 2004.

ein interministerieller Ausschuß aus höheren Beamten des Auswärtigen Amtes und der Bundesministerien für Wirtschaft, Justiz und Finanzen. In Bremen bestand seit 1948 eine „Studiengesellschaft für privatrechtliche Auslandsinteressen“, in München ein „Schutzverband beschlagnahmter deutscher Vermögen in Österreich e. V.“. Aus diesen Institutionen kommt der Großteil des in dieser Arbeit verwendeten Quellenmaterials. Nach zunächst recht mühsamen und unergiebigen Recherchen konnten dann doch umfangreiche Quellenbestände ermittelt werden, die eine sehr gute empirische Grundlage für die Behandlung der Fragestellung dieser Studie darstellen.

So waren die ersten schriftlichen Fundstellennachweise des Bundesarchivs in Koblenz unergiebig. Bei einem zweiten Besuch im Bundesarchiv Koblenz konnte ich dann anhand der Findbücher umfangreiche Aktenbestände benutzen, wovon ein großer Teil aber die Entstehung des Vermögensvertrages dokumentiert und nicht dessen Abwicklung.

Nachdem die Akteneinsicht beim Bundesarchiv in Koblenz nicht den vollständigen Aktenbestand „Vermögensvertrag“ zu Tage gebracht hatte, wandte ich mich an das Auswärtige Amt, damals noch in Bonn. Herr Dr. Kos gewährte mir Akteneinsicht und teile mir einige Fundstellen mit. Die Akteneinsicht im Auswärtigen Amt habe ich im Juli 1998 nach wenigen Stunden abgebrochen, da die Akten offensichtlich unvollständig waren. Sie bezogen sich nur auf Schriftverkehr mit der Botschaft in Wien, nicht aber direkt auf den Vermögensvertrag. Unterlagen der gemeinsamen Geschäftsstelle von Schlichtungsausschuß und Schiedsgericht in Wien waren nicht auffindbar.

Der Nachlaß des deutschen Botschafters Carl Hermann Mueller-Graaf befindet sich im politischen Archiv des Auswärtigen Amtes in Berlin. Leider war der Nachlaß zum Zeitpunkt der Erstellung meiner Arbeit gerade zum Binden und damit nicht zugänglich.

Meine Hoffnung setzte ich deshalb auf eine Akteneinsicht im zuständigen „Archiv der Republik“ in Wien. Nach Genehmigung durch Archivdirektor Hofrat Dr. Fink und Korrespondenz mit der Abteilungsdirektorin, Frau Follner, besuchte ich das Archiv im Oktober und November 1998 mehrfach. Dabei fand ich den Vermögensvertrag in Urschrift vor. Die meisten Akten bezogen sich auch hier nur auf den Schriftverkehr mit der Botschaft in Bonn. Unterlagen der gemeinsamen Geschäftsstelle in Wien waren auch dort nicht auffindbar.

Im Jahr 2000 erschien von Matthias Pape das Buch „Ungleiche Brüder“. Im Literaturverzeichnis waren zahlreiche, mir bislang nicht zugängliche Quellen genannt. Leider zog zu diesem Zeitpunkt das Auswärtige Amt von Bonn nach Berlin um, so daß kurzfristig eine Akteneinsicht nicht möglich war. Nach einem vorbereitenden Schriftwechsel mit Frau Dr. Keipert und Herrn Dr. Biewer konnte dann ab Januar 2001 eine umfangreiche Akteneinsicht durchgeführt werden. Die zuständigen Archivare und Aufsichtspersonen im Lesesaal waren bei der Quellensuche sehr hilfsbereit. Nunmehr waren viele Tagungsprotokolle, Schiedsgutachten etc. vorhanden, die zuvor nicht nachgewiesen werden konnten.

Zur gleichen Zeit bekam ich von Herrn Dozent Dr. Nautz einen Hinweis auf Herrn Dr. Jerabek im Archiv der Republik. Ich nahm telefonisch Kontakt auf und stellte fest, daß plötzlich der gesamte Bestand der gemeinsamen Geschäftsstelle von Schlichtungsausschuß und Schiedsgerichts in Wien vorhanden war. Anläßlich eines Besuches wurde ich von Herrn Dr. Jerabek über den Umfang der Akten informiert, die ich dann, soweit sie für mein Vorhaben rezent sind, eingesehen habe.

Im November und Dezember 2003 führte ich nochmals eine Akteneinsicht in Wien durch. Dank der Vermittlung durch Herrn Dozent Dr. Nautz gewährte mir Herr Dr. Jerabek Einsicht in den gesamten Bestand der Schiedsstelle. Nach wie vor unauffindbar ist ein großer Teil des Schriftverkehrs des österreichischen Finanzministerium mit dem Außenministerium in Fragen der Abwicklung: In Schreiben nach Bonn berichtet die „Deutsche Delegation" immer wieder von Berichten, welche ihr über das Außenministerium Wien vom Finanzministerium Wien zur Verfügung gestellt wurden. Laut Schreiben von Herrn Hofrat Dr. Fink und Herrn Dr. Steiner befindet sich im Archiv der Republik kein entsprechender Sonderbestand des Finanzministeriums. Dies bedeutet, daß sich hierdurch einige Lücken im empirischen Nachweis der Restitutionen nach dem Vermögensvertrag ergeben.

Im Lesesaal des Archivs der Republik traf ich den österreichischen Gesandten Axner. Dieser gab mir Hinweise auf mögliche Fundstellen: Das Zwischenarchiv des Ministeriums für Auswärtige Angelegenheiten befinde sich im Archiv der Republik, müsse aber besonders genehmigt werden. Ich wandte mich an Herrn Ministerialrat Dr. Loibl mit der Bitte um Akteneinsicht. Leider teilte mir dieser mit, dass das Archiv des Außenministeriums nicht entsprechend erschlossen und deshalb eine Akteneinsicht nicht möglich sei.

Im Archiv der Republik habe ich den Nachlaß Theodor Veiter eingesehen, wobei es sich aber nur um einen Teilbestand handelt. Frau Dr. Ackerl, welche einen Teil bearbeitet hatte, verwies mich an Herrn Dr. Tichy vom Kultusministerium und an das Landesarchiv in Vorarlberg. Nach Vorarlberg bin ich nicht gefahren, da nicht zu erwarten war, dort über die bekannten Dokumente und Publikationen hinaus zentrale Informationen zu gewinnen. Im Nachlaß des österreichischen Botschafters Schöner sind ebenfalls keine rezenten Dokumente enthalten.[12]

Beim Ministerratsdienst im Bundeskanzleramt in Wien wurde mir freundlicherweise für im Staatsarchiv noch nicht katalogisierte Unterlagen der Schlagwortkatalog zu den Ministerratsprotokollen der sechziger und

12 Vgl. E-mail von Dr. Jerabek, Archiv der Republik vom 2. Mai 2005.

siebziger Jahre zur Verfügung gestellt. Ich wurde von Ministerialrat Dr. Wiesmüller persönlich ins Archiv geleitet und mit dem Archiv vertraut gemacht. Die Unterlagen konnte ich eigenständig benutzen und kostenlos kopieren.

Aufgrund eines Literaturhinweises habe ich auch bei der Finanzprokuratur um Akteneinsicht nachgesucht. Herr Hofrat Dr. Riccabona war sehr hilfsbereit. Er zeigte mir das Archiv. Der in einer Fundstelle zitierte Schrank war aber unergiebig, er enthielt nur einige Gutachten des Schiedsgerichts, den Text des Deutsch-Österreichischen Vermögensvertrages sowie einige Akten von „Testprozessen", die Ende der sechziger Jahre die Einstellung der Arbeit der Schlichtungsorgane des Vermögensvertrages hinausgezögert haben. Herr Hofrat Dr. Riccabona übergab mir eine Inhaltsliste der Schachteln der Finanzprokuratur und verwies mich auf „rosa Karteikarten", welche zusammen mit den Unterlagen im Archiv der Republik aufbewahrt werden. Dort wurde mir die Einsichtnahme in die Kartei gestattet. Die Kartei in DIN A6-Format umfaßt ca. 10 lfd. Meter in 5 Schachteln. Auf Karteikarten sind nur Beteiligte und Gegenstand angegeben. Sie sind nicht nach Sachgebieten geordnet.

Zum Vermögensvertrag war nur etwas über die 3 Karteikarten mit dem Schlagwort „Staatsvertrag" zu finden. Das Schlagwort „Vermögensvertrag" existiert nicht. Diese Unterlagen beziehen sich nur auf den Entwurf und den endgültigen Text des Vermögensvertrages, sowie das Durchführungsgesetz zum Vermögensvertrag.

Im Historischen Archiv der Deutschen Bundesbank in Frankfurt/Main waren mir alle dort vorhandenen Akten zugänglich. Allerdings fanden sich dort nur Einzelstücke, die zum Teil auch schon in anderen Archiven nachgewiesen worden waren.

Mein Besuch im Bruno Kreisky Archiv in Wien zeigte ein negatives Ergebnis, hier sind keine rezenten Archivalien vorhanden.

Meine Nachfragen beim Bundesverband der Deutschen Industrie (BDI), beim Institut der deutschen Wirtschaft (IDW), sowie bei der Kreditanstalt für Wiederaufbau (KfW) ergaben, daß dort keine rezenten Archivalien verwahrt werden.

Aus den veröffentlichten Protokollen des Bundesvorstands der Christlich Demokratischen Union Deutschlands (CDU) ist nicht zu entnehmen, daß die Materie „Deutsch-Österreichischer Vermögensvertrag" dort Gegenstand der Erörterung war. Erörtert wird von Adenauer kurz die Überraschung über die Behandlung der deutschen Vermögen in Österreich durch den Staatsvertrag.[13]

---

13 Siehe: Adenauer: „... Wir haben wirklich etwas geschaffen.". Die Protokolle des CDU-Bundesvorstands 1953–1957 (Forschungen und Quellen zur Zeitgeschichte, Bd. 16), bearbeitet von Günter BUCHSTAB, Düsseldorf 1990; Adenauer: „... um den Frieden zu gewinnen". Die Protokolle des CDU-Bundesvorstands 1957–1961 (For-

Im Kabinettsausschuß für Wirtschaft wurde bis Ende 1957 weder über die Auswirkungen der Enteignung der deutschen Vermögenschaften in Österreich, noch über die Gestaltung des Vermögensvertrages und auch nicht über dessen Abwicklung diskutiert.[14] Der Kabinettsauschuß für Wirtschaft war auf Wunsch Adenauers im Frühjahr 1951 eingerichtet worden. Der Ausschuß war organisatorisch dem Bundeskanzleramt zugeordnet und in seiner Aufgabenstellung eng in die Tätigkeit des Bundeskabinetts eingebunden. Die politische Motivation für diesen Ausschuß lag im Bestreben Adenauers, mehr eigenen Einfluß auf die Gestaltung der Wirtschaftspolitik zu bekommen und im Gegenzug den Handlungsspielraum seines Wirtschaftsministers Ludwig Erhard einzuschränken.[15]

Ich danke Herrn Oldenhage vom Bundesarchiv in Koblenz für die Überlassung von Korrekturabzügen der Jahrgänge 1957 und 1958 der Kabinettsprotokolle der Bundesregierung.[16]

In der Bibliothek des Juristischen Seminars der Freien Universität Berlin ist ein Zeitschrift „Schiedsgericht des Deutsch-Österreichischen Vermögensvertrages, Wien 1960 ff." bibliographisch nachgewiesen. Dieser Nachweis ist aber unzutreffend, denn es handelt es sich nur um eine Sammlung von Gutachten des Schiedsgerichts des Deutsch-Österreichischen Vermögensvertrages, wie sie auch in anderen Archivbeständen zu finden ist.

Neben den archivarischen Quellen konnte auf eine Reihe zeitgenössischer Publikationen zurückgegriffen werden, deren Masse aus Veröffentlichungen in juristischen Fachorganen und aus Aufsätzen in Organen von Interessenverbänden besteht. Die einzelnen bibliographischen Nachweise finden sich im Literatur- und Quellenverzeichnis am Ende dieser Studie.

---

schungen und Quellen zur Zeitgeschichte, Bd. 24), bearbeitet von Günter BUCHSTAB, Düsseldorf 1994; Adenauer: „… Stetigkeit in der Politik" Die Protokolle des CDU-Bundesvorstands 1961–1965 (Forschungen und Quellen zur Zeitgeschichte, Bd. 32), bearbeitet von Günter BUCHSTAB, Düsseldorf 1998.

14 Siehe: Die Kabinettsprotokolle der Bundesregierung. Kabinettsausschuß für Wirtschaft, Bd. 1: 1951–1953, bearbeitet von Ulrich ENDERS, München 1999; Die Kabinettsprotokolle der Bundesregierung. Kabinettsausschuß für Wirtschaft, Bd. 2: 1954 – 1955, bearbeitet von Michael HOLLMANN, München 2000; Die Kabinettsprotokolle der Bundesregierung. Kabinettsausschuß für Wirtschaft, Bd. 3: 1956–1957, bearbeitet von Ralf BEHRENDT und Uta RÖSSEL, München 2001.

15 Vgl. Kabinettsausschuß für Wirtschaft, Bd. 1, S. 7f.

16 Schreiben vom 26. Oktober 2001.

4. TECHNISCHE HINWEISE

Die Ermittlung des Wertes des deutschen Vermögens in Österreich wurde erheblich erschwert durch den Verlust des größten Teils der Unterlagen in der Bundesrepublik infolge von Kriegs- und Nachkriegsereignissen, insbesondere der Wegnahme des Österreich betreffenden Aktenmaterials vieler Behörden durch die Alliierten.[17] Daher basieren einige der Zahlen, die im folgenden präsentiert werden, auf Schätzungen entnommen aus Behördenakten oder aus Sekundärliteratur.

Die ermittelten Reichsmarkwerte wurden auf der Basis der Parität zum USD in Wertangaben in Deutscher Mark umgerechnet. Die Parität zwischen Dollar und Reichsmark betrug 2,50. Für 2,50 RM waren 1955 4,20 DM anzusetzen. Berücksichtigt man aber die Kaufkraftentwicklung, die Umstellung des Schillings auf Reichsmark zum Kurs von 150 : 100 im Jahr 1938 und die seit 1938 erfolgten inneren und äußeren Schillingabwertungen (Rückumstellung im Verhältnis 1:1) kommt man auf einen Kurs von 1 RM (1938) = 1,805 DM (1955).[18]

5. DANKSAGUNGEN

Die vorliegende Arbeit wurde im Sommersemester 2005 von der Kulturwissenschaftlichen Fakultät der Universität Wien als Dissertationsschrift angenommen. Für die Drucklegung wurde der Text geringfügig überarbeitet und gestrafft, insbesondere auf den Abdruck von Originalgutachten wurde verzichtet.

Dieses Buch hätte ohne die Hilfe vieler, sei es in Berlin, Bonn, Koblenz oder Wien, die dem Verfasser bei Archivrecherchen zur Seite standen und mit ihren Diskussionsbeiträgen meine Arbeit kritisch und anregend begleitet haben, nicht in dieser Form entstehen können. Allen zu danken, ist hier nicht möglich. Aber einige will ich doch herausstellen:

Unter dem Punkt „Quellenlage" habe ich bereits einige Personen genannt. In allen Archiven wurde mir bereitwillig Akteneinsicht gewährt. Die in den Lesesälen anwesenden Aufsichtspersonen bzw. Archivare waren mir beim Auffinden der Quellen sehr behilflich. Ohne deren fachkundige Unterstützung wäre eine Quellenforschung neben meinem Beruf wohl nicht möglich gewesen. Besonderer Dank gilt Herrn Universitäts-Dozent Dr. Jürgen

---

17 Vgl. Auswärtiges Amt, Abt. 5, Aufzeichnung betr. Deutsches Vermögen in Österreich, November 1955; in: PA B 86 – 763.

18 Auswärtiges Amt, Entwurf für einen Bericht über die bisher ermittelten Werte des deutschen Vermögens in Österreich, in: PA B 86 – 763.

Nautz und Herrn ao. Prof. Dr. Lothar Höbelt, die meine Dissertation betreut und begutachtet haben.

Zum Ende des Promotionsstudiums hatte ich mit einigen bürokratischen Widrigkeiten kämpfen. Dank der Unterstützung der Mitarbeiterinnen und Mitarbeiter Studentenkanzlei und der Prüfungskanzlei der Universität Wien konnten diese überwunden werden. Nachdem während des Studiums die Promotionsordnung geändert wurde und eine Übergangsfrist auslief, geriet das Promotionsverfahren am Ende unter Zeitdruck. Aufgrund der kurzfristigen Erstellung der Gutachten und der kulanten Terminabsprache mit der Vorsitzenden der Prüfungskommission, Frau Professor Dr. Margarethe Grandner, konnte das Rigorosum noch termingerecht stattfinden.

Die Aufnahme dieser Arbeit in die Schriftenreihe „Beiträge zur Wirtschafts- und Sozialgeschichte" ehrt mich. Den Herausgebern, insbesondere Herrn o. Univ.Prof. Dr. Markus A. Denzel, und der Redaktion der Reihe gilt mein Dank.

Meiner Eltern und meine Familie haben mich bei meinem Promotionsvorhaben sehr unterstützt und mich immer wieder ermutigt, dieses Projekt neben der stark fordernden Arbeit in meiner Kanzlei weiterzuführen. Zu Beginn der Arbeit verschaffte mir mein Vater als Seniorpartner in unserer Steuerkanzlei den beruflichen Freiraum für die Arbeit. Leider erlebte er nicht mehr deren erfolgreichen Abschluß. Nach seinem überraschenden Tod habe ich die Strecken Nürnberg – Berlin bzw. Nürnberg – Wien unzählige Male mit dem Flugzeug zurückgelegt, um den Terminplan einhalten zu können. Dabei wurde ich mehrfach von meiner Frau Margit begleitet, die mir bei der Archivarbeit sehr behilflich war.

Meinen Eltern und meiner Frau Margit sei dieses Buch gewidmet.

II. DIE POLITISCHEN UND WIRTSCHAFTLICHEN DIMENSIONEN DER DEUTSCH-ÖSTERREICHISCHEN BEZIEHUNGEN

Der Rahmen für die politischen Beziehungen zwischen Deutschland und Österreich wurde noch während des Zweiten Weltkrieges von den Alliierten abgesteckt. Bereits in ihrer Moskauer Erklärung vom 1. November 1943[19] benannten die Großen Drei ein „freies unabhängiges Österreich“[20] als eines ihrer Kriegsziele. Am 27. April 1945 betonten die beiden österreichischen Volksparteien, die Sozialistische Partei Österreichs (SPÖ) und die Österreichische Volkspartei (ÖVP), zusammen mit der Kommunistischen Partei Österreichs (KPÖ) in einer gemeinsamen Erklärung die Unabhängigkeit Österreichs von Deutschland und bezeichneten den „aufgezwungenen“ Anschluß für nichtig.[21] Die Auflösung der Zwangseingliederung in das Deutsche Reich war das vorrangige Ziel der österreichischen Politik. Gleichzeitig wollte die Regierung in Wien aber auch die Voraussetzungen schaffen für ein „langfristig positives Verhältnis zum westlichen Nachbarn ..., ein Wille, der ... nicht zuletzt in bereits früh erkannten wirtschaftlichen, aber

19 Der englische Text der Moskauer Erklärung findet sich u.a. im Anhang zu Robert H. KEYSERLINGK, 1. November 1943: Die Moskauer Deklaration – Die Alliierten, Österreich und der Zweite Weltkrieg, in: Rolf STEININGER / Michael GEHLER (Hg.), Österreich im 20. Jahrhundert. Vom Zweiten Weltkrieg bis zur Gegenwart, Bd. 2, Wien – Köln – Weimar 1997, S. 9-37: Dokument 1: The Moscow Declaration on Austria, 30 October 1943 (S. 34).

20 Vgl. Jürgen NAUTZ, Wirtschaft und Politik. Die Bundesrepublik Deutschland, Österreich und die Westintegration 1945–1961, in: Michael GEHLER / Rolf STEININGER (Hg.), Österreich und die europäische Integration 1945–1993, Wien – Köln – Weimar 1993, S. 149-177, hier: S. 152. Siehe zur alliierten Besatzungspolitik auch: Robert H. KEYSERLINGK, Austria in World War II. An Anglo-American Dilemma, Kingston – Montreal 1988; Stephan VEROSTA, Die internationale Stellung Österreichs 1938 bis 1947, Wien 1947, S. 66ff.; Alfred ABLEITINGER, Deutsch-Österreichische Nachkriegsbeziehungen, in Robert A. KANN / Friedrich E. PRINZ (Hg.), Deutschland und Österreich. Ein bilaterales Geschichtsbuch, Wien – München 1980, S. 199-219; Günter BISCHOF, Die Planung und Politik der Alliierten 1940–1954, in: STEININGER / GEHLER, Österreich im 20.Jahrhundert, S. 107-144; die Beiträge in Günter BISCHOF / Josef LEIDENFROST (Hg.), Die bevormundete Nation. Österreich und die Alliierten 1945–1949 (Innsbrucker Forschungen zur Zeitgeschichte 4), Innsbruck 1988; Klaus EISTERER, Österreich unter alliierter Besatzung, in: STEININGER / GEHLER, Österreich im 20.Jahrhundert, S. 147-216.

21 Vgl. Heinrich SIEGLER, Österreichs Souveränität, Neutralität, Prosperität, Wien – Bonn – Zürich 1967, S. 4.

auch in außenpolitischen Interessen seine Begründung fand."[22] Der österreichische Außenminister Karl Gruber erklärte anläßlich eines Staatsbesuchs in Bonn im Jahr 1953: „Es soll zum Ausdruck gebracht werden, daß wir eine Gesamtpolitik auf realer Grundlage wünschen, daß wir also weder einen Anschluß noch eine Trennung durch eine Chinesische Mauer anstreben."[23] Nachdem die aus dem Staatsvertrag resultierenden massiven Irritationen zwischen Bonn und Wien beseitigt werden konnten, normalisierten sich die Beziehungen zwischen Österreich und der Bundesrepublik Deutschland in der zweiten Hälfte der fünfziger Jahre rasch. Bruno Kreisky stellte in seinem Memoiren fest, daß die Wiener Politiker trotz der Annäherung weiterhin „aus den verschiedensten Gründen Wert auf eine gewisse Distanz legen mußten."[24] Jürgen Nautz wertet die sich in den fünfziger Jahren wieder belebenden handelspolitischen Kontakte zwischen den beiden Staaten als Zeichen für die Entwicklung eines gutnachbarschaftlichen Verhältnisses.[25] In diesem Sinne bemühten sich die Regierungen beider Staaten auch die im Laufe der fünfziger Jahre immer ärgerlicher werdenden Probleme bei der Behandlung des sogenannten Deutschen Eigentums einvernehmlich zu lösen. Diese Probleme hatten nicht nur die politische Ebene belastet, sondern wirkten tief in die Bevölkerung hinein. Vermutlich kann man hier einen Zusammenhang zum Wandel der Entnazifizierungspolitik und den Präferenzen für eine Westintegration sehen.

Nach dem Kriegsende sahen sich die Reichs- und Volksdeutschen in der neugegründeten Republik Österreich schweren Repressalien ausgesetzt. Unter der Herrschaft der vier Alliierten fanden sich die Reichsdeutschen ohne jeden Versorgungsanspruch wieder. Diese Gruppe wurde in Österreich vom einen auf den anderen Tag zu unerwünschten Ausländern und mit dem nationalsozialistischen Regime gleichgesetzt. Dazu zwei Beispiele:[26] Im Mai 1945 sagte Ernst Fischer (KPÖ) in einer Kabinettssitzung: „Wie kommen wir dazu, die Reichsdeutschen mit unseren Nahrungsmitteln mitzufüttern, während die Österreicher selbst auf die dürftigste Ernährung angewiesen sind" und forderte die rasche Ausweisung aller Reichsdeutschen.[27] Bis

---

22 NAUTZ, Wirtschaft und Politik, S. 152f.

23 Zitiert nach ebd., S. 153.

24 Bruno KREISKY, Im Strom der Politik. Erfahrungen eines Europäers, Berlin 1988, S. 25.

25 Vgl. NAUTZ, Wirtschaft und Politik, S. 156.

26 Ausführlich hierzu: PAPE, Ungleiche Brüder, S. 99-119; Helfried PFEIFER, Die Rechtslage der Flüchtlinge deutscher Volkszugehörigkeit in Österreich, in: Ostdeutsche Wissenschaft 10 (1963), S. 255-338.

27 Protokolle des Kabinettsrates der Provisorischen Regierung Karl Renner 1945, hg. von der Österreichischen Gesellschaft für Quellenstudien, Bd. 1: Protokolle des Kabinettsrates 29. April 1945 bis 10. Juli 1945, Horn – Wien 1995, S. 119; ausführliches Zitat in: PAPE, Ungleiche Brüder, S. 116.

1948 wurden 246.000 (von 346.000) zum Verlassen des Landes gezwungen. Sie mußten ihre Immobilien verlassen und durften weder Möbel noch anderen Hausrat mitnehmen.[28]

Matthias Pape vergleicht die Ereignisse in Österreich mit der Entrechtung und Vertreibung der Deutschen und Österreicher in Böhmen und Mähren auf der Grundlage der Beneš-Dekrete. Österreichische Regierungspolitiker prangerten vor der Weltöffentlichkeit die deutsche Besetzung des Landes an. Diese Art von öffentlicher Demütigung Reichsdeutscher habe in breiten Bevölkerungskreisen wegen der eigenen NS-Vergangenheit moralischen Rückhalt genossen und müsse daher im Kontext der Selbstrechtfertigung beurteilt werden.[29] Die Behandlung der Reichs- und Volksdeutschen war vergleichbar mit der österreichischer Staatsbürger, die als Nationalsozialisten eingestuft wurden. Als nach dem 11. Februar 1946 die Zuständigkeit für Entnazifizierungsverfahren an die österreichischen Behörden überging, setzte vor sogenannten Volksgerichtshöfen eine Prozeßreihe ein, in deren Verlauf bis 1955 ca. 13.600 Verurteilungen, darunter 43 Todesurteile, ausgesprochen wurden. In einer nachfolgenden Entnazifizierungsphase in den Jahren 1948 bis 1957 dominierte das Bemühen, ehemalige Nationalsozialisten sowohl politisch als auch wirtschaftlich in die Zweite Republik zu integrieren. Von einer ersten Amnestiewelle wurden 1948 „Minderbelastete" erfaßt, was rund 90 Prozent der Betroffenen ausmachte. Weitere Amnestien folgten 1952, 1955 und 1957. Herbert Matis sieht diese Entwicklung im Zusammenhang mit der zunehmenden Westeinbindung Österreichs über den Marshallplan und die sich verstärkende antikommunistische Grundhaltung im aufkommenden „Kalten Krieg".[30]

---

28 Vgl. Theodor VEITER, Das deutsche Eigentum in Vorarlberg nach 1945. Industrie, Handels- und Gewerbeunternehmungen, die von der französischen Besatzungsmacht als Deutsches Eigentum deklariert und behandelt wurden, in: Montfort. Vierteljahresschrift für Geschichte und Gegenwart Vorarlbergs, 34 (1982), S. 412-419, hier: S. 413.

29 PAPE, Ungleiche Brüder, S. 117.

30 Vgl. Herbert MATIS, Vom Kriegselend zum Wirtschaftswunder – Der Schilling im „goldenen Zeitalter", in: Karl BACHINGER / Felix BUTSCHEK / Herbert MATIS / Dieter STIEFEL (Hg.), Abschied vom Schilling. Eine österreichische Wirtschaftsgeschichte, Graz – Wien – Köln 2001, S. 155-285, hier: S. 179f.

1. DIE WIRTSCHAFTLICHE TRENNUNG ÖSTERREICHS VON DEUTSCHLAND

Mit der österreichischen Unabhängigkeitserklärung vom 27. April 1945 wurde nicht nur die Staatsgrenze zu Deutschland wieder aufgerichtet; auch die Volkswirtschaften mußten wieder getrennt werden. Von entscheidender Bedeutung war die Klärung der Eigentumsansprüche, der Verfügungsrechte und die Frage, wer die Lasten des Krieges zu tragen hatte. Dies verlief nicht ohne Komplikationen und Spannungen. Neben politischen Animositäten war die ungeklärte Frage des Umgangs mit dem Deutschen Eigentum in Österreich ein zentraler Konfliktherd.

Die Wiederherstellung eines selbständigen österreichischen Staates wurde bereits im Besatzungsregime vollzogen: Dieses trennte Deutschland und Österreich administrativ voneinander und teilte beide Länder in jeweils vier Besatzungszonen auf. Mit dem Schillinggesetz vom 30. November 1945 wurde die österreichische währungspolitische Eigenständigkeit wieder hergestellt. Das Zollüberleitungsgesetz vom 18. Juni 1946 stellte im Grundsatz die materiellen und formellen Zollvorschriften der Zeit vor dem Anschluß wieder her.[31]

Mit der Einführung des Schilling als offizielles Zahlungsmittel wurden die Guthaben von Reichsdeutschen auf Sparbüchern und Konten bei österreichischen Kreditinstituten gesperrt. Jene Reichsdeutschen, die in Österreich geduldet waren, durften nicht frei über ihr Eigentum verfügen. In ihren eigenen Wohnungen waren sie nur geduldet, Mietverträge wurden gekündigt. Wenn sich Betroffene bei österreichischen Dienststellen beschwerten, wurden sie mit der Begründung abgewiesen, dies sei Regelungsbefugnis der Alliierten. „Der völkerrechtlich garantierte Schutz des Privateigentums war obsolet geworden … Nichts hat das Deutsch-Österreichische Verhältnis im Jahrzehnt nach 1945 so zerrüttet wie diese Maßnahmen. Die Verbitterung unter den Reichsdeutschen war grenzenlos, als ruchbar wurde, daß der österreichische Staat die deutschen Vermögenswerte unter Berufung auf die Okkupationstheorie von den Alliierten als Entschädigungsmasse für die während der ‚Okkupation' entstandenen ‚Schäden' beanspruchte."[32]

Die Behandlung durch österreichische und alliierte Stellen brachte die Betroffenen dazu, in den ersten Jahren nach dem Zweiten Weltkrieg auf privater Basis in den westlichen österreichischen Bundesländern Selbsthilfeorganisationen zu gründen. Solche „Fürsorgestellen" entstanden in Bregenz, Graz, Innsbruck, Klagenfurt und Linz. In Wien entstand vergleichbares unter dem Namen „Deutsche Delegation". Diese Selbsthilfeeinrichtun-

31 Vgl. NAUTZ, Wirtschaft und Politik, S. 156f.

32 PAPE, Ungleiche Brüder, S. 117.

gen finanzierten sich aus freiwilligen Beiträgen. Sie waren dazu gedacht, die größte Not unter den Betroffenen zu bekämpfen. 1950 konnte mit dem Reichenhaller Abkommen zwischen der Bonner Regierung und der Österreichischen Bundesregierung ein Arrangement über die Arbeit dieser Stellen erreicht werden. Danach konnte die Bundesrepublik die Fürsorgestellen in bescheidenem Umfang finanziell unterstützen. Hans Günther war Beauftragter des Bonner Finanzministeriums für Fragen der Wertpapierbereinigung. Seit Anfang 1950 leitete er die „Deutsche Beratungsstelle für Wertpapierangelegenheiten" in Wien. 1952 übernahm er in Abstimmung mit dem „österreichischen Staatskommissär für die reichs- und volksdeutschen Repatriierungskomitees" die Betreuung und Kontrolle der Selbsthilfeeinrichtungen.[33]

2. DER UMFANG DES DEUTSCHEN EIGENTUMS IN ÖSTERREICH

Die Jahre 1938 bis 1945 hatten deutliche Auswirkungen auf die wirtschaftliche Nachkriegsentwicklung Österreichs. In dieser Zeit war die gewerbliche Wirtschaft in Österreich von der traditionellen Konsumgütererzeugung hin zur Bereitstellung von Grundstoffen, Vormaterialien und Bauleistungen umorientiert worden. Felix Butschek verweist auf die Unternehmen der Grundstoff- und Vormaterialerzeugung, die nach dem Zweiten Weltkrieg aufgrund ihrer hohen Kapazitäten zu den Stützen der österreichischen Exportwirtschaft wurden. In den „Anschlußjahren" entstanden neue, effiziente Großbetriebe.[34] Die neuentstandenen Produktionsanlagen der Schwerindustrie und der Elektrizitätswirtschaft hatten nur wenige Kriegsschäden zu verkraften.[35]

Butschek und Pape ziehen für die gemeinsamen Jahre insgesamt ein positives Ergebnis für die wirtschaftliche Leistungsfähigkeit der Zweiten Republik.[36] Dies wird von anderen Autoren bestritten.[37] Zuletzt hat Herbert

33 Vgl. ebd., S. 118f.

34 Vgl. Felix BUTSCHEK, Die österreichische Wirtschaft im 20. Jahrhundert, Stuttgart 1985, S. 65ff.

35 Protokolle des Kabinettsrates, Bd. 1, S. 239, 323ff.; Franz MATHIS, Big Business in Österreich, Bd. 1, Wien – München 1987, S. 27, 237f.; Roman SANDGRUBER, Ökonomie und Politik. Österreichische Wirtschaftsgeschichte vom Mittelalter bis zur Gegenwart, Wien 1995, S. 460f.; zusammenfassend: PAPE, Ungleiche Brüder, S. 119f.

36 PAPE, Ungleiche Brüder, S. 119.

37 Otto KLAMBAUER, Die Frage des deutschen Eigentums in Österreich, in: Jahrbuch für Zeitgeschichte 1978, Wien 1979, S. 127-174; Fritz WEBER, Die wirtschaftliche Entwicklung, in: Handbuch des politischen Systems Österreichs, Wien 1992, S. 20-36.

Matis bilanziert, daß neben den hohen materiellen Einbußen die Verluste an Menschenleben, eine Viertelmillion Kriegstote und Vermißte, ferner eine große Anzahl von Kriegsgefangenen, von denen ebenfalls viele den Tod fanden, den „größten Aderlaß" dargestellt hätten.[38]

Als Folge der Eingliederung der österreichischen in die deutsche Wirtschaft nahmen die deutschen Kapitalbeteiligungen in Österreich dramatisch zu.[39] Folgt man dem Freiburger Büro für Friedensforschung, so lag der Anteil deutschen Eigentums in Österreich 1949 mit 1.500 Millionen US-Dollar (gemessen in der Kaufkraft von 1938/39) bei 41,67 Prozent des erfaßten Gesamtauslandsvermögens von 3.600 Millionen Dollar oder 62 Prozent des deutschen Eigentums in Europa in Höhe von 2.230 Millionen Dollar. In einem anderen Bericht wird der Anteil deutschen Vermögens in Österreich mit 67 Prozent des gesamten deutschen Auslandsvermögens und 35 Prozent desjenigen in Mitteleuropa veranschlagt.[40] Nach Schätzungen in der Deutschen Botschaft in Wien waren es 40 bis 50 Prozent des gesamten deutschen Vermögens im Ausland.[41]

Mit der Zusammenstellung der privaten deutschen Vermögenswerte war von der Bundesregierung die „Studiengesellschaft für privatrechtliche Auslandsinteressen e.V." beauftragt worden. Diese Studiengesellschaft wurde 1948 gegründet und hatte Ihren Sitz in Bremen. Das dort gesammelte Material wurde durch das Wirtschaftsministerium abgestimmt und ausgewertet. Die Umfrage der Studiengesellschaft stieß in Deutschland „nicht auf das erwartete Interesse". Daher blieben die Ergebnisse lückenhaft.[42] Für Lujo Tončić-Sorinj war wegen dieser Dimensionen die Lösung der Problematik des Deutschen Eigentums für Österreichs Zukunft entscheidend: „In Österreich steht und fällt aber die gesamte Wirtschaft mit der Lösung dieser fundamentalen Frage, denn die Deutschen haben jede bedeutendere Industrie in ihre Konzernsysteme eingegliedert."[43]

---

38 Vgl. MATIS, Vom Kriegselend zum Wirtschaftswunder, S. 179.

39 Vgl. Radomir LUZA, Österreich und die großdeutsche Idee in der NS-Zeit, Wien 1977, S. 332.

40 Vgl. Aufzeichnung Bormann, Deutsche Botschaft Wien, 89 – 00, vom 20. November 1959, in: BA B 126/26003. KLAMBAUER, Die Frage des Deutschen Eigentums in Österreich, S. 134f.; Christian KIMMEL, Die wirtschaftlichen Folgen der Reparationszahlungen Deutschlands nach den Weltkriegen, Diss. Freiburg i.Ue. 1973, Anhang Nr. 17, S. 184f.

41 Vgl. Bericht Bormann, BA B 126/26003. Zur Problematik der Datenerhebung siehe die umfangreichen Akten in: PA B 86 – 763.

42 Entwurf für einen Bericht über die bisher ermittelten Werte des deutschen Vermögens in Österreich, o.D., in: PA B 86 – 763.

43 Lujo TONČIĆ, Österreichs Ringen um die Potsdamer Beschlüsse, in: Berichte und Informationen 1/11, 1946, S. 2. Lujo Tončić-Sorinj, *12. April 1915 in Wien, ab 1945 Leiter der Politischen Abteilung des Österreichischen Instituts für Wirtschaft und Politik in Salzburg; 1946–1949 Redakteur der „Berichte und Informationen", ab 1949

Vor dem Anschluß war die Position deutschen Kapitals in der österreichischen Wirtschaft deutlich geringer als die Vergleichszahlen zu Kriegsende. Dies gilt sowohl für Direktinvestitionen als auch für Staatsanleihen und andere Kreditformen.[44] Für das Jahresende 1928 nennen Haas und Weber einen deutschen Anteil an der Industrie von 11,2 Prozent und an den Banken von 7,8 Prozent.

Tabelle 1: Deutsche Beteilungen an österreichischen Aktiengesellschaften in ausgewählten Wirtschaftszweigen zum Jahresende 1928 in von Hundert

Branche	v.H.
Berg- und Hüttenwerke	26,6
Elektrotechnische Industrie	47,3
incl. Repräsentanzen von Siemens & Halske AG und Accumulatoren-Fabrik Berlin AG	55,6
Elektrizitätsindustrie	12,1
Chemische Industrie	13,4
Papierindustrie	4,7
incl. Kapitalwert der Frantschacher Fabrik der in Deutschland ansässigen Gräflichen Henkel von Donnersmarkschen Papierfabrik	8,2
Maschinen- und Metallindustrie	6,8
Industrie gesamt	*11,2*
Banken	*7,8*

Quelle: WEBER / HAAS, Deutsches Kapital, S. 210-215.

Aus dem Hauptquartier der amerikanischen Streitkräfte in Österreich ist eine 1946 entstandene Aufstellung über deutsche Kapitalbeteiligungen an österreichischen Gesellschaften mit einem Kapital von über einer Million Schilling zum Stichtag 13. März 1938 überliefert. Folgt man dieser Aufstellung, betrug der durchschnittliche deutsche Anteil an den österreichischen Kapitalgesellschaften neun Prozent. Laut Hendrich ergibt sich unter zusätzlicher Berücksichtigung von Beteiligungen an kleinen und mittleren Unternehmen für das Jahr 1938 für die deutschen Investitionen in Österreich ein Gesamtwert von 150.000.000 RM. Der Gesamtwert der deutschen Beteiligungen an der gewerblichen Wirtschaft in Österreich wurde vom Bundesministerium für Vermögenssicherung und Wirtschaftsplanung auf Basis einer Unternehmensbefragung auf rund 2,7 Milliarden RM beziffert.[45] Dies

Nationalratsabgeordneter für die ÖVP; später Mitglied des Europarates; 1966–1968 Außenminister im Kabinett Klaus.

44 Vgl. Radomir LUZA, Österreich und die großdeutsche Idee in der NS-Zeit, Wien 1977, S. 332; Fritz WEBER / Karl HAAS, Deutsches Kapital in Österreich. Zur Frage der deutschen Direktinvestitionen in der Zeit vom Ende des Ersten Weltkrieges bis zur Weltwirtschaftskrise, in: Jahrbuch für Zeitgeschichte 1979, Wien 1980, S. 169-235.

45 Karl HENDRICH, Die wirtschaftliche Durchdringung Österreichs durch Deutschland und deren betriebswirtschaftliche Folgen, Wirtschaftswiss. Diss. Wien 1948, S. 6ff.

ergibt für die Zeit vor dem Anschluß einen deutschen Kapitalanteil von rund 5,6 Prozent. Waltraut Urban wertet die deutschen Investitionen in Österreich bis zum Jahre 1930 jedoch als „solide Basis für die totale wirtschaftliche Vereinnahmung 1938".[46] In diesem Zusammenhang argumentiert sie, daß die Investitionen im Bereich der Eisen- und Stahlindustrie wirtschaftlich wie politisch von „größter Bedeutung" gewesen seien. Ebenfalls eine Schlüsselstellung für die deutsche Österreich- und Südosteuropapolitik hätten die bis 1926 vernachlässigten Bankbeteilungen gehabt, die seitdem verstärktes Interesse genossen hätten.[47]

Nach dem Anschluß im Jahr 1938 stieg der Anteil deutschen Kapitals an österreichischen Unternehmen rapide an. Die politisch motivierten Hemmnisse des nationalsozialistischen Regimes, mit denen der Ständestaat destabilisiert und gefügig gemacht werden sollte, entfielen. Die österreichische Volkswirtschaft ging in der deutschen auf. Von deutscher Seite wurden nun Investitionen in erheblichem Umgang getätigt. Es wurde vor allem in Energieversorgung und in kriegswirtschaftlich wichtige Produktionen investiert. Hinzu kamen Infrastrukturmaßnahmen. Meist erfolgten diese Investitionen mit deutschem Kapital in Form von Neugründungen und durch die Aufstockung bestehender Beteiligungen. Zusätzlich wurden Auslandsbeteiligungen aus Drittstaaten übernommen. Die deutschen Banken erhöhten ebenfalls ihre Beteiligungen an österreichischen Bankinstituten. Das gleiche gilt für die Versicherungswirtschaft. Vor dem Anschluß gab es eine österreichische Versicherungs-Aktiengesellschaft mit deutscher Mehrheitsbeteiligung, 1945 waren es sieben.[48] Der Kriegsausbruch wirkte sich nicht bremsend auf die Investitionstätigkeit in Österreich aus, im Gegenteil intensivierten sich die Investitionen ab 1941 nochmals.[49] Die 1943 einsetzenden Bombardements der Alliierten im Reich bewirkten eine zusätzliche Verlagerung von Rüstungsproduktionen nach Österreich. Felix Butschek hat dies mit folgenden Zahlen illustriert: Während zwischen 1941 und 1944 die Industriebeschäftigung in Deutschland lediglich um 1,2 Prozent zunahm, wuchs sie im gleichen Zeitraum in Österreich um 11,4 Prozent.[50]

---

46 Waltraut URBAN, Deutsch-Österreichische Wirtschaftsbeziehungen. Zwischen Westintegration und Ostöffnung (Laxenburger internationale Studien, Bd. 8, hg. vom Österreichischen Institut für Internationale Politik), Wien 1995, S. 111.

47 Ebd., S. 109ff.

48 Vgl. Dieter STIEFEL, Die österreichischen Lebensversicherungen und die NS-Zeit – Wirtschaftliche Entwicklung. Politischer Einfluß. Jüdische Polizzen, Wien – Köln – Weimar 2001, S. 94.

49 Ebd., S. 113f.; BUTSCHEK, Die österreichische Wirtschaft 1938–1945, S. 103.

50 Vgl. BUTSCHEK, Die österreichische Wirtschaft 1938–1945, S. 89.

Tabelle 2: Deutsche Kapitalbeteiligungen an österreichischen Gesellschaften mit einem Kapital von über 1 Million Schilling, Stichtag 13. März 1938

Branche	**Kapitalhöhe in Tausend RM**	**Deutsche Beteiligung**	
		Tausend RM	**v.H.**
Elektroindustrie	205.020	39.619	19,0
Berg- u. Hüttenwesen	164.656	41.950	25,0
Maschinen- u. Metallindustrie	118.251	8.030	7,0
Banken	114.067	8.714	8,0
Brauindustrie	84.775	0	0,0
Textilindustrie	72.238	2.100	3,0
Bauindustrie	66.084	110	0,2
Papierindustrie	54.760	600	1,0
Chemische Industrie	52.630	1.965	4,0
Transportwesen RM G.Fr. hfl	32.772 12.722 1.000	0	0,0
Versicherungen	44.375	2.481	6,0
Nahrungsmittelindustrie	30.200	0	0,0
Ölindustrie	25.067	0	0,0
Zuckerindustrie	24.000	0	0,0
Hotelgewerbe	9.466	0	0,0
Lederindustrie	8.062	0	0,0
Glas- u. Porzellanindustrie	5.000	0	0,0
Holzindustrie	1.000	0	0,0
Verschiedene	45.200	0	0,0
Gesamthöhe (ohne hfl,, G.Fr.)	1.157.623	105.569	9,0

Quelle: HENDRICH, Durchdringung, S. 6. Prozentzahlen gerundet.

Tabelle 3: Deutsche Kapitalanteile an der österreichischen Wirtschaft, Unternehmen mit einem Kapital von über 1 Million Schilling, Stand 1945 in Tausend Schilling

Branche	**Gesellschafts-kapital**	**Deutscher Anteil** ohne Bankbeteiligungen		**Deutscher Anteil** mit Bankbeteiligungen	
	in 1.000 S	**in 1.000 S**	**v.H.**	**in 1.000 S**	**v.H.**
Banken	121.300	3.230	3	100.577	83
Versicherungen	46.250	23.440	51		
Berg- u. Hüttenwerke	356.250	254.255	71	256.191	72
Maschinen- u. Metallindustrie	250.993	126.859	50	137.237	54
Chemische Industrie	95.650	65.100	68	67.600	71
Elektroindustrie	495.577	357.817	72		
Bauindustrie	85.250	19.410	23	30.614	36
Glas- u. Porzellanindustrie	11.000	5.190	47	6.440	59

	Gesellschafts-kapital	Deutscher Anteil ohne Bankbeteiligungen		Deutscher Anteil mit Bankbeteiligungen	
Holzindustrie	2.500	975	39		
Papierindustrie	65.500	750	1	8.400	12
Lederindustrie	10.262	2.279	22	3.429	33
Textilindustrie	112.503	21.450	21	41.539	37
Nahrungsmittelindustrie	33.766	0	0	500	1
Zuckerindustrie	37.000	0	0	2.128	6
Brauindustrie	99.040	0	0	1.386	1
Transportwesen ATS G.Fr.	60.294 12.722	28.900	48		
Hotelgewerbe	11.600	3.000	26		
Ölindustrie	27.400	3.620	13		
Verschiedene	48.000	44.000	92		
Gesamtkapital ATS G.Fr.	1.970.035 12.722	960.275 *)	49	1.117.793 *)	57

Quelle: HENDRICH, Durchdringung, S. 34. *) Zahlen im Original abweichend. Hier die tatsächlichen Additionswerte.

Das Hauptquartier der amerikanischen Streitkräfte in Österreich hat auch hierzu eine Statistik erstellt, die zum einen die deutschen Direktinvestitionen und zum anderen indirekte Beteiligungen über den Umweg von Bankenbeteiligungen ausweist. Je nach Art der Erhebung liegt der deutsche Anteil am Unternehmenskapital bei 49 oder 57 Prozent.[51] Nicht ohne Grund sagte Leopold Figl: „Was 1938 österreichisch war, muß österreichisch bleiben".[52] Karl Hendrich weist auf der Basis von Zahlen des Bundesministeriums für Vermögenssicherung folgende Summen der deutschen Investitionen in Österreich aus:

Tabelle 4: Deutsche Direktinvestitionen in Österreich, 1938–1945, aufgeteilt nach Besatzungszonen

Besatzungszone	Investitionsvolumen in ATS
Amerikanische Zone	232.100.000
Englische Zone	69.070.000
Französische Zone	110.000.000
Russische Zone	96.610.000
Gesamtvolumen	507.780.000

Quelle: HENDRICH, Durchdringung, S. 99.

51 Vgl. HENDRICH, wirtschaftliche Durchdringung, 35ff.; KLAMBAUER, Die Frage des deutschen Eigentums in Österreich, 146f.

52 Zit. nach MATIS, Vom Kriegselend zum Wirtschaftswunder, S. 181.

Stearman bilanziert die deutschen Kapitalbeteiligungen zu Anfang des Jahres 1945 in allen ihm zugänglichen Branchen mit über 50 Prozent. Hinzuzurechnen sind noch die in deutschen Besitz übergegangenen land- und forstwirtschaftlichen Flächen und Liegenschaften.[53] Insgesamt verfügte Deutschland zu Beginn des Jahres 1945 demnach über einen Anteil zwischen 60 bis 80 Prozent an der österreichischen Industrie.[54] Nach Berechnungen Kimmels waren das 62 Prozent des Gesamtbestandes an deutschen Auslandsinvestitionen.[55]

Tabelle 5: Deutsche Kapitalbeteiligungen an österreichischen Unternehmen nach Branchen in Prozent. Stand: Anfang 1945

Banken	83
Versicherungswesen	61
Bergbau	72
Maschinen- u. Metallindustrie	64
Elektroindustrie	k. A.
Chemische Industrie	k. A.
Textilindustrie	57
Papierindustrie	k. A.
Bauindustrie	56
Transportwesen	58

Quelle: William Lloyd STEARMAN, Die Sowjetunion und Österreich 1945–1955, Bonn – Wien – Zürich 1962, S. 25.

Dem Deutschen Bundestag wurden 1949 Zahlen über deutsches Auslandsvermögen vorgelegt. Dieser Dokumentation zufolge wurden die deutschen Vermögenswerte in Österreich auf 1.500 Mio. Dollar, in den USA nur auf 500 Mio. Dollar, in Argentinien auf 250 Mio., in der Schweiz auf 225 Mio. Dollar und in Großbritannien, Italien, Japan, Schweden und Ungarn jeweils auf 80 bis 90 Mio. Dollar geschätzt.[56]

53 Vgl. KLAMBAUER, Die Frage des Deutschen Eigentums, S. 149.

54 Vgl. Liselotte WITTEK-SALSBERG, Die wirtschaftlichen Auswirkungen der Okkupation Österreichs, Wien 1970, S. 148f.; KLAMBAUER, Die USIA-Betriebe, Wien 1978.

55 Vgl. KIMMEL, Die wirtschaftlichen Folgen, S. 134f., 184f.

56 Vgl. Tabelle 6.

Tabelle 6: Deutsches Auslandsvermögen nach Ländern und Regionen in Millionen USD, Kaufkraft von 1938/39

Staat/Region	Millionen USD
Norwegen	57,0
Schweden	90,0
Dänemark	30,0
Großbritannien	85,0
Irland	5,0
Benelux	60,0
Frankreich	25,0
Schweiz	225,0
Österreich	1.500,0
Italien	80,0
Spanien	64,0
Portugal	3,0
Griechenland	2,4
Türkei	3,6
Westeuropa	*2.230,0*
Finnland	44,0
Polen und Danzig	10,0
Ungarn	90,0
Rumänien	20,0
Bulgarien	14,0
Jugoslawien	10,0
Osteuropa	*188,0*
Britisches Commonwealth (ohne Mutterland)	*35,0*
Vereinigte Staaten	500,0
Mexiko	12,0
Argentinien	250,0
Übriges Iberoamerika	250,0
Amerika	*1.012,0*
Japan	80,0
China, Insulinde	40,0
Mittlerer Osten	5,0
Nichtbritisches Afrika	10,0
Asien und Afrika	*135,0*
Gesamtsumme	***3.600,0***
Zuschlag für nicht erfaßtes (persönliches) Vermögen	400,0
Insgesamt	***4.000,0***

Quelle: KIMMEL, Die wirtschaftlichen Folgen, S. 184f.

Interessant ist auch die Übernahmebilanz der Oesterreichischen Nationalbank, die bei den Vermögensvertragsverhandlungen eine Rolle gespielt hat: Gemäß dem Notenbanküberleitungsgesetz vom 3. Juli 1945 übernahm die Oesterreichische Nationalbank von der Deutschen Reichsbank Aktiva und Passiva gemäß der nachfolgenden Aufstellung.

Tabelle 7: Übernahmebilanz der OeNB gemäß Notenbanküberleitungsgesetz vom 3. Juli 1945

	RM	RM
Aktiva:		
Barbestände	844.717.385,50	
Valuten	3.376.977,71	
Silbermünzen	692,30	
Darlehnsforderungen	2.806.000,00	
Postsparkassenguthaben	35.816.281,51	
Verschiedene Forderungen	10.994.154,91	
Gebäude, Grundstücke, Einrichtungen und Maschinen	4.202.738,41	
Summe Aktiva		901.914.230,34
Passiva:		
Giroverpflichtungen	*2.472.335.483,74*	
Banknotenumlauf	*7.780.690.061,00*	
Verwaltungskosten	*96.731,31*	
Summe Passiva		*10.253.122.276,05*
Passivsaldo		***9.351.208.045,71***

Quelle: BRACKER, Bundesfinanzministerium, Information, 22. März 1961, in: BA B 126 – 9163.

Die Frage der Behandlung deutschen Eigentums in Österreich führte zeitweise zu erheblichen Verstimmungen zwischen den beiden Staaten. Starke Kriegsschäden an den Produktionsanlagen und der Infrastruktur in Österreich konnten nicht verhindern, daß auch nach Kriegsende das in Österreich investierte deutsche Kapital durchaus bedeutend blieb.[57] „Bedenkt man … die Steigerung der deutschen Besitzanteile in Österreich nach dem Anschluß …, so sind daraus die enormen Schwierigkeiten zu ermessen, die sich infolge der Wiedererlangung der Unabhängigkeit und der damit verbundenen Notwendigkeit der Loslösung des mit der deutschen Wirtschaft intensivst verflochtenen österreichischen Wirtschaftskörpers von dem deutschen nach 1945 ergeben mußten", beschreibt Wolfgang Klambauer die Ausgangssituation nach Kriegsende.[58]

Die wirtschaftliche Verflechtung der Volkswirtschaften hatte langfristige Wirkungen auf die ökonomische Entwicklung in Österreich und auf das Verhältnis der westdeutschen und der österreichischen Wirtschaft nach dem Zweiten Weltkrieg.[59] Mit den deutschen Investitionen wurde die industriel-

57 Vgl. BUTSCHEK, Die österreichische Wirtschaft 1938 bis 1945, S. 104ff.; BUTSCHEK, Die österreichische Wirtschaft im 20. Jahrhundert, S. 65ff.

58 KLAMBAUER, Die Frage des Deutschen Eigentums, 149f.

59 Franz NEMSCHAK, Zehn Jahre österreichische Wirtschaft 1945 bis 1955, Wien 1955.

le Basis des Landes gestärkt.[60] Die Zahl der Großbetriebe stieg deutlich an. Es hatte eine Verlagerung der Produktion vom Osten des Landes in den Westen stattgefunden. Einerseits waren Kriegsschäden und Demontageverluste zu beklagen, andererseits blieben das während der Anschlußjahre aufgebaute Humankapital und das organisatorische und technische Know-how als Baustein für die Nachkriegsentwicklung erhalten.[61] Wie nach dem Ersten Weltkrieg hatte Österreich auch jetzt industrielle Überkapazitäten. Die konnten aber nunmehr als Grundlage für den vom Export getragenen Aufschwung genutzt werden.[62] Sehr vorteilhaft war, daß während der Anschlußjahre die Energieerzeugungskapazitäten deutlich ausgeweitet wurden. Die Wasserkraftwerke hatten den Krieg weitgehend unbeschadet überstanden.[63]

Als Resümee kann man feststellen, daß es beim deutschen Engagement in Österreich um enorme Summen und nicht zuletzt um einflußreiche Positionen in der österreichischen Wirtschaft ging. – Im Sommer 1945 beschlossen die „Großen Drei", daß alles deutsche Auslandseigentum den Alliierten zufällt.

3. DIE BESTIMMUNGEN DES POTSDAMER ABKOMMENS UND DAS DEUTSCHE EIGENTUM IN ÖSTERREICH

Die Verhandlungen der Alliierten über die deutsche Reparationsfrage[64] endeten im Sommer 1945 mit dem Potsdamer Abkommen. Dies wurde von Österreich niemals offiziell anerkannt. Darin konnten sich die „Großen Drei" grundsätzlich über die Art und Weise der deutschen Wiedergutmachung für die Folgen des Zweiten Weltkrieges einigen. Im wesentlichen

---

60 Vgl. BUTSCHEK, Die österreichische Wirtschaft 1938 bis 1945, S. 104ff.; BUTSCHEK, Die österreichische Wirtschaft im 20. Jahrhundert, S. 65f.

61 Vgl. BUTSCHEK, Die österreichische Wirtschaft 1938 bis 1945, S. 113.

62 Vgl. ebd., S. 112; BUTSCHEK, Die österreichische Wirtschaft im 20. Jahrhundert, S. 64; URBAN, Deutsch-Österreichische Wirtschaftsbeziehungen, S. 73.

63 Vgl. BUTSCHEK, Die österreichische Wirtschaft 1938 bis 1945, S. 102f.

64 Zur Vorgeschichte der Potsdamer Einigung siehe: Otto KLAMBAUER, Die Frage des Deutschen Eigentums, S. 128f.; FRUS 1945, III, Washington 1968; Ernst DEUERLEIN, Einheit Deutschlands. Bd. 1: Die Erörterungen und Entscheidungen der Kriegs- und Nachkriegskonferenzen 1941–1949. Darstellungen und Dokumente, 2. Auflage, Frankfurt/M. – Berlin 1961; Gerd J. ROOS, Zur Konfiskation privater deutscher Auslandsvermögen, Stuttgart 1956; Friedrich KLEIN / Boris MEISSNER (Hg.), Das Potsdamer Abkommen und die Deutschlandfrage, I. Teil: Geschichte und rechtliche Grundlagen, Wien – Stuttgart 1977.

ging es um Ansprüche auf Kriegsbeute, auf Reparationsleistungen aus den deutschen Besatzungszonen und auf deutsche Auslandsguthaben.[65] Aus dem Abschnitt „IV. Reparationen aus Deutschland" ist zu entnehmen, daß die reparationsberechtigten Staaten auch Zugriff auf „geeignete deutsche ausländische Vermögenswerte" haben sollten. Darunter war „praktisch das gesamte öffentliche wie private deutsche Vermögen" zu verstehen.[66] Die Beschlagnahme privaten Eigentums war durchaus umfassend gemeint. Es ging hier nicht nur um die ausländischen Niederlassungen oder Produktionsstätten deutscher Unternehmen und um Kapitalbeteiligungen, sondern es betraf auch Patente, Markennamen, Warenzeichen etc. und das private Eigentum natürlicher Personen.[67]

Die Alliierten bekräftigten ihren Anspruch auf die deutschen Aktiva im Ausland nochmals im Kontrollratsgesetz Nr. 5 vom 30. Oktober 1945. Dessen Artikel II legte fest, daß „alle Rechte und Ansprüche jeglicher Art auf irgendwelches außerhalb Deutschlands befindliches Vermögen, das im Eigentum, Besitz oder unter Kontrolle einer in Deutschland befindlichen Person deutscher Staatsangehörigkeit steht, auf die (gemäß Art. I als interalli-

65 Vgl. Ernst DEUERLEIN, Potsdam 1945. Quellen zur Konferenz der „Großen Drei", München 1963, S. 359; Jens HACKER, Einführung in die Problematik des Potsdamer Abkommens, in: KLEIN / MEISSNER (Hg.), Das Potsdamer Abkommen, I. Teil, S. 5-42; Fritz FAUST, Die wirtschaftliche und politische Einheit Deutschlands im Potsdamer Abkommen, ebd., S. 123-142.

66 Vgl. Theodor VEITER, Das Potsdamer Abkommen in der österreichischen Rechtspraxis, in: MEISSNER / VEITER (Hg.), Das Potsdamer, II. Teil: Berliner Deklaration und Sonderfragen, S. 197-208, hier: S. 200.

67 IV. Reparationen aus Deutschland – In Übereinstimmung mit der Entscheidung der Krimkonferenz, wonach Deutschland gezwungen werden soll, in größtmöglichem Ausmaß für die Verluste und die Leiden, die es den Vereinten Nationen verursacht hat, und wofür das deutsche Volk der Verantwortung nicht entgehen kann, Ausgleich zu schaffen, wurde folgende Übereinkunft über Reparationen erreicht: / 1.) Die Reparationsansprüche der UdSSR sollen durch Entnahmen aus der von der UdSSR besetzten Zone in Deutschland und durch angemessene deutsche Auslandsguthaben befriedigt werden. ... 3.) Die Reparationsansprüche der Vereinigten Staaten, des Vereinigten Königreiches und der anderen zu Reparationsforderungen berechtigten Länder werden aus den westlichen Zonen und den entsprechenden deutschen Auslandsguthaben befriedigt werden ... 8.) Die Sowjetregierung verzichtet auf alle Ansprüche bezüglich der Reparationen aus Anteilen an deutschen Unternehmungen, die in den westlichen Besatzungszonen in Deutschland gelegen sind. Das gleiche gilt für deutsche Auslandsguthaben in allen Ländern, mit Ausnahme der weiter unten in § 9 gekennzeichneten Fälle. / 9.) Die Regierungen der USA und des Vereinigten Königreiches verzichten auf ihre Ansprüche im Hinblick auf Reparationen hinsichtlich der Anteile an deutschen Unternehmungen, die in der östlichen Besatzungszone in Deutschland gelegen sind. Das gleiche gilt für deutsche Auslandsguthaben in Bulgarien, Finnland, Ungarn, Rumänien und Ostösterreich. (Amtliche Verlautbarung über die Konferenz von Potsdam v. 17. Juli – 2. August 1945, in: www.dhm.de/lemo/html/ Nachkriegsjahre/DieAlliierteBesatzung/potsdamerKonferenz.html.

iertes Organ des Kontrollrates zu bildende) Kommission übertragen werden".[68] Mit Art. III wird dies auch auf alle deutschen Staatsangehörigen, deutsche Geschäftsniederlassungen oder unter deutschem Gesetz gegründete juristische Personen außerhalb Deutschlands ausgedehnt.[69]

Die Beschlagnahmepolitik der Alliierten in Österreich, insbesondere der Sowjetunion, wurde außerhalb der KPÖ sehr emotional und mit viel Unverständnis betrachtet. Sehr plastisch formulierte dies Fritz Bock:[70] „Als unmittelbare Folge der Potsdamer Beschlüsse beschlagnahmten die vier Besatzungsmächte Amerika, Großbritannien, Frankreich und Sowjetrußland in Österreich alle Vermögenswerte, die irgendwie als ‚deutsch' angesehen werden konnten. Daß sich die Besatzungsbehörden dabei nicht streng an juristische Auslegungsgrundsätze hielten, sondern mehr nach Opportunitätserwägungen vorgingen, war nicht besonders auffällig, da militärische Stellen nun einmal bei allen Völkern und Nationen von juristischen Erwägungen unbelastet sind. Daß aber die Potsdamer Beschlüsse auch zu einer rücksichtslosen Inanspruchnahme von Vermögenswerten führten, die man auch bei größter Toleranz und extensivster Interpretierung der Potsdamer Beschlüsse wirklich nicht unter den Begriff des Deutschen Eigentums subsumieren konnte, das überstieg selbst die düstersten Erwartungen aller Beteiligten. Insbesondere die sowjetische Besatzungsmacht legte sich bei Auslegung des Begriffes ‚Deutsches Eigentum' überhaupt keinen Zwang auf. So wurden nicht nur Vermögenswerte zu 100 Prozent beschlagnahmt, bei denen der tatsächliche deutsche Vorbesitz nur einen Teil des gesamten Vermögenswertes ausmachte, sondern man zog auch Unternehmungen, Betriebe und Liegenschaften an sich, die hundertprozentig österreichisches Eigentum waren, jedoch etwa mit deutschen Banken ehemals in Kontakt standen oder in deren Büchern Guthaben deutscher physischer oder juristischer Personen eingetragen waren. Solange es sich dabei um rein militärische Maßnahmen handelte, mußte man diese eben als unvermeidliche Kriegshandlungen oder Kriegsfolgen hinnehmen. Wesentlich komplizierter aber wurde die Situation in dem Augenblick, da die österreichischen Behörden zur

68 Amtsblatt des Kontrollrates für Deutschland Nr. 2, 1945, 27; zit. n. KLAMBAUER, Die Frage des Deutschen Eigentums in Österreich, S. 127; Theodor VEITER, Rechtsquellen zum Fragenkreis „Deutsches Eigentum". Vorschriften, Befehle und Gesetze, systematisch dargestellt, in: Berichte und Informationen, 6/259, 1953, S. 8-10.

69 VEITER, Das Potsdamer Abkommen in der österreichischen Rechtspraxis, S. 200ff. Siehe auch: Das Durchführungsgesetz zum Deutschen Eigentum (1. Staatsvertragsdurchführungsgesetz), mit einem Kommentar von Dr. Fritz BOCK, Wien o.J., S. 10ff.

70 Fritz Bock, * 26. Februar 1911, † 12. Dezember 1993; Steuerberater und Wirtschaftstreuhänder; Aktivist der Vaterländischen Front; Gründungsmitglied und bis 1947 Generalsekretär der ÖVP; 1947–1952 Generalsekretär des ÖAAB; seit 1949 im Nationalrat; 1949–1952 Staatssekretär im Handelsministerium, 55/56 im Finanzministerium; 1956–1968 Bundesminister für Handel und Wiederaufbau. Siehe auch: Maria SPORRER / Herbert STEINER (Hg.), Fritz Bock. Zeitzeuge, Wien – München – Zürich 1984.

Mitwirkung herangezogen wurden. Das geschah, als die westlichen Alliierten der österreichischen Bundesregierung die treuhändige Verwaltung der von ihnen in ihren Besatzungszonen beschlagnahmten deutschen Vermögenswerte übertrugen. In diesem Augenblick meldeten sich begreiflicherweise alle nichtdeutschen Personen physischer und juristischer Natur, deren Vermögenswerte in dieses Sammelsurium des beschlagnahmten und sogenannten ‚Deutschen Eigentums' hineingezogen worden waren. Österreichische und ausländische nichtdeutsche Personen und Gesellschaften, Rückstellungsberechtigte, ausländische Regierungen und internationale Vereinigungen meldeten ihre Ansprüche auf jenen Teil dieser Vermögenswerte an, die vorher niemals deutschen physischen oder juristischen Personen, dem Deutschen Reich oder einer seiner Einrichtungen gehört hatten."[71]

Am 27. Juni 1946 hatte die Sowjetunion mit Berufung auf das Potsdamer Abkommen das in ihrer Zone gelegene deutsche Industrieeigentum beschlagnahmt und in sowjetische Staatskonzerne umgewandelt, die sogenannten USIA[72]. Dabei handelte es sich um rund 450 Betriebe in Landwirtschaft, Gewerbe, Handel, Industrie und Verkehr. Die seit dem Anschluß mit deutschem Kapital und Know-how aufgebaute Österreichische Mineralölverwaltung (ÖMV) wurde der Sowjetischen Mineralölverwaltung unterstellt.[73] Mit zusammen mehr als 70.000 Beschäftigten hatten diese Betriebe eine entscheidende Position in der österreichischen Wirtschaft.[74] Dieser Verbund kooperierte eng mit der Sowjetischen Militärbank, der staatlichen Spedition „Juschwenschtrans" und mit Firmen, die der Kommunistischen Partei gehörten. Aufgrund des exterritorialen Status der USIA-Betriebe waren sie der Kontrolle österreichischer Stellen entzogen.[75]

Die Vermögenswerte, durch die USIA verwaltet wurden, wurden gemäß dem Staatsvertrag gegen Entschädigung in Höhe von 150 Millionen Dollar beziehungsweise 3,9 Milliarden Schilling im Jahre 1955 an Österreich übergeben. Der Behandlung der hieraus erwachsenden Probleme diente auch der 1957 mit der Bundesrepublik Deutschland vereinbarte Vermögensvertrag.[76]

Der österreichische Nationalrat beschloß Mitte des Jahres 1946 per Verfassungsgesetz die Verstaatlichung der Grundstoffindustrie und der Großbanken, welche bereits weitgehend Staatseigentum waren. Die Ursachen für

71 Fritz BOCK, Das Durchführungsgesetz zum Deutschen Eigentum. 1. Staatsvertragsdurchführungsgesetz, Wien o.J. (1956), S. 11f.

72 Uprawalenje Sowjestim Imuchestwom w Awstrij = Verwaltung des sowjetischen Vermögens in Österreich

73 Vgl. MATHIS, Big Business 1, S. 214.

74 Vgl. zu weiteren Details PAPE, Ungleiche Brüder, S. 142ff.

75 Vgl. MATIS, Vom Nachkriegselend zum Wirtschaftswunder, S. 181.

76 BOCK, Durchführungsgesetz, S. 12f., 28.

diesen ordnungspolitischen Kurs waren vielfältig: die Intention, die willkürlichen Aktionen der sowjetischen Besatzungsmacht aufzufangen, der Wunsch, den Aufbau einer von Deutschland unabhängigen Volkswirtschaft und den Abzug der sowjetischen Truppen zu betreiben, die Sozialisierungsideologie der SPÖ und nicht zuletzt auch ein Mangel an privaten Investoren. Unter das Verstaatlichungsgesetz fielen die größten und wichtigsten Teile des USIA-Komplexes und die Schwerindustrie in den westlichen Besatzungszonen Österreichs. Die Sowjetunion konnte durch die Verstaatlichungsgesetze jedoch nicht dazu bewegt werden, der Republik Österreich die Eigentumsrechte an den USIA-Betrieben zu übertragen.

Das Verhältnis zur Bundesrepublik Deutschland wurde durch die Verstaatlichung folgender 2 Gruppen von Unternehmen besonders belastet: Unternehmen die sich bereits vor dem Anschluß in privatem deutschem Eigentum befunden hatten und jene, die nach 1938 mit deutschem Geld von der öffentlichen Hand ausgebaut worden waren: Im März 1947 wurde die österreichische Elektrizitätswirtschaft verstaatlicht. Die alpinen Wasserkraftwerke gehörten zu einem Verbund mit den rheinischen, mitteldeutschen und oberschlesischen Dampfkraftwerken.[77] So hielt die Rheinisch-Westfälische Elektrizitätswerke AG 47,5 Prozent und die Energieversorgung Schwaben AG 41,8 Prozent des Kapitals der Vorarlberger Illkraftwerke.[78] Das Rückübertragungsbegehren der Alteigentümer wurde von österreichischen Gerichten später mit Hinweis auf den Staatsvertrag zurückgewiesen. Dieser Auffassung schloß sich das Schiedsgericht des Deutsch-Österreichischen Vermögensvertrages in den sechziger Jahren an.[79]

---

77 Ausführliche Zusammenfassung der Verstaatlichungen bei PAPE, Ungleiche Brüder, S. 142ff. Siehe auch: Alois BRUSATTI, Die historischen Grundlagen der österreichischen Verstaatlichung, in: Karl Heinz MANGOLD (Hg.), Wissenschaft, Wirtschaft und Technik. Wilhelm Treue zum 60. Geburtstag, München 1969, S. 221-229; Clemens M. HUTTER, Kaprun. Geschichte eines Erfolgs. Salzburg 1994; Stephan KOREN, Sozialisierungsideologie und Verstaatlichungsrealität in Österreich, in: Wilhelm WEBER (Hg.), Die Verstaatlichung in Österreich. Berlin 1964, S. 9-339; Roman SANDGRUBER, Österreichische Wirtschaftsgeschichte vom Mittelalter bis zur Gegenwart, Wien 1995, S. 410f., 459.

78 Zu den Anteilen an den Illwerken und anderen Unternehmen siehe: Schreiben Studiengesellschaft für privatrechtliche Auslandsinteressen e.V., Arbeitsgruppe Österreich an Werner, Auswärtiges Amt, Erfassung der beschlagnahmten deutschen Vermögenswerte in Österreich, 23. Januar 1955, in: PA B 86 – 763. Wirtschaftsdelegation der Bundesrepublik Deutschland, Wien, Liste der wichtigsten deutschen gewerblichen Vermögenswerte in Österreich, Anlage zum Bericht vom 28. August 1955, Nr. 670/55, in: PA B 86 – 763. In diesem Bd. befinden sich umfangreiche amtliche Aufstellungen und Listen von Interessenorganisationen. Siehe auch: Schreiben Finanzministerium Baden-Württemberg an Bundesfinanzministerium, IV D 428 – 38/59, RM-Aktien der Vorarlberger Illwerke AG, vom 5. Januar 1960, in: BA B 126/26003.

79 Ignaz SEIDL-HOHENVELDERN, The Austrian-German Arbitral Tribunal, New York 1972, S. 167ff. und 195ff. Siehe auch hier weiter unten.

Österreich forderte nach dem Zweiten Weltkrieg die deutschen Vermögenswerte in Österreich für sich. Die österreichische Regierung betonte die prinzipielle Rechtmäßigkeit umfangreicher Reparationsforderungen. Nach Ansicht von Alfred Ableitinger ging es der österreichischen Regierung angesichts „des Umfangs der deutschen Vermögenswerte in Österreich um nichts weniger als um die Sicherung des wirtschaftlichen Fundaments des Staates schlechthin, das durch etwaige spätere deutsche Entschädigungs- beziehungsweise Rückgabeforderungen ausgehöhlt zu werden drohte."[80] Bei den Alliierten fanden die österreichischen Forderungen Zustimmung. „Während sich die Bonner Regierung in den Jahren 1952 bis 1954 den Vorstellungen der Westalliierten – wenn auch mit Unbehagen – beugte, entwikkelten sich aus der Vermögensfrage nach dem Abschluß des Staatsvertrages beachtenswerte Spannungen zwischen Bonn und Wien. Bedenkt man das erhebliche Ausmaß der deutschen Kapitalbeteiligungen in Österreich, wird deutlich, daß die Bundesregierung aus wirtschaftlichen und auch aus innenpolitischen Erwägungen heraus, die Verstaatlichungen nicht ohne weiteres hinnehmen konnte."[81] Für die Schärfe, mit der die deutsche Regierung den Konflikt austrug, war neben dem Neutralitätsbeschluß Österreichs ein umfassendes Rückgabeverbot für Deutsches Eigentum in Österreich im Staatsvertrag ausschlaggebend.

Die deutsche Bundesregierung hatte bereits auf der Pariser Konferenz am 23. Oktober 1954 gegenüber den Alliierten erklärt, daß sie Regelungen der Siegermächte bezüglich der deutschen Auslandsvermögen anerkennt.[82] Auf dieser Konferenz wurde der Beitritt der Bundesrepublik zur NATO vertraglich vereinbart. Das „Protokoll über die Beendigung des Besatzungsregimes in der Bundesrepublik Deutschland" vom 23. Oktober 1954 integrierte den am 26. Mai 1952 zwischen Bonn und den Westalliierten abgeschlossenen „Vertrag zur Regelung aus Krieg und Besatzung entstandener Fragen" in die Pariser Verträge. Schon in diesem Vertrag gab es eine „Hinnahmeklausel": Die Bundesrepublik hatte sich verpflichten müssen, die Be-

---

80 Alfred ABLEITINGER, Deutsch-Österreichische Nachkriegsbeziehungen, in: Robert A. KANN / Friedrich E. PRINZ (Hg.), Deutschland und Österreich. Ein bilaterales Geschichtsbuch, Wien – München 1980, S. 199-219., S. 204; zitiert nach NAUTZ, Wirtschaft und Politik, S. 159.

81 NAUTZ, Wirtschaft und Politik, S. 159.

82 Vgl. Frankfurter Allgemeine Zeitung vom 26. Mai 1955, S. 9 und das Wiener Dementi von Bundeskanzler Julius Raab in Keesings Archiv der Gegenwart, Nr. 5177, 1955; Niels HANSEN, Eine peinliche Mission. Wien, 14. Mai 1955: Wider die Enteignung deutschen Vermögens durch den österreichischen Staatsvertrag, in: Historisch-politische Mitteilungen 2 (1995), S. 223-246.

stimmungen über deutsche Auslandsvermögen, die zwischen den Alliierten oder zwischen diesen und Österreich vereinbart würden, hinzunehmen.[83]

Trotzdem war die deutsche Regierung verstimmt, als die Endfassung des Artikels 35 des Staatsvertrages vorlag, da man für Österreich eine weitgehende Rückgabemöglichkeit erwartet hatte. Im endgültigen Vertragstext wurde der Artikel 35 zum Artikel 22. Zu Recht ging der deutsche Bundeskanzler davon aus, daß die Endfassung von Artikel 35 Staatsvertrag auf ein Zusammenwirken der SPÖ und des State Departments zurückzuführen war.[84] Im Pariser Abkommen heißt es:

„Artikel 3
(1) Die Bundesregierung wird in Zukunft keine Einwendungen gegen die Maßnahmen erheben, die gegen das deutsche Auslands- oder sonstige Vermögen durchgeführt worden sind oder werden sollen, das beschlagnahmt worden ist für Zwecke der Reparation oder Restitution oder auf Grund des Kriegszustandes oder auf Grund von Abkommen, die die Drei Mächte mit anderen alliierten Staaten, neutralen Staaten oder ehemaligen Bundesgenossen Deutschlands geschlossen haben oder schließen werden.
(2) Die Bundesrepublik wird die Bestimmungen über die Behandlung des deutschen Auslandsvermögens in Österreich hinnehmen, die in einem Abkommen enthalten sind, bei dem die gegenwärtigen Besatzungsmächte Österreichs Parteien sind, oder die in dem zukünftigen Staatsvertrage mit Österreich getroffen werden.
(3) Ansprüche und Klagen gegen Personen, die auf Grund der in Absatz (1) und (2) dieses Artikels bezeichneten Maßnahmen Eigentum erworben oder übertragen haben, sowie Ansprüche und Klagen gegen internationale Organisationen, ausländische Regierungen oder Personen, die auf Anweisung dieser Organisationen oder Regierungen gehandelt haben, werden nicht zugelassen.[85]

Die Bundesrepublik mußte bereits allein das sicherheitspolitische Risiko, welches durch den österreichischen Staatsvertrag erzeugt wurde, durch den Militärbeitritt zum Nordatlantikpakt und mit der vorläufigen Hinnahme der deutschen Teilung ausgleichen. Als bekannt wurde, daß man auch noch den Verlust der deutschen Vermögenswerte in Österreich hinnehmen sollte, war ein Eklat nicht mehr zu vermeiden.[86] Sehr deutlich brachte dies Bundeskanzler Konrad Adenauer vor dem Bundesvorstand der CDU zum Ausdruck: „Die Art und Weise, wie wir von Österreich behandelt worden sind, war alles andere als schön. Und es scheint ..., daß diese Art und Weise der

83 Gerald STOURZH, Um Einheit und Freiheit. Staatsvertrag, Neutralität und das Ende der Ost-West-Besetzung Österreichs 1945–1955, 4. Aufl. (Studien zu Politik und Verwaltung, Bd. 62), Wien – Köln – Graz 1998, S. 530f.

84 Vgl. Hans-Peter SCHWARZ, Adenauer. Der Staatsmann, 1952–1967, Stuttgart 1991, S. 184; PAPE, Die Deutsch-Österreichischen Beziehungen, S. 168; STOURZH, Um Einheit und Freiheit, S. 531, Fußnote 126.

85 BGBlD, Teil II, 1954, 29. März 1954, S. 203:

86 Vgl. Matthias PAPE Die Deutsch-Österreichischen Beziehungen zwischen 1945 und 1955. Ein Aufriß, in: Historisch-politische Mitteilungen. Archiv für Christlich-Demokratische Politik 2 (1995), S. 149-172, hier: S. 166.

Behandlung der Bundesrepublik Deutschland in Moskau vorher überlegt worden ist; ich meine das Eigentum der Deutschen. Sehr unangenehm ist es auch, und nach meiner Meinung gegen die historische Wahrheit, wenn Österreich die Sache so darstellt, als wenn es von uns vergewaltigt worden wäre und tatsächlich ein Recht auf Reparationen hätte. Das Wort ist tatsächlich von hohen österreichischen Regierungsmitgliedern ausgesprochen worden. ... Sie wissen, daß es weite Teile in Österreich gegeben hat, die nationalsozialistischer gewesen sind als irgendein Teil Deutschlands. Wenn man dort ... Anspruch auf Reparationen erhebt ... Die Gebeine Hitlers sind nicht aufzufinden, sonst würde ich anheimstellen, diese Gebeine Hitlers wieder in sein Heimatland zurückzuführen."[87]

Für das Zustandekommen des Staatsvertrages waren viele Kompromisse zwischen der Sowjetunion, den Alliierten und Österreich notwendig. Das ganze Ausmaß dieser Kompromisse wurde nach der Botschafterkonferenz der vier Siegermächte vom 3. bis 13. April 1955 in Wien offenbar.[88] Bereits vor der Botschafterkonferenz waren von den Vereinigten Staaten und Großbritannien Einwände gegen ein im gleichen Monat in Moskau vereinbartes generelles Übertragungsverbot deutschen Vermögens für die sowjetische Besatzungszone formuliert worden.[89] Hier gab es vor allem Einwendungen von Seiten amerikanischer und britischer Ölgesellschaften, die um ihre Eigentumsrechte fürchteten. Die Vereinigten Staaten bestanden außerdem darauf, Vermögenswerte von Privatpersonen bis zu einer Wertgrenze von 10.000 Dollar zurückzugeben. Dies entsprach einer Reparationsregelung der Zwischenkriegszeit und der Absichtserklärung der USA, Deutsches Eigentum bis zur Höhe von 10.000 Dollar zurückzugeben.[90] Die USA fürchteten, andernfalls unter moralischen Druck zu kommen.[91] Trotzdem hat die USA diese Absichtserklärung für Vermögen in den USA nicht realisiert.[92] Um die Sowjetunion dazu zu bewegen, diese Regelung zu akzeptieren, begrüßte die österreichische Bundesregierung die Neuregelung von Artikel 35 des Staatsvertrags, der die Rückgabebedingungen für das sogenannte „Kleine

87 Bundesvorstandsprotokoll vom 3. Juni 1955, S. 498f. Siehe auch: NAUTZ, Wirtschaft und Politik, S. 160.

88 Vgl. Gerald STOURZH, Geschichte des Staatsvertrags 1945–1955. Österreichs Weg zur Neutralität, 3. Aufl., Graz 1985, S. 163ff.

89 Vgl. PAPE, Die Deutsch-Österreichischen Beziehungen, S. 166f.

90 Vgl. Hermann JANSSEN, Das amerikanische Freigabegesetz vom 10.3.1928 (Settlement of war claims act of 1928), mit einem Vorwort von Wilhelm KIESSELBACH, Mannheim – Berlin – Leipzig 1928; ders. The Return of Seized Private Property to German, Austrian and Hungarian Nationals, Düsseldorf 1955; SEIDL-HOHENVELDERN, Austrian-German Arbitral Tribunal, S. 10; Martin DOMKE, The War Claims Act of 1962, in: The American Journal of International Law, 57, 1963, S. 356f.

91 PAPE, Die Deutsch-Österreichischen Beziehungen, S. 167.

92 PAPE, Ungleiche Brüder, Seite 141, FN 10 mwN.

Eigentum" auf alle Besatzungszonen anwendet. Diese Position der Bundesregierung wurde auf Betreiben der sozialistischen Regierungsmitglieder und gegen den „entschiedenen Widerspruch" von Finanzminister Kamitz eingenommen.[93] Die Einfügung der neuen Formulierung des Artikel 35 in den Staatsvertrag stellte eine erhebliche Veränderung gegenüber dem bekannten Entwurf dar: Bislang war eine Rückgabe deutschen Eigentums beziehungsweise Entschädigungsleistungen für die Westzonen Österreichs nicht ausgeschlossen worden. „Die Bundesrepublik zahlte faktisch nun doch Reparationen an Österreich, was sie immer abgelehnt hatte. Die Westmächte hatten den ‚Blankoscheck' eingelöst, den die deutsche Bundesregierung notgedrungen im Überleitungsvertrag zu den Pariser Verträgen ausgestellt hatte, in der Gewißheit, das State Department würde dem Schutz des Privateigentums, vor allem des deutschen Alteigentums, absoluten Vorrang einräumen," stellt Matthias Pape fest.[94] Tatsächlich gaben die USA hier ein Grundprinzip der freien Welt zugunsten des Interessenausgleichs mit der Sowjetunion auf. Dabei kaschierten die Vereinigten Staaten ihre Interessenpolitik dadurch, daß sie die Okkupationstheorie anerkannten und ausdrücklich die Reparationsansprüche Österreichs gegenüber Deutschland rechtfertigten.[95]

Die bis zum Abschluß des Staatsvertrags anvisierten und dann im Vertrag realisierten vermögensrechtlichen Regelungen liefen auf eine Nostrifizierung des deutschen Eigentums in Österreich hinaus. Andererseits sollte die Republik Österreich im eigenen Namen und im Namen ihrer Staatsangehörigen auf alle am 8. Mai 1945 noch offenen Forderungen gegen Deutschland und deutsche Staatsangehörige aus der Zeit zwischen Anschluß und Befreiung verzichten. Schon am 21. September 1949 hatte die österreichische Regierung gegenüber den Alliierten ihre Bereitschaft erklärt, zum gegebenen Zeitpunkt die Inhaber gewisser Eigentumsrechte, etwa an kleinen Landwirtschaften und Gewerbebetrieben, Immobilien, Hausrat und persönlichen Gebrauchsgegenständen, wieder in ihre alten Rechte einzusetzen. Auch die österreichischen Gerichte entschieden in Vermögensprozessen zu Gunsten deutscher Staatsangehöriger.[96] Das setzte die österreichische Regierung zusätzlich unter Druck.

---

93 Vgl. Niels HANSEN, Eine peinliche Mission. Wien, 14. Mai 1955: Wider die Enteignung deutschen Vermögens durch den österreichischen Staatsvertrag, in: Historisch-politische Mitteilungen 2 (1995), S. 223-246.

94 PAPE, Die Deutsch-Österreichischen Beziehungen, S. 167.

95 Vgl. ebd.

96 Vgl. Zur Diskussion im Vorfeld des Staatsvertrages siehe: FRUS Staatsvertrag. Zur Rückgabebereitschaft: Erklärung der österreichischen Bundesregierung vom 21. September 1949, in: PLÖCHL / VLCEK, Die Rechtsvorschriften über das Deutsche Eigentum in Österreich, S. 23f. Zur Rechtsprechung: Entscheidung des Obersten Gerichtshofes Wien vom 4.5.1951. Vgl. SEIDL-HOHENVELDERN, The Austrian-German Arbi-

Bonn machte Druck hinsichtlich der Restituierung des vor 1938 begründeten deutschen Eigentums in Österreich. Es setzte aber auch auf Verhandlungen über jene Unternehmen, die nach dem Anschluß mit Kapital aus dem Deutschen Reich errichtet worden waren (ÖMV, Tauernkraftwerk, Reichswerke Hermann Göring u. a.).[97] Es ging vor allem um in Westdeutschland als wohlerworben und legitim angesehene Interessen einer großen Zahl von Kleineigentümern und um Eigentumsansprüche deutscher Konzerne.[98] Dies führte seit 1949 zu jahrelangen, teils äußerst heftigen Disputen zwischen Wien und Bonn.[99]

In der Debatte um den Zugriff auf das deutsche Eigentum in Österreich war Österreich, das sich als Opfer deutscher Aggression präsentierte, beharrlich auf der Suche nach juristischen Argumenten für die Konfiszierung deutscher Vermögenschaften. Dabei waren sich verantwortliche Beamte der Wiener Bundesregierung darüber im klaren, daß bei der Lösung der Eigentumsfrage die Hauptrolle „nicht-rechtliche Erwägungen" spielten.[100] „Mit anderen Worten: Aus politischen und wirtschaftlichen Gründen konnte Österreich die inzwischen verstaatlichten deutschen Altunternehmen nicht zurückgeben, aus finanziellen Gründen war ihm eine Entschädigung der früheren privaten Eigentümer und der Bundesrepublik als Rechtsnachfolger des Deutschen Reichs – zusätzlich zu der bereits von den Sowjets geforderten Ablöse von 150 Millionen Dollar – so gut wie unmöglich. Österreich hätte dann für das deutsche Eigentum in der sowjetischen Zone zweimal zahlen müssen, an die Sowjetunion und an die Bundesrepublik. ... Die Kunst österreichischer Diplomatie lag darin, Bonn über die Westmächte, die ein elementares Interesse an der ökonomischen Gesundung Österreichs hatten, zu bewegen, seine Forderungen zu reduzieren."[101] In den Bonner Ministerien sah man dieses Dilemma Österreichs sehr wohl, war aber nicht bereit, das klaglos hinzunehmen. Einerseits hatte Moskau in der Eigentumsfrage eine mächtigere Position als Bonn, andererseits mußte Wien bei der

---

tral Tribunal, S. 71. Siehe auch zusammenfassend: PAPE, Ungleiche Brüder, S. 146ff., 294ff.

97 Vgl. PAPE, Ungleiche Brüder, S. 148.

98 Zu den Eigentumsverhältnissen bei österreichischen Großunternehmen Franz MATHIS, Deutsches Kapital in Osterreich vor 1938, in: Thomas ALBRICH / Klaus EISTERER / Rolf STEINIGER (Hg.), Tirol und der Anschluß, Innsbruck 1988, S. 435-451; MATHIS, Big Business in Österreich, S. 16ff., 275ff.

99 Vgl. PAPE, Ungleiche Brüder, S. 147f.

100 Vgl. ebd., S. 148. Auf den von Bonn in die Diskussion gebrachten Begriff des „redlich erworbenen Eigentums", das vor dem Anschluß begründet worden sei und auf jeden Fall zurückgegeben werden müsse, reagierte man in Wien ausgesprochen gereizt (ebd., S. 150).

101 Ebd., S. 148f.

Formulierung seiner Politik berücksichtigen, daß die handelspolitische Abhängigkeit von Westdeutschland problematisch werden könnte.[102]

Die ungeklärte Frage nach der Behandlung des Deutschen Eigentums in Österreich war bei den Verhandlungen über die Ablösung des Besatzungsstatuts für Westdeutschland Gegenstand komplizierter Gespräche. Wien war bestens darüber informiert, daß Bonn nicht auf das deutsche Eigentum in Österreich verzichten wollte.[103] Adenauer hielt österreichische Reparationsansprüche gegen Deutschland für unbegründet. Nach seiner Auffassung hatte Österreich schon genug von der deutschen Besetzung profitiert und könne daher „keinen moralischen Rechtstitel auf das deutsche Eigentum in Österreich geltend machen".[104] Die Verhandlungen über die Ablösung des Besatzungsstatuts führten, wie erwähnt, zum Abschluß des Generalvertrags vom 26. Mai 1952 und den Pariser Verträgen vom 23.10.1954.

Bonn versuchte Österreich zur Aufnahme bilateraler Verhandlungen zu bewegen. Dabei verwies man auf den zunehmenden öffentlichen Druck in Westdeutschland und die Möglichkeit wirtschaftlicher Sanktionen. Die Eigentumsfrage wurde bald auch von den Mitgliedern der Bonner Bundesregierung thematisiert. So gab Ludwig Erhard im August 1952 anläßlich seines Besuchs der Messe in Dornbirn seiner Hoffnung auf ein „die psychologische Situation" grundlegend änderndes Zeichen österreichischer Gesprächsbereitschaft Ausdruck und lockte Wien mit großem Entgegenkommen, „das sich im Zufluß von Millionen Dollar, die in der österreichischen Handelsbilanz fehlten, auswirken könnte." Die bundesdeutschen Drohungen blieben nicht ohne Wirkung, denn ein deutscher Boykott würde die österreichische Wirtschaft schwer treffen. Die österreichische Seite ließ sich aber nicht weichklopfen und verwies auf den ausstehenden Staatsvertrag.[105] Schließlich provozierte Bonn den österreichischen Außenminister Gruber im Oktober 1952 zu einer vom Ministerrat sanktionierten Grundsatzerklärung über die österreichische Haltung zur Behandlung des deutschen Eigentums in Österreich: Ein Meinungsaustausch über grundlegende Fragen der Behandlung der strittigen Vermögensfragen wurde mit Hinweis auf bekannte juristische Argumente abgelehnt. Dennoch kam etwas Bewegung in die Sache, da Wien anbot, einigen deutschen Wünschen aus „Gründen der Billigkeit" im Rahmen der Vorschriften des Kontrollabkommens entgegenzukommen. Pape sieht die Ursache dieses Einlenkens in den Vorbereitungen für den für 1953 geplanten offiziellen Besuch von Außenminister Gruber in der Bundesrepublik. Am selben Tag wurde aber der österreichische Vertre-

---

102 Ebd., S. 148. Zur handelspolitischen Verflechtung NAUTZ, Wirtschaft und Politik.

103 Zu Einzelheiten siehe PAPE, Ungleiche Brüder, S. 151ff.

104 Zit. n. ebd., S. 151. Vgl. auch Hans Peter SCHWARZ / Rainer POMMERIN (Hg.), Adenauer und die Hohen Kommissare, Bd. 2., München 1990, Sitzung vom 4. April 1952.

105 Vgl. PAPE, Ungleiche Brüder, S. 156ff. mit Details.

ter in Bonn, Schöner, instruiert, den österreichischen Anspruch auf alle, auch die vor dem Anschluß begründeten deutschen Eigentumstitel, darzulegen, die deutschen Rückgabeforderungen zurückzuweisen und mit dem Wiederaufleben österreichischer Reparationsforderungen zu drohen. Auf einer Göttinger Wahlkampfveranstaltung kommentierte Bundesjustizminister Dehler von der FDP dieses österreichische Vorgehen mit den Worten: Die Wiener Koalition mäste sich am Deutschen Eigentum in Österreich.[106]

4. DER STAATSVERTRAG UND SEINE ROLLE FÜR DIE BEHANDLUNG DES DEUTSCHEN EIGENTUMS

Am 15. Mai 1955 konnte im Wiener Belvedere der „Staatsvertrag betreffend die Wiederherstellung eines unabhängigen und demokratischen Österreich“[107] mit den Alliierten des Zweiten Weltkrieges abgeschlossen werden.[108] Er trat am 27. Juli 1955 mit der Hinterlegung der Ratifikationsurkunden in Moskau in Kraft. Österreich hatte damit seine Souveränität zurückerlangt.

Der Staatsvertrag enthielt neben dem bekannten Neutralitätsgebot für Österreich eine Reihe wirtschaftlicher Bestimmungen. Unmittelbar im Staatsvertrag bzw. im Moskauer Memorandum vom 15. April 1955, im Wiener Memorandum mit Großbritannien und den Vereinigten Staaten von Amerika bzw. dem österreichisch-französischen Memorandum vom 10. Mai 1955[109] wurden viele wirtschaftliche Fragen behandelt; die wichtigsten Passagen betreffen die Reparationen und das Deutsche Eigentum. Mit dem Staatsvertrag vom 15. Mai 1955 übertrugen die Alliierten dieses Vermögen in wesentlichen Teilen der Republik Österreich. Gleichzeitig verlangten sie den Verzicht Österreichs auf alle zwischen 1938 und 1945 begründeten staatlichen und privaten Forderungen gegen Deutschland und deutsche Staatsangehörige.[110] „Vor allem die Eingliederung der Betriebe, die in der russischen Besatzungszone als ehemaliges Deutsches Eigentum von der

---

106 Zit. n. ebd., S. 158, dort weitere Details.

107 Bundesgesetzblatt der Republik Österreich (BGBlÖ), Nr. 152 vom 30. Juli 1955.

108 FRUS V.

109 Veröffentlicht in der Wiener Zeitung, Nr. 280, vom 2. Dezember 1955; abgedruckt in: Gerhard PLÖCHL / Josef VLCEK, Die Rechtsvorschriften über das Deutsche Eigentum in Österreich samt den einschlägigen Nebenbestimmungen, Wien – Stuttgart 1959, S. 17-27.

110 Vgl. BOCK, Durchführungsgesetz, S. 18ff.; VEITER, Das Potsdamer Abkommen in der österreichischen Rechtspraxis, S. 200ff.; SEIDL-HOHENVELDERN, The Austrian-German Arbitral Tribunal, S. 3ff.

russischen Besatzungsmacht verwaltet worden waren, in die österreichische Wirtschaft war neben den finanziellen Belastungen aus dem Abschluß des Staatsvertrags eine große Aufgabe. Wie schon bei der Stabilisierung war dabei die Verteilungsfrage politisch brisant."[111]

Mit Artikel 22 Ziffer 13 des Staatsvertrages verpflichtete sich Österreich, „mit Ausnahme der erzieherischen, kulturellen, karitativen und religiösen Zwecken dienenden Vermögenschaften keine der ihm als ehemalige deutsche Vermögenswerte übertragenen Vermögenschaften, Rechte und Interessen in das Eigentum deutscher juristischer Personen oder – sofern der Wert der Vermögenschaften, Rechte oder Interessen 260.000 Schillinge übersteigt – in das Eigentum deutscher physischer Personen zu übertragen." Diese Bestimmungen waren der österreichischen Regierung jedoch nicht ausreichend, so daß man umgehend an die Vorbereitung eines Durchführungsgesetzes zum Staatsvertrag ging. Diese Bestimmung wurde am 6. November 1990 durch die „Obsoleterklärung" dieses Artikels durch die österreichische Bundesregierung und deren Akzeptanz durch die Signatarstaaten des Staatsvertrages aufgehoben, um ein politisches Signal für den Beitritt zur Europäischen Union zu setzen und die von der Union verlangte Freizügigkeit des Kapitalverkehrs herzustellen.[112]

Während Artikel 22 das Deutsche Eigentum in Österreich an die Republik Österreich transferierte, enthielt Artikel 23 eine Verzichtserklärung, die sich in ähnlicher Weise in den Friedensverträgen mit Bulgarien, Italien, Rumänien und Ungarn findet.[113] Sie wurde von einigen als Folge des Londoner Schuldenabkommens betrachtet, die eingefügt worden sei, um das Gesamtpaket der deutschen Auslandsschulden befriedigend lösen zu können.[114] Zunächst einmal hatten österreichische Gläubiger auf der Basis des Staatsvertrags praktische keine Handhabe, ihre Forderungen gegenüber deutschen Schuldnern einzutreiben. Alle Forderungen, die zwischen dem 13. März 1938, dem Tag des Anschlusses, und dem 8. Mai 1945, dem Ende des Zweiten Weltkrieges, entstanden waren, waren auf dieser Basis nicht durchsetzbar. „This result was the end-product of various measures by the Occupying authorities in the Federal Republic of Germany which blocked foreign-held accounts and, subsequently, also the result of German legislative measures and of the interpretation given to the London Agreement on

---

111 Hans ABELE, Anmerkungen zu einer Wirtschaftsgeschichte der Gegenwart: Österreich seit 1945, in: Hans ABELE / Ewald NOWOTNY / Stefan SCHLEICHER / Georg WINCKLER (Hg.), Handbuch der österreichischen Wirtschaftspolitik, 3. Aufl., Wien 1989, S. 57-74, hier: 65.

112 Vgl. URBAN, Deutsch-Österreichische Wirtschaftsbeziehungen, S. 98.

113 Vgl. SEIDL-HOHENVELDERN, The Austrian-German Arbitral Tribunal, S. 7.

114 Vgl. ebd. Zum Londoner Schuldenabkommen siehe jetzt auch: Ursula ROMBECK-JASCHINSKI, Das Londoner Schuldenabkommen. Die Regelung der deutschen Auslandsschulden nach dem Zweiten Weltkrieg, München 2005.

German External Debts by the German Federal Court."[115] Sämtliche Versuche der Gläubiger, ihre Forderungen zu realisieren, wie auch alle – auch freiwilligen – Aktivitäten deutscher Schuldner, ihre Schulden zu begleichen, waren hart am Rande der Legalität. Auf diese Weise enthielten die Artikel 22 und 23 des österreichischen Staatsvertrages mit den Alliierten, so analysiert Ignaz Seidl-Hohenveldern, „clauses constituting deep inroads into well-established private rights, the one to the detriment of German citizens, the other to the detriment of Austrian citizens. Chances to obtain compensation from their own States for their losses were dim."[116] Der österreichische Oberste Gerichtshof (OGH) hatte Gläubigern solche Kompensation versagt. In der Bundesrepublik dauerte es über 15 Jahre, bis deutschen Eigentümern Entschädigungen zugestanden wurden.

5. DAS ERSTE STAATSVERTRAGS-DURCHFÜHRUNGSGESETZ

Etwa ein Jahr nach Inkrafttreten des Staatsvertrages beschloß der österreichische Nationalrat am 25. Juli 1956 das erste und wohl auch wichtigste Durchführungsgesetz zum Staatsvertrag.[117] Mit dieser kontrovers diskutierten Gesetzgebung wollte man die wichtigsten Probleme, welche sich aus den staatsvertraglichen Bestimmungen zum Deutschen Eigentum ergaben, normativ in den Griff bekommen. Allerdings wurden die Bereiche Land- und Forstwirtschaft, Wertpapiere, „Kleines Deutsches Eigentum" und einige andere komplizierte Sachverhalte noch nicht abschließend behandelt.

Das Erste Staatsvertragsdurchführungsgesetz enthielt erstmalig eine genaue Definition des Begriffes „Deutsches Eigentum". Nach Paragraph 1 des 1. Staatsvertragsdurchführungsgesetzes waren unter Deutschem Eigentum jene Vermögenswerte zu verstehen, die früher Eigentum einer deutschen physischen oder juristischen Person, des Deutschen Reiches oder einer seiner Einrichtungen waren und sich nun im Eigentum der Republik Österreich befanden. Absatz 3 bestimmt, daß das Eigentum juristischer Personen mit

115 SEIDL-HOHENVELDERN, The Austrian-German Arbitral Tribunal, S. 8. Siehe auch Brief Dr. Günther, Vorläufige Deutsche Geschäftsstelle des Schlichtungsausschusses der Ständigen Kommission (Deutsch-Österreichischer Vermögensvertrag v. 15.6.1957 an das Auswärtige Amt, Bonn, vom 31. Mai 1958, Inhalt: Teilabschrift aus der „Presse" vom 18. Mai 1958 „Die Praxis des Forderungsverzichts", in: HABuBa B 330/ 3737.

116 SEIDL-HOHENVELDERN, The Austrian-German Arbitral Tribunal, S. 8.

117 Bundesgesetz vom 25. Juli 1956, betreffend die Durchführung einzelner Bestimmungen des IV. Teiles des Staatsvertrages, in: BGBlÖ Nr. 165; abgedruckt in: PLÖCHL / VLCEK, Die Rechtsvorschriften über das Deutsche Eigentum, S. 208-234.

dem Sitz im Inland, deren Anteile zur Gänze oder zum Teil als „Deutsches Eigentum“ anzusehen waren, nicht auf die Republik Österreich übergegangen sind; auf diese sind nur die ehemals deutschen Anteilsrechte, z.B. Aktien und Geschäftsanteile, übergegangen. Damit wurde erreicht, daß diese juristischen Personen in ihrem Bestand erhalten blieben. Der Staat wurde nicht unmittelbarer Eigentümer der Vermögenswerte, sondern nur Anteilseigner, der seine Eigentumsrechte nach den bestehenden gesetzlichen Bestimmungen über derartige juristische Personen ausüben kann. [118]

So waren als Deutsches Eigentum anzusehen: Vermögenswerte einer deutschen physischen Person, die am 8. Mai 1945 die deutsche Staatsbürgerschaft besessen hatte; Vermögenswerte einer deutschen juristischen Person, die am 8. Mai 1945 ihren Sitz im Gebiet des Deutschen Reiches nach dem Stand vom 31. Dezember 1937 hatte und Vermögenswerte, die am 8. Mai 1945 dem Deutschen Reich oder einer seiner Einrichtungen gehört hatten. [119]

Paragraph 2 gibt eine Legaldefinition einer „deutschen Person“. Vor allem geht es hier um die Behandlung jenes Personenkreises, der mittels „Sammeleinbürgerung“ deutscher Staatsbürger geworden war. Dabei handelt es sich in erster Linie um die deutschen Volksgruppen in der Tschechoslowakei, Ungarn, Rumänien usw., die von den Nationalsozialisten en bloc mit der deutschen Staatsbürgerschaft ausgestattet worden waren. Die Alliierten haben diese Kollektiveinbürgerungen nicht anerkannt. So konnte deren Vermögen auch nicht unter dem Begriff des „Deutschen Eigentums“ erfaßt werden. Für Österreich war dieser Komplex von besonderer Bedeutung, da viele ehemalige österreichisch-ungarische Staatsbürger Besitz in Wien hatten. Dieser sollte ihnen jetzt, auch wenn er von der Sowjetunion beschlagnahmt worden war, zurückgegeben werden.[120] Ein weiterer Abschnitt befaßt sich mit der Haftung für Verbindlichkeiten (Paragraphen 4 bis 9). Es schließen sich weitere umfangreiche Bestimmungen an, mit denen die ganze Fülle der Vermögenswerte, Verfügungsrechte, Rentenansprüche, Forderungen und Verbindlichkeiten zumindest grundsätzlich geklärt werden sollten.[121]

Das Deutsche Eigentum war juristisch in mehrere Gruppen unterteilt worden: Der größte Teil des deutschen Privateigentums war vor 1938 begründet. Darunter fiel „kleines” Privateigentum (z.B. Immobilien) ebenso wie Industrieanlagen, selbständige Unternehmen, Tochtergesellschaften

---

118 Vgl. BOCK, Durchführungsgesetz, S. 29ff.; Wilhelm BUCOVICS, Das Deutsche Eigentum in Österreich und seine rechtliche Behandlung auf Grund des Ersten Staatsvertragsdurchführungsgesetztes, Wien 1956, S. 14.

119 BUCOVICS, Das Deutsche Eigentum in Österreich, S. 14.

120 Vgl. BOCK, Durchführungsgesetz, S. 32.

121 Einen ausführlichen Überblick gibt ebd., S. 29-67.

deutscher Firmen und deutsche Kapitalbeteiligungen an österreichischen Firmen. Eine zweite Gruppe bildete jenes deutsche Privateigentum, das nach 1938 erworben wurde. Ansprüche auf solche Vermögenswerte wurden einer intensiven Prüfung auf deren Entstehungszusammenhänge unterzogen, wobei die Art und Weise des Erwerbs jüdischen Eigentums eine wichtige Rolle spielte. Das Eigentum des Deutschen Reiches an nach 1938 mit reichsdeutschem Kapital gegründeten oder vergrößerten Staatsunternehmen bildete eine dritte Gruppe. Unter diesen Titel fielen Unternehmen wie die Reichswerke AG Alpine Montanbetriebe Hermann Göring in Linz.[122]

Zu den Vermögenswerten gehörten land- und forstwirtschaftliches Vermögen, Grundvermögen, Betriebsvermögen sowie sonstiges Vermögen. Das land- und forstwirtschaftliche Vermögen, welches unter öffentlicher Verwaltung stand, wies einen Umfang von ungefähr 110.000 Hektar aus, die überwiegend forstwirtschaftlich genutzt wurden. Zu diesen land- und forstwirtschaftlichen Vermögenswerten kam noch das sogenannte ehemalige Reichsvermögen mit einer Größe von circa 100.000 Hektar. Das Grundvermögen umfaßte Mietwohngrundstücke, Bauflächen, Einfamilienhäuser. Zu der Gruppe der Betriebsvermögen zählten 852 Betriebe. Davon waren 241 Einzelunternehmen, 168 offene Handelsgesellschaften, 159 Gesellschaften mit beschränkter Haftung sowie 82 Aktiengesellschaften und 14 Genossenschaften, Gewerkschaften und sonstiges. In die Gruppe des sonstigen Vermögens gehörten Anteilsrechte, Aktienpakete und ähnliches.[123]

Die österreichische Rechtsprechung war sich schnell darin einig, daß die von den Besatzungsmächten „innegehabten oder beanspruchten ehemaligen" deutschen Vermögenswerte entgegen der Formulierung des Artikel 22 des Staatsvertrages nicht durch die Alliierten als bisherige Eigentümer auf Österreich übertragen worden waren. Vielmehr erfolgte dieser Auffassung nach die Übereignung gemäß der einheitlichen österreichischen Rechtsprechung 1955 durch den Staatsvertrag mittels eines österreichischen Gesetzes. Der österreichische Verwaltungsgerichtshof äußerte sich 1956 dahingehend, daß seit dem Inkrafttreten des Staatsvertrages die vormaligen deutschen Eigentümer nicht mehr als die „bisher Verfügungsberechtigten" angesehen werden konnten. Abgesehen von ganz wenigen abweichenden Entscheidungen vertrat die österreichische Rechtsprechung die Position, daß der Staatsvertrag, der ein österreichisches Verfassungsgesetz darstellt, als österreichisches Gesetz erst das deutsche Eigentum konstitutiv auf die Republik Österreich übertragen habe.[124] „Somit haben nicht die Alliierten

---

122 Vgl. MATHIS, Big Business 1, S. 23ff. und 294ff.; PAPE, Ungleiche Brüder, S. 141f.; SANDGRUBER, Ökonomie und Politik, S. 423.

123 Vgl. ebd.

124 Vgl. SEIDL-HOHENVELDERN, The Austrian-German Arbitral Tribunal, S. 3; ders. Entscheidungen nationaler Gerichte in völkerrechtlichen Fragen. Österreichische Rechtsprechung 1945–1950, in: Zeitschrift für ausländisches öffentliches Recht und Völker-

als zufolge des Potsdamer Abkommens Berechtigte das Deutsche Eigentum auf Österreich übertragen, sondern der Staatsvertrag von 1955 hat dies als österreichisches Konfiskationsgesetz erstmals – mit Wirkung vom 27. Juli 1955 völkerrechtlich und vom 31. Juli 1955 innerstaatlich – getan."[125] Die Bundesrepublik hatte sich zuvor, wie bereits weiter oben dargelegt, mit dem Pariser Vertragswerk vom 23. Oktober 1954, das durch das Überleitungsgesetz vom 30. März 1955 ins innerdeutsche Recht übernommen wurde, darauf festgelegt, daß sie die Bestimmungen in einem künftigen Staatsvertrag mit Österreich hinnehmen werde.[126] Als Konsequenz der Verstaatlichung des Deutschen Eigentums in Österreich schmolz der Anteil deutschen Kapitals am Nominalkapital österreichischer Kapitalgesellschaften auf unter 10 Prozent.[127] Für den Bereich der Versicherungswirtschaft finden sich statistische Angaben zur Rückführung der deutschen Beteiligungen in dieser Branche in Österreich bei Peter Ulrich Lehner. Demzufolge war von den zum Teil schon vor dem Anschluß bestehenden und bis 1945 auf bis zu 100 Prozent aufgestockten Eigentumstiteln an österreichischen Versicherungsunternehmen in den fünfziger Jahren praktisch nichts mehr übrig geblieben.[128] Nicht alles enteignete deutsche Eigentum blieb auch im Staatsbesitz. Unternehmen und Unternehmensbeteiligungen, die nicht unter die Rubriken der Verstaatlichungsgesetze fielen, wurden nach und nach vom österreichischen Staat veräußert. Bis 1958 waren rund 660 Verkaufsausschreibungen erfolgt. 1957 konnte der Bund in Österreich gemäß einem ungezeichneten Artikel in der österreichischen Zeitschrift „Berichte und Informationen" aus dem Verkauf und aus Erträgnissen Deutschen Eigentums Einnahmen in Höhe von 64 Millionen Schilling erzielen. Im gleichen Jahr wurden deutsche Guthaben in Höhe von 45 Millionen Schilling zugunsten des Bundesbudgets eingezogen, im Haushaltsjahr 1958 waren es 25,4 Millionen Schilling. 1957 erwirtschaftete der Bund in Österreich aus ihm übertragenen deutschen Aktien 22,3 Millionen Schilling. Die Banken führten im gleichen Zeitraum 35 Millionen Schilling und die verstaatlichten Unternehmen 157,2 Millionen Schilling an die Bundeskasse ab.[129]

---

recht 14, 1952, S. 248-250; VEITER, Das Potsdamer Abkommen in der österreichischen Rechtspraxis, S. 203.

125 VEITER, Potsdamer Abkommen, S. 202f.

126 Vgl. ebd., S. 203.

127 Vgl. Ferdinand LACINA / Oskar GRÜNWALD, Auslandskapital in der österreichischen Wirtschaft, Wien 1970, S. 62.

128 Vgl. Peter Ulrich LEHNER, Das Versicherungswesen in der Zweiten Republik, S. 838.

129 Deutsches Eigentum, das zum Staatsbesitz wurde. Eine erste Übersicht über eine große Gruppe neuer Bundesanteile, ungez. Artikel, in: Berichte und Informationen 1958, S. 9-10.

Folgt man einem vertraulichen Bericht der Deutschen Botschaft in Wien vom 15. April 1959, so waren für die Jahre 1956 bis 1959 insgesamt 567,5 Millionen Schilling in den entsprechenden Budgetabschlüssen bzw. dem Voranschlag für 1959 eingestellt.[130] Die Nettoerlöse aus der Veräußerung ehemals deutschen Eigentums sind deutlich unter den Erwartungen in Österreich und den Befürchtungen in Deutschland geblieben.[131]

130 Deutsche Botschaft an das Auswärtige Amt, Bericht 52/59 VSV, vom 15. April 1959, in: HABuBa B 330/3738. Siehe auch: Deutsche Botschaft an das Auswärtige Amt, RK 506-80 S, vom 24. Februar 1959, in: HABuBa B 330/3739.

131 Vgl. Bericht Mueller-Graaf an Auswärtiges Amt, 518-01 E/351 Ber. Nr. 57/58, vom 22. Januar 1958, in: PA B 86 – 763.

III. DER WEG ZUM DEUTSCH-ÖSTERREICHISCHENVERMÖGENSVERTRAG

1. DER EKLAT ÜBER DIE ENTEIGNUNG DEUTSCHER VERMÖGENSWERTE IN ÖSTERREICH

In Bonn zeigte man sich äußerst überrascht über die vermögensrechtlichen Bestimmungen des Staatsvertrages. Es herrschte große Verärgerung darüber, daß es nun tatsächlich zu einer endgültigen Enteignung aller deutschen Vermögenswerte in Österreich gekommen war. Obwohl sich die Bundesrepublik bereits mit dem Pariser Vertragswerk vom 23. Oktober 1954 dazu verpflichtet hatte, die Bestimmungen eines künftigen Staatsvertrages Österreichs mit den Alliierten hinzunehmen, fühlte sich die Bundesregierung in Bonn düpiert.[132] Für viele Alteigentümer dürfte es auch ein Schock gewesen sein.[133]

Bereits während der Verhandlungen zwischen den Alliierten und Österreich über den Abschluß des Staatsvertrags zur Wiedererlangung der Souveränität war es mehrfach zu scharfen Interventionen seitens der deutschen Bundesregierung gekommen. Bonn wandte sich besonders gegen die Neuformulierungen bezüglich des Deutschen Eigentums.[134] Dabei richtete sich die Empörung nicht nur gegen Österreich sondern auch gegen die Westalliierten, mit denen Bonn neuerdings im Rahmen der NATO verbündet war.[135]

Unmittelbar nach der Vertragsunterzeichnung protestierte der deutsche Vertreter in Wien, Carl Hermann Mueller-Graaf, gegen diesen Vorgang bei

---

132 In seinem Bericht über die politische Lage sagte Adenauer am 3. Juni 1955 im Bundesvorstand der CDU: „... ich möchte nur das eine sagen: Die Art und Weise, wie wir von Österreich behandelt worden sind, war alles andere als schön. Und es scheint – ich darf wohl auf Ihre Diskretion rechnen –, daß diese Art und Weise der Behandlung der Bundesrepublik Deutschland in Moskau vorher überlegt worden ist; ich meine jetzt das Eigentum der Deutschen." (Adenauer: „... Wir haben wirklich etwas geschaffen.". Die Protokolle des CDU-Bundesvorstands 1953–1957. Forschungen und Quellen zur Zeitgeschichte, Bd. 16, bearbeitet von Günter BUCHSTAB, Düsseldorf 1990, Nr. 8: 3. Juni 1955, S. 498).

133 Vgl. PAPE, Die Deutsch-Österreichischen Beziehungen, Kapitel 6; STOURZH, Um Einheit und Freiheit, Kapitel IV und V; Michael EBERT, Bonn – Wien. Die Deutsch-Österreichischen Beziehungen von 1945 bis 1961 aus westdeutscher Perspektive unter besonderer Berücksichtigung der Österreichpolitik des Auswärtigen Amtes, Berlin 2003, S. 125-154.

134 Vgl. S. 46f.

135 Vgl. STOURZH, Um Einheit und Freiheit, S. 530.

Österreichs Bundeskanzler Julius Raab und Außenminister Leopold Figl. Mueller-Graaf wurde kurz nach der Staatsvertragsunterzeichnung nach Bonn zurückbeordert.[136] Der deutsche Kanzler, Konrad Adenauer, protestierte bei den Westmächten gegen den Inhalt des Vertrags. Die deutsche Presse unterstützte die Bundesregierung bei ihren Angriffen auf das österreichische Vorgehen.

Parallel dazu wuchs in den Reihen der SPÖ und des linkskatholischen Flügels der ÖVP der Rechtfertigungsdrang: Man argumentierte, daß Deutschland Österreich mit Gewalt besetzt habe und daß man sich den amerikanischen Vorstellungen habe beugen müssen, um das Zustandekommen des Staatsvertrags nicht zu gefährden. Dagegen waren viele in der ÖVP und die 1955 gegründete Freiheitliche Partei Österreichs (FPÖ) mit diesem Vorgehen nicht einverstanden.[137] Es wurde der Vorrang des Privateigentums herausgestellt und zumindest die Rückgabe des vor dem Anschluß begründeten deutschen Alteigentums gefordert. Diese Politikergruppen plädierten für Verhandlungen mit Bonn. Der 15. Mai 1955 wurde nach Auffassung von Matthias Pape, „zum schwarzen Freitag für die Deutsch-Österreichischen Beziehungen."[138]

Die Vermögensfrage führte zu einer sich monatelang hinziehenden, heftigen Kontroverse in den Beziehungen zwischen Bonn und Wien. Diese fand auch in der Presseberichterstattung ihren Niederschlag.[139] Die Vorgänge um den Staatsvertrag sind bereits ausführlich in der Literatur ausgebreitet worden. Für den Bereich der Vermögensfrage ist, neben den Ausführungen eines Beteiligten,[140] vor allem auf die Arbeiten von Gerald Stourzh, Matthias Pape und Michael Ebert zu verweisen. Während Pape in Übereinstimmung mit Stourzh, der von einer „Eiszeit" in den Beziehungen zwischen Bonn und Wien spricht, die dramatische Formulierung vom „schwarzen Freitag" bemüht, hält Ebert solche Attribute für überzogen: „Tatsäch-

---

136 Vgl. Hermann-Josef RUPIEPER, Der besetzte Verbündete. Die amerikanische Deutschlandpolitik, Opladen 1991, S. 418ff.; PAPE, Die Deutsch-Österreichischen Beziehungen, S. 168; Gerald STOURZH, Um Einheit und Freiheit, S. 526ff.

137 Vgl. Rosmarie ATZENHOFER, Wie das Deutsche Eigentum wieder „deutsch" wurde, in: Margit SCHERB / Inge MORAWETZ (Hg.), In deutscher Hand? Österreich und sein großer Nachbar, Wien 1990, S. 61-85, hier: S. 66f.

138 PAPE, Die Deutsch-Österreichischen Beziehungen, S. 169. Ein Steuerberater aus Berchtesgaden berichtet von (verbalen) Übergriffen auf „erkannte Österreicher" (Schreiben Rudolf Hammer an den Bundesaußenminister vom 8. Juni 1955, in: PA B 86 – 763.

139 Natürlich ist bekannt, daß die Neutralitätsproblematik ebenfalls zu großen Befürchtungen und zu Mißstimmung in Bonn geführt hat. Dieser Aspekt ist in der Literatur ausführlich diskutiert worden.

140 Nils HANSEN, Eine peinliche Mission. Wien, 14. Mai 1955: Wider die Enteignung deutschen Vermögens durch den österreichischen Staatsvertrag, in: Historisch-politische Mitteilungen. Archiv für Christlich-Demokratische Politik 2, 1995, S.223-246.

lich … stellte sich der Deutsch-Österreichische Meinungsstreit, den der Staatsvertragsschluß heraufbeschworen hatte, für als nicht so gravierend dar, wie die Abberufung Mueller-Graafs aus Wien sowie einige Äußerungen seitens der Politik oder der Presse es zu suggerieren vermochten. Äußerungen und Verhaltensweisen von Politikern und Funktionsträgern beider Seiten wie Raab und Kamitz sowie Mueller-Graaf noch lange vor dem 24. Juni, auf den Stourzh das Ende der Eiszeit zwischen Bonn und Wien datiert, legen nahe, daß gewiß auf deutscher Seite Mißfallen und Verstimmung herrschten, tatsächlich jedoch kein Anlaß für eine gravierende Krise mit ernster Gefährdung für die weitere Entwicklung der gegenseitigen Beziehungen gegeben war.“[141]

Anfang Juni hatte es Adenauer in der bereits erwähnten Bundesvorstandssitzung der CDU als Ziel seiner Politik bezeichnet, sich zu „bemühen … die Rechte unserer deutschen Landsleute nach Möglichkeit zu wahren.“ Und er fügte einschränkend hinzu: „Wieweit wir Erfolg haben werden, das läßt sich nicht überschauen.“[142] Die ablehnende Politik Washingtons gegenüber den Revisionsforderungen der Bonner Regierung[143] machte Adenauer bewußt, daß es zu einem Ausgleich mit Österreich kommen mußte. Er realisierte wohl auch, daß die Bundesrepublik sich weitgehend den Ergebnissen der Verhandlungen zwischen Österreich und den vier Besatzungsmächten würde fügen müssen.[144] Zusätzlich geriet Adenauer mit seiner Österreichpolitik auch in Deutschland in Bedrängnis.[145]

Andererseits konnte auch Österreich an einer andauernden Störung des Verhältnisses zur Bundesrepublik nicht interessiert sein. Die Mehrheit in Politik und Wirtschaft in beiden Staaten war an einer Westintegration ihrer Länder interessiert.[146] Jürgen Nautz stellt fest, daß in Österreich die Ange-

---

141 EBERT, Bonn – Wien, S. 147f.

142 ADENAUER: „… Wir haben wirklich etwas geschaffen.“. Nr. 8: 3. Juni 1955, S. 499.

143 Vgl. PAPE, Die Deutsch-Österreichischen Beziehungen, S. 168.

144 Vgl. NAUTZ, Wirtschaft und Politik, S. 160.

145 Vgl. PAPE, Ungleiche Brüder, S. 340f.

146 Es soll hier nicht die umfangreiche Debatte über die Differenzierung zwischen „Westernization“ und „Americanization“ aufgegriffen werden. Klar war, daß man nicht dauerhaft in den Einflußbereich der Sowjetunion geraten wollte, sondern in jenen der Vereinigten Staaten. Zu dieser Debatte siehe die Texte auf der Internetseite des DHI in Washington: www.ghi-dc.org/conpotweb/westernpapers. Vor allem: Volker BERGHAHN, Conceptualizing the American Impact on Germany: West German Society and the Problem of Americanization, The American Impact on Western Europe: Americanization and Westernization in Transatlantic Perspective: www.ghi-dc.org/conpotweb/westernpapers/berghahn.pdf; Mary NOLAN, Americanization or Westernization?, The American Impact on Western Europe: Americanization and Westernization, in: www.ghi-dc.org/conpotweb/westernpapers/nolan.pdf. Zur Haltung österreichischer Politiker siehe: Gerhard JAGSCHITZ, Amerikanisierung oder Europäisierung? Globale Prozesse in der europäischen Transformation, in: Peter GERLICH / Krysztof GLASS

legenheit etwas komplizierter war: „The orientation to the west, wanted by an overwhelming majority, required a reflection of delimitation at all actions opposite the Soviet-Union which occupied and dismantled the eastern regions of the country. The 2nd Austrian Republic had in addition to build up a distance opposite Germany to protect the windfall profits from the spirit of Moscow. Significantly, attempts on all sides to rebuild their relationship were burdened by lingering memories of civil war, the complicity of not only few Austrians in the crimes of Hitler's regime, the difficult relations to the two new Germanys, and emerging cold war tensions. On the other hand it got very quickly clear, that a beneficial development of the business relations to Western Germany was essential for Austria's economic prosperity. In addition something like a 'foreign policy community of fate' arose with increasing of the east west confrontation."[147]

Österreich bemühte sich vor allem aus ökonomischen Interessen um eine Entspannung der Beziehungen zu Bonn. Dies entsprach auch dem Willen der deutschen Wirtschaft[148]. Österreich wollte sich wirtschaftlich in den Westen einbinden. Dazu benötigte es intensive wirtschaftliche Kontakte zur Bundesrepublik. Bereits während der Zwischenkriegszeit litten die traditionellen Orientierungen aus den Jahren des „gemeinsamen Marktes" der Habsburgermonarchie an Bedeutungsschwund. Die Anteile der Nachfolgestaaten der Monarchie am österreichischen Außenhandel blieben bedeutend, allerdings bei einem insgesamt gegenüber der Zeit vor dem Ersten Weltkrieg deutlich reduzierten Handelsvolumen. Nach dem Anschluß produzierte die expandierende österreichische Wirtschaft für die kriegswirtschaftlichen Bedürfnisse von Hitler-Deutschland. Neben der Orientierung der Waren- und Kapitalströme war es, wie bereits dargestellt, zu einer Verlagerung der Produktion in die westlichen Landesteile Österreichs gekommen. Die zunehmende Kapitalverflechtung mit dem Reich und der Aufbau von Konzernstrukturen intensivierte diese „Westorientierung" bereits während der Anschlußjahre.[149]

(Hg.), Verwestlichung Europas (Zentraleuropa Mitteleuropa. Gemeinsamkeiten und Trennlinien, Bd. 13), Wien – Poznań 1999, S. 25-39.

147 Jürgen NAUTZ, The Early Discussions about Private Ownership and Property Rights and the Process of Westernization in Austria, paper presented at the conference "The Westernization/Americanization of Austria in the Twentieth Century, Joint Annual Symposium: University of New Orleans/Center for Austrian Culture and Commerce and University of Innsbruck, New Orleans, 6.-8. Mai 2002

148 Vgl. Vermerk Bracker, 5. Januar 1956, in: BA B 126 – 9170, berichtet über einen Aufenthalt von zwei Angestellten des Bundesverbandes der Deutschen Industrie vom 6. bis 9. Dezember 1956 in Wien zwecks Kontaktaufnahme mit der österreichischen Industriellenvereinigung.

149 Vgl. URBAN, Deutsch-Österreichische Wirtschaftsbeziehungen, S. 71ff.; NAUTZ, österreichische Handelsvertragspolitik; Fritz WEBER, Die wirtschaftliche Entwicklung, in: Emmerich TÁLOS / Herbert DACHS / Ernst HANISCH / Hans STAUDINGER

Ab 1946 konnte Österreich mit seinen Nachbarstaaten Schweiz, Tschechoslowakei, Italien und Deutschland einen regulären Handelsverkehr auf sehr niedrigem Niveau in Gang setzen. Mit Deutschland folgten Handelsabkommen mit einjähriger Laufzeit, die den Warenaustausch auf Basis von Kontingenten regelten.[150] Am 13. Mai 1954 kam es in Wien zum Abschluß eines Handelsabkommens, in dem die Einrichtung einer gemischten Kommission vereinbart wurde.[151]

Die Blockbildung des Kalten Krieges wirkte sich nachhaltig auf die Entwicklung des österreichischen Außenhandels aus. Die nach dem Krieg fortgesetzte Westorientierung zeigt sich deutlich in der Entwicklung der regionalen Verteilung seines Außenhandels: Zwischen 1946 und 1954 fiel der Anteil der osteuropäischen Staaten (UdSSR, Polen, Tschechoslowakei, Ungarn, Rumänien und Bulgarien) bei den kommerziellen Importen von 23,2 Prozent auf 8,5 Prozent, bei den kommerziellen Ausfuhren aus Österreich von 22,2 auf 7,8 Prozent. Im gleichen Zeitraum stieg der Anteil der kommerziellen Importe aus den OEEC-Staaten von 70 auf 78,5 Prozent, mit einem Tiefpunkt von 55,1 Prozent im Jahr 1948. Der Exportanteil in diese Staaten kletterte von 66,8 auf 69,5 Prozent. Ganz signifikant ist die wieder ständig anwachsende Bedeutung der deutschen Volkswirtschaft für Österreich: Der westdeutsche Anteil an den österreichischen Importen nahm von 17,6 Prozent im Jahr 1947 auf 36 Prozent im Jahr 1954 zu. 1947 gingen gerade einmal 4,4 Prozent der österreichischen Exporte nach Westdeutschland, 1954 waren es bereits 23,5 Prozent.[152] „Ein gewisser ‚bias' zugunsten

---

(Hg.), Handbuch des politischen Systems Österreichs. Erste Republik 1918–1933, Wien 1995, S. 23-42, hier: 31f.

150 Vgl. Der Bundesminister für Wirtschaft, Außenhandelsrundschreiben Nr. 12/50a vom 29. November 1950, Betr.: Handelsabkommen mit Österreich 1950/51; Presse- und Informationsamt der Bundesregierung, Pressemitteilung Nr. 620/50 vom 28. Juni 1950; Der Bundesminister für Wirtschaft, Außenhandelsrundschreiben Nr. 5/51 vom 23. Januar 1951, Betr: Warenabkommen mit Österreich vom 19. Januar 1951, alle in: PA B 11 – 1403.

151 Vgl. Presse- und Informationsamt der Bundesregierung, Pressemitteilung Nr. 547/54 vom 14. Mai 1954; Schreiben Mueller-Graaf an das Auswärtige Amt vom 13. Mai 1954, Betr.: Unterzeichnung des Handelsabkommens zwischen der Bundesrepublik Deutschland und Österreich; zugleich: völkerrechtliche Lage der Wirtschaftsdelegation in Wien; Der Bundesminister für Wirtschaft, V C 4 – 62 853/55, Runderlaß Außenwirtschaft Nr. 28/55 vom 12. April 1955; Protokoll über die in der Zeit vom 18. März bis 5. Februar 1955 in Hamburg und vom 15. März bis 25. März 1955 in Wien geführten Verhandlungen des Deutsch-Österreichischen Gemischten Regierungsausschusses, vom 25. März 1955. Alle in: PA B 11 – 1403. In der Gemischten Kommission wurden die Warenkontingente besprochen und ausgehandelt. Siehe auch PAPE, Ungleiche Brüder, S. 119-126.

152 Vgl. Franz NEMSCHAK, Zehn Jahre österreichische Wirtschaft 1945–1955, Wien 1955, S. 61; URBAN, Deutsch-Österreichische Wirtschaftsbeziehungen, Übersicht 14, S. 76.

der BRD", analysiert Waltraut Urban, „lag zum einen in der unmittelbaren Nachbarschaft dieser neu errichteten Betriebe zur BRD, in der ursprünglichen Ausrichtung dieser Betriebe auf den ‚großdeutschen' Markt sowie in den bestehenden Geschäftsverbindungen der vormals in deutschem Eigentum befindlichen Industriebetriebe."[153]

Die Intensivierung der wirtschaftlichen Zusammenarbeit mit der Bundesrepublik, insbesondere Unternehmenskooperationen und Kapitalverflechtungen war teilweise heftig umstritten.[154] Der Wille zur Zusammenarbeit wurde auch in der Behandlung von deutschen Unternehmensbeteiligungen spürbar.[155] Rosmarie Atzenhofer zeigt an einigen Beispielen, daß die politischen Entscheidungsträger in Österreich durchaus gewillt waren, den Begriff des „Deutschen Eigentums" im Sinne der deutschen Alteigentümer zu interpretieren, wenn dem kein besonderes Interesse der Republik Österreich entgegenstand. Es gab allerdings auch Betriebe, welche die deutschen Alteigentümer nicht zurückhaben wollten. So soll die DEGUSSA kein Interesse an einem indirekten Rückkauf der HIAG-Werke GmbH gezeigt haben, da die Produktionsanlagen als veraltet angesehen wurden und die Firmenleitung mit hohen Modernisierungskosten rechnete.[156] Zu den direkten Beteiligungen kamen indirekte Beteiligungen über Adressen in Drittstaaten.[157]

Neuinvestitionen aus Deutschland standen zunächst die ungeklärte Frage des Deutschen Eigentums in Österreich und die Behandlung österreichischer Vermögenswerte in Deutschland entgegen. Bis Anfang der 1960er Jahre gab es kaum bundesdeutsche Neuinvestitionen in Österreich. Oskar Grünwald und Ferdinand Lacina weisen für das Jahr 1961 eine Nominalbeteilung bundesdeutscher Kapitalgeber von 406,2 Millionen Schilling, bzw. 9,5 Prozent der gesamten ausländischen Direktbeteiligungen nach. Dies bedeutete Rang 5 für die Bundesrepublik. Bis 1969 stieg dieser Anteil auf 27,7 Prozent oder 2.862,1 Millionen Schilling. Damit erreichte die Bun-

---

Ausführliche Außenhandelsdaten in: Kammer für Arbeiter und Angestellte für Wien, Wirtschafts- und Sozialstatistisches Handbuch 1970, Wien 1971, Tabellen IX.10f.

153 URBAN, Deutsch-Österreichische Wirtschaftsbeziehungen, S. 77.

154 Vgl. beispielhaft: Studiengruppe zur Förderung der österreichischen Wirtschaftsentwicklung (Hg.), Der kalte Anschluß, Wien 1959; Studiengruppe zur Förderung der österreichischen Wirtschaftsentwicklung (Hg.), Der kalte Anschluß, II, Wien 1963.

155 Vgl. PAPE, Ungleiche Brüder, S. 454f.; Bericht Mueller-Graaf an Auswärtiges Amt, 518-01 E/351 Ber. Nr. 57/58, vom 22. Januar 1958, in: PA B 86 – 763.

156 Bericht Mueller-Graaf an Auswärtiges Amt, 518-01 E/351 Ber. Nr. 57/58, vom 22. Januar 1958, in: PA B 86 – 763.

157 Vgl. ATZENHOFER, Wie das Deutsche Eigentum wieder „deutsch" wurde. Atzenhofers anklagender Schreibstil gehört in die Reihe einiger, nach der deutschen Wiedervereinigung in Österreich modernen „Angstliteratur", die eine neue deutsche Anschlußpolitik kommen sah. Dennoch sind die angeführten Beispiele informativ.

desrepublik bei den Direktbeteiligungen Rang 1, gefolgt von den USA (18,5 Prozent), der Schweiz (15,5 Prozent) und Großbritannien (8,7 Prozent).[158] Bei den bundesdeutschen Direktbeteilungen in Österreich überwog bei den Unternehmen die Rechtsform der „Gesellschaft mit beschränkter Haftung", in großem Abstand gefolgt von der „Aktiengesellschaft", „GmbH & Co. KG" und „Kommanditgesellschaft".[159]

Tabelle 8: Österreichs Anteil an den gesamten bundesdeutschen Direktinvestitionen, 1959–1969, in Mio. DM und v. H.

Jahr	Stand Jahresende	Zunahme gegenüber Vorjahr	v. H. an den gesamten dt. Direktinvestitionen
1959	62,0		2,8
1960	82,3	20,3	2,8
1961	137,1	54,8	3,6
1962	187,9	50,8	3,8
1963	238,4	50,5	3,9
1964	306,1	67,7	4,2
1965	438,8	132,7	5,3
1966	493,2	54,4	4,9
1967	660,0	166,8	5,5
1968	794,3	134,3	5,5
1969	924,0	129,7	5,2

Quelle: GRÜNWALD / LACINA, Auslandskapital, Tab. 23, S. 66. Zunahmewerte korrigiert

Zwischen 1960 und 1963 stiegen die deutschen Direktinvestitionen in Österreich regelmäßig um ca. 50 Millionen DM pro Jahr. Ab 1964 waren die jährlichen Zuwachsraten – mit Ausnahme des Jahres 1966 – noch höher. 1967 waren die deutschen Direktinvestitionen in Österreich mit 5,5 Prozent beinahe doppelt so hoch wie 1959, als sie bei 2,8 Prozent lagen.[160]

In den Nachweisen über die Nominalbeteiligungen sind Einzelfirmen, offene Handelsgesellschaften und persönlich haftende Gesellschafter bei Kommanditgesellschaften nicht enthalten, da diese kein Nominalkapital besitzen. Da diese jedoch fast ausschließlich aus der Bundesrepublik kamen, sind die hier aufgeführten deutschen Anteile eher zu niedrig angesetzt. Hinzu kommen Kooperationsverträge, die ebenfalls Einfluß auf die Entscheidungsstrukturen haben.[161]

Basierend auf den Daten von 1964 läßt sich feststellen, daß mehr als die Hälfte der bundesdeutschen Investitionen in Österreich Mehrheitsbeteiligungen waren. Die Summe lag Ende 1964 bei 166,1 Millionen DM, die

158 GRÜNWALD / LACINA, Auslandskapital, S. 62f.

159 Vgl. ebd.

160 Siehe Tabelle 8.

161 Vgl. GRÜNWALD / LACINA, Auslandskapital, Ss. 63, 111ff.

sonstigen Beteiligungen lagen bei 59,4 Millionen DM. Die Kapitalausstattung rechtlich unselbständiger Zweigniederlassungen belief sich auf 10,9 Millionen DM.[162] Von den „Darlehen an affiliierte Unternehmungen" in Höhe von 69,7 Millionen DM vermuten Oskar Grünberg und Ferdinand Lacina, daß diese überwiegend an Firmen gegangen sind, welche in deutschem Mehrheitsbesitz waren.[163]

Tabelle 9: Bundesdeutsche Direktbeteiligungen in Österreich nach Rechtsform der Unternehmen

Rechtsform	Nominalbeteiligung 1969	Nominalbeteiligung 1961
AG	781,9	164,1
GmbH	1.630,0	242,1
GmbH & Co KG	283,9	k. A.
KG	166,3	k. A.

Quelle: GRÜNWALD / LACINA, Auslandskapital, S. 62f.

2. ANSÄTZE ZUR LÖSUNG DES „VERMÖGENSDILEMMAS"

Beide Seiten begannen bald nach der ersten Aufregung, an einer Deeskalation des Konflikts über die deutschen Vermögenswerte zu arbeiten. „Bei aller Härte in den Verhandlungen über die äußerst schwierige Frage der Regelung der Vermögensfrage," so die Analyse von Jürgen Nautz, „blieb doch der Wille, Voraussetzungen für eine positive Entwicklung der bilateralen Beziehungen zu schaffen, die übergeordnete Maxime. Gerade auch für Österreich mußte dies ein vorrangiges außenpolitisches Ziel sein."[164] Mueller-Graaf hatte schon im Mai während der Deutsch-Österreichischen Krise um den Staatsvertrag gewarnt, daß ein schlechtes Verhältnis zu Österreich sich auf die Position der Bundesrepublik in Europa „psychologisch abträglich" auswirken müsse.[165]

Nach einer vorübergehenden Unterbrechung der offiziellen Kontakte zeichnete sich ab Ende Juni eine Verbesserung des Klimas ab, die Gerald Stourzh nicht zuletzt auf die Neubesetzung des Außenministerpostens in

162 Vgl. ebd., S. 66f.; Daten basieren auf Monatsberichte der Deutschen Bundesbank, Dezember 1965.

163 Siehe ebd., S. 66.

164 NAUTZ, Wirtschaft und Politik, S. 160.

165 Vgl. Bericht Mueller-Graaf an das Auswärtige Amt vom 31. Mai 1955, in: PA B 130 – 4696a.

Bonn zurückführt: Heinrich von Brentano, der am 7. Juni 1955 das Amt übernommen hatte, habe eine ruhigere Haltung in das Auswärtige Amt gebracht.[166] Der weitere Verlauf der Deutsch-Österreichischen Gesprächsfäden ist nicht Gegenstand dieser Arbeit, da er schon von verschiedenen Autoren dargestellt und analysiert wurde. Verwiesen wird dazu auf die Arbeiten von Gerald Stourzh, Matthias Pape und Michael Ebert.[167] Manuela Hoffmann widmet sich in ihrem Dissertationsprojekt explizit der Entstehungsgeschichte des Vermögensvertrages. An dieser Stelle soll daher nur kurz auf die über 18 Monate dauernden Vorbereitungsarbeiten zum Deutsch-Österreichischen Vermögensvertrag eingegangen werden.[168]

Die Regierung in Wien änderte im Oktober 1955 auffallend rasch ihre Politik gegenüber Bonn. Dies wurde in Artikeln des Parteiorgans der ÖVP, der „Österreichischen Neuen Tageszeitung", einer Verlautbarung der Bundesregierung und am 25. Oktober in einer Rede Raabs besonders deutlich.[169] Bemerkenswert war auch die Aussage des führenden ÖVP-Politikers Alfons Gorbach, daß Österreich eine Mittlerrolle zwischen Ost und West nur dann spielen könne, „wenn es ein freier, aber auch deutscher Staat" bleibe.[170] Das neue, freundlichere Klima wurde beim offiziellen Besuch des deutschen Außenministers Heinrich von Brentano im November 1955 spürbar. Die beiden Bundesregierungen vereinbarten bei diesem Anlaß im November 1955 die Einsetzung einer „gemischten Kommission", die sich der Lösung der Vermögensproblematik annehmen sollte. Die Arbeit dieser Kommission sollte vom „Gedanken des Ausbaus und der Festigung der Beziehungen" zwischen der Bundesrepublik Deutschland und der Republik Österreich geleitet sein.[171]

166 Vgl. STOURZH, Um Einheit und Freiheit, S. 534.

167 Siehe ebd., bes. S. 526-537; PAPE, Ungleiche Brüder, bes. S. 294-349; EBERT, Bonn – Wien, bes. S. 143-166. Darüber hinaus gibt es eine ganze Reihe von Publikationen, die aber die Neutralitätsproblematik als Schwerpunkt haben.

168 Die Entstehungsgeschichte des Vermögensvertrages bearbeitet Frau Dipl. Oec. Manuela Hoffmann in einem Dissertationsprojekt am Fachbereich Wirtschaftswissenschaften der Universität Kassel, das von Univ.-Doz. Dr. Jürgen Nautz und Univ.-Prof. Dr. Hans Nutzinger betreut wird. Leider war das Manuskript bei Abschluß meiner Arbeit noch nicht fertiggestellt.

169 Vgl. EBERT, Bonn – Wien, S. 166.

170 Bericht des Spiegel, zit. n. ebd.

171 ABLEITINGER, Deutsch-Österreichische Nachkriegsbeziehungen, S. 208; NAUTZ, Wirtschaft und Politik, S. 160.

3. DIE VERHANDLUNGEN ZUR VORBEREITUNG DES VERMÖGENSVERTRAGES

Die von den beiden Bundesregierungen vereinbarte Einsetzung einer „gemischten Kommission“ wurde bereits einen Monat später in die Tat umgesetzt. Die „Gemischte Kommission zur Regelung der Vermögensfragen“ tagte insgesamt siebenmal in Form von Arbeitstagungen. Diese Tagungen konnten auch mehrere Wochen dauern.

Vor dem Start der offiziellen Verhandlungen am 20. Dezember 1955 wurden im Auswärtigen Amt Verhandlungsziele und Gesprächsstrategien festgelegt. Erste Anhaltspunkte für die Formulierung der deutschen Verhandlungsziele und die Verhandlungsstrategie finden sich in einem Bericht Mueller-Graafs von Anfang September 1955. Darin formulierte er Wünsche für das in Vorbereitung befindliche Durchführungsgesetz zu Artikel 22 des Staatsvertrages: Zunächst müßten alle Vermögenswerte, die nach dem 8. Mai 1945 erworben worden seien oder aber bis dato noch nicht erfaßt seien, von weiteren Interventionen verschont bleiben. Die Komplexe kulturellen, karitativen, religiösen und erzieherischen Vermögens sollten möglichst großzügig interpretiert werden, z.B. sollten Hütten des Alpenvereins neben historischen Gebäuden, Bibliotheken oder Kunstsammlungen unter diese Kategorie fallen. Die im Staatsvertrag vorgegebene Höchstgrenze für die Rückgabe privaten deutschen Eigentums sollte in dem Sinne verstanden werden, daß diese Obergrenze nicht auf den Eigentümer, sondern auf das jeweilige Vermögen angewandt wird. Das heißt, jemand, der Eigentumsrechte an wirtschaftlich getrennten Objekten oder Unternehmen hatte, sollte sein jeweiliges Eigentum bis zur Höhe von 260.000 Schilling zurückbekommen. Er konnte nach diesem Vorschlag also gegebenenfalls Werte zurückbekommen, die ein vielfaches dieser Summe ausmachten. Entsprechend sollte bei Erbfällen mit mehreren natürlichen Personen vorgegangen werden. Beim Verkauf von Vermögenswerten, die auf die Republik Österreich übergegangen waren, sollte der deutsche Alteigentümer immer hinzugezogen werden. Außerdem erwartete Mueller-Graaf Entschädigungsleistungen für einwandfreies Eigentum.[172]

Außenminister Heinrich von Brentano faßte am 9. Dezember 1955 in einem Vortrag auf einer Konferenz führender Beamter des Auswärtigen Amtes in Bonn (8. bis 10. Dezember 1955) zusammen, welche Ziele bei den Verhandlungen in der Gemischten Kommission verfolgt werden sollten: Bei dem mittleren und großen industriellen deutschen Besitz in Österreich sollte versucht werden zu retten, was noch zu retten war. Man wollte einen Weg finden, die „wirtschaftlich notwendigen Bindungen zwischen deutscher Mutter und österreichischer Tochtergesellschaft nicht unorganisch“ zu

172 EBERT, Bonn – Wien, S. 158f.

durchtrennen.[173] Durch langfristige Pachtverträge und die Hinzuziehung von Vertrauensleuten der Alteigentümer sollte bei landwirtschaftlichen und mittleren gewerblichen Vermögen eine gewisse Planungssicherheit erreicht werden. Für das Kleine Deutsche Eigentum sowie für religiöse, karitative und kulturelle Vermögenschaften sollte eine möglichst großzügige Auslegung der Freibetragsgrenze erzielt werden: Verhandlungsziel war demnach die Wertermittlung je Objekt beziehungsweise Vermögensart und nicht je Eigentümer. Die Bewertung sollte nicht nach Verkehrswert, sondern nach dem Einheitswert von 1940 erfolgen.[174] Überstieg eine Vermögenskategorie die Obergrenze von 260.000 ATS, sollte nur die überschüssige Summe gekappt, die im Staatsvertrag festgelegte Summe von 260.000 ATS jedoch freigegeben werden. Eine möglichst großzügige Regelung zugunsten der deutschen Alteigentümer sollte auch bei Verfahrensfragen und in der Frage der Staatsangehörigkeit angestrebt werden. Als kulturelles Vermögen wollte die deutsche Seite die Hütten des Deutschen Alpenvereins, den Naturschutzpark Hohe Tauern, historische Vermögen und Rechte an Kulturfilmen sehen.[175]

Quantitativ ging es nach Schätzungen der deutschen Delegation um Vermögenswerte und Investitionen der deutschen öffentlichen Hände in Österreich nach 1938 in Höhe von 12 Mrd. RM, was 1956 einem Verkehrswert von etwa 20 Mrd. DM entsprach.[176] Das unter öffentlicher Verwaltung oder Aufsicht stehende Privatvermögen größeren Umfangs natürlicher und juristischer Personen umfaßte rund 4.800 Objekte mit einem Gesamtwert von 3,5 Mrd. RM (rund 5,8 Mrd. DM). Das sogenannte „kleine" Privatvermögen natürlicher Personen auf wurde 500 Mio. RM (ca. 835 Mio. DM) geschätzt.[177]

Über dieses „kleine" Vermögen war Österreich, im Rahmen der Rückgabegrenze von 260.000 Schilling je Einzelfall (Staatsvertrag Art. 22, Ziffer 13), nur im Falle eines Entgegenkommens der bundesdeutschen Regierung

---

173 Kurzfassung der Gesprächspunkte, Anlage 1 Gesprächspunkte Österreich, PA B 86 – 833; EBERT, Bonn – Wien, S. 173.

174 Erstmals wurden in Österreich zwischen 1938 und 1940 die betrieblichen Einheitswerte auf Reichsmarkbasis festgestellt. Die alten Schilling-Einheitswerte wurden zu einem Kurs von 3 Schilling = 2 Reichsmark aktualisiert. Diese Werte, sowohl für das betriebliche Umlaufvermögens als auch für landwirtschaftliche Einheitswerte, waren die niedrigsten in der Periode von 1938 bis 1956. Nach 1942 lagen die Einheitswerte schon zwischen 10 und 20 Prozent höher. Wegen der extensiven Investitionstätigkeit in Österreich nach dem Anschluß lagen auch die Schulden im Durchschnitt höher. Siehe PAPE, Ungleiche Brüder, S. 449, Fußnote 14.

175 Vgl. EBERT, Bonn – Wien, S. 173.

176 Anlage 2 Investitionen der öffentlichen Hand in Österreich o. D. (Ende 1955), in: PA B 86 – 763.

177 PAPE, Ungleiche Brüder, S. 446.

beim sogenannten Forderungsverzicht verhandlungsbereit. Die österreichische Seite verknüpfte hier zwei Probleme miteinander: Zum einen ging es um die Bewertung des Kleinen Deutschen Eigentums, die Bonn natürlich zum Vorteil der Eigentümer geregelt sehen wollte, und zum anderen um den Forderungsverzicht Österreichs hinsichtlich aller am 8. Mai 1945 noch offenen Forderungen gegen Deutschland und seiner Staatsangehörigen.[178] Österreich forderte den Ausschluß österreichischer physischer und juristischer Personen vom österreichischen Forderungsverzicht sowohl gegen deutsche Staatsangehörige als auch gegen die Bundesrepublik in der Rechtsnachfolge des Deutschen Reiches als Privatrechtsträger nach Art. 23 Abs.3 des Staatsvertrages. Laut Matthias Pape lief das „auf eine weitgehende Rückgängigmachung der ‚Unbeschadetklausel' des Staatsvertrags hinaus", der Bonn mit Rücksicht auf das Londoner Schuldenabkommen eigentlich nicht zustimmen konnte.[179]

Wien wollte auch beim Lastenausgleich, bei der Kriegsopferversorgung und bei der Wiedergutmachungsgesetzgebung für NS-Opfer im öffentlichen

178 Art. 23 Staatsvertrag:
1. Vom Zeitpunkt des Inkrafttretens des vorliegenden Vertrages ist das in Deutschland befindliche Vermögen der österreichischen Regierung oder österreichischer Staatsangehöriger einschließlich von Vermögen, das nach dem 12. März 1938 gewaltsam aus dem österreichischen Staatsgebiet nach Deutschland verbracht worden ist, seinen Eigentümern wieder zurückzugeben. Diese Bestimmung bezieht sich nicht auf das Eigentum von Kriegsverbrechern oder Personen, die den Strafbestimmungen der Entnazifizierungsmaßnahmen unterliegen; solches Vermögen wird der österreichischen Regierung zur Verfügung gestellt, sofern es nicht gemäß den in Deutschland nach dem 8. Mai 1945 in Kraft stehenden Gesetzen oder Verordnungen blockiert oder konfisziert wurde.
2. Die Wiederherstellung österreichischer Vermögensrechte in Deutschland ist im Einklang mit Maßnahmen durchzuführen, die durch die Besatzungsmächte in Deutschland in ihren Besatzungszonen festgelegt werden.
3. Unbeschadet dieser und aller anderen zugunsten Österreichs und österreichischer Staatsangehöriger getroffenen Verfügungen der Besatzungsmächte in Deutschland verzichtet Österreich, unbeschadet der Giltigkeit (Anm.: richtig: Gültigkeit) bereits getroffener Regelungen, im eigenen Namen und im Namen der österreichischen Staatsangehörigen auf alle am 8. Mai 1945 noch offenen Forderungen gegen Deutschland und deutsche Staatsangehörige, mit Ausnahme jener, die aus Verträgen und anderen Verpflichtungen stammen, die vor dem 13. März 1938 eingegangen wurden sowie der vor dem 13. März 1938 erworbenen Rechte. Dieser Verzicht umfaßt alle Forderungen hinsichtlich der während der Zeit der Annexion Österreichs durch Deutschland durchgeführten Transaktionen und alle Forderungen hinsichtlich der während dieses Zeitraumes erlittenen Verluste oder Schäden, insbesondere hinsichtlich der im Besitz der österreichischen Regierung oder österreichischer Staatsangehöriger befindlichen öffentlichen deutschen Schulden und der Zahlungsmittel, die zur Zeit der Geldkonversion eingezogen wurden. Solche Zahlungsmittel sind bei Inkrafttreten des vorliegenden Vertrages zu vernichten.

179 PAPE, Ungleiche Brüder, S. 447.

Dienst eine Gleichstellung von österreichischen und deutschen Staatsbürgern.[180] Außerdem forderte Österreich die sofortige Rückgabe österreichischen Vermögens in Deutschland. Dabei bezog man sich in erster Linie auf noch in Deutschland befindliche Wertpapiere der öffentlichen Hand und das Gesandtschaftsgebäude in Berlin.[181]

Die Bundesregierung war bereit, über die Auslegung von Artikel 23 Abs. 3 Staatsvertrag, zu verhandeln und hatte auch keine Einwände gegen die Rückgabe des Gesandtschaftsgebäudes. Die österreichischen Forderungen bezüglich der Entschädigung und Versorgung von Kriegsopfern und Opfern des NS-Regimes wurden jedoch abgelehnt. Die Finanzierung der österreichischen Kriegsopferversorgung würde „eine in ihren Auswirkungen folgenschwere Anerkennung der österreichischen Okkupationstheorie darstellen". In Zahlen ausgedrückt fürchtete man bei jährlichen Zahlungen in Höhe von 350 Millionen DM Kosten in Höhe von insgesamt 5 Milliarden DM.[182]

Die Gemischte Kommission konstituierte sich am 20. Dezember 1955 in Wien. Dies war der Tag, an dem zwischen Wien und Bonn wieder reguläre diplomatische Beziehungen hergestellt wurden: Die deutsche Wirtschaftsdelegation in Wien wurde zur Botschaft, ebenso die österreichische Vertretung in Bonn. Der bisherige Leiter der Wirtschaftsdelegation war ab dem 21. Dezember der deutsche Botschafter in Wien. Die Wiener Botschaft in Bonn leitete Botschafter Rotter. Die deutsche Delegation in der Gemischten Kommission leitete Eugen Klee (Botschafter a.D.), die österreichische wurde von Botschafter Josef Schöner angeführt. Der Kontakt zur deutschen Botschaft in Wien wurde über deren Wirtschaftsreferenten Gemünd gehalten.[183] Vor Eintritt in die Tagesordnung gaben die beiden Delegationen kleine, symbolische Zugeständnisse bekannt: Die deutsche Seite teilte mit, daß die deutschen privaten Versicherungsträger die Rentenzahlungen an österreichische Versicherte bis zum Vorliegen eines Verhandlungsergebnisses der Gemischten Kommission „einstweilen" wieder aufnehmen würden.

---

180 Vgl. Briefwechsel zwischen dem Vorsitzenden der österreichischen Delegation der Gemischten Deutsch-Österreichischen Kommission und dem Vorsitzenden der deutschen Delegation der Gemischten Deutsch-Österreichischen Kommission vom 12. Juni 1957, in: HABuBa B 330/3735.

181 EBERT, Bonn – Wien, S. 172.

182 Abschrift. Österreichische Forderungen gegenüber der BRD, ebd. Kurzfassung der Gesprächspunkte, Anlage 1, PA B 11 – 1402, EBERT, Bonn – Wien, S. 172; Ernst FÉAUX DE LA CROIX / Helmut RUMPF, Der Werdegang des Entschädigungsrechts unter national- und völkerrechtlichem und politologischem Aspekt (Die Wiedergutmachung nationalsozialistischen Unrechts durch die Bundesrepublik Deutschland, hg. vom Bundesminister der Finanzen in Zusammenarbeit mit Walter Schwarz, Bd. 3), München 1985, S. 288ff.

183 Vgl. PAPE, Ungleiche Brüder, S. 445.

Der Leiter der österreichischen Delegation verkündete den Entschluß der österreichischen Bundesregierung, generell deutsche Kleinstguthaben natürlicher Personen, die im Einzelfall 500 Schilling nicht überstiegen, freizugeben; in besonderen Fällen durften es auch Beträge bis zu 5.000 Schilling sein.[184]

Die erste offizielle Sitzung war der Abklärung des weiteren Prozederes gewidmet. Es wurde vereinbart, daß die beiden Delegationsführer den Vorsitz der Gemischten Kommission gemeinsam ausübten. Sie bildeten einen Lenkungsausschuß, in dem gemeinsame Fragen geklärt werden sollten. Wegen der Vielfältigkeit der Materie wurden Unterkommissionen und Sonderausschüsse verabredet: Ausschüsse für wirtschaftliche, kulturelle, soziale und rechtliche Fragen. Dabei waren nur die Ansprüche Privater Personen Gegenstand der Erörterungen. Je Delegation und Unterausschuß sollte möglichst bald ein Hauptdelegierter bestimmt werden.[185]

Die Verständigung auf die Organisationsstruktur der Kommission war problemlos. Die inhaltlichen Verhandlungen waren dagegen ausgesprochen zäh, da Österreich für jedes Zugeständnis im Rahmen von Artikel 22 Staatsvertrag ein äquivalentes Zugeständnis hinsichtlich der bilateralen Handhabung von Artikel 23 Abs. 3 verlangte. Dies lehnte die deutsche Delegation ab. Sie wollte ein Paket, mit dem die Gesamtproblematik geregelt wurde. Erschwerend kam hinzu, daß sich der österreichische Ministerrat lange Zeit nicht über ein einheitliches Vorgehen bei der Behandlung des Deutschen Eigentums einigen konnte. Dies schwächte die Verhandlungsfähigkeit der österreichischen Delegation: Figl, Raab, Kamitz und Staatsekretär Fritz Bock wollten eine schnelle Reprivatisierung der auf die Republik übertragenen deutschen Vermögenswerte oder deren Übergang auf Firmen, die das Vertrauen der früheren deutschen Unternehmen hatten. Dagegen betrachteten die sozialpolitisch stark profilierten Linken der ÖVP die konfiszierten Vermögenswerte als Grundstock für ihre politischen Visionen. So wurde dies etwa vom Vorsitzenden des österreichischen CV, Hermann Withalm, geäußert.[186] Withalm löste im September Bock als Staatssekretär

---

184 Vgl. EBERT, Bonn – Wien, S. 174.

185 Vgl. ebd.

186 Vgl. Deutsche Botschaft Wien, Bericht, Österreichische Absichten in den Verhandlungen über das deutsche Eigentum, 18. Februar 1957, in: PA B 86 – 762: „... es gehe dem Österreichischen Arbeiter- und Angestelltenbund (ÖAAB) um die Verwirklichung seiner vom rechten Flügel der ÖVP als utopisch angesehenen Pläne über das ‚Werkseigentum'. Die Übernahme auch von ehemals privatem deutschen Eigentum ... böte besonders günstige Möglichkeit, diese Art von Mitbesitz der Arbeiter und damit die Verwirklichung der Sozialreform dieser katholischen Linken zu verwirklichen. Die Rückgabe an die Deutschen hingegen würde diese Experimentiermöglichkeiten verlorengehen lassen. Es sei also ein sozialpolitischer Beweggrund und ‚nicht nur Deutschfeindlichkeit' ..." Withalm war ein Verfechter des Volksaktiengedankens. Helmut WITHALM, Aufzeichnungen, 2. Aufl., Graz – Wien – Köln 1974, S. 57-65.

ab. Withalm favorisierte die Ausgabe von Volksaktien. Hiervon waren unter anderen auch ehemals in deutschem Besitz befindliche Unternehmen betroffen.[187] Diese Pläne stießen aber auf mehr oder weniger große Vorbehalte bei den neuen Mehrheitseigentümern.[188]

Auch in der ÖVP nahm die Furcht vor einem neuen Anschluß via Unternehmensbeteiligungen zu.[189] Die deutsche Delegation wurde bei den Vermögensverhandlungen von der österreichischen Industrie unterstützt. Der Geschäftsführer des Salzburger Industriellenverbandes beklagte den „schwindenden guten Willen" bei der ÖVP und bat die deutsche Seite um Geduld. Für die angestrebte enge wirtschaftliche Verflechtung mit Westdeutschland wurde hier eine „positive Lösung der Vermögensfrage" als notwendig angesehen.[190] Diese enge wirtschaftliche Zusammenarbeit mit der Bundesrepublik war für eine positive wirtschaftliche Entwicklung Österreichs zwingend notwendig, „mochte aus Gründen der Staatsräson vor dem Hintergrund der jüngsten Geschichte die Distanzierung von der Bundesrepublik noch so geboten erscheinen."[191]

Die erste Arbeitstagung der Gemischten Kommission fand vom 31. Januar bis 3. Februar 1956 in Bonn statt.[192] Hier verständigten sich die Delegationen auf die Verteilung vieler Detailfragen auf Unterkommissionen. Für besonders schwierige Materien, wie die Bereinigung der Wertpapierproblematik, das Deutsche Eigentum in Österreich einschließlich der damit verknüpften Bewertungs- und Verfahrensproblematik und die auf Vorschußbasis wiederaufgenommenen Rentenzahlungen in die Alpenrepublik, wollte die deutsche Seite gerne zusätzliche Sonderausschüsse konstituieren. Weitere Sonderausschüsse sollten für die zufällig kriegsbedingt nach Öster-

---

Vgl. auch Josef BÖS, Drei Volksaktien-Experimente, in: Die Gegenwart 13. Jg. (Nr. 4), Nr. 306 vom 22. Februar 1958, S. 125-126. ÖVP Pressedienst vom 20. Februar 1957, in: PA B 86 – 751

187 Vgl. „Weitere Volksaktien-Emmissionen in Österreich", ungez. Artikel aus der Stuttgarter Zeitung, in: BA B 126 – 26003.

188 Vgl. Bericht Mueller-Graaf an Auswärtiges Amt, 518-01 E/351 Ber. Nr. 57/58, vom 22. Januar 1958, in: PA B 86 – 763.

189 PAPE, Ungleiche Brüder, S. 450ff.; Fritz BOCK, Probleme des Deutschen Eigentums, in: Berichte und Informationen v. 13. April 1956, S. 249-251; MATHIS, Big Business I, S. 275; Fritz DIWOK / Hildegard KOLLER, Reinhard Kamitz – Wegbereiter des Wohlstands, Wien u.a. 1977, S. 158ff. Zur Position der Liberalen in der ÖVP siehe auch: Frederic C. ENGELMANN, Haggling for the Equilibrium: The Renegotiation of the Austrian Coalition, 1959, in: American Political Science Review 56 (1961), S. 651-662.

190 Vgl. PAPE, Ungleiche Brüder, S. 454, Anm. 30 ebd.

191 Ebd., S. 454f.

192 Vgl. Kurzprotokoll über die erste Arbeitstagung der Gemischten Deutsch-Österreichischen Kommission in der Zeit vom 31. Januar bis 3. Februar 1956 in Bonn, 506-518-01/55-Gem.Komm.-64/56, in: HABuBa B 330/4634.

reich gelangten Wirtschaftsgüter und für besondere Problemstellungen an der Deutsch-Österreichischen Grenze bei der Landwirtschaft, bei Energie, Versorgung, Wasser, Holz und Zoll gebildet werden. Große Bedeutung maß Bonn auch dem gewerblichen Rechtsschutz, etwa deutscher Neuinvestitionen nach dem 27. April 1945, zukünftiger deutscher Niederlassungen und Marken- und Urheberrechte bei. Daneben hatte das Auswärtige Amt Tagesordnungspunkte für die weiteren Sitzungen ausgearbeitet. Darunter fanden sich kulturpolitische Themen, Fragen der Definition der Staatsangehörigkeit und die Revision des Gmundner Abkommens vom 27. April 1953.[193] Mit dem Gmundner Abkommen war die finanzielle Versorgung von Beamten des Deutschen Reiches, welche während des Krieges oder in den Nachkriegswirren in Österreich ansässig geworden und hier ohne Versorgungsansprüche geblieben waren, geregelt worden. Bonn hatte zur Deckung der Ausgaben 1953 einen Pauschalbetrag von 5,6 Millionen DM und 1954 von 6 Millionen DM gezahlt. Die Streitigkeiten über das Deutsche Eigentum in Österreich verhinderten eine für 1955 vorgesehene Überprüfung der deutschen Zahlungshöhe. Eine deutsche Zahlungsverpflichtung wurde im Grundsatz nicht bestritten.[194]

Während das Protokoll der zweiten Arbeitssitzung keine Ergebnisse dokumentiert,[195] wurden während der dritten Arbeitstagung vom 30. April bis 9. Mai 1956 in Baden-Baden erste Konkreta vereinbart:[196] Die Delegationen legten fest, die Zollausschlußgebiete Kleines Walsertal und Jungholz aus dem Geltungsbereich des Staatsvertrags herauszunehmen. Sogenannte „verlagerte" Güter, Hausrat und persönliche Habe sollten ohne Wertgrenze zurückgeben werden. Ebenso die Rückgabe von 143 Alpenschutzhütten, die man als Deutsches Eigentum für kulturelle Zwecke definierte und dadurch von der Obergrenze für rückgabefähige Vermögen befreite. Weiterhin wurde in der Gemischten Kommission vereinbart, die Mitte 1955 ausgesetzten und zum 1. Januar 1956 wieder aufgenommenen Rentenzahlungen an 5.000

---

193 EBERT, Bonn – Wien, S. 176f. Zum Komplex „Film" siehe auch: Protokoll über die filmwirtschaftlichen Beziehungen zwischen der Bundesrepublik Deutschland und der Republik Österreich, o.D. (1951), in: PA B 11 – 1403.

194 Vgl. EBERT, Bonn – Wien, S. 177f., Fußnote 1014; PAPE, Ungleiche Brüder, S. 113f.

195 Vgl. Bundeskanzleramt, Auswärtige Angelegenheiten, Zl. 577.017-RE/56, Resumée-Protokoll über die 2. Arbeitstagung der Gemischten Deutsch-Österreichischen Kommission (15.-23. März 1956 in Wien) nebst beigefügter Protokolle der Unterausschüsse, in: HABuBa B 330/4634; Schlußprotokoll über die 2. Arbeitstagung der Gemischten Deutsch-Österreichischen Kommission, in: HABuBa B 330/4633; Aufstellung der Themen, über die in der Schlussitzung vom 3.2.1956 hinsichtlich ihrer Zuweisung an die Ausschüsse Übereinstimmung erzielt wurde, in: Ebd.; EBERT, Bonn – Wien, S. 177; PAPE, Ungleiche Brüder, S. 449f.

196 Vgl. Schlußprotokoll über die 3. Arbeitstagung der Gemischten Deutsch-Österreichischen Kommission, in: HABuBa B 330/3733.

österreichische Staatsangehörige sicherzustellen und die stornierten Renten nachzuzahlen.[197]

Die Verhandlungen in Baden-Baden gingen „in einer aufgelockerten und aufgeschlossenen Form“[198] vonstatten. Im Mittelpunkt stand die Umsetzung der Bestimmungen der Artikel 22 Ziff.13 und 23 Abs.3 des Staatsvertrages. Das deutsche Vermögen sollte auf Vorschlag Österreichs zur Ermittlung der Wertgrenze von 260.000 Schilling in zwei Gruppen eingeteilt werden: a) in land- und forstwirtschaftliche Vermögen, Grundvermögen, Betriebsvermögen und Anteile an Personengesellschaften mit Sitz in Österreich und b) in eine Kategorie unter die Rechte und Interessen, wie Kapitalforderungen, Bank- und Sparguthaben, Aktien, Obligationen, Anteile an Gesellschaften mit beschränkter Haftung und immaterielle Rechte fielen. Die österreichische Bank war bereit, ihrer Regierung für die Bewertung der deutschen Vermögen den 1. Januar 1955 als Stichtag zu empfehlen, womit das alte Bewertungsgesetz mit den Einheitswerten vom 1. Januar 1940 zugrunde gelegt worden wäre. Auf einer solchen Bemessungsgrundlage wären bei landwirtschaftlichen Vermögen das Sechs- bis Zehnfache, bei forstwirtschaftlichen Vermögen das Zehn- bis Fünfzehnfache, bei Einfamilienhäusern und anderen Hausgrundstücken das Sechs- bis Fünfzehnfache des eigentlich zulässigen Rückgabewertes von 260.000 ATS erreicht worden. Bei den Personengesellschaften (OHG, KG) und Personengemeinschaften (Ehen, Erbengemeinschaften) sollten die einzelnen Anteile je gesondert bewertet werden. Weiterhin konnten sich die Delegationen für die Wertermittlung auf eine Parität von 1 RM = 1 ATS verständigen.[199]

Zum Ausgleich erwartete Wien adäquate Zugeständnisse bei der Auslegung des in Artikel 23 Abs. 3 Staatsvertrag festgelegten Forderungsverzichts Österreichs. Dies wollten die deutschen Vertreter nicht akzeptieren, da sie hier die Proportionen nicht mehr gewahrt sahen. Immerhin wollte die deutsche Delegation die sogenannte „Unbeschadet-Klausel“ des Art. 23 Abs.3 StV wohlwollend auslegen. Der von Österreich vorgeschlagene Stichtag für die Bemessung der 260.000-Schilling-Grenze war der deutschen Delegation trotz der alten Einheitswerte zu ungünstig. Die Wertsteigerungen seit 1952 und der Kursverfall des Schillings gegenüber der Deutschen Mark hätten sich zu Lasten der deutschen Alteigentümer ausgewirkt. Angestrebt wurde stattdessen der 8. Mai 1945 als Stichtag für die Wertbemessung.[200]

Vom 26. Juni bis 10. Juli 1956 wurde in Pörtschach am Wörthersee die vierte Arbeitstagung der Gemischten Kommission abgehalten. Dort konnten

---

197 Vgl. EBERT, Bonn – Wien, S. 178; PAPE, Ungleiche Brüder, S. 450.

198 EBERT, Bonn – Wien, S. 178.

199 Vgl. PAPE, Ungleiche Brüder, S. 449.

200 Vgl. ebd.

weitere Fortschritte auf dem Weg zu einer Regelung der vermögensrechtlichen Fragen erreicht werden:[201] Die Vereinbarungen über die Zoll- und Währungsausschlußgebiete wurden in Kraft gesetzt. Auf den Gebieten Patentrecht, Urheberrecht, Markenschutz und beim Unternehmensrecht erzielte man Einigkeit. Die Empfehlungen des Sonderausschusses zur Durchführung des Gmundner Abkommens[202] wurden den beiden Regierungen vorgelegt. Außerdem wurde vereinbart, daß Deutsche ihren 1945 in Österreich beschlagnahmten Hausrat, Wohnungseinrichtungen sowie persönliche Gebrauchsgegenstände (einschließlich Schmuck) wieder zurückbekommen konnten. Dabei waren aber die Wertminderungen zu berücksichtigen, welche bis 1956 insbesondere bei Wiener Wohnungen zu beklagen waren, die mitsamt ihrer Einrichtung Dritten überlassen worden waren.[203]

In den wirklich entscheidenden Punkten gab es keine Fortschritte. Die österreichischen Nationalratswahlen warfen Ihre Schatten auf die Pörtschacher Verhandlungen.[204] Das Erstarken der ÖVP führte in der Koalition mit der SPÖ zu einer Umorientierung: weg von der Verstaatlichungspolitik hin zu einer stärkeren Betonung des Privateigentumsgedankens. Unter Finanzminister Reinhard Kamitz[205] wurde Staatssekretär Fritz Bock die Liquidierung des Deutschen Eigentums übertragen. Dies war neu in das Ressort hineingekommen. Bock befürwortete eine rasche Reprivatisierung der beschlagnahmten deutschen Vermögen. Dabei wurde er gestützt vom Wirtschaftsbund der Volkspartei und behindert von deren linkem Flügel.[206] Der Leiter der deutschen Delegation, Klee, sah seine Seite nach dem Wahlerfolg der ÖVP in einer schlechteren Situation, da sich der Einfluß des linken Flü-

201 Vgl. Schlußprotokoll über die 4. Arbeitstagung der Gemischten Deutsch-Österreichischen Kommission, in: HABuBa B 330/4635.

202 Vgl. Gemeinsame Niederschrift (der Delegationsleiter der Sonderkommission Franz Nüßlein (Bundesrepublik) und Georg Afuhs (Österreich), Hamburg, den 29. Mai 1956, in: PAB B86 – 484. Die Kommission tagte vom 24. bis 29. Mai 1956. Siehe auch: Bundeskanzleramt, Auswärtige Angelegenheiten, Zl. 577.017-RE/56, Resumée-Protokoll über die 2. Arbeitstagung der Gemischten Deutsch-Österreichischen Kommission (1. Sitzung des Sozialausschusses am 22.III.1956, 15 Uhr über das Gmundner Abkommen), in: Historisches Archiv Bundesbank, B 330/4634.

203 Vgl. PAPE, Ungleiche Brüder, S. 450f.; Gemischte Deutsch-Österreichische Kommission. Der Leiter der deutschen Delegation Botschafter a.D. Klee, Aufzeichnung. Bericht über die 4. Arbeitstagung der Gemischten Deutsch-Österreichischen Kommission in der Zeit vom 26. Juni bis 10. Juli in Pörtschach/Wörthersee, in: PA B 86 – 474, S. 57-64.

204 Zum Wahlergebnis, zur Kabinettsbildung und deren Auswirkungen siehe PAPE, Ungleiche Brüder, S. 451f.

205 Zu Reinhard Kamitz siehe: Fritz DIWOK / Hildegard KOLLER, Reinhard Kamitz – Wegbereiter des Wohlstands, Wien 1977.

206 Vgl. BOCK, Probleme des deutschen Eigentums; PAPE, Ungleiche Brüder, S. 451f. EBERT, Bonn – Wien, S. 181.

gels der ÖVP bei den Verhandlungen stark bemerkbar machte.[207] Er berichtet über die Einschätzung eines österreichischen Delegationsmitgliedes, das berichtet habe, daß man vor den Wahlen auf der ÖVP-Seite die Position vertreten habe, „daß es besser sei, das Eigentum den Deutschen zurückzugeben, als es in die Hände des Waldbrunner-Ministeriums gelangen zu lassen. Nach dem Ergebnis der Wahlen sei nunmehr diese Gefahr als gebannt anzusehen, so daß die ÖVP ihre Bereitwilligkeit gegenüber den deutschen Eigentümern mehr als bisher von der Gewährung deutscher Konzessionen abhängig machen werde."[208] Hans Igler, der wirtschaftspolitische Berater des Wiener Bundeskanzleramtes, wollte den Abschluß eines Teilvertrages auf der Grundlage der sogenannten „Kleinstlösung": Freigabe von Land-, Forst- und Hausbesitz sowie von Betriebsvermögen von Einzelunternehmern gegen die völlige Preisgabe des Forderungsverzichts aus Artikel 23, Abs.3 Staatsvertrag. Dies hätte zu gegenseitigen Leistungen von 120 Millionen DM geführt, also einer vollständigen Bezahlung des von der Freigabe betroffenen deutschen Eigentums durch Deutschland.[209]

In zentralen Bewertungsfragen der Vermögensproblematik gab es keine Annäherung. Die deutsche Delegation sah sich „vorerst" nicht in der Lage, den von Österreich angebotenen 1. Januar 1955 als Bewertungsstichtag für alle Vermögen zu akzeptieren.[210] Sie nutzte aber die Gelegenheit, eine Reihe von Punkten zu präsentieren, unter denen der von Österreich als wünschenswert angesehene Teilvertrag zustande kommen könnte.[211] Für die Auslegung von Art. 22 Ziff. 13 wurden folgende Grundsätze vorgeschlagen:

1. Die Einsetzung des Wertes nach dem steuerlichen Einheitswert und nicht nach dem Verkehrswert.
2. Die Zugrundelegung eines günstigen Bewertungsstichtages (angestrebt war der Tag der Beschlagnahme, 8. Mai 1945).
3. Die Aufteilung des Vermögens nach einzelnen Vermögenschaften.
4. Die Zubilligung einer allgemeinen Freigrenze.
5. Die Freigabe der Wertpapiere im Rahmen der Freigrenze einschließlich Surrogate für Wertpapiere verstaatlichter Unternehmungen.
6. Die Regelung der sich aus der Haftung für ehemalige Verbindlichkeiten ergebenden Fragen.
7. Die Freigabe der Deckungs- und Anlagewerte für Versicherungs- und Kreditinstitute, sofern diese an österreichische Gläubiger zu leisten haben.

207 Klee, Aufzeichnung. Bericht über die 4. Arbeitstagung, in: PA B 86 – 474, S. 57.

208 Ebd., S. 57-64.

209 Vgl. ebd., S. 59-61.

210 Vgl. ebd., S. 61.

211 Vgl. ebd., S. 57-64.

8. Die rechtzeitige Benachrichtigung und Anhörung des Betroffenen vor der Veräußerung oder Verwertung seines Vermögens.
9. Die Einsetzung der Gemischten Kommission
   a) für die Überprüfung der Vermögensbewertung,
   b) für die Regelung besonderer Härtefälle im Rahmen der vorstehend skizzierten Lösung,
   c) als Instanz für die Vermittlung guter Dienste zu Gunsten der juristischen Personen, die mit Rücksicht auf die wirtschaftliche Verbindung zu Österreich von den Bestimmungen des Staatsvertrages besonders hart betroffen werden, unter Berücksichtigung des Interesses des Unternehmens und der beiderseitigen Volkswirtschaften.
10. Die Regelung der Fragen des gewerblichen Rechtsschutzes und des Urheberrechts.
11. Die Regelung des erzieherischen, kulturellen, karitativen und religiösen Vermögens.
12. Die Regelung von Verjährungs-, Erklärungs-, Vorlegungs- und Bekanntmachungsfristen.[212]

Nach dieser Konstruktion „wäre Privateigentum natürlicher Personen in Höhe von 270 Mio. DM frei geworden, dem deutsche Leistungen an Österreich im Rahmen von Staatsvertragsartikel 23 Abs. 3 von 150 Mio. DM gegenübergestanden hätten. Von den deutschen Privatvermögen, die auf 400 Mio. DM geschätzt wurden, wären 130 Mio. DM bei Österreich verblieben, ebenso das Eigentum juristischer Personen."[213] Die österreichische Seite war nicht bereit, diesen Katalog als Verhandlungsgrundlage zu akzeptieren und legte ihrerseits einen Vorschlag vor, der weit hinter den deutschen Vorstellungen zurückblieb.[214]

Bewegung in die festgefahrenen Verhandlungen brachte die fünfte Arbeitstagung in München.[215] Diese fiel zeitlich mit dem offiziellen Besuch Raabs in Bonn im Oktober 1956 zusammen.[216] Der Grund für diesen Meinungswechsel scheint die große Zurückhaltung Schweizer Bank- und Handelskreise gegenüber österreichischen Kreditwünschen bei Raabs Besuch

---

212 Vgl. Schlußprotokoll über die 5. Arbeitstagung der Gemischten Deutsch-Österreichischen Kommission, in: HABuBa B 330/3732; Bundesminister des Auswärtigen. Kabinettsvorlage. Bericht über die Deutsch-Österreichischen Vermögensverhandlungen in der Gemischten Kommission, in: PA B 86 – 475; PAPE, Ungleiche Brüder, S. 453f.

213 PAPE, Ungleiche Brüder, S. 454.

214 Vgl. Bundesminister des Auswärtigen. Kabinettsvorlage. Bericht über die Deutsch-Österreichischen Vermögensverhandlungen in der Gemischten Kommission, in: PA B 86 – 475

215 Vgl. ebd.

216 Zum Raab-Besuch siehe EBERT, Bonn – Wien, S. 179ff.

im September in Bern gewesen zu sein.[217] Diese Zurückhaltung hatte den Spielraum der österreichischen Politik „schlagartig eingeengt". Die österreichische Delegation rückte nun von der bisher geforderten Einzelfall-Behandlung ab. Dies wurde nicht ohne Pathos vorgetragen. Der österreichische Vorschlag für eine Gesamtlösung lief auf eine Annahme der Bonner 16-Punkte-Erklärung hinaus. Wesentlichstes Zugeständnis war der 1. Januar 1948 als Stichtag für die Bewertung des deutschen Eigentums, dies entsprach einer Parität von 1 Reichsmark gleich 1 Schilling. Dadurch konnte die durch die Konvertierung von Reichsmark zu Schilling und die österreichische Währungsreform entstandene Disparität ausgeglichen werden. Die nach dem Stichtag entstandenen Wertsteigerungen kamen den Begünstigten zugute und die Verbindlichkeiten und Erträge wurden bei der Wertfeststellung nicht berücksichtigt.[218] Dies öffnete den Weg zur Rückgabe von 99 Prozent des privaten Vermögens natürlicher Personen. Dazu zählten vierzig bis fünfzig Tausend kleinere und mittlere Eigentümer einschließlich der Personenhandelsgesellschaften und Gesellschaften mit beschränkter Haftung. Das Volumen dieser Rückgabefälle wurde insgesamt auf rund 330 Millionen DM geschätzt. Eine separate Lösung mußte für vierzig weitere Fälle gesucht werden.[219] Der Gesamtwert deutschen Privatvermögens in Österreich wurde in einem Vorbereitungspapier des Auswärtigen Amtes anläßlich des Staatsbesuchs Raabs vom 23. bis 25. Oktober 1956 in Bonn auf rund 4 Milliarden Reichsmark geschätzt, davon rund 500 Millionen RM Vermögen natürlicher Personen, beim öffentlichen Vermögen ging man von rund 12 Milliarden RM aus.[220] Von zentraler Bedeutung war auch der Wunsch, daß alte wirtschaftliche Bindungen nicht abreißen sollten. Die vorgesehene „ständige Kommission" sollte daher nach Lösungen für juristi-

---

217 Vgl. Bericht Hermann Pünder vom 18. April 1956, in: PA B 86 – 762. Hermann Pünder war auch „außerbeamtlicher Sonderbeauftragter der Bundesregierung für das gewerbliche Bundesvermögen außerhalb der Bundesrepublik" (siehe: Schreiben Pünder an MinDir Berger, Auswärtiges Amt, Abt. 5 (Rechtsabteilung) vom 28. Juli 1955, in PA B 86 – 762.

218 Vgl. PAPE, Ungleiche Brüder, S. 456f.

219 Vgl. Vermerk „Echte österreichische Zugeständnisse", in PA B 86 – 762, o.D. WV-Verm. 30.8. (56).

220 Vgl. Aufzeichnung, Betr.: Staatsbesuch des österreichischen Bundeskanzlers Raab in der Zeit vom 23.-25. Oktober 1956 in Bonn, hier: Gesprächsunterlagen über das Thema „Deutsches Eigentum", 4. Oktober 1956, in: PA B 86 – 762. Ausführliche Aufstellungen finden sich in diesem Bestand. Hier kann auch die Geschichte der Wertermittlung nachvollzogen werden, die im Auftrag der Bundesregierung von der Studiengesellschaft für privatrechtliche Auslandsinteressen e.V., Bremen, Arbeitsgruppe Österreich, Hügel 10 in Essen durchgeführt wurde. Hier finden sich auch die Liquidationen der Organisation.

sche Personen suchen.[221] Dies bedeutete die Akzeptanz eines Schlichtungsgremiums durch die österreichische Seite. Entgegenkommen zeigte Wien auch hinsichtlich der durch die Verstaatlichungen der Jahre 1946 und 1947 betroffenen deutschen Unternehmen. Deutsche Schuldner, die ihr Vermögen durch den Staatsvertrag verloren hatten, sollten auch dann nicht für Forderungen geradestehen müssen, wenn diese nicht unmittelbar im rechtlichen oder wirtschaftlichen Zusammenhang mit dem verlorenen Besitz standen (inkonnexe Forderungen). Das wesentliche deutsche Zugeständnis war die Preisgabe des österreichischen Forderungsverzichts im Staatsvertrag. Dies hatte in erster Linie eine Abschreibung der im Rahmen der Rüstungs- und Kriegswirtschaft nach Österreich gegebenen Kredite bei den deutschen Kreditinstituten zur Folge.[222]

Gegen diese Linie regte sich in Österreich Widerstand bei der SPÖ und bei der Parteilinken in der Volkspartei.[223] Sie befürchteten einen neuerlichen „Ausverkauf an Deutschland" und heizten die „Anschlußpsychose" in der öffentlichen Meinung an. In Deutschland war die Kreditwirtschaft über die ihr zugemuteten Forderungsverzichte verärgert. Anfang 1957 hatte die Skepsis der Alliierten gegenüber den Zielen der Deutsch-Österreichischen Vermögensverhandlungen zugenommen. Nachdem auch die Spannungen zwischen den Westmächten und der Sowjetunion wieder zunahmen, rechnete Wien damit, von Moskau der Staatsvertragsverletzung beschuldigt zu werden.

Die ungelöste Frage über die Höhe des deutschen Forderungsverzichts führte die Verhandlungen erneut in eine Krise. Die beteiligten Ministerial-

---

221 Vgl. Vermerk „Echte österreichische Zugeständnisse", in PA B 86 – 762, o.D. WV-Verm. 30.8. (56)

222 Vgl. PAPE, Ungleiche Brüder, S. 458. Der Streit über die Rechtmäßigkeit von Forderungen aus Rüstungsgeschäften, vor allem der letzten Kriegswochen, war ein Gegenstand, der später die Schieds- und Schlichtungsgremien beschäftigte. Siehe z.B. Vermerk MinR Weitnauer, Zahl 325, Betr. Schlichtungsverfahren Fa. Bossert, Stuttgart … ./: Republik Österreich, Wien, 23. Oktober 1959; Vermerk MinR Weitnauer, Zahl 26, Betr. Schlichtungsverfahren Pachta und Handel ./. Frau Martha Töpler, Wien, 23. Oktober 1959; Brief Weitnauer an Caspers, Wien, 23. Oktober 1959, alle in PA B 86 – 754, siehe auch: Deutsch-Österreichischer Vermögensvertrag. Berufung auf „bürgerlich-rechtlich begründete" Einwendungen, in: Außenwirtschaftsdienst des Betriebs-Beraters, Heft 10, Oktober 1959, S. 228. Uneinigkeit über Forderungsverzicht bei Pensionsansprüchen gab es ebenfalls nach Abschuß des Vermögensvertrages, vgl. z.B. MinR Weitnauer, Zl. 446, 447, 448. Vermerk betr. Schlichtungsverfahren Nr. 446, Hedda Allner und 6 andere ./. Republik Österreich, Schlichtungsverfahren Nr. 447, Hermine Benti und 16 andere ./. Republik Österreich, Schlichtungsverfahren Nr. 448, Maria Allner und 22 andere ./. Republik Österreich, Wien, 23. Oktober 1959, in: PA B 86 – 754.

223 Vgl. Studiengruppe Südost, Bericht „Hintermänner des deutschfeindlichen Aufsatzes in der ‚Furche'. Eine Aktion von ÖVP-Mandataren ohne Wissen Raabs", in: PA B 23 –57.

beamten und die deutsche Delegation mahnten angesichts des Erreichten, bald zu einem Vertragsabschluß zu kommen.[224] Finanzminister Schäffer plädierte für einen Vertragsabschluß, da Zehntausende wieder in ihre Eigentumsrechte eingesetzt würden, die Aufhebung des Forderungsverzichts jedoch nur 20 bis 30 „im übrigen meist sehr finanzkräftige deutsche Firmen" träfe, an deren Widerstand die Gesamtlösung nicht scheitern sollte. Staatssekretär Walther Hallstein wollte die Benachteiligung juristischer Personen hinnehmen, da das Gesamtpaket für Deutschland und seine Bürger weit positiver ausfiel, als dies erwartet worden war. Durch eine rasche Vertragsunterzeichnung sollte die reale Gefahr, daß die Sowjetunion intervenieren könnte, reduziert werden.

Die sechste Arbeitstagung der Gemischten Kommission fand in zwei Etappen statt: die erste ging vom 9. Januar bis 15. Februar 1957, die zweite vom 7. März bis 6. April. Inzwischen hatten die Angriffe in der österreichischen Öffentlichkeit und Presse gegen die Verhandlungen zugenommen.[225] Die katholische Zeitung „Die Furche" wurde dabei gerne als Sprachrohr genutzt. Die liberalen Kräfte in der Volkspartei waren an einer privateigentums-orientierten einvernehmlichen Lösung mit der Bundesrepublik interessiert. Auch sie konnten aber die Stimmung innerhalb ihres linken Flügels nicht ignorieren. Nach Einschätzung des deutschen Botschafters in Wien war unstrittig, daß Kanzler Figl aufrichtig bemüht war, die Verhandlungen zu einem einvernehmlichen Abschluß zu bringen. Nach Ansicht des Botschafters hänge dies aber auch von der weiteren Politik der „unterirdischen" Kreise ab. Dafür sind die Artikel des „Furche-Kreises" nur ein Beispiel. Zu dem „Furche Kreis" zählten neben anderen Friedrich Funder, Friedrich Heer und Kurt Skalnik.[226] Nach Ansicht Eberts sind deshalb im Auswärtigen Amt die taktischen Überlegungen zur Fortführung der 6. Arbeitstagung Mitte März 1957 nochmals intensiviert worden. Die Gespräche hakten in erster Linie bei der Regelung der Schuldenhaftung und bei Forderungen von Banken und Versicherungen.[227]

Die Vertragsunterzeichnung war während des für den Juni geplanten offiziellen Besuchs Adenauers in Wien vorgesehen. Möglicherweise hat auch dieser Zeitdruck geholfen, daß sich die Gemischte Kommission am 5. April 1957 auf einen Vertragsentwurf verständigte, obgleich noch Dissens bei drei Problemkomplexen bestand. Seitens der deutschen Wirtschaft bestand noch die Forderung nach Klärung des Problems von Ausfallhaftungen für

224 Vgl. PAPE, Ungleiche Brüder, S. 458ff.

225 Vgl. EBERT, Bonn – Wien, S, 186f.; PAPE, Ungleiche Brüder, S. 458. Siehe die Akten im Bestand PA B 86 – 751.

226 Vgl. Deutsche Botschaft Wien, Bericht an das Auswärtige Amt Bonn, 9. Februar 1957, in: PAB B 86 – 751.

227 Vgl. EBERT, Bonn – Wien, S, 186.

den Fall, daß deutsche Schuldner nach 1945 in Österreich ihr Vermögen verloren hatten. Es gab keinen Erfolg für die deutsche Initiative, Österreich die sogenannten inkonnexen Forderungen abzukaufen, da man sich nicht auf einen Preis einigen konnte. Die Differenz zwischen Schäffers Offerte über 5 Millionen DM und der Wiener Forderung in Höhe von zuletzt 12 Millionen DM ließ sich nicht überbrücken.[228]

Die Gemischte Kommission hatte für den Bereich Ausfallhaftung eine Härteklausel beschlossen, die deutschen Schuldnern, die in Österreich erhebliche Vermögensverluste hinzunehmen hatten, einen Weg eröffnete, ihre Vermögenseinbußen unter bestimmten Umständen mit den ihnen gegenüber erhobenen Forderungen zu verrechnen. Damit waren weder der österreichische Finanzminister Kamitz, noch der Staatssekretär Withalm und Bundeskanzler Raab einverstanden. Der deutsche Botschafter in Wien suchte mit Kamitz außerhalb der Kommission nach einer Lösung. Zu dieser Zeit gab es auch erhebliche Störfeuer seitens der DDR. Die deutsche Bundesregierung wies deshalb ihre Vertreter in der Gemischten Kommission an, auf eine Formulierung der Härtefallklausel hinzuarbeiten und für die inkonnexen österreichischen Forderungen ein Volumen zwischen 5 Millionen und 10 Millionen DM auszuhandeln.[229]

Nach einigen erneuten Irritationen kam es schließlich am Ende der 7. Arbeitstagung der Gemischten Kommission vom 27. Mai bis 12. Juni 1957 in Bonn zur Unterzeichnung des Vertragsentwurfs.[230] Am 31. Mai 1957 wurde auf Initiative des Außenministers im Bundeskabinett die Vermögensvertragsmaterie diskutiert. Im Kabinett äußerte sich Außenminister Brentano „sehr zufrieden" über das bisherige Verhandlungsergebnis. „Nach dem Staatsvertrag hätte Österreich nur Werte von 100 bis 120 Mio. DM freizugeben brauchen, jetzt handele es sich um 500 bis 600 Mio. DM, das bedeute etwa 95 % des Eigentums der natürlichen Personen."[231] Demgegenüber hatte der Finanzminister eine Reihe von Einwänden: Diese bezogen sich auf den Bereich der konnexen und inkonnexen Forderungen sowie auf die Regelungen bezüglich der Kreditforderungen deutscher Banken an österreichische Gläubiger. Ebenso war der Finanzminister gegen den Vorschlag der österreichischen Seite, einen Briefwechsel zum Vermögensver-

---

228 Vgl. PAPE, Ungleiche Brüder, S. 462; Schreiben Gemischte Deutsch-Österreichische Kommission. Der Leiter der Deutschen Delegation an Außenminister, vom 2. Februar 1957; Schreiben Leiter der Deutschen Delegation in der Gemischten Kommission an Botschafter Josef Schöner, Bundeskanzleramt, Wien, nebst 5 Anlagen, vom 1. Februar 1957, beide in: PA B 86 – 751.

229 PAPE, Ungleiche Brüder, S. 464f.

230 Vgl. Tagungsendprotokoll über die 7. Arbeitstagung der Gemischten Deutsch-Österreichischen Kommission, in: BA 126 – 9164, auch in HABuBa B 330/3735.

231 Die Kabinettsprotokolle der Bundesregierung. Bd. 10 – 1957, bearbeitet von Ulrich ENDERS und Josef HENKE, München 2000, 184. Sitzung am 31. Mai 1957, S. 278f.

trag auszutauschen, mit dem eine Einbeziehung österreichischer Staatsangehöriger in die Lastenausgleichsregelungen der Bundesrepublik eröffnet werden sollte.[232] Dieser Vorschlag beruhte auf schon sehr früh vorgetragenen Forderungen. Er hätte zur Folge, daß Österreicher mit Angehörigen der Vereinten Nationen gleichgestellt werden und so hinsichtlich der Aufbringung der Kosten von der Bundesrepublik Österreich eine privilegierte Position eingeräumt bekommen. Auf der Leistungsseite sollten Österreicher wie Deutsche behandelt werden.[233] Das Finanzministerium sah hier enorme Ausgaben auf die Bundesrepublik zukommen. Bundesfinanzminister Schäffer argumentierte in seiner Kabinettsvorlage, daß es „Österreich mit Rücksicht auf sein Ansehen in der westlichen Welt, auf seine Kreditwürdigkeit und auf den für das Land lebenswichtigen Fremdenverkehr ... niemals [hätte] wagen können, eine autonome Lösung für die Rückgabe des Kleinen Deutschen Eigentums festzusetzen", die für Deutschland hinter der jetzigen Lösung zurückgeblieben wäre.[234] Unterstützung bekam der Finanzminister vom Bundesminister für Vertriebene, Flüchtlinge und Kriegsgeschädigte: Seit Jahren versuche Österreich, so der Minister, „die Bundesrepublik an seinen diesbezüglichen Lasten finanziell zu beteiligen". Die Sorge für seine 500.000 Vertriebenen könne Bonn aber Wien nicht abnehmen.[235] Schließlich konnte Adenauer den Finanzminister doch noch zum Entgegenkommen bewegen.[236] Auch in Österreich gab es noch Nachbesserungsbedarf. Ein Ministerkomitee erteilte der österreichischen Delegation am 24. Mai Weisungen in den noch offenen Punkten hinsichtlich der sogenannten Industriekredite und der Härteklausel. Am 12. Juni 1957 berichtet Figl an den Ministerrat über die Verhandlungen. Die österreichische Delegation in der Gemischten Kommission konnte die erteilten Aufträge des Ministerkomitees sowie fast alle von den Fachressorts vorgetragenen Wünsche im Laufe der siebten Arbeitstagung durchsetzen. Die Härteklausel wurde jetzt zu Gunsten von Staatsangehörigen beider Länder angewandt, nicht nur auf Deutsche. Hinsichtlich der Forderungen deutscher Banken und deutscher Unternehmen gegen österreichische Firmen aus der Zeit von 1938 bis 1945 (die sogenannten Industriekredite) wurde eine für die österreichischen Schuldner günstige Interpretation durch das vorgesehene Schiedsgericht verabredet.[237]

---

232 Vgl. Kabinettsprotokolle der Bundesregierung. Bd. 10, S. 280.

233 Vgl. ebd. , S. 280, Fußnote 17.

234 Vgl. PAPE, Ungleiche Brüder, S. 466.

235 Kabinettsprotokolle der Bundesregierung. Bd. 10, S. 281.

236 PAPE, Ungleiche Brüder, S. 466.

237 Vgl. Bundeskanzleramt – Auswärtige Angelegenheiten, Zl. 309.863-RE/57. Gemischte Kommission – Vertrag zur Regelung vermögensrechtlicher Beziehungen zwischen der Republik Österreich und der Bundesrepublik Deutschland, 12. Juni 1957, in: AdR, Ministerrat, Karte 10 Regierung Raab II.

Das Wiener Bundeskabinett stimmte dem am 12. Juni 1957 paraphierten Vertrag samt Schlußprotokoll, Anlagen, Tagungsendprotokoll sowie den am gleichen Tag ausgetauschten Briefwechseln zu.[238] Offenbar war auch innerhalb der Bonner Bundesregierung der Wunsch, den Vertrag unter Dach und Fach zu bekommen, sehr groß. Die verbleibenden Einwände wurden zwar bedacht, führten aber nicht dazu, daß der Vertrag nicht unterzeichnet wurde. Am 15. Juni 1957 konnte der Vertrag in Wien unterzeichnet werden.[239] Außer einigen wenigen redaktionellen Fragen gab es noch zwei offene Probleme. Dies waren die Behandlung von inkonnexen Forderungen und der Austausch eines Briefwechsels zum Lastenausgleich und zu den Ansprüchen von in Österreich lebenden Flüchtlingen und Umsiedlern.[240] Beide Punkte waren aber bis zum Besuch von Adenauer erledigt. Die Bundesrepublik Deutschland verpflichtete sich in einem Briefwechsel mit der österreichischen Seite, möglichst bald Verhandlungen über die Entschädigungsansprüche der Volksdeutschen und Umsiedler, die die österreichische Staatsbürgerschaft angenommen hatten, aufzunehmen. Dies führte dann 1961 zum Kreuznacher Abkommen.

„Als wichtigstes Ergebnis der Verhandlungen bleibt festzuhalten, daß sich beide Seiten durch den Vermögensvertrag zum Prinzip der Achtung des Privateigentums bekannten, in das der Staatsvertrag (Artikel 22 Ziff. 13; 23 Abs. 3) zu Lasten der Eigentümer beider Länder eingegriffen hatte – ein Prinzip, auf das sich Bonn von Anfang berufen hatte und auf das sich schließlich auch Wien einlassen mußte, um seine internationale Kreditwürdigkeit zurückzugewinnen. Aufs Ganze gesehen glich die österreichische Verhandlungstaktik bei den Eigentumsverhandlungen einem Lavieren zwischen den wirtschaftspolitischen Gegensätzen innerhalb der Wiener Regierungskoalition, den Interessen der Vier Mächte und den Rückgabeforderungen der Bundesrepublik, auf die Österreich zur Sicherung seiner ökonomischen Prosperität und damit auch seiner politisch-sozialen Stabilität angewiesen war", bilanziert Matthias Pape.[241] Das Auswärtige Amt sah die Bedeutung des Vertrages in einer „Beruhigung und Befriedung der Deutsch-Österreichischen Beziehungen, die aus politischen Gründen dringend erforderlich ist."[242]

---

238 Vgl. Beschlußprotokoll Nr. 42 über die Sitzung des Ministerrates am 13. Juni 1957, in: AdR, Ministerrat, Karte 10 Regierung Raab II.

239 Vgl. Schreiben der Bundesminister des Auswärtigen, der Justiz, der Finanzen und für Wirtschaft an den Staatssekretär des Bundeskanzleramtes vom 15. Januar 1958, in: PA B 86 – 777.

240 Auswärtiges Amt, Aufzeichnung für den Staatsbesuch des Herrn Bundeskanzlers in Österreich vom 13. bis 15. Juni 1957, Anlage 3, in: PA B 23 – 58.

241 PAPE, Ungleiche Brüder, S. 467.

242 Auswärtiges Amt, Aufzeichnung für den Staatsbesuch, Anlage 3, in: PA B 23 – 58.

Zwischen der Vertragsunterzeichnung in Wien und dem Abschluß der Ratifikationsverfahren in den nationalen gesetzgebenden Körperschaften sollte aber noch fast ein ganzes Jahr vergehen.[243] In seiner 10. Sitzung am 22. Januar 1958 stimmte das deutsche Bundeskabinett dem vom Außenminister vorgelegten Gesetzesentwurf zum Vermögensvertrag zu.[244] Der Bundesrat forderte eine Zustimmungspflicht des Bundesrates und hatte deshalb eine Änderung des Gesetzesentwurfes gefordert. Dieser Fassung stimmte das Kabinett in seiner 14. Sitzung am 19. Februar zu.[245] Es dauerte aber noch bis zum 9. Mai 1958, bis der Deutsche Bundestag dem Vertrag zustimmte. In der Bundestagssitzung gab es eine deutliche Kontroverse zwischen Regierung und einzelnen Abgeordneten der FDP und der CDU/CSU-Fraktion.[246] Dadurch fühlte sich sogar der SPD-Abgeordnete Carlo Schmid animiert, der Bundesregierung unterstützend beizustehen.[247] Der lange Zeitraum zwischen Vertragsabschluß und abschließender Lesung im Bundestag hatte aber seine Ursache in den zwischenzeitlich anstehenden Neuwahlen zum Bundestag gehabt. Am 16. Mai konnte das Gesetz über den Vermögensvertrag auch die Zustimmung des Bundesrates finden. Nur Baden-Württemberg enthielt sich der Stimme.[248]

Offenbar waren auch die Alliierten an einer bilateralen Regelung interessiert. Zumindest hätten sie die Bundesregierung auf der Basis der Bonner Konvention vom 23. Oktober 1954 hindern können. Dies war jedoch nicht der Fall.

Nach den massiven Eingriffen des Staatsvertrages überrascht es, daß beide Regierungen in ihren Erläuterungen zum Vermögensvertrag mehrfach darauf hinwiesen, daß dieses Vertragswerk auf dem Respekt vor vorangegangenen Vertragsabschlüssen und dem Prinzip der Unantastbarkeit des Privateigentums gegründet sei. Diese beiden Prinzipien markieren die Pole, zwischen denen die beiden Staaten eine Lösung gesucht hatten. Ziel war es, eine Lösung zu finden, mit der beide Staaten leben konnten, die die Alliierten nicht zu Widerspruch provozieren und die wirtschaftlichen Beziehungen

---

243 Vgl. Österreichische Neue Tageszeitung, Schon wieder Sand im Getriebe? Eigenartiges Verhalten der Sozialisten zum Vermögensvertrag mit Deutschland. Zwischenstaatliche Probleme sind kein Objekt parteipolitischer Spielerei, vom 12. März 1958; Arbeiter-Zeitung, Der Deutsch-Österreichische Vermögensvertrag, vom 11. März 1958; dito vom 8. März 1958; Deutsche Botschaft Wien an Auswärtiges Amt, 518-01 E/1134, Bericht Nr. 197/58: Erneute Prüfung des Deutsch-Österreichischen Vermögensvertrages durch die SPÖ-Abgeordneten, alle in: PA B 86 -760.

244 Die Kabinettsprotokolle der Bundesregierung. Bd. 11 – 1958, München 2001, S. 35.

245 Vgl. ebd., S. 94.

246 Vgl. Stenographische Protokolle, 29. Sitzung, Bonn, S. 1584ff.

247 Vgl. ebd., S. 1595.

248 Vgl. Der Bundesrat in der Kongreßhalle von Berlin, in: Bulletin des Presse- und Informationsamtes der Bundesregierung, Nr. 91 (21. Mai 1958), S. 918.

möglichst positiv beeinflussen sollte. Diese beiden Pole bezeichnen aber auch widerstreitende innenpolitische Zielvorstellungen, die miteinander im Wettbewerb standen. In beiden Regierungen dominierte nicht der Wunsch, Privateigentum und freien Warenverkehr abzuschaffen. Gefragt waren Kompromisse, die die liberale Ausrichtung der Wirtschaften als Basis der Ordnungspolitik stabilisierten: z.B. die betriebliche Mitbestimmung, das Kollektivvertragssystem oder die Einpassung des großen verstaatlichten Sektors in Österreich in prinzipiell privatwirtschaftlich ausgerichtete Strukturen.

In den Erläuternden Bemerkungen der Wiener Regierung zum Vertragswerk lesen wir: „Zwei Grundsätze beherrschten die Verhandlungen der Gemischten Kommission: der Grundsatz der Vertragstreue Österreichs zum Staatsvertrag und der Grundsatz einer möglichst weitgehenden Berücksichtigung der vermögensrechtlichen Interessen von Einzelpersonen innerhalb der bei Beachtung der zwischenstaatlichen Bindungen gegebenen Möglichkeiten."[249]

Der deutsche Bundeskanzler formulierte in seiner Denkschrift: „Die Verhandlungen [über den Vermögensvertrag] konnten erfolgreich abgeschlossen werden, weil beide Seiten den Grundsatz der Unantastbarkeit des Privateigentums als Richtschnur ihres Handelns angesehen haben. Da sowohl zu Lasten der Deutschen als auch der Österreicher durch die Bestimmungen der Artikel 22 Abs. 13 und 23 Abs. 3 Staatsvertrag Eingriffe in die Privatsphäre erfolgt sind, mußte es das Bestreben beider Teile sein, die Schäden und Störungen, die sich hieraus ergeben haben, im Interesse ihrer Staatsangehörigen und der beidseitigen Beziehungen soweit wie möglich zu beseitigen. Von dieser Erkenntnis ausgehend, suchten die Verhandlungspartner einen praktischen Weg, der den oben erwähnten Grundsätzen möglichst viel Raum geben würde."[250]

Wie bereits erwähnt, war es der Arbeitsauftrag der Gemischten Kommission, eine vertragliche Regelung der vertrackten Materie zu finden, die einerseits die Akzeptanz oder zumindest die Toleranz der Signatarstaaten des Staatsvertrages und der Vertragspartner Bonns fand, und die andererseits eine möglichst weitgehende Annäherung an dieses Postulat der Unantastbarkeit des Privateigentums schaffen sollte. Die Priorität privater Eigentumsrechte stellte sich in der Praxis der Schlichtungsgremien durchaus als Leitschnur heraus. In vielen bindenden Gutachten des Deutsch-Österreichi-

---

249 Erläuternde Bemerkungen zur Regierungsvorlage vom 19. Februar 1958, Nr. 412 der Beilagen zu den Stenographischen Protokollen des Nationalrates VIII. GP, S. 29.

250 Denkschrift [des Bundeskanzlers an den Bundesrat] zu dem Entwurf eines Gesetzes über den am 15. Juni 1957 in Wien unterzeichneten Vermögensvertrag zwischen der Bundesrepublik Deutschland und der Republik Österreich zur Regelung vermögensrechtlicher Beziehungen (Vermögensvertrag), 11-53 001-1789/58, Bundesratsdrucksache 23/58 vom 24. Januar 1958, S. 2-69, hier: S. 10

schen Schiedsgerichts kam dieser Grundsatz zum Tragen.[251] Ignaz Seidl-Hohenveldern weist darauf hin, daß die Betonung privaten Eigentums und privater Verfügungsrechte nicht allein seine Ursache in der ordnungspolitischen Ausrichtung der beiden Regierungen hatte.

Bonn hatte großes Interesse daran zu zeigen, daß das Prinzip des Privateigentums in Westdeutschland weiterhin ein hohes Gut darstellte. Die Bundesregierung arbeitete auch in ihren Verhandlungen mit den Alliierten, insbesondere mit den Vereinigten Staaten, über die Freigabe des beschlagnahmten Kleinen Deutschen Eigentums mit dem Argument des Vorrangs des Privateigentums. Nach dem Ersten Weltkrieg hatten die Vereinigten Staaten Vermögen bis zur Höhe von 10.000 USD nicht für die Deckung der Reparationsforderungen an das Deutsche Reich verwandt. Die deutsche Bundesregierung hoffte jetzt auf die gleiche Geste. Der Staatsvertrag von 1955 erlaubte es Österreich, Kleines Deutsches Eigentum an die vormaligen deutschen Besitzer zurückzugeben. Auch in diesem Fall war eine Obergrenze festgelegt worden: 260.000 österreichische Schillinge. Diese Obergrenze von 260.000 Schilling entsprach genau jenen 10.000 USD des *Winslow Act* vom 4. März 1923.[252] Die Bonner Regierung hatte zuvor schon ähnliche Vereinbarungen mit der Schweiz, Schweden, Spanien und Portugal unterzeichnen können.[253] Die Bundesregierung hoffte auch auf eine großzügige Regelung des deutschen Eigentums in den USA.[254] Diese Hoffnung erfüllte sich jedoch nicht.[255]

Da während des Zweiten Weltkrieges auch Eigentum österreichischer Bürger im Ausland als Feindvermögen beschlagnahmt worden war, hatte Österreich ein ähnliches außenpolitisches Interesse an der Betonung des Vorrangs privaten Eigentums. Wien nutzte diese Privateigentumsideologie ebenfalls als Argument für die Rückgabe konfiszierter Vermögen seiner Staatsbürger. Viele Staaten waren bereits vor Abschluß des Staatsvertrags im Zuge von Verwaltungsakten oder mittels Verträgen diesem österreichi-

---

251 Siehe die entsprechenden Abschnitte weiter unten und: Schiedsgericht des Deutsch-Österreichischen Vermögensvertrages, Gutachten, Zahl 1, S. 57; Z 18, S. 23; Z. 37, S. 97; Z. 38, S. 18; Z. 56, S. 22; Z. 60, S. 30; Z. 83, S. 26f., in: BA B 126 –19174.

252 Vgl. Das amerikanische Freigabe-Gesetz vom 10. März 1928 (Settlement of war claims act of 1928). Kommentar von Hermann JANSSEN, mit einem Vorwort von Wilhelm KIESSELBACH, Mannheim – Berlin – Leipzig 1928, passim, bes. S. 58f. Die historische Einleitung von Janssen ist in englischer Sprache erschienen unter dem Titel: The Return of Seized Private Property to German, Austrian and Hungarian Nationals, Düsseldorf 1955.

253 Vgl. Stenographische Protokolle, 29. Sitzung, S. 1587.

254 Vgl. SEIDL-HOHENVELDERN, Austrian-German Arbitral Tribunal, S. 10; Martin DOMKE, The War Claims Act of 1962, in: The American Journal of International Law, 57, 1963, S. 356f.

255 Vgl. PAPE, Ungleiche Brüder, S. 141n Fn 10 mwN.

schen Ansinnen nachgekommen,[256] aber längst noch nicht alle. Es kam zu unterschiedlichen Formen des Ausgleichs: Meist wurde eine Gesamtsumme für die Abfindung aller österreichischen Vermögensansprüche vereinbart.[257] Diese Mittel wurden dann vom österreichischen Staat auf der Grundlage entsprechender Gesetze an die österreichischen Voreigentümer als Entschädigungsleistungen verteilt.[258]

Sowohl die Bundesrepublik Deutschland als auch die Republik Österreich hatten aus den dargelegten Gründen großes Interesse an einer Betonung des Prinzips der Unverletzbarkeit des Privateigentums. Dem standen die Bestimmungen des Staatsvertrages und des Londoner Schuldenabkommens entgegen: Im Staatsvertrag wird Österreich darauf festgelegt, den Großteil des deutschen Eigentums in Österreich nicht zurückzugeben; im Londoner Schuldenabkommen verpflichtet sich die Bundesrepublik dies hinzunehmen. Wegen dieser entgegenstehenden Prinzipien mußte bei der Formulierung des Staatsvertrags eine „rather delicate balance between respect of this principle and the even more weighty principle of pacta sunt servanda“[259] beachtet werden.

Nach offizieller Einschätzung Bonns hatte es sich die österreichische Regierung bei den Verhandlungen zum Vermögensvertrag zum Ziel gesetzt, im Rahmen der ihr aufgrund des Staatsvertrags auferlegten Bindungen, „einen Ausgleich herbeizuführen, und dadurch das auch von ihr angestrebte Ziel zu erreichen, die Beunruhigung in den beiden Staaten über das offene Problem des Deutschen Eigentums zu beenden. Dabei betonte sie, daß ihre Lösungsvorschläge auch dazu dienen sollten, alte wirtschaftliche Beziehungen nicht abreißen zu lassen und die traditionellen Bande zum Wohlergehen beider Staaten und ihrer Staatsbürger in freundschaftlichem Geiste zu vertiefen und zu pflegen.“[260]

Die österreichische Regierung feierte ihre Großzügigkeit, und die bundesdeutsche Regierung betonte den guten Willen der österreichischen Seite bei den Verhandlungen. Trotzdem brachte Bonn sein Befremden über die Härte der Enteignungen deutschen Vermögens in Österreich zum Aus-

256 Vgl. SEIDL-HOHENVELDERN, Austrian-German Arbitral Tribunal, S. 10.

257 Vgl. ebd.

258 Vgl. hierzu SEIDL-HOHENVELDERN, Austrian-German Arbitral Tribunal, S. 11f.; ders., The Valuation of Nationalized Property in Austria, in: R. LILLICH (Hg.), The Valuation of Nationalized Property, Charlottesville, Va. 1972, S. 78-85.

259 SEIDL-HOHENVELDERN, Austrian-German Arbitral Tribunal, S. 12. Siehe auch: Erläuternde Bemerkungen zur Regierungsvorlage vom 19. Februar 1958, Nr. 412 der Beilagen zu den Stenographischen Protokollen des Nationalrates VIII. GP, S. 29f.; Denkschrift vom 24. Januar 1958, 11-53 001-1789/58, Bundesratsdrucksache 23/58, S. 2ff.

260 Ebd., S. 9.

druck.[261] Mit unterschiedlicher Wertung werden auf beiden Seiten als herausragende Eckpunkte des Übereinkommens herausgestellt:

- der Freibetrag von 260.000 ATS für jedes Vermögen
- die Bewertung der zur Übertragung anstehenden Vermögen nach den geltenden Einheitswerten vom 1. Januar 1948
- die Einteilung in zwei Vermögensgruppen für die Bewertung und Übertragung
- die Zusage Österreichs, die Ausnahmebestimmungen zu Vermögen mit kultureller, erzieherischer, religiöser oder karitativer Zweckbestimmung möglichst günstig anzuwenden
- die Bildung einer Ständigen Kommission zur Erörterung aller Fragen, die bei der Durchführung und Anwendung des Vermögensvertrages entstehen
- die Errichtung eines Schlichtungsausschusses, der Vermögensstreitigkeiten gütlich beilegen und auch diejenigen Fragen klären soll, die für jenen Personenkreis, der durch die Härten des Vertrages betroffen ist, von herausragender wirtschaftlicher Bedeutung sind.[262]

Wien hatte sein Entgegenkommen bei den Verhandlungen über den Vermögensvertrag mit einem Entgegenkommen der Bonner Regierung bei der Auslegung der sogenannten Unbeschadet-Klausel des Artikels 23, Abs.3 des Staatsvertrages verknüpft. Diese Auslegung geschah mit der Formulierung des Artikels 22 des Vermögensvertrages.[263] Gerade dies hat in der parlamentarischen Behandlung des Vermögensvertrages zu heftigen Kontroversen geführt.[264]

---

261 Der erste Entwurf der Denkschrift sprach eine viel deutlichere Sprache. Hier wurde dezidiert auf die Brüskierung der Bundesrepublik durch Inhalt und Zustandekommen des Staatsvertrages eingegangen. Vgl. Denkschrift zu dem Entwurf eines Gesetzes über den am 15. Juni 1957 in Wien unterzeichneten Vertrag zwischen der Bundesrepublik Deutschland und der Republik Österreich zur Regelung vermögensrechtlicher Beziehungen (Vermögensvertrag). Rohentwurf, in: PA B 86 – 774.

262 Vgl. Denkschrift, S. 10

263 Vgl. ebd., S. 11.

264 Vgl. Stenographische Protokolle, 29. Sitzung, S. 1584f.

IV. DER INHALT DES DEUTSCH-ÖSTERREICHISCHEN VERMÖGENSVERTRAGES

Im folgenden soll nun in der gebotenen Kürze, aber ohne die sehr komplizierten Inhalte zu verfälschen, auf die materiellen Bestimmungen des Vermögensvertrages vom 15. Juni 1957 eingegangen werden. Anschließend werden in einem gesonderten Kapitel die Vertragsbestimmungen zum Schlichtungsinstrumentarium des Vertrages ausführlich dargestellt und gewürdigt. Deren Struktur und Wirken sind Schwerpunkte dieser Arbeit. Die von beiden Regierungen verfolgten außen-, wirtschafts- und innenpolitischen Interessen finden sich in den wesentlichen Bestimmungen des Vermögensvertrages wieder. Das Vertragswerk umfaßt neben den 120 Artikeln des Haupttextes zusätzlich Anlagen, mehrere zum Teil nicht zur Veröffentlichung bestimmte Schriftwechsel, ein Schlußprotokoll und ein Tagungsendprotokoll.[265] Im folgenden soll ein kurzer Überblick über die Inhalte des

---

265 Gesetz über den Vertrag vom 12. Juni 1957 zwischen der Bundesrepublik Deutschland und der Republik Österreich zur Regelung vermögensrechtlicher Beziehungen, in: Bundesgesetzblatt [der Bundesrepublik Deutschland), Teil II, Nr. 12, 1958, 12. Juni 1958, S. 129-151. Zusätzlich existieren noch sonstige Materialien, die für de Auslegung heranzuziehen sind. Siehe: Hermann WEITNAUER, Der Deutsch-Österreichische Vermögensvertrag, Beilage 11/57 zu Der Betrieb, Heft 36 vom 11. September 1957, S. 1. Vgl. Entwurf. Denkschrift zum Entwurf eines Gesetzes über den am 15. Juni 1957 in Wien unterzeichneten Vertrag zwischen der Bundesrepublik Deutschland und der Republik Österreich zur Regelung vermögensrechtlicher Beziehungen (Vermögensvertrag); Nicht zur Veröffentlichung bestimmt!, Verbalnote, Bundeskanzleramt, Auswärtige Angelegenheiten an die Botschaft der Bundesrepublik Deutschland, Wien, am 22 Juni 1957, Zl. 309.865-RE/57;); Nicht zur Veröffentlichung bestimmt!, Brief, Der Vorsitzende der österreichischen Delegation der Gemischten Deutsch-Österreichischen Kommission, Josef Schöner, an den Vorsitzenden der deutschen Delegation der Gemischten Deutsch-Österreichischen Kommission, Ministerialdirigent Dr. Günter Seeliger, vom 12. Juni 1957; Nicht zur Veröffentlichung bestimmt!, Brief, Der Vorsitzende der deutschen Delegation der Gemischten Deutsch-Österreichischen Kommission, Ministerialdirigent Dr. Günter Seeliger, an den Vorsitzenden der österreichischen Delegation der Gemischten Deutsch-Österreichischen Kommission, Botschafter Dr. Josef Schöner, vom 12. Juni 1957; Nicht zur Veröffentlichung bestimmt!, Brief, Der Vorsitzende der deutschen Delegation der Gemischten Deutsch-Österreichischen Kommission, Ministerialdirigent Dr. Günter Seeliger, an den Vorsitzenden der österreichischen Delegation der Gemischten Deutsch-Österreichischen Kommission, Botschafter Dr. Josef Schöner, vom 15. Juni 1957; Nicht zur Veröffentlichung bestimmt!, Brief, Der Vorsitzende der österreichischen Delegation der Gemischten Deutsch-Österreichischen Kommission, Josef Schöner, an den Vorsitzenden der deutschen Delegation der Gemischten Deutsch-Österreichischen Kommission, Ministerialdirigent

Vermögensvertrags gegeben werden. Dies bildet die Basis für die Erörterung der Rolle und Bedeutung der Schlichtungsinstrumentarien im Rahmen dieses Vertragskomplexes.

Ausgangspunkt für den Vermögensvertrag sind die bereits vorgestellten Artikel 22 und 23 des österreichischen Staatsvertrags vom 15. Mai 1955. Mit diesem Vertrag war einerseits von den alliierten Besatzungsmächten Österreich das deutsche Vermögen übertragen worden (Artikel 22 des Staatsvertrags). Zugleich war Österreich dazu verpflichtet worden, die deutschen Vermögenswerte nicht wieder an deutsche natürliche oder juristische Personen zurückzugeben. Ausgenommen davon waren lediglich das Kleine Deutsche Eigentum deutscher natürlicher Personen und solche Vermögen, die in einem kulturellen Kontext standen, wozu auch alpine Schutzhütten gezählt wurden. Auf der anderen Seite war mit dem Staatsvertrags-Artikel 23 der Republik Österreich für sich selbst und für ihre Staatsbürger ein Verzicht auf alle in der Periode vom 13. März 1938 bis zum 8. Mai 1945 entstandenen Forderungen gegen Deutschland und gegen deutsche Staatsangehörige abgenötigt worden. Dieser Forderungsverzicht steht unter dem Vorbehalt: „Unbeschadet der Gültigkeit bereits getroffener Regelungen". Der Vertrag bezieht sich ausschließlich auf Vermögenswerte, die sich am 8. Mai 1945 im Eigentum einer natürlichen Person mit deutscher Staatsangehörigkeit befanden. Das heißt, Eigentum juristischer Personen und Vermögens-

---

Dr. Günter Seeliger, vom 15. Juni 1957; Nicht zur Veröffentlichung bestimmt!, Brief, Der Vorsitzende der österreichischen Delegation der Gemischten Deutsch-Österreichischen Kommission, Josef Schöner, an den Vorsitzenden der deutschen Delegation der Gemischten Deutsch-Österreichischen Kommission, Ministerialdirigent Dr. Günter Seeliger, vom 15. Juni 1957; Nicht zur Veröffentlichung bestimmt!, Brief, Der Vorsitzende der deutschen Delegation der Gemischten Deutsch-Österreichischen Kommission, Ministerialdirigent Dr. Günter Seeliger, an den Vorsitzenden der österreichischen Delegation der Gemischten Deutsch-Österreichischen Kommission, Botschafter Dr. Josef Schöner, vom 15. Juni 1957; Nicht zur Veröffentlichung bestimmt!, Brief, Der Vorsitzende der deutschen Delegation der Gemischten Deutsch-Österreichischen Kommission, Ministerialdirigent Dr. Günter Seeliger, an den Vorsitzenden der österreichischen Delegation der Gemischten Deutsch-Österreichischen Kommission, Botschafter Dr. Josef Schöner, vom 12. Juni 1957; Nicht zur Veröffentlichung bestimmt!, Brief, Der Vorsitzende der deutschen Delegation der Gemischten Deutsch-Österreichischen Kommission, Ministerialdirigent Dr. Günter Seeliger, an den Vorsitzenden der österreichischen Delegation der Gemischten Deutsch-Österreichischen Kommission, Botschafter Dr. Josef Schöner, vom 12. Juni 1957; Nicht zur Veröffentlichung bestimmt!, Tagungsendprotokoll über die 7. Arbeitstagung der Gemischten Deutsch-Österreichischen Kommission, mit Beilage 1: Der Bundesminister für das Post- und Fernmeldewesen an den Bundesminister für Finanzen, Reinhard Kamitz, Wien; Beilage 2, Der Bundesminister für Finanzen an den Bundesminister für das Post- und Fernmeldewesen, Ernst Lemmer, Bonn; Beilage 3: Der Bundesminister für Wirtschaft an den Bundesminister für Finanzen, Reinhard Kamitz, Wien; Beilage 4: Der Bundesminister für Finanzen der Republik Österreich an den Bundesminister für Wirtschaft, Ludwig Erhard, Bonn, alle in: BA B 126 -9164.

werte, die nach diesem Stichtag erworben wurden, sind vom Vermögensvertrag nicht erfaßt.

Mit dem Vermögensvertrag wurde zwar ein sehr großer Teil der zwischen Deutschland und Österreich bislang ungeklärten vermögensrechtlichen Fragen geklärt. Aber es blieben immer noch Fragen offen. Bereits die Präambel des Vertrages verdeutlicht, daß sich beide Seiten bewußt waren, keine alles umfassende Lösung gefunden zu haben und daß hier in der Praxis noch einiges an Korrekturen notwendig werden würde.

Artikel 1

(1) Vermögenschaften, Rechte und Interessen in Österreich, die am 8. Mai 1945 im Eigentum einer natürlichen Person deutscher Staatsangehörigkeit standen und die durch die Bestimmungen des Artikels 22 des Staatsvertrages betreffend die Wiederherstellung eines unabhängigen und demokratischen Österreich vom 15. Mai 1955 (im folgenden Staatsvertrag genannt) auf die Republik Österreich übertragen wurden, werden dieser Person oder deren Rechtsnachfolgern von Todes wegen bis zu einer Wertgrenze von S 260.000 nach Maßgabe der folgenden Bestimmungen mit Wirkung vom Tage des Inkrafttretens dieses Vertrages übertragen.
(2) Von der Übertragung sind ausgenommen
a) Forderungen, die durch eine ehemalige Besatzungsmacht in Österreich, ihre Organe oder durch ein von einer ehemaligen Besatzungsmacht mittelbar oder unmittelbar verwaltetes Unternehmen eingezogen worden sind;
b) Forderungen und Ansprüche gegen österreichische Gebietskörperschaften, soweit es sich nicht um Schuldverschreibungen handelt;
c) etwaige Rechte, die aus der pfandrechtlichen Sicherstellung der von der Ernst Heinkel A.G. ausgegebenen Teilschuldverschreibungen auf den in Österreich gelegenen Liegenschaften hergeleitet werden könnten;
d) Ansprüche auf Gewährung einer Entschädigung für die Verstaatlichung von Anteilsrechten an Gesellschaften, von Unternehmungen oder Betrieben, soweit solche Gesellschaften, Unternehmungen oder Betriebe der Förderung, Bearbeitung oder Verteilung von Bitumen dienen.[266]

Mit diesem Artikel erklärte sich Österreich bereit, allen deutschen Voreigentümern, soweit dies natürliche Personen waren, auf Antrag ihre Vermögenswerte bis zu einer Höhe von 260.000 ATS (das sogenannte „Kleine

---

266 Gesetz über den Vertrag vom 12. Juni 1957. Im Schlußprotokoll wird vermerkt: „a) Unter Rechten und Interessen, die übertragen werden, sind auch – soweit nicht Abs. 2 lit. d) etwas anderes bestimmt – Ansprüche auf Gewährung einer Entschädigung für die Verstaatlichung von Anteilsrechten an Gesellschaften und von Unternehmungen oder Betrieben zu verstehen. b) Unter Eigentum ist Allein-, Mit- und Gesamthandeigentum zu verstehen.“

Deutsche Eigentum") rückzuübertragen.[267] Es kamen aber nur solche Vermögenswerte in Betracht, die sich in Österreich befanden.[268] Dies basierte auf dem Umstand, daß sich der Staatsvertrag territorial auf das Staatsgebiet der Republik Österreich beschränkt.[269]

Die Feststellung wo ein Vermögenswert „belegen" ist, das heißt, wo er sich befindet bzw. wo er zugeordnet ist, war oft unproblematisch, z.B. bei Immobilien. Probleme konnten sich vor allem bei Wertpapieren und bei Rechten aus Forderungen ergeben.

Im Tagungsendprotokoll ist ausdrücklich festgehalten worden, daß sich die „Belegenheit" von Wertpapieren nach dem Sitz des Ausstellers und nicht nach dem Aufbewahrungsort richtet. Schuldverschreibungen und Aktien deutscher Aussteller werden deshalb vom Vermögensvertrag rechtlich als auf dem Gebiet der Bundesrepublik Deutschland „belegen" und daher nicht vom Staatsvertrag erfaßt betrachtet.[270] Größere Probleme wurden hinsichtlich der „Belegenheit" von Forderungen gesehen.[271] Bereits die Autoren des Vertragstextes hatten dies erkannt und für diesen Komplex den Weg einer schiedsgerichtlichen Entscheidung über die Belegenheit von Forderungen (Art. 99, Satz 2 und Art. 108) vorgesehen.

Artikel 3 und 4 begründen einen Anspruch auf Übertragung für die natürlichen Personen deutscher Staatsangehörigkeit, deren Vermögen vom Staatsvertrag betroffen worden ist und deren Rechtsnachfolger von Todes

267 Vgl. Regierungsvorlage. Vertrag zwischen der Republik Österreich und der Bundesrepublik Deutschland zur Regelung vermögensrechtlicher Beziehungen, 19. Februar 1958, Nr. 412 der Beilagen zu den Stenographischen Protokollen des Nationalrates VIII.GP, S.1-63, hier: S. 30f. Vgl. WEITNAUER, Der Deutsch-Österreichische Vermögensvertrag, S. 1.

268 Hierzu wurde der Begriff der „Belegenheit" geprägt, der zu vielerlei Interpretationen Anlaß geben sollte. Siehe beispielhaft Kurt G. HARRER, Zur Frage der Belegenheit von Forderungen, in: Österreichische Juristen-Zeitung, 4/24, 1959, S. 648-655; Theodor VEITER, Die Belegenheit von Forderungen nach dem Deutsch-Österreichischen Vermögensvertrag, in: Österreichische Juristen-Zeitung, 14/18, 1959, S. 478-487.

269 Vgl. Denkschrift zu dem Entwurf eines Gesetzes über den am 15. Juni 1957 in Wien unterzeichneten Vertrag zwischen der Bundesrepublik Deutschland und der Republik Österreich zur Regulierung vermögensrechtlicher Beziehungen (Vermögensvertrag), des Bundeskanzlers an den Bundesrat vom 24. Januar 1958, 11-53 001-1789/58, Bundesratsdrucksache 23/58, S. 2-69

270 Vgl. Nicht zur Veröffentlichung bestimmt!, Tagungsendprotokoll über die 7. Arbeitstagung der Gemischten Deutsch-Österreichischen Kommission, in: BA B 126 – 9164. Festgehalten in Punkt 4; ohne Paginierung.

271 Vgl. WEITNAUER, Vermögensvertrag, S. 1. Siehe auch: HARRER, Zur Frage der Belegenheit; Theodor VEITER, Die Rechtsstellung des fremden, insbesondere des deutschen Privateigentums in Österreich, S. 180; VEITER, Die Belegenheit von Forderungen.

wegen. Diese Personen mußten ihre deutsche Staatsangehörigkeit durch eine öffentliche Urkunde „glaubhaft" machen.

Die Vermögenswerte wurden bis zu einer Wertgrenze von 260.000 ATS zurückgegeben. Das Bewertungsverfahren der zu übertragenden Vermögenswerte wurde in den Artikeln 7 und 8 geregelt. Bemessungsgrundlage für die Wertermittlung bildete der Einheitswert oder der sonst für die Besteuerung maßgebliche Wert zum 1. Januar 1948. Diese Bemessungsgrundlage kann als durchaus großzügig angesehen werden. Dies wurde in der deutschen Bewertung des Vertrages besonders gewürdigt.[272] Bei der Ermittlung des Werts blieben Verbindlichkeiten und Erträge unberücksichtigt, es sei denn, sie mußten wegen steuerrechtlicher Vorschriften beachtet werden. Beteiligungen an Gesellschaften und Gemeinschaften wurden den Begünstigten zugerechnet und damit in die Ermittlung der Wertgrenze einbezogen.

Bei der Ermittlung der Wertgrenze von 260.000 ATS wurde das Vermögen in eine Gruppe „Vermögenschaften" und in eine Gruppe „Rechte und Interessen" untergliedert (Artikel 9). Unter den Vermögenschaften wurden land- und forstwirtschaftliches Vermögen, Betriebsvermögen, Anteile an einer Offenen Handelsgesellschaft, Kommanditgesellschaft oder an einer Gesellschaft oder Gemeinschaft bürgerlichen Rechts mit Sitz in Österreich und sonstige körperliche Sachen subsummiert. Alle sonstigen Vermögenswerte, wie Forderungen, Bankguthaben, Aktien, GmbH-Anteile u.ä. zählten zu den „Rechten und Interessen". Bei der Wertfeststellung nicht berücksichtigt wurden: Hausrat, Wohnungseinrichtungen, persönliche Gebrauchsgegenstände, persönlicher Schmuck, zur persönlichen Berufsausübung notwendige Gegenstände und Werkzeuge, nicht der Zwangsvollstreckung unterliegende Gegenstände und bewegliche Güter, die nach Österreich verlagert worden waren, um sie den Kriegseinwirkungen zu entziehen.

Der Voreigentümer bekam sein ganzes Vermögen zurück, wenn in beiden Gruppen das jeweilige Vermögen auf der Bemessungsgrundlage 1. Januar 1948 den Betrag von 260.000 ATS nicht überstieg. Im günstigsten Fall konnten somit insgesamt 519.999 Schilling rückübertragen werden. Überstieg das Vermögen in einer der beiden Gruppen die 260.000-Schilling-Marke, so wurden nur Werte bis maximal 260.000 Schillingen zurückgegeben. (Artikel 10, Absatz 2). Diese in der deutschen Kommentierung als wenig folgerichtig charakterisierte Regelung[273] ist Folge eines Kompromisses. Die Formulierung des Artikels 10 hatte in den Verhandlungen „erhebliche Schwierigkeiten" bereitet. Sein 2. Absatz „stellt einen Kompromiß dar, nach dem die Auswahl, sofern die Wertgrenze in einer oder in beiden Ver-

272 Vgl. Denkschrift, S. 10.

273 Vgl. WEITNAUER, Vermögensvertrag, S. 2.

mögensgruppen des zu übertragenden Vermögens überschritten wird, tunlichst im Einvernehmen mit dem Begünstigten durch das österreichische Bundesministerium der Finanzen getroffen wird."[274] Die Anwendung dieser Bestimmungen konnte zum Gegenstand von Verfahren vor dem Schlichtungsausschuß und gegebenenfalls vor dem Schiedsgericht gemacht werden. Die Bonner Regierung erwartete sich hiervon die Vermeidung oder Milderung von Härten und wirtschaftlich vernünftige Lösungen.[275]

Das Vermögen sollte mit allen zugehörigen Verbindlichkeiten übertragen werden. Für Verbindlichkeiten, die erst nach dem 8. Mai 1945 entstanden waren und nicht von dem Begünstigten oder einem von ihm bestellten Vertreter eingegangen worden waren, haftete der Begünstigte nur bis zum Wert des an ihn übertragenen Vermögens. Bei einer nur teilweisen Rückübertragung sollte nach Artikel 11 Absatz 2 eine angemessene Aufteilung der Verbindlichkeiten erfolgen.

Ignaz Seidl-Hohenveldern sieht in der Interpretation der 260.000 Schilling-Obergrenze durch den Vermögensvertrag eine großzügige Auslegung des Artikels 22 des Staatsvertrags: "In establishing the value of 260,000 schillings, Austria stretched the terms of the State Treaty in a way highly favorable to the former German owners. ... Actually, this subdivision in categories seems incompatible with the other versions of the State Treaty... Further advantages to the former German owners consisted of the retransfer of their trademarks and copyrights. This retransfer was based on a localization of all such trademarks at the seat of the enterprise concerned in Germany. This localization amounted to a reversal, by operation of the Treaty, of Allied practice in Austria and of an expert opinion given by the Austrian Supreme Court on June 25, 1956, which had held such trademarks to be localized in Austria and hence susceptible to being seized as German assets in Austria. Copyrights were held to be so closely connected with the intellectual interests of the author that they could not fail under the notion of 'property, rights and interests' employed in Article *22* of the State Treaty. Here again, this interpretation departed from the practice of the Allies – at least as far as their practice in Austria was concerned. The effect of the confiscation of the rights of German shareholders in Austrian corporations was restricted by granting them an indemnity to be paid by the corporation. This indemnity was equivalent to that part of the net value of the assets held by the corporation in the Federal Republic of Germany which corresponded to the percentage of the participation of the German shareholders in the corporation as a whole. While all these Austrian concessions can be welcomed from the point of view of reinforcing the principle of the inviolability of

274 Denkschrift, S. 16.

275 Vgl. ebd.

private property, the boldness of some of these interpretations is surprising."[276]

Für eine Rückübertragung war laut Artikel 14 ein „Begehren" an das österreichische Bundesministerium für Finanzen erforderlich. Der Anspruch war mit in Absatz 2 genannten Dokumenten zu belegen. Das Begehren auf Übertragung wurde als zivilrechtlicher Anspruch ausgestaltet.[277]

In den erläuternden Bemerkungen zur Gesetzesvorlage im österreichischen Nationalrat heißt es dazu: „Diese Artikel regeln das Verfahren, das nach dem Inkrafttreten des Vertrages zur tatsächlichen Übertragung an die deutschen physischen Personen führen soll. Es handelt sich hierbei nicht um einen behördlichen Verwaltungsakt, der nach den Bestimmungen des allgemeinen Verwaltungsverfahrensgesetzes zu beurteilen wäre, sondern um eine privatrechtliche Erklärung der Republik Österreich, die durch das Bundesministerium für Finanzen vertreten wird, gegenüber den Begünstigten. Im Falle einer ablehnenden Erklärung des Bundesministeriums für Finanzen kann der Betroffene daher nur die nach Teil V zu bildenden zwischenstaatlichen Instanzen anrufen (Artikel 17 Abs. 2). Das Verfahren wird sich im wesentlichen wie folgt abspielen: ... Binnen eines Jahres nach dem Inkrafttreten des Vertrages kann der Begünstigte ein schriftliches formloses Begehren an das Bundesministerium für Finanzen richten, dem die zum Nachweis der Voraussetzungen für die Übertragung erforderlichen Angaben und Unterlagen nach Möglichkeit beizufügen sind (Artikel 14 Abs. 2). Dieses schriftliche formlose Begehren soll vor allem die Bewertung der in Österreich verbliebenen und noch vorhandenen Vermögensteile nach den Artikeln 9 ff. des Vertrages ermöglichen. Sind die Angaben in dem Begehren unzureichend, wird das Bundesministerium für Finanzen die Ausfüllung eines Formblattes verlangen können (Artikel 14 Abs. 3)."[278]

Bei Stattgabe erteilte das österreichische Bundesfinanzministerium eine „Amtsbestätigung". Die Ablehnung des Begehrens bedurfte einer Begründung. Wegen der zivilrechtlichen Ausgestaltung der Rückgabeansprüche mußten im Ablehnungsfall Prozesse vor Zivilgerichten in Österreich angestrengt werden. Zuvor war jedoch der im Vermögensvertrag vorgesehene Schlichtungsausschuß zu bemühen.[279]

Für das Begehren bestand nach Artikel 18 des Vermögensvertrages eine Ausschlußfrist von einem Jahr mit Wiedereinsetzungsmöglichkeit. Das

---

276 SEIDL-HOHENVELDERN, The Austrian-German Arbitral Tribunal, S. 14.

277 Vgl. Denkschrift, S. 19f.

278 Nr. 412 der Beilagen zu den stenographischen Protokollen, S. 36f.

279 Vgl. ebd.; WEITNAUER, Vermögensvertrag, S. 3. Zum Staatsangehörigkeitsnachweis siehe Theodor VEITER, Der Nachweis der deutschen Staatsangehörigkeit bei deutschem Eigentum in Österreich, in: Österreichische Juristen-Zeitung, 13/7, 4. April 1958, S. 169-173.

österreichische Bundesfinanzministerium konnte gemäß Art. 19 den Berechtigten zur Stellung eines Begehrens auffordern. Damit sollte für den Finanzminister eine sichere Kalkulationsbasis für die Zukunft geschaffen werden.

Bereits in Artikel 2 des Vertrages ist festgelegt, daß bestehende Restitutionsansprüche Dritter durch die Rückübertragung nicht berührt werden. Ergab sich jedoch ein Überschuß in einem Restitutionsverfahren zugunsten einer natürlichen Person deutscher Staatsangehörigkeit als Restitutionsgegner, so waren Vermögensansprüche im Rahmen der Freigrenze zu übertragen. Nach Paragraph 29 des 1. Staatsvertragsdurchführungsgesetzes[280] waren Ansprüche deutscher physischer oder juristischer Personen auf Rückstellung von entzogenen Vermögenswerten nicht als vom Staatsvertrag erfaßt anzusehen („Restitution geht vor Reparation“).[281]

Der Vermögensvertrag enthält in seinem Teil II auch ergänzende Bestimmungen zu Artikel 23 Absatz 3 des Staatsvertrags: Artikel 23 Staatsvertrag erfaßt grundsätzlich die in der Zeit zwischen dem 13. März 1938 und dem 8. Mai 1945 begründeten österreichischen Forderungen gegen deutsche Schuldner. Der Vermögensvertrag schafft dazu Ausnahmen: Nach Artikel 21 des Vermögensvertrages waren nur solche Forderungen von dem Verzicht im Sinne des Staatsvertrags betroffen, die sowohl am 8. Mai 1945 als auch am 27. Juli 1955 einem österreichischen Staatsangehörigen zustanden. „Daraus ergibt sich, daß jene Personen, die nach dem 8. Mai 1945 die österreichische Staatsbürgerschaft erworben haben, vom Verzicht des Artikels 23 Abs. 3 Staatsvertrag nicht betroffen sind; darunter fallen insbesondere Volksdeutsche und Umsiedler die in Österreich eine neue Heimat gefunden haben“.[282] Weitere Ausnahmen nennt Artikel 87 des Vermögensvertrages.[283] Seidl-Hohenveldern sieht in der Auslegung des Artikels 23 StV durch die Autoren des Vermögensvertrags eine recht kühne Interpretation.[284]

Im Absatz 3 des Artikels 23 Staatsvertrag ist von „geregelten Forderungen“ die Rede. Es mußte festgelegt werden, wann eine „Regelung“ in diesem Sinne vorlag. „Im Wege einer wohl bis an die Grenzen des Möglichen gehenden Auslegung“ ist dies in verschiedenen Bestimmungen des Vermögensvertrages entschieden worden.[285] Für „nicht in einer Schuldverschrei-

---

280 Zum Staatsvertragsdurchführungsgesetz PÖCHL-VLCEK, Rechtsvorschriften, S. 29.

281 Vgl. WEITNAUER, Vermögensvertrag, S. 3.

282 Nr. 412, der Beilagen zu den stenographischen Protokollen, S. 37.

283 Vgl. PÖCHL / VLCEK, Rechtsvorschriften, S. 163ff.; WEITNAUER, Vermögensvertrag, S. 3.

284 Vgl. SEIDL-HOHENVELDERN, Austrian-German Arbitral Tribunal, S. 16.

285 WEITNAUER, Vermögensvertrag, S. 3. Zur Behandlung österreichischer Forderungen: Hans GURSKI, Die Behandlung österreichischer Forderungen nach dem Deutsch-Österreichischen Vermögensvertrag, in: Außenwirtschaftsdienst des Betriebs-Beraters,

bung verbrieften Forderungen gegen private deutsche Schuldner" stellte Artikel 22 Vermögensvertrag einen Katalog von Regelungstatbeständen auf:

Artikel 22

(1) Eine nicht in einer Schuldverschreibung verbriefte Forderung gegen einen privaten deutschen Schuldner ist im Sinne des Artikels 23 Abs. 3 Staatsvertrag als geregelt anzusehen, wenn nach dem 8. Mai 1945 und vor dem 27. Juli 1955 eine der nachstehend bezeichneten Voraussetzungen eingetreten ist:
a) wenn durch Vereinbarung zwischen Gläubiger und Schuldner Zahlungs- oder sonstige Bedingungen für die Forderung festgesetzt worden sind;
b) wenn durch gerichtliche oder schiedsgerichtliche Entscheidung Zahlungs- oder sonstige Bedingungen für die Forderung festgesetzt worden sind;
c) wenn die Forderung teilweise beglichen oder durch Aufrechnung oder in sonstiger Weise erfüllt worden ist;
d) wenn Zinsen auf die Forderung gezahlt oder gutgeschrieben worden sind;
e) wenn und soweit in Bezug auf die Forderung ein Feststellungs- oder Leistungsurteil gegen den Schuldner ergangen ist;
f) wenn und soweit ein Streit über das Bestehen oder die Höhe einer Forderung durch Vergleich zwischen Gläubiger und Schuldner erledigt worden ist;
g) wenn und soweit der Schuldner die Forderung anerkannt hat;
h) wenn und soweit der Schuldner auf eine schriftliche Zahlungsaufforderung des Gläubigers die Erfüllung lediglich unter Berufung auf ein nicht im bürgerlichen Recht begründetes Leistungshindernis verweigert oder gegen das Bestehen der Forderung keine oder keine bürgerlich-rechtlich begründeten Einwendungen erhoben hat.
(2) Hatte ein Gläubiger mit Rücksicht auf die Vorschriften über die Hemmung von Verjährungsfristen Maßnahmen unterlassen, die zu einer Regelung im Sinne des Abs. 1 hätten führen können, so gilt eine solche Regelung, die nach dem 26. Juli 1955, aber bis zum Inkrafttreten dieses Vertrages zustande gekommen ist, als rechtzeitig erfolgt.
(3) Bei der Anwendung der Absätze 1 und 2 stehen den privaten deutschen Schuldnern Gemeinden und andere kommunale Körperschaften im Gebiete der Bundesrepublik Deutschland gleich."[286]

Der Begriff „private deutsche Schuldner" ist im Schlußprotokoll näher umschrieben (Ziffer 2a). Gemeinden und andere kommunale Körperschaften waren nach Artikel 22 Abs. 3 des Vermögensvertrages ausdrücklich den privaten deutschen Schuldnern gleichgestellt. Im übrigen galt Artikel 22 nicht für Forderungen gegen juristische Personen des öffentlichen Rechts, insbesondere nicht gegen das Deutsche Reich (einschließlich Reichsbahn, Reichspost und Unternehmen Reichsautobahn), sowie gegen die ehemaligen und die neuen deutschen Bundesländer.[287]

Heft 7, Juli 1958, S. 140-143; Norbert KOSCH / Gerhard COEHLER, Zum Begriff der „Regelung" im Sinne des Art. 22h des Deutsch-Österreichischen Vermögensvertrages. Verhindert eine unbegründete Einwendung nach bürgerlichem Recht diese Regelung?, in: MDR 1961, S. 98-101.

286 Gesetz über den Vertrag vom 12. Juni 1957.

287 PÖCHL / VLCEK, Rechtsvorschriften, S. 67ff.; WEITNAUER, Vermögensvertrag, S. 3.

Alle Regelungstatbestände mußten nach dem 8. Mai 1945 eingetreten sein. Da in Artikel 23 Abs. 3 des Staatsvertrages von „bereits getroffenen Regelungen“ die Rede war, war im Grundsatz davon auszugehen, daß der Regelungstatbestand bereits vor dem Inkrafttreten des Staatsvertrages existieren mußte. „Ein starres Festhalten daran hätte aber zu Unbilligkeiten geführt, weil deutsche und österreichische Dienststellen wiederholt den österreichischen Gläubigern nahegelegt hatten, von einem Herantreten an die deutschen Schuldner bis zum Abschluß des Staatsvertrags abzusehen, dabei war insbesondere auch darauf hingewiesen worden, daß den Gläubigern wegen der deutschen Vorschriften über die Hemmung der Verjährung ein Rechtsverlust nicht drohe“, resümiert Hermann Weitnauer. Dem trug Artikel 22 Abs. 2 des Vermögensvertrags Rechnung. Er ermöglichte den Gläubigern Maßnahmen, die zu einer Regelung im genannten Sinne führen konnten, noch bis zum Inkrafttreten des Vermögensvertrages nachzuholen.[288] Zur Vermeidung von unbilligen Härten waren hinsichtlich der Erfüllung von Forderungsansprüchen entsprechende Härteklauseln in den Vermögensvertrag aufgenommen worden.

Wegen der großen wirtschaftlichen Bedeutung führte der Artikel 22 Vermögensvertrag zu vielen Streitigkeiten vor den Schlichtungsgremien.

In den Vorschriften des Vermögensvertrages war der Begriff „geregelt“[289] – „settled“ – erheblich weiter gefaßt als im Londoner Schuldenabkommen, das sich mit den deutschen Auslandschulden befaßt. Ignaz Seidl-Hohenveldern stellt die Differenzen dar: “Only clauses (a), (b), (e), (f), and (g) of Article 22 (1) of the Property Treaty corresponded more or less to that notion. There, the existence of the debt had been reaffirmed, although – contrary to the London Agreement on German External Debts – the contents and the modalities of payment may not have been reduced in such a way as to make them conform to that Agreement. Clauses (c) and (d) could be deemed to be compatible with the basic idea underlying this notion. After all, these cases also justify the conclusion that the debtor assumed that he had remained indebted to his creditor and that he had shown an intention to repay the debt (although, contrary to the other instances, nothing was said about the terms of repayment). Article 22 (1) (h), however, required the use of very special logic to assume that a settlement had been reached. In these cases, the debtor had flatly refused to pay his debt, relying on the waiver clause of Article 23 of the State Treaty. At first glance, at least, this attitude seems to be exactly contrary to that of a debtor willing to settle his debt. However, his failure to invoke reasons of a civil law nature against the exi-

288 WEITNAUER, Vermögensvertrag, S. 3.

289 Zur Begrifflichkeit siehe auch: C.A. HAMANN, Der Begriff „Regelung“ im Sinne des Art. 23 Abs. 3 des Staatsvertrages betr. die Wiederherstellung eines unabhängigen und demokratischen Österreich vom 15.5.1955, in: Neue Juristische Wochenschrift 1960, S. 999f.

stence of the debt conceivably might be interpreted as an admission by the debtor that, but for the waiver clause, he still would be liable for this debt and willing to pay. In order to prevent these provisions from being rendered pointless in many cases by the operation of the statute of limitations, the latter was tolled in respect to such debt until the entry into force of the Property Treaty."[290]

Diese Bestimmungen waren eine unangenehme Überraschung für die deutschen Schuldner. Sie waren bislang davon ausgegangen, daß sie mit dem Inkrafttreten des Staatsvertrages ihre Schulden gegenüber Österreichern losgeworden waren. Die Interpretation des Artikels 23 des Staatsvertrages durch die Vorschriften des Vermögensvertrags löste eine Kontroverse in der Rechtswissenschaft aus. Sie verursachte eine Reihe von Prozessen vor deutschen Gerichten und Verfahren vor dem Schiedsgericht.[291]

Teil III des Vermögensvertrages trägt den Titel „Besondere Bestimmungen“. Damit wird ausgedrückt, daß es sich hier um Ausnahmen zu den Allgemeinen Regelungen der Teile I und II handelt. Teil III gliedert sich in 3 Abschnitte: 1) Kreditinstitute und Wertpapiere ,2) Versicherungen und Bausparkassen und 3) gewerbliche Schutzrechte, Firmenbezeichnungen und Urheberrechte.[292]

Abschnitt 1 (Artikel 28 – Artikel 44) stellt Sondervorschriften gegenüber Artikel 22 dar: Die Besonderheiten bei bankgeschäftlichen Verbindlichkeiten und Wertpapieren erforderten nach Ansicht beider Regierungen für diesen Bereich Sondervorschriften.[293]

---

290 SEIDL-HOHENVELDERN, Austrian-German Arbitral Tribunal, S. 17.

291 Sowohl die Zivil-Gerichte, wie das Deutsch-Österreichische Schiedsgericht, machten klar, daß es nicht die Intension des Staatsvertrages gewesen sein könnte, deutsche Schuldner auf Kosten österreichischer Gläubiger zu bereichern (vgl. SEIDL-HOHENVELDERN, Austrian-German Arbitral Tribunal, S. 17).

292 Gesetz über den Vertrag vom 12. Juni 1957. Siehe im Detail: H. V. MARAVIČ, Die Behandlung von Versicherungsfragen im Deutsch-Österreichischen Vermögensvertrag, in: Veröffentlichungen des Bundesaufsichtsamtes für das Versicherungs- und Bausparkassenwesen, 1958, S. 206-214; Hans ZIGANKE, Zur Frage der Reichsmark-Forderungen deutscher Kreditinstitute gegen österreichische Schuldner, in: Wertpapier-Mitteilungen, Teil IV B, 20, 1960, 526-536; Der Deutsch-Österreichische Vermögensvertrag, Sonderbeilage Nr. 4/1958 zu Wertpapier-Mitteilungen Teil IV B, Nr. 28 vom 12. Juli 1958; Hans LORENZ-LIBURNAU, Die Versicherungsbestimmungen des Deutsch-Österreichischen Vermögensvertrages, in: Die Versicherungs-Rundschau, 1958, S. 354-363; Franz KAPS, Zur Frage der Reichsmarkforderungen deutscher Kreditinstitute gegen österreichische Schuldner, in: Wertpapier-Mitteilungen Teil IV B, Nr. 38 vom 17. September 1960, S. 1050-1061.

293 Vgl. Regierungsvorlage, Nr. 412 der Beilagen zu den stenographischen Protokollen des Nationalrats, S. 41ff.; PÖCHL / VLCEK, Rechtsvorschriften, S. 81ff.

Abschnitt 2 (Artikel 45 bis 59) enthält entsprechende Regelungen für den Bereich privater Versicherungs- und Rückversicherungsverträge.[294]

Abschnitt 3 behandelt gewerbliche Schutzrechte, Firmenbezeichnungen und Urheberrechte. Er gliedert sich seinerseits in 5 Unterabschnitte.[295] Artikel 60 bis 62 betreffen Alt-Patente und Alt-Patentanmeldungen von Deutschen in Österreich, Artikel 63 bis 69 Marken und Markenanmeldungen. Artikel 70 bis 75 regeln die Rechte an Firmennamen, Artikel 76 die Urheberrechte. In den Artikeln 77 bis 80 geht es um gemeinsame Bestimmungen zu den vier zuvor genannten Sachgebieten.[296]

Teil IV „Ergänzende Bestimmungen" gliedert sich in 3 Abschnitte: Artikel 81 bis 83 behandeln die österreichischen Zollausschlußgebiete und das Saarland.[297] Nach Ansicht des österreichischen Bundesministeriums der Finanzen wurde dadurch eine Einschränkung der Vermögensrechte saarländischer Rechtspersonen im Zusammenhang mit Artikel 22 des Staatsvertrags beseitigt. Mit Inkrafttreten des Vermögensvertrages konnte diesen freie Verfügung über ihre bei österreichischen Sparkassen bestehenden Konten und Depots eingeräumt werden.[298] Artikel 84 bis 86 befassen sich mit dem persönlichen und sachlichen Geltungsbereich des Vermögensvertrages.[299]

In Artikel 87 geht es um die Frage der Wahrung der Einheit von Gesellschaften: Ausgangspunkt ist folgender: Es gibt Anteilsrechte deutscher Gesellschafter an juristischen Personen oder Personengesellschaften mit dem Sitz in Österreich. Diese Anteilsrechte sind vom Staatsvertrag oder österreichischen Verstaatlichungsmaßnahmen betroffen. Gemäß dem Grundsatz der territorialen Beschränkung von Enteignungsmaßnahmen legt Artikel 87 des Vermögensvertrages fest, daß sich diese Maßnahmen nicht auf das in der Bundesrepublik Deutschland oder im Lande Berlin belegene Vermögen der betroffenen juristischen Personen oder Personengesellschaften auswirken dürfen. Um die Einheit der juristischen Personen oder Gesellschaften nicht zu zerstören wurde festgelegt, daß die bisherigen Rechtsträger die Eigentümer der im Bundesgebiet oder im Lande Berlin „belegenen" Vermögens-

294 Vgl. Regierungsvorlage, S. 43ff.; PÖCHL / VLCEK, Rechtsvorschriften, S. 108ff.

295 Vgl. Deutsch-Österreichischer Vermögensvertrag.

296 Vgl. Regierungsvorlage, Nr. 412 der Beilagen, S. 46ff.; PÖCHL / VLCEK, Rechtsvorschriften, S. 126ff.; WEITNAUER, Vermögensvertrag, S. 5f.

297 Vgl. Regierungsvorlage, S. 48ff.; PÖCHL / VLCEK, Rechtsvorschriften, S. 158ff.

298 Vgl. Schreiben Mueller-Graaf an das Auswärtige Amt, Betr. Anwendung des Art. 22 des österreichischen Staatsvertrages auf das Saarland, vom 11. März 1958, in: PA B 86 – 760.

299 Vgl. Regierungsvorlage, S. 48ff.; PÖCHL / VLCEK, Rechtsvorschriften, S. 158ff.

werte blieben. Den deutschen Gesellschaftern stand zum Ausgleich dazu ein Auseinandersetzungsanspruch gegen die Gesellschaft zu.[300]

Artikel 88 enthält Sondervorschriften für einige Vermögenskomplexe: den Erdölsektor und das Vermögen und die Schulden der Ernst-Heinkel-AG.[301]

Artikel 89 ist eine Härtefallklausel: Es wurde festgelegt, daß österreichische Gläubiger von deutschen Schuldnern und umgekehrt aus Forderungen, deren Erfüllung der Vermögensvertrag gebietet, nur in beschränktem Maße Zinsen verlangen können.[302]

Artikel 90 verpflichtet die Bundesrepublik Deutschland zu einer Zahlung in Höhe von 22,5 Millionen DM oder 135 Millionen Schilling an die Republik Österreich. Damit sollte Österreich teilweise für die Belastungen des Staatsvertrages für die Rückgabe des von der sowjetischen Besatzungsmacht konfiszierten Deutschen Eigentums entschädigt werden.[303]

Die im Teil V des Vermögensvertrages enthaltenen Bestimmungen zu den Formen und Institutionen des Interessenausgleichs und der Schlichtung stellen den Hauptgegenstand dieser Arbeit dar. Sie werden im folgenden Kapitel gesondert behandelt.

Der Vermögensvertrag regelte die vermögensrechtlichen Beziehungen zwischen der Bundesrepublik Deutschland und der Republik Österreich sowie zwischen deren Staatsbürgern und den dort ansässigen Unternehmen nicht erschöpfend. Daneben waren auch andere Themen noch offen: Fragen im Zusammenhang mit den Sozialversicherungen und Rentenkassen, Entschädigungen für politisch Verfolgte des Nazi-Regimes, deutsche Umsiedler und Heimatvertriebene, die österreichische Staatsbürger geworden waren. Die zähen Verhandlungen mündeten in das Bad Kreuznacher Abkommen vom 27. November 1961. In diesem verpflichtete sich die Bundesrepublik zur Abgeltung aller offenen Ansprüche zu einer Zahlung in Höhe von 321 Millionen DM.[304]

Auf der Grundlage des Vermögensvertrages erwartete das Auswärtige Amt eine Rückübertragung von Vermögenswerten in Höhe von 500 bis 600

---

300 Vgl. Regierungsvorlage, 412 der Beilagen zu den stenographischen Protokollen des Nationalrats, S. 55ff.; PÖCHL / VLCEK, Rechtsvorschriften, S. 163ff.; WEITNAUER, Vermögensvertrag, S. 6

301 Vgl. Regierungsvorlage, 412 der Beilagen zu den stenographischen Protokollen des Nationalrats, S. 31; PÖCHL / VLCEK, Rechtsvorschriften, S. 170f.

302 Vgl. Regierungsvorlage, 412 der Beilagen zu den stenographischen Protokollen des Nationalrats, S. 57; PÖCHL / VLCEK, Rechtsvorschriften, S. 171f.; WEITNAUER, Vermögensvertrag, S. 6.

303 Vgl. Artikel 90, Gesetz über den Vertrag vom 12. Juni 1957; Denkschrift, abgedruckt in: PLÖCHL / VLCEK, Rechtsvorschriften, S. 173.

304 Vgl. SEIDL-HOHENVELDERN, Austrian-German Arbitral Tribunal, S. 19f.; ABLEITINGER, Nachkriegsbeziehungen, S. 208.

Millionen DM an deutsche Staatsbürger. Nach Berechnungen des Auswärtigen Amtes machte dies 99 Prozent des Eigentums deutscher natürlicher Personen aus. Das Auswärtigen Amt stellte die Einrichtung einer Ständigen Kommission, eines Schlichtungsausschusses und eines übergeordneten Schiedsgerichtes zur Regelung von Streitfällen aus dem Vertrag gegenüber dem Bundeskanzler besonders heraus. Die Gegenleistungen der Bundesrepublik bestanden darin, daß Verbindlichkeiten von deutschen Schuldnern aus der Zeit zwischen dem 13. März 1938 und dem 8. Mai 1945 aus dem österreichischen Forderungsverzicht im Staatsvertrag ausgenommen wurden, sofern sie sich auf den privaten Rechtsbereich bezogen. Davon waren auch Forderungen gegenüber deutschen Versicherungsgesellschaften und Kreditinstituten erfaßt. Die Gesamtsumme an wiederauflebenden Forderungen bezifferte man mit etwa 120 Millionen DM. 15 Millionen davon gingen bar zu Lasten des Bundes, rund 85 Millionen sollten über Ausgleichsforderungen gegenüber Bund und Ländern ausgeglichen werden. Der Restbetrag ging zu Lasten deutscher Schuldner. Für die öffentlichen Hände schätzte man aus dieser Regelung resultierend eine jährliche Zinslast von 2,5 bis 3 Millionen DM.[305]

305 Vgl. Auswärtiges Amt, Aufzeichnung für den Staatsbesuch des Herrn Bundeskanzlers in Österreich vom 13. bis 15. Juni 1957, Anlage 3, in: PA B 23 – 58.

V. DIE DURCHFÜHRUNG DES VERMÖGENSVERTRAGES

1. ZUM WERT DER DURCH ÖSTERREICHISCHE AMTSBESTÄTIGUNGEN RÜCKÜBERTRAGENEN VERMÖGENSWERTE

Das Inkrafttreten des Vermögensvertrages erforderte besonders bei den österreichischen Stellen ein hohes Maß an organisatorischer Vorbereitung. Dabei scheint die österreichische Regierung auf eine möglichst rasche Erledigung der deutschen Rückübertragungsbegehren Wert gelegt zu haben.[306] Das für Österreich federführende Wiener Finanzministerium sah sich dabei vor die Aufgabe gestellt „organisatorische Maßnahmen zu treffen, um einerseits die ordnungsgemäße Registrierung und möglichst rasche Erledigung der zu erwartenden, in die Zehntausende gehenden Rückübertragungsanträge zu gewährleisten, anderseits eine Schädigung von Interessen der Republik Österreich durch nicht ausreichend kontrollierte Freigaben zu vermeiden."[307] Zur Bewältigung der „außerordentlich komplizierten" Vertragsbestimmungen sollte eine klare Organisationsstruktur geschaffen werden. Innerhalb des Finanzministeriums blieben weiterhin die Abteilungen 33 und 35 zuständig. Der Abteilung 33 wurden jene Anträge zugeteilt, die auf nicht unter öffentlicher Verwaltung stehende Vermögenswerte zielten. Alle anderen Rückgabeanträge wurden von Abteilung 35 bearbeitet. Die Vorgänge im Rahmen des Vermögensvertrages wurden aber in einer separaten Kanzleistelle verwahrt.[308]

Die Anträge auf Rückgabe von Vermögen im Rahmen dieses Vertrages mußten innerhalb bestimmter Fristen an das Bundesministerium für Finanzen gerichtet werden.[309] Die Frist für die Eingabe von Rückgabebegehren von Sachwerten lief am 16. Juli 1959 ab.[310] An diesem Tag lagen dem

---

306 Vgl. Bundesministerium der Finanzen, Wien, Dienstzettel, 27. März 1958, GrZ 226943-33/58, in: AdR, BMF 6693.

307 Bundesministerium der Finanzen, Wien, Dienstzettel, GrZ 226943-33/58, GZ 229100-33/58, in: AdR, BMF 6693.

308 Vgl. ebd.

309 Vgl. Österreichische Länderbank, Merkblatt zum Österreichischen Vermögensvertrags-Durchführungsgesetz (VVDG), BGBl. vom 7. Juli 1958, 39. Stück, in: HABuBa B 330/3740.

310 Vgl. Wichtiger Termin: 16. Juli. Für Rückgabe deutscher Vermögen in Österreich, ungez. Artikel in Bonner Rundschau (CDU) vom 9. Juni 1959.

österreichischen Finanzministerium 24.772 Anträge vor.[311] Von dieser Frist nicht betroffen waren Übertragungsbegehren für österreichische Wertpapiere, für die die Sonderfristen des Artikels 43 VV galten. Entsprechend erhöhte sich weiterhin die Zahl der Rückgabeanträge: Nach Angaben des Wiener Außenministeriums waren in Wien bis zum 15. Oktober rund 40.000 Rückgabebegehren gestellt worden.[312] Bei der Einschätzung dieser Zahl ist zu bedenken, daß die Antragsfristen auf dem Wertpapiersektor zu diesem Termin noch nicht abgelaufen waren. Die österreichischen Stellen erwarteten insgesamt rund 100.000 Rückgabebegehren deutscher Staatsangehörigen. Dort habe man bereits, sehr vorsichtig geschätzt, bis zum 1. Oktober 1959 Vermögenswerte von rund 140 Millionen DM zurückgegeben, heißt es in einem Bericht der Deutschen Botschaft.[313] Parallel dazu waren von 1957 bis zum Sommer 1959 131 Vermögenschaften aus ehemals Deutschem Eigentum, die durch den Staatsvertrag an die Republik gefallen waren, an private Interessenten verkauft worden. Darunter befanden sich 70 Betriebe mit zusammen 13.000 Beschäftigten, wofür die Republik Österreich circa 420 Millionen Schilling vereinnahmen konnte.[314]

Ein Ende der Rückübertragung von Wertpapieren war auch Mitte 1960 noch nicht abzusehen. Bei der für die Abwicklung der Wertpapierübertragungen zuständigen Österreichischen Kontrollbank wurden die einzelnen Wertpapierarten anhand eines Planes sukzessive aufgerufen und bereinigt. Bis zur Jahresmitte 1960 waren etwa die Teilschuldverschreibungen der Jahre 1938, 1940 und 1944 der Vorarlberger Illwerke AG erledigt worden. Die Bereinigung des Aktienbesitzes war zu diesem Zeitpunkt auf der Grundlage des Ersten Verstaatlichungs-Entschädigungsgesetzes praktisch abgeschlossen.[315]

---

311 Vgl. Theodor VEITER, Wichtige Termine für die Rückgabe Deutschen Eigentums. Der 16.7. und die Dreimonatsfrist nach Art. 106 VermV, in: Berichte und Informationen, Heft 675, vom 26. Juni 1959, S. 8.

312 Vgl. Deutsche Delegation in der Ständigen Kommission (Deutsch-Österreichischer Vermögensvertrag vom 15. Juni 1957) an das Auswärtige Amt, Bonn, Bericht Nr. 155 vom 30. Oktober 1959: Deutsches Vermögen in Österreich; Durchführung des Deutsch-Österreichischen Vermögensvertrages, in: BA B 126 – 26003.

313 Aufzeichnung Bormann, Deutsche Botschaft Wien, vom 20. November 1959, in: BA B 126 -26003.

314 Vgl. Meldung o.V. in der Frankfurter Allgemeinen Zeitung vom 24. Juli 1959, in: BA B 126 – 26003.

315 Vgl. Deutsche Delegation in der Ständigen Kommission (Deutsch-Österreichischer Vermögensvertrag vom 15. Juni 1957) an das Auswärtige Amt, Bonn, Bericht Nr. 69/60 vom 28. Juli 1960: Deutsches Vermögen in Österreich; Durchführung des Deutsch-Österreichischen Vermögensvertrages, in: BA B 126 – 26003. Bundesgesetz vom 7. Juli 1954 über Entschädigungen für verstaatlichte Anteilsrechte, ÖBGBl. Nr. 189, abgedruckt in: PLÖCHL / VLCEK, Die Rechtsvorschriften über das Deutsche Eigentum, S. 305ff.

Tabelle 10: Zahl der protokollierten Einzelbegehren insgesamt seit Inkrafttreten des Vertrages

Stichtag	Gesamt	Veränderung
31.03.1959	17.500	
16.07.1959	24.772	7.272
15.10.1959	ca. 40.000	15.228
31.12.1959	ca. 50.000	10.000
30.06.1960	68.000	18.000
30.09.1960	75.273	7.273
31.12.1960	83.954	7.343
31.03.1961	91.297	8.681
30.06.1961	97.293	5.996
30.09.1961	101.073	3.780
31.12.1961	103.916	2.843
31.03.1962	108.649	4.733
30.06.1962	112.964	4.315
30.09.1962	116.487	3.523
30.06.1963	124.398	7.911
31.12.1963	125.719	1.321
30.06.1964	126.323	604
31. 12.1964	126.915	592

Quellen: Deutsche Delegation in der Ständigen Kommission an das Auswärtige Amt, Berichte 40/61 v. 3. Mai 1961; 19/62 v. 7. Febr 1962; 45/62 v. 30. Mai 1962; 62/62 v. 20. August 1962; 56/63 v. 13. August 1963; 62/63 v. 18. Oktober 1963; 8/65 v. 6. Mai 1965, alle in: BA B 126 – 26003, Heft 4; Schreiben Auswärtiges Amt an die Bundesminister der Finanzen, der Justiz, für Wirtschaft, Zl. 506-80.SL-94.19/20, Durchführung des Deutsch-Österreichischen Vermögensvertrages, vom 9. August 1961, ebenda.

Abbildung 1: Zahl der protokollierten Einzelbegehren insgesamt seit Inkrafttreten des Vertrages

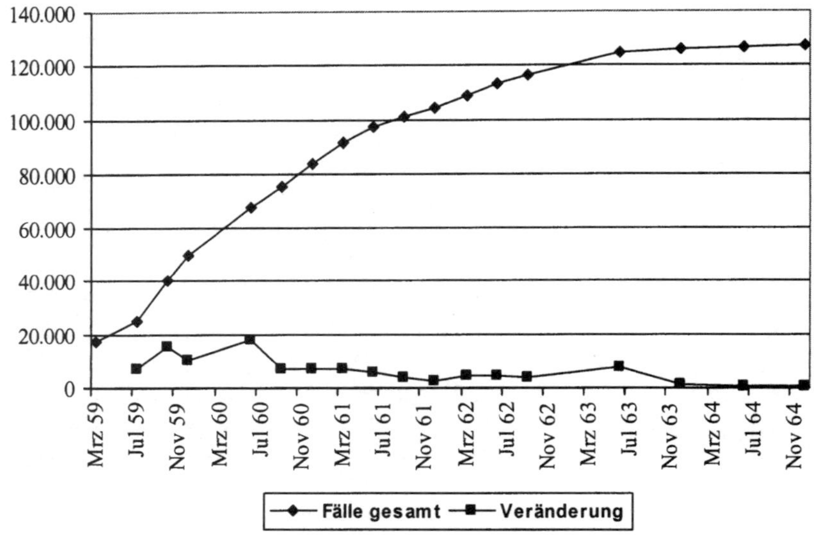

Quelle: Tabelle 10.

Die unterschiedlichen Bewertungsarten verbieten eine Addition der angegebenen Zahlen. Sie lassen auch keinen sicheren Schluß darauf zu, welche tatsächlichen Verkehrswerte hier rückübertragen worden sind. Innerhalb der Deutschen Delegation in der Ständigen Kommission wurde jedoch geschätzt, daß die bis zum 31. Dezember 1959 rückübertragenen deutschen Vermögenswerte einen Verkehrswert von 450 Millionen DM haben müßten.[316]

316 Vgl. Deutsche Delegation in der Ständigen Kommission (Deutsch-Österreichischer Vermögensvertrag vom 15. Juni 1957) an das Auswärtige Amt, Bonn, Bericht Nr. 10/60 vom 22. Januar 1960: Deutsches Vermögen in Österreich; Durchführung des Deutsch-Österreichischen Vermögensvertrages, in: BA B 126 – 26003.

Abbildung 2: Verlauf der Rückübertragung von Vermögenswerten im Rahmen des Deutsch-Österreichischen Vermögensvertrages, in Mio. ATS, gerundet, jeweiliger Gesamtstand

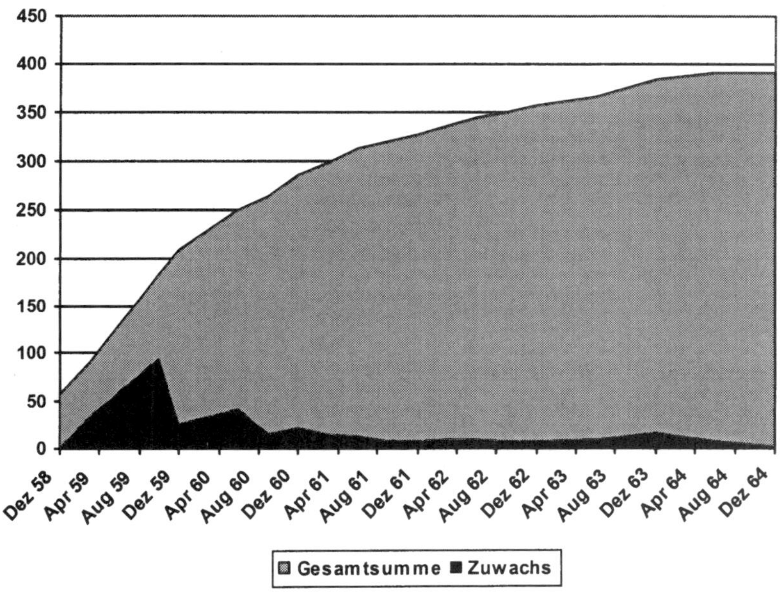

Quelle: Tabelle 12. Die Gesamtsummen der von Österreich zurückgegebenen deutschen Vermögenswerte im Rahmen des Deutsch-Österreichischen Vermögensvertrages können der Übersicht am Ende des Abschnittes entnommen werden.

Die deutsche Delegation in der Ständigen Kommission zog zu Beginn des Jahres 1960 eine positive Bilanz der Wirkung des Deutsch-Österreichischen Vermögensvertrages. Die bei Vertragsabschluß geschätzten Zahlen der durch das Vertragswerk begünstigten deutschen Staatsangehörigen würden „bei weitem übertroffen".[317] Auf der anderen Seite machten sehr viele österreichische Staatsbürger auf der Grundlage von Teil II des Vermögensvertrages ihre alten Forderungen gegenüber deutschen Schuldnern geltend.[318] Der Vorsitzende der deutschen Delegation in der Ständigen Kommission schätzte die Gesamtzahl der Forderungsfälle auf „erheblich über 10.000", wobei in vielen Fällen der Schlichtungsausschuß eingeschaltet

317 Vgl. Deutsche Delegation in der Ständigen Kommission, Bericht Nr. 10/60, in: BA B 126 -26003.

318 Auf die Probleme, die sich hier entwickeln konnten, wurde schon Ende der vierziger Jahre hingewiesen. Siehe: Karl HENDRICH, Die wirtschaftliche Durchdringung Österreichs durch Deutschland und deren betriebswirtschaftliche Folgen. Diss. Hochschule für Welthandel, Wien 1948, S. 96f.

wurde. Allerdings war die Erfolgsquote recht dürftig. Die hohen Freigabewerte deutschen Eigentums auf der einen und die geringe Ergiebigkeit bei der Geltendmachung von Forderungen gegenüber deutschen Schuldnern auf der anderen Seite, sowie die deutsche Zurückhaltung in der Gemischten Kommission waren die Ursache für eine „stark versteifte österreichische Handhabung zweifelhafter Freigabefälle". Dies wirkte sich seit Mitte des Jahres 1959 auch auf die Arbeit des Schlichtungsausschusses aus.[319]

Aus dem Jahr 1961 liegt eine Aufstellung vor, die einen guten Eindruck über die Art und Vielfalt der noch offenen Übertragungsbegehren, darunter auch eines von Leni Riefenstahl, vermittelt.

Tabelle 11: Aufstellung über anhängige Übertragungsbegehren nach Artikel 14 Vermögensvertrag, 1959, 1960 und 1961, Stand August 1961

Geschäftszahl	Anspruchsberechtigter	Beanspruchtes Vermögen	Anmerkungen
1959			
226.717-Üb/59	Anneliese Beermann, Baden-Baden	Fa. Tabak- u. Spezialmaschinenfabrik Hofherr-Schrantz Ges.m.b.H.	Wegen Rückstellung kein Vermögen vorhanden
277.126-Üb/59	Otto Wolf von Amerongen & Gesellschafter, Köln	Forderungen der Otto Wolf OHG Köln	
281.578-Üb/59	Dr. jur. Herbert Wendler, Berlin-Grunewald	Gesellschaftsanteil an der im Konkurs befindlichen Fa. Rohs & Co, Wien	Antrag unvollständig belegt
1960			
207.273-Üb/60	Erwin Heim, Pullach, Isartal	1/6 Anteil an der EZ 157 KG, Hinterbrühl	Antrag unvollständig
227.524-Üb/60	Erich Berner, Kassel, Mönchebergstrasse 44, Konrad Berner, Essen, Eintrachtstr. 5, Antonie Kuhnigk, Salzhausen 224, Haarburg, Walter Kiebart, Luckenwalde, Wilh.-Schlozstr. 54, Fritz Berner, Fulda, Wahlafriedstr. 12	Liegenschaft EZ 39 KG., Pörtschach	Antrag unvollständig
229.206-Üb/60 *)	Hans Madaus, Köln, Lindenthal, Friedr.-Schmidtstr. 53, Elisabeth Neuerburg Köln-Marienburg, Lindenallee 78, Johanna Neumann, Hamburg 22, Fehrhausstr. 2a	B. Römmert & Co., Wien, Firmenanteile, Liquidationserlös	In abschließender Behandlung
280.827-Üb/60	Deutsches Rotes Kreuz, Bonn, Friedrich-Ebert-Allee 71	In Österreich befindliches Vermögen	Antrag auf vorläufige Nichtbehandlung gestellt

319 Deutsche Delegation in der Ständigen Kommission, Bericht Nr. 10/60 vom 22. Januar 1960, in: BA B 126 – 26003.

Geschäfts-zahl	Anspruchsberechtigter	Beanspruchtes Vermögen	Anmerkungen
306.145-Üb/60	Peter Neumann, Rheinhausen	Liegenschaft EZ 228 Seefeld	Antrag wegen Gerichtsvorlage unerledigt
306.280-Üb/60	Verlassenschaft nach Thomas Wasensteiner für Thomas und Anna W., Bad Reichenhall	EZ 70 II KG. Eben, 30/160 Anteile	Antrag unvollständig
307.465-Üb/60	Carl Mohr, München	Darlehnsforderung aus Sondervermögen Fa. Lichti & Co.	Antrag unvollständig
307.611-Üb/60	Franziska Köberl, Sinning, Donau	Liegenschaft EZ 71 KG. Amesschlag, GB. Leonfelden	Antrag unvollständig
307.754-Üb/60	Christoph Heinsius von Mayenburg (27,25/100 Anteil) Elisabeth v. Beulwitz (24,25/100 Anteil) Ursula Schott (24,25/100 Anteil) Annerose Heinsius von Mayenburg (24,25/100 Anteil), alle Frankfurt/M.	Schloßgut Hallegg und Haus Roseneck, EZ 17 der Kärnter L.T. EZ 12,12,14 KG. Hallegg und EZ 36 KG. Sallach, GB. Klagenfurt	Anteile unter S 260.000,--, aber grundbuchlicher Eigentümer: Heinsius von Mayenburg Verwaltungs Ges. m.b.H. Frankfurt/M. (echte Familiengesellschaft). Die Angelegenheit wird über Wunsch der Deutschen Delegation derzeit im Schlichtungsausschuß behandelt.
308.603-Üb/60	Detlev v. Falkenhayn, Berlin	EZ 101 KG. Iselsberg	Antrag unvollständig
308.606-Üb/60	Verlassenschaft Katharina Eglseer, Dr. Poley, Kitzbühel	EZ 189 KG. Kössen	Antrag unvollständig
308.933-Üb/60	Verlassenschaft Thomas Schlechter, Oberbichl, Tirol	Liegenschaft EZ 149 II KG. Kössen	Antrag unvollständig
308.945-Üb/60	Peter Sack, Tübingen-Lustenau	Fa. Rud. Sack KG. Zweigniederlassung Wien (Veräußerungserlös)	Präjudizierendes Schlichtungsverfahren anhängig
310.710-Üb/60	Otto Sack, Tübingen-Lustenau	Fa. Rud. Sack KG. Zweigniederlassung Wien (Veräußerungserlös)	Präjudizierendes Schlichtungsverfahren anhängig
310.916-Üb/60	Günther v. Bültzingslöwen, Schweden	¼ Anteil an EZ 302	Antrag unvollständig
315.756-Üb/60	Marianne Göz geb. Hofacker, Nürtingen, Württemberg	Gesellschaftsrechte und Guthaben am Unternehmen Getzner, Mutter & Cie. KG., Bludenz	Ermittlungen über Wert noch nicht abgeschlossen
322.779-Üb/60	Rudolf Lichti, Karlsruhe-Rüppur	Anteil an der Arge Fa. Lichtig & Co. – Peter Kipp & Söhne	Antrag unvollständig
323.015-Üb/60	Leni Riefenstahl, München, Tengstr. 20	Filmmaterial	
355.442-Üb/60	Otto Roth, Karlsruhe, Kaiserstr. 187	Forderung aus Rückstellung der Liegenschaft EZ 2234, KG. Währing	
1961			
207.027-Üb/61 *)	„Opriba" Privatverwaltungs-Gesellschaft, Berlin	95 Anteilseigentümer Gut Urgersbach	

Geschäfts-zahl	Anspruchsberechtigter	Beanspruchtes Vermögen	Anmerkungen
207.034-Üb/61	Frank Anton Zacharias, Neustadt/Waldnaab, Bayern	Gut Karlstetten	
207.084-Üb/61	Ing. Friedrich Thier, Verlassenschaft	EZ 59 KG. Perchtoldsdorf, Hofstrasse 79	
207.116-Üb/61	Baron Josef Nagel-Doornik, Belecke/Möhne i. Westfalen	Gut Schallaburg und Plankenstein	
207.289-Üb/61	Verlassenschaft nach Dora Wibiral (Art. 4 lit. b, VV), Stuttgart	Vermögenschaft Hälfteanteil an der Liegenschaft EZ 261 u. 386 KG.Wieden, Heumühlgasse 11 und Kettenbrückengasse 16	
210.12-Üb/61	*Unleserlich*	*Unleserlich*	Unterlagen unvollständig
225.539-Üb/61	Nachlaß für Mary Böttger, Georg Böttger, Elisabeth Musik und Robert Böttger, je 1/16, zu je 1/8 an Carl Büchner jun., Rudolf Büchner, vertreten durch Dr. Murschetz, Innsbruck, Meraner Str. 1 (Georg Böttger franz. Staatsbürger nach dem 27.7.1955 Carl Büchner jun. AB ausgestellt, Rudolf Büchner tot erklärt)	EZ 260 KG. Seefeld	Unterlagen fehlen (Staatsbürgerschaftsnachweis)
225.726-Üb/61	Clara Luyken, Hannover	1 % Anteil a. d. Wollwäscherei Korneuburg (Stillgelegt)	Einantwortung fehlt
225.728-Üb/81	Wilhelm Latscha, München 13, Schraudolphstrasse 5	Forderungsbetrag von S 15.905,75	Antrag unvollständig belegt
225.993-Üb/61 *)	Gesellschafter der Fa. Chemische Fabrik Hoesch KG., Düren im Rheinland	Rückübertragung mit AB vom 17.11.60, Zl. 312.359-Üb/60	Schlichtungsverfahren eingestellt als gegenstandslos (Zl. 943)
226.001-Üb/61	Anni Maelzer, Niederstotzingen	Fa. Blödner, Stahlmöbel, Wampersdorf N.Ö.	Antrag unvollständig
226.123-Üb/61	Paula Bachmann, Berchtesgaden-Strub	Liegenschaft in EZ 38 II KG. Scharnitz, GB. Innsbruck	Antrag unvollständig
226.22-Üb/61	Gesellschafter und deren Erben des Bankgeschäftes Berger & Co. i. L., Sitz Berlin W 8	Pfandrecht von RM/S 140.000,-- s.A. ob der Liegenschaft in EZ 49 KG. Freudenberg (GB. Klagenfurt)	Prüfung der rechtlichen Voraussetzungen noch nicht beendet
226.566-Üb/61	Verlassenschaft nach KR. Heinrich Fehrer, zuletzt Kitzingen BRD	Auseinandersetzungsguthaben a.d. Fa. Rosshaarspinnerei u. Zurichterei F. S. Fehrer OHG., Linz	Verhandlungen sind im Zuge
226.124-Üb/61	Dr. Klaus E. Wuensch, Hamburg, Lenhartstrasse 3	Anteil an der Pottschacher mech. Weberei (1/9 Anteil)	Antrag unvollständig
226.904-Üb/61	Zahnradfabrik Friedrichshafen A.G., Friedrichshafen	Veräußerungserlöse der Betriebsstätte Lustenau und der Betriebsstätte Wirtenbach und Söhne, Uttendorf	Macht Rückübertragung nach Art. 20 VV seit 14.3.1961 geltend, Unterlagen fehlen
226.958-Üb/61	Verlassenschaft nach Bernhard Mörz, vertreten durch RA. Dr. Mairamhof, Reutte	EZ 168 II KG. Grän	Unterlagen fehlen
227.328-Üb/61	Alice Dombois,		

Geschäfts-zahl	Anspruchsberechtigter	Beanspruchtes Vermögen	Anmerkungen
*)	Wiesbaden Irmgard Bartenieff, New York Helene von Conta und Erben (Lella Luise Müller, Isolde Hoffmann, Walter von Conta), Langerwehe b. Düren Walter von Conta, Pomfret, Con., USA Ruth Gerdes, Freiburg i.Brg. Hermann Gerdes, Stolberg, Rhld. Eugenie Grasser, Köln Else Gütschow, Köln Heinz Gütschow, Stolberg, Rhld. Irma Hasenclever & ungeteilte Erbengemeinschaft, Isolde Hoffmann, Rastatt Wera Jost, Köln Ursula Junghanns, Berlin Lella Luise Müller, Oerlinghausen/Lippe Axel Prym, Mausbach Hans August Prym, Putnam, Con., USA Dieter Prym, Stolberg Hand Dieter Prym, Stolberg, Rhld. Irma Prym, Zweifall bei Stolberg Lilo Prym, Stolberg, Rhld. Margret Prym, Stolberg, Rhld. Michael Prym, Stolberg, Rhld. Dr. Rolf Prym, Anneliese Vanoli, Hinterzarten i. Schw. Barbara Zwirner, Freiburg-Günterstal Gisela Hoesch, Rath bei Nideggen, Eifel Ute Prym, Mausbach Elen-Renate Khoskish, Meudon, Frankreich Tamara Geinitz, Heidelberg Wanda Gerdes, Freiburg, Brsg. sämtliche Gesellschafter der		

Geschäfts-zahl	Anspruchsberechtigter	Beanspruchtes Vermögen	Anmerkungen
	Fa. William Prym-Werke KG., Stolberg, Rhld.		
227.423-Üb/61	Richard Hansmann, Alleininhaber der Fa. Gottfr. Puhlmann, Berlin-Zehlendorf, Fürstenstrasse 33	Verkaufserlös für Baugeräte u. Forderungen für Bauleistungen	Antrag unvollständig
227.663-Üb/61	Liselotte Bornhäuser, Freiburg i. Breisgau, Dreisamstrasse 7	Rückübertragene Guthaben an der Wagner & Reinert KG. In Wels O.Ö. mit AB v. 29.3.1961 Zl. 227.633-Üb/61	
227.723-Üb/61	Gerhard Hoffmann, Verlassenschaft nach Elisabeth Hoffmann, vertreten d. Dr. Weissberger, Villach, Krt.	Je 3/8 Anteile an EZ 4 und 144 KG. Sattendorf	Sämtliche Unterlagen für die Erben fehlen – Einantwortungsurkunde vorhanden
228.681/1-Üb/61	Unleserlich	unleserlich	
229.310-Üb/61	Walter Ebert, Freilassing, Oberbayern, Klebing 3	EZ 258, KG. Mattsee	Antrag unvollständig
229.411-Üb/61	Raffeiner, Gertrud, Dr. Günther Ipsen, Dortmund, Am Knappenberg 138, vertreten durch Dr. Sarlay, Innsbruck, Meranerstr. 3/11	3/160 Anteile an der EZ 953 II KG. Innsbruck	Staatsbürgerschaftsnachweis fehlt
229.921-Üb/61	Margarete Holzer geb. Müller, Passau BRD	Ca. 22 % des Veräusserungserlöses d. Einzelunternehmens Überlandwerke Antiesenhofen, Schärding/Inn	Verwertung noch nicht abgeschlossen
229.924-Üb/61	Verlassenschaft nach Alfred Neubauer, Olga Neubauer geb. Adrian, Garmisch-Partenkirchen, Farchantstra. 37, vertr. durch Hubert Volmann, München-Solln, Gasparistr. 3	Liegenschaft ½ Anteil EZ 168 II KG. Plach, GB. Reutte	Antrag unvollständig
229.926-Üb/61	Dkfm. Fritz Liefhold, Mannheim BRD	Altforderung im Betrage von RM 21.866,09	Am 31.1.1961 aufgefordert, bekanntzugeben, gegen welchen Rechtsträger sich diese Forderung richtet
230.330-Üb/61	Reinhard Kloepfer, München Eberhard Kloepfer, Essen BRD	Auseinandersetzungsguthaben a. d. Firmen Kloepfer & Königer KG. Hopfgarten/T. u. Degginger und Hess OHG Salzburg	Verhandlungen sind im Zuge
231.255-Üb/61	Ludwig Kergl und Emil Bausewein, München	Je 1/3 des Vermögens der Arbeitsgemeinschaft Lustenau (Einheitswert zum 1.1.1948 S 34.000,-)	
231.552-Üb/61	Erben nach Frau Else Eberle geb. Mutschler, verstorben 1959 in Stuttgart; Dr. Alfred Eberle und Robert Eberle	Gesellschaftsrechte und Guthaben a. d. Fa. Chemische Fabrik Hard Dr. G. Eberle OHG Bregenz	Prüfung der Rechtlage u. d. Wertes der Vermögenschaft noch nicht beendet
231.624-Üb/61	Johann und Gertraud Wurm, Möslerlehen, Raubensee Nr. 10 b. Berchtesgaden, Oberbayern	Je ½ EZ 23 KG. Oberweissbach GB. Saalfelden	Antrag unvollständig
231.641-Üb/61	August Röders, Hannover, Wilhelmstr. 24	Ansprüche gegen Gesellschafter einer deutschen	Antrag unvollständig

Geschäfts-zahl	Anspruchsberechtigter	Beanspruchtes Vermögen	Anmerkungen
		Gesellschaft, die Vermögen in Österreich besitzt (Fa. August Röders OHG)	
231.655-Üb/61	Erben nach Otto Berning, Schwelm (Otto Berning jun., Rudolf Berning, Hans-Heinrich Berning, Bernhard Berning, Günther Berning, Ing. Friedrich-Wilhelm Berning und Frau Hildegard Griegoleit geb. Berning, vertr. d. RA Hans Krause, Gevelsberg)	Bankguthaben des Betriebes Rondo-Werke Berning & Co., Werk Mittebrunnen in Höhe von ca. S 700.00,--	Schlichtungsverfahren beim österr.-deutschen Schlichtungsausschuß anhängig
231.741-Üb/61	Frau Ingeburg Keller, USA	0,78996 % des Grundkapitals der Julius Pintsch A.G., Wien (Anteil am Liquidationserlös, Wert ca. S 30.000,-- bis 35.000,--)	Rückübertragung dzt. mangels gesetzlicher Grundlage nicht möglich, da Frau Keller die US-Staatsbürgerschaft erst am 21.5.57 erworben hat
231.751-Üb/61 *)	Dr. Wolfgang Bandl, Corporation Minera de Bolivia	Begehren auf 1/6 Anteile an den EZ 1612 II und EZ 1590/II KG. Hötting, richtig jedoch EZ 1580 II und EZ 1626 KG. Hötting	Keine Unterlagen
231.761-Üb/61	Margarete Willner und Charlotte Pyritz, beide Berlin-Charlottenburg	Anteile an der Watte-, Wattelin- und Verbandstoffabrik Gesellschaft mbH. In Höhe von je S 3.750,00	
231.854-Üb/61	Hans Ullrich Graf Schaffgotsch d.J., Rio de Janeiro, Brasilien	2/10 EZ 6, KG. Fuschl	Antrag unvollständig belegt
233.048-Üb/61	Margarete Havrilley geb. Hess, Albion Cross, Greensborogh, Vic., Australien	Baracke auf gemeindeeigenem Boden, Neuerrichtung in Seefeld	Staatsbürgerschafts-Urkunde fehlt
234.132-Üb/61 *)	Paula Santowski, Bludenz	Übertragung von Maschinen der Fa. Paula Santowski, Bludenz im Werte von S 16.400,--	
321.303-Üb/61 (60) *)	Verlassenschaft nach Dr. Jakob Otfried, Eberz, zuletzt München BRD	Forderung gegen Fa. Guido Rütgers KG., Wien 9.	Unterlagen über die Höhe dieser Forderungen fehlen
232.245-Üb/61	Verlassenschaft nach Balthasar Amann, vertr. durch Dr. Mairamhof, für Albert und Sopie Burk, Unterjoch 18	Liegenschaft EZ 100 II, KG. Schattwald	Staatbürgerschaftsurkunde fehlt

Quelle: AdR 6693, BMF, Beilage zu Zl. 210.237/8-35/61 – *) nachträglich im Dokument handschriftlich durchgestrichen und mit dem Vermerk „AB" (= Amtsbestätigung) versehen.

Tabelle 12: Summen der rückübertragenen Vermögenswerte im Rahmen des Deutsch-Österreichischen Vermögensvertrages in Millionen ATS gerundet

	31.12.58	31.3.59	15.10.59	31.12.59	30.6.60	30.9.60	31.12.60	31.3.61	30.6.61	30.9.61	31.12.61
Gesamtsumme	57,5	90,7	183,3	208,2	249,2	263,9	285,6	299,0	312,3	319,2	325,9
Liegenschaften und Liegenschaftsanteile steuerlicher Einheitswert 1.1.1948	15,5	18,8	30,0	32,5	35,6	36,8	37,3	37,5	38,1	38,8	38,9
Betriebe und Betriebsbeteiligungen steuerlicher Einheitswert 1.1.1948	13,0	21,3	27,7	30,5	32,3	35,5	39,4	40,4	45,4	46,0	46,8
Betriebe und Betriebsbeteiligungen steuerlicher Hilfswert 1955	1,5	2,4	10,7	11,7	11,7	11,7	15,6	15,6	15,6.	15,6.	15,6
Forderungen und Guthaben (Nennwert)	14,5	21,7	69,5	73,5	86,0	87,8	88,2	88,3	88,8	89,1	89,3
Wertpapiere (Steuer- bzw. Nennwert)	9,0	19,5	32,2	46,0	68,6	76,9	89,8	101,4	108,5	113,7	119,3
Wertpapiere n. Art. 20 VV (Nennwert)	4,0	7,0	13,2	14,0	15,0	15,2	15,3	15,8	15,9	16,0	16,0

	31.3.62	30.6.62	30.9.62	31.12.62	30.6.63	31.12.63	30.6.64	31.12.64
Gesamtsumme	335,3	343,9	350,4	357,7	366,7	383,4	390,3	391,5
Liegenschaften und Liegenschaftsanteile steuerlicher Einheitswert 1.1.1948	39,3	39,3	39,4	39,6	39,9	40,2	40,2	40,9
Betriebe und Betriebsbeteiligungen steuerlicher Einheitswert 1.1.1948	46,8	47,2	47,6	47,6	47,7	48,0	48,0	48,0
Betriebe und Betriebsbeteilungenen steuerlicher Hilfswert 1955	15,6	15,8	16,5	16,5	16,5	16,5	16,5	16,5
Forderungen und Guthaben (Nennwert)	90,0	90,3	90,5	90,6	94,6	110,5	117,2	117,7
Wertpapiere (Steuer- bzw. Nennwert)	127,5	134,7	139,6	146,6	151,1	168,2	168,4	168,4
Wertpapiere n. Art. 20 VV (Nennwert)	16,1	16,6	16,8	16,8	16,9	k.A.	k.A.	k.A.

Quellen: Deutsche Delegation in der Ständigen Kommission (Deutsch-Österreichischer Vermögensvertrag vom 15. Juni 1957) an das Auswärtige Amt, Bonn, Bericht Nr. 155 vom 30. Oktober 1959: Deutsches Vermögen in Österreich; Durchführung des Deutsch-Österreichischen Vermögensvertrages; Bericht Nr. 10/60 vom 22. Januar 1960, Bericht Nr. 69/60 vom 28. Juli 1960: Deutsches Vermögen in Österreich; Durchführung des Deutsch-Österreichischen Vermögensvertrages, Bericht Nr. 8/65 vom 6. Mai 1965 alle in: BA B 126 – 26003;

Die Angaben zu den Liegenschaften und Liegenschaftsanteilen schließen nicht ein die ohne Rücksicht auf den Wert gemäß Artikel 20 des Vermögensvertrages übertragenen 143 Hütten und Liegenschaften der westdeutschen Sektionen des ehemaligen Deutschen Alpenvereins, der Komplex Coburg, der Naturschutzpark Hohe Tauern und weitere 13 Liegenschaften. Zu den Steuerwerten und gemeinsamen Werten österreichischer Wertpapiere siehe: Übersicht über Steuerwerte und gemeinsame Werte von österreichischen Wertpapieren zum 1. Jänner 1948 sowie über Entschädigungen für die Aktien verstaatlichter Aktiengesellschaften, in: PLÖCHL, VLCEK, Die Rechtsvorschriften über das Deutsche Eigentum, S. 321-327.

2. ERSTE DEUTSCHE BILANZIERUNGEN VON PROBLEMEN UND UNZUFRIEDENHEIT MIT DEM VERTRAG

Wie eingangs dargestellt, war der Vermögensvertrag zur Regelung eines Teils der offenen Vermögensfragen – des „Kleinen Deutschen Eigentums" – zwischen Österreich und der Bundesrepublik Deutschland in seiner vorliegenden Formulierung politisch motiviert und als Ergebnis außenpolitischer Bemühungen ein Kompromiß. Der bekannte österreichische Völkerrechtler Theodor Veiter,[320] der sich an der Diskussion um die Regelung der Vermögensverhältnisse zwischen der Bundesrepublik und Österreich lebhaft beteiligt hat, bezeichnete den aus „politischen Erwägungen" entsprungenen Vermögensvertrag zwischen Bonn und Wien als ein juristisches „Monstrum". Die wörtliche Anwendung des Vermögensvertrages, so Veiter, „ist zu erheblichem Teile entweder unmöglich oder doch unbefriedigend. Daher kommt der Art, wie er technisch durchgeführt wird, sehr große Bedeutung zu."[321]

Es verwundert deshalb nicht, daß auch nach der Vertragsunterzeichnung die kritischen Stimmen nicht verstummten. Es sollte noch etwas dauern, bis die Vermögensfrage aus den Schlagzeilen herauskam. Der Grund dafür waren die Beschwerden jener, deren Vermögenstitel nicht unter den Vertrag fielen und jener, die nun etwas zurückgeben mußten, die politischen Interventionen und nicht zuletzt die interpretationsbedürftigen Passagen des

---

320 Theodor Veiter, * 22. September 1907 in München, † 23. Oktober 1994 in Feldkirch, Völkerrechtler. Veiter stammt aus einer Kärntner Künstlerfamilie, Jurastudium in München und Wien, Assistent von Hugelmann, aktiv in der katholischen und deutschen Studentenschaft, Sekretär der Christlichsozialen Bundesratsfraktion, journalistische Tätigkeit, Pressesprecher von Unterrichtsminister Pernter. Sein 1936 erschienenes Buch „Die slowenische Volksgruppe in Kärnten" erregte Aufsehen. Trotz seines Nahverhältnisses zum deutsch-völkischen Katholizismus, hatte er während der deutschen Besetzung Schreibverbot. Nach 1945 begann er als Rechtsanwalt in Feldkirch, wurde Herausgeber der Zeitschriften „Europa Ethnica" und „WAR-Buletin", Honorarprofessor in Innsbruck und Königstein (Taunus), zahlreiche Veröffentlichungen zu Völkerrechtsfragen. Siehe auch: Theodor VEITER, Politik, Gesellschaft, Wissenschaft. Memoiren aus Politik und Zeitgeschichte unter Mitarbeit von MR Dr. Isabella ACKERL und Edith WIMMER, Thaur bei Innsbruck 1993.

321 Theodor VEITER, Administrative Durchführung des Vermögensvertrages. Die Aufgaben der Ständigen Kommission, des Schiedsgerichtes usw., in: Berichte und Informationen, 13/632, 1958, S. 7-9.

Vertragswerkes. Es gab, wie es der Wiener Rechtswissenschaftler Adolf Merkl plastisch formulierte, ein „Nachgewitter zum Vermögensvertrag".[322]

Die Vertragsparteien hatten im Kontext mit dem Vermögensvertrag immer wieder den Primat des Privateigentums herausgestellt. Die ungeklärten Vermögensverhältnisse hatten für die Alteigentümer erhebliche Einschränkungen ihrer Verfügungsrechte und ihrer wirtschaftlichen Aktionsfähigkeit zur Folge. Dieses Problem stellte sich in vergleichbarer Form jüngst in Deutschland in Form der Alteigentümerfrage bei den Immobilien in den neuen Bundesländern. In vielen Fällen war eine korrekte Bilanzlegung nicht möglich und damit keine Sicherheit über die Steuerbelastung gegeben. Es gab grundbuchmäßig dokumentierte Verfügungssperren zugunsten der Finanzbehörden, die das private Verfügungsrecht über Immobilien einschränkten. Offene Probleme mit dem Gesellschaftsrecht standen immer noch zur Klärung an. Solche Unklarheiten reduzierten und demontierten die Kreditwürdigkeit der Alteigentümer und behinderten damit den Wiederaufbau der Geschäftstätigkeit oder der wirtschaftlichen Existenz.

In der Bundesrepublik wurde im September 1958 eine „Vermögensschutzgesellschaft" gegründet. Die bereits existierende „Studiengesellschaft für privatrechtliche Auslandsinteressen e.V." war wohl über diese Gründung nicht informiert.[323] Zweck der Vermögensschutzgesellschaft war die Bearbeitung aller Fragen, welche mit der Freigabe deutscher Vermögenswerte in Österreich zusammenhingen.[324] Mit dem Angebot der Vermögensschutzgesellschaft sollte vermieden werden, daß unqualifizierte Personen und Geschäftemacher sich auf diesem Gebiet zum Schaden der Antragsteller engagieren.[325] Diese Gründung stieß in der Anwaltschaft jedoch auf scharfe Kritik, an der sich auch der baden-württembergische Justizminister

---

322 Adolf MERKL, Nachgewitter zum Vermögensvertrag, in: Die Österreichische Nation, 9/9, September 1957, S. 129-131. Adolf Merkl, * 23. 3. 1890 Wien, † 22. 8. 1970 ebd., Staats- und Verwaltungsrechtler. Universitätsprofessor in Wien (1932-38 und ab 1950) und Tübingen (1943-50); Mitglied der Wiener rechtstheoretischen Schule, Mitgestalter der Bundesverfassung, Mitbegründer der „Reinen Rechtslehre". Zu seinen Werken zählen u.a. Die Verfassung der Republik Deutschösterreich, 1919; Die ständisch-autoritäre Verfassung Österreichs, 1935 (Quelle: Österreich-Lexikon).

323 Vermerk. Müller, Studiengesellschaft für privatrechtliche Auslandsinteressen e. V., Vermögensschutzgesellschaft – Österreich. Besprechung mit den Herren Dres. Ehlers und Deussen am 6.8.1958 in Köln, Bremen, den 7. August 1958, in: BA B 184 – 108.

324 Vgl. Vermerk. Müller, Studiengesellschaft für privatrechtliche Auslandsinteressen e. V., Österreich Vermögensschutzgesellschaft, 24. September 1958; Schreiben Deussen, Studiengesellschaft für privatrechtliche Auslandsinteressen e.V., Arbeitsgruppe Österreich, Köln, an RA Müller, Bremen, vom 9. September 1958, beide in: BA B 184 – 108.

325 Vermerk. Müller, Studiengesellschaft für privatrechtliche Auslandsinteressen e. V. Österreich. Gründung einer Vermögensschutzgesellschaft, Bremen, den 4. August 1958, in: BA B 184 – 108.

Wolfgang Hausmann beteiligte. Der Vorwurf lautete, daß die Gesellschaft in anwaltliches Gebiet eingreife. Tatsächlich hatte die Gesellschaft auch eine entsprechende Ausnahmegenehmigung für Rechtsberatung entsprechend Paragraph 1 des Rechtsberatungsmißbrauchsgesetzes beantragt.[326] Der Kritik aus der Anwaltschaft wollte man entgegenkommen, indem man die Zweckbestimmung der Vermögensgesellschaft entsprechend änderte: Bei der Unterstützung von deutschen Interessenten sollten Wirtschaftsprüfer, Steuerberater und andere Sachverständige beauftragt oder nach Anfrage benannt werden.[327]

Die in den Schlichtungsgremien vertretenen deutschen Ministerien hatten sich von der Gründung dieser Gesellschaft eine Entlastung erhofft. Diese Hoffnung wurde aber durch die, wegen der „Überbetonung der Gründungsformalitäten" verspätete Zulassung, zunächst nicht erfüllt. So berichtet der Leiter der deutschen Delegation in der Ständigen Kommission, Günther, im April 1959 an das Auswärtige Amt, daß seit Inkrafttreten des Vermögensvertrages allein über 1.500 Einzelfälle an die deutsche Delegation herangetragen oder wiederaufgenommen worden seien.[328]

Am 1. September 1958 wurde die Gründung einer „Gesellschaft für die Freigabe deutscher Vermögenswerte in Österreich mbH" mit Sitz in Frankfurt am Main, Bockenheimer Anlage 15, bekanntgegeben. Gründer dieser Gesellschaft waren der Bundesverband der Deutschen Industrie, der Deutsche Industrie- und Handelstag, der Bundesverband des privaten Bankgewerbes, die Deutsche Bank, die Dresdner Bank, die Commerzbank-Gruppe und das Bankgeschäft H. W. Petersen. Diese Gesellschaft, so hieß es in einer Presseerklärung, sei „zum Schutze der deutschen Berechtigten und im Interesse einer einheitlichen und kostensparenden Bearbeitung der Freigabeanträge" errichtet worden.[329] Aus den eingesehenen Akten konnte nicht ganz eindeutig entnommen werden, ob diese Gesellschaft mit der Vermögensschutzgesellschaft identisch ist; dies scheint aber der Fall zu sein.

Diese Gesellschaften standen in intensivem Kontakt mit den deutschen Ministerien. Hiervon zeugen die Protokolle zahlreicher Sitzungen auf denen Vertreter der Eigentümerinteressen und Ministerialbeamte zusammentrafen, um die Entwicklung der Problematik des Deutschen Eigentums in Österreich zu diskutieren.

Auf die Möglichkeit einer Einzelfallbehandlung in der ständigen Kommission angesprochen, heißt es, die deutsche Delegation würde ihre guten Dienste sicher nicht verweigern, um eine positive Regelung im Einzelfalle

326 Vermerk Müller, 4. August 1958, in: BA B 184 – 108.

327 Vermerk Müller, 7. August 1958, in: BA B 184 – 108.

328 Vgl. Bericht Nr. 80, Günther, Deutsche Delegation in der Ständigen Kommission an das Auswärtiges Amt, vom 20. April 1959, in: PA B 86 – 762.

329 Presseverlautbarung, Köln, den 1. September 1958, in: BA B 184 – 108.

oder auch von bestimmten Fallgruppen zu erreichen. Man erhoffte sich somit noch über den Vermögensvertrag hinausgehende, wohlwollende Regelungen deutscher Rückgabe- oder Ausgleichanträge.[330] Weitergehende Forderungen aus der Wirtschaft nach Entschädigung durch die Bundesrepublik Deutschland für enteignete Vermögenswerte in Österreich, insbesondere in Fällen der sogenannten inkonnexen Verbindlichkeiten, Ausfallhaftungsfälle sowie Entschädigungsansprüche deutscher juristischer Personen aufgrund der österreichischen Verstaatlichungsgesetzgebung, wurden von den Ministerialbeamten dagegen dilatorisch behandelt. Man beschränkte sich auf den Hinweis, daß die genauen Umstände sowie das Ausmaß der Entschädigungsforderungen noch ungeklärt seien. „Außerdem sei der Bundesregierung daran gelegen", so Ministerialrat Bracker vom Bundesfinanzministerium in einer Besprechung mit Vertretern der deutschen Interessenten, „daß der Widerstandswille der deutschen Schuldner nicht durch die Gewißheit gelähmt werde, vom Bund eine Entschädigung zu erlangen." Hierin wurde er von seinem Kollegen MR Seidler unterstützt. Die Entschädigungsregelung im Londoner Schuldenabkommen sowie die Konversionskassenerstattung hätten zu einer „erheblichen Schwächung des Widerstandswillens deutscher Schuldner geführt."[331] In diesem Zusammenhang kritisierte Dr. Veith, ein Vertreter der Studiengesellschaft, die Strategie bei den Vertragsverhandlungen. Man müsse doch zugeben, so Veith, daß die praktische

330 Protokoll über den Verlauf der am 4. Februar 1958 im Auswärtigen Amt stattgefundenen Besprechung über einige mit dem Deutsch-Österreichischen Vermögensvertrag zusammenhängende Probleme, Köln, den 7. März 1958, Anlage zu Schreiben Dr. Veith, Studiengesellschaft für privatrechtliche Auslandsinteressen, Arbeitsgruppe Österreich an Dr. Daub, Düsseldorf, Georg v. Eisenhart-Rothe, Hensche & Sohn, Karlsruhe, Dr. Herring, AEG, Frankfurt a. M., Dr. Krebs, Deutsche Bank, Dr. Leysieffer, Bergbau und Industriewerte GmbH, Düsseldorf, Dr. Mayer-Wegelin, DEGUSSA, Frankfurt a. M., Dr. Müller, IG Farben, RA Müller, Studiengesellschaft, Dr. Ottawa, BV-Aral AG, Bochum, Dir. Picot, Ruhr-Stickstoff AG, Bochum, Dr. Pole, Mannesmann AG, Düsseldorf, Dr. Schmitz v. Hülst, Klöckner-Humboldt-Deutz AG, Köln, Dr. Thomä, Robert Bosch GmbH, Stuttgart, E. Tooren, William Prym-Werke K.G., PRR a.D. Ziganke, Bundesverband des privaten Bankgewerbes, Köln, vom 10. März 1958, in: BA B 184 – 108. Teilnehmer neben den Beamten waren: Präsident Doertenbach, Picot, Daub und Leysieffer, beide Bergbau- und Industriewerte GmbH, Müller, Frau Veltmann, Mannesmann AG, Direktor Moss von der Deutschen Bank, Dr. R. von Schalburg von der Arbeitsgemeinschaft der Grundbesitzerverbände, Dr. Hartl von der Vereinigung der Privatwageninteressenten sowie Theodor Veith und Dr. Deussen von der Studiengesellschaft.

331 Siehe ebd. Vgl. auch: Studiengesellschaft für privatrechtliche Auslandsinteressen, Arbeitsgruppe Österreich, Grundsätze einer Entschädigungsregelung in Bezug auf den Deutsch-Österreichischen Vermögensvertrag, Köln, den 21. November 1957; Studiengesellschaft für privatrechtliche Auslandsinteressen, Arbeitsgruppe Österreich, Ergebnisprotokoll über die Sitzung am 18. November 1957 in Stuttgart, beide in: BA B 184 – 108.

Aufhebung des Forderungsverzichts nichts anderes sei als der Kaufpreis für die dankenswerterweise erzielte großzügige Lösung des Problems der Kleinvermögen. Es würden also durch den Vermögensvertrag einem begrenzten Personenkreis besondere Opfer zugunsten der Allgemeinheit auferlegt.[332]

Das Londoner Schuldenabkommen vom 27. Februar 1953 regelte die gigantischen Auslandsschulden Deutschlands aus der Vor- und Nachkriegszeit und stellte ein Novum in der Geschichte der internationalen Schuldenregulierung dar. Der Bundesrepublik gelang es, die ursprünglich geschätzte Schuldensumme von knapp 30 Milliarden DM auf knapp 14 Milliarden DM zu reduzieren. Zentral war die Regulierung der Vorkriegsschulden, im wesentlichen resultierend aus der Dawes-Anleihe von 1924, der Young-Anleihe und der Kreuger-Anleihe aus dem Jahre 1930. Ein weiterer, regulierter Posten waren die Schulden der 1933 gegründeten Konversionskasse. Die Konversionskasse wickelte den gesamten Auslandszahlungsverkehr des Reiches ab. Nach dem deutschen Recht waren Schuldner entlastet, wenn sie ihren Zahlungsverpflichtungen durch eine Reichsmarkzahlung an die Konversionskasse nachgekommen waren. Ob der ausländische Gläubiger tatsächlich sein Geld bekommen hatte, spielte keine Rolle. Neben den öffentlichen Schulden wurden auch die privaten Schulden durch das Londoner Abkommen geregelt. Die sogenannten Stillhalteschulden waren neben den Anleiheschulden der deutschen Industrie der größte Posten in dieser Kategorie. Bei den Stillhalteschulden handelte es sich um kurzfristige Schulden zwischen deutschen Banken und Unternehmen und ausländischen Banken. Eine weitere Kategorie bildeten die kommerziellen und verschiedene sonstige private Schulden.[333] Besonders umstritten ist bis heute Artikel 5 des Abkommens, „der eine Zurückstellung sämtlicher aus dem Zweiten Weltkreig herrührenden Forderungen ausländischer Staaten und deren Staatsangehörigen gegen Deutschland bis zu einer endgültigen Regelung der Reparationsfrage im Rahmen eines Freidensvertrages beinhaltet..[334]

Die Schuldenfrage, die Belegenheitsfrage und insbesondere die Frage nach Entschädigungen für verstaatlichte Unternehmen blieben die Dauerbrenner bei den Diskussionen über die Durchführung des Vermögensvertrages. Besonders die Vertreter juristischer Personen waren verständlicherwei-

332 Vgl. ebd.

333 Vgl. Ursula ROMBECK-JASCHININSKI, Das Londoner Schuldenabkommen. Die Regelung der deutschen Auslandsschulden nach dem Zweiten Weltkrieg, München 2005, S. 10f., 363ff.

334 Vgl. ebd., S. 8f.

se nicht besonders glücklich über die Beschränkung der Restitution deutscher Vermögenstitel auf das „Kleine Deutsche Eigentum".[335]

Die Problematik der Behandlung von Gesellschaften entwickelte sich zu einem wichtigen Diskussionspunkt bei der Durchführung des Vermögensvertrages. Den Anträgen zur gesellschaftsrechtlichen Auseinandersetzung nach Art. 87 des Vermögensvertrages mußte zunächst bis zum 16. Januar 1959 ein schriftliches Auseinandersetzungsbegehren an die betreffende österreichische Gesellschaft vorausgehen. Der formelle Auseinandersetzungsantrag mußte bis zum 16. Januar 1960 beim Schlichtungsausschuß eingegangen sein. Kurz vor Ablauf dieses Termins lagen dem Schlichtungsausschuß 120 Anträge vor.[336]

Österreich hatte in den Verhandlungen durchsetzen wollen, daß die Konfiskation deutscher Anteilsrechte an österreichischen Gesellschaften nicht nur das Vermögen in Österreich umfaßte, sondern auch das im Ausland, insbesondere in Deutschland befindliche Vermögen der in Frage stehenden Gesellschaften. Dies stellt einen zentralen Punkt der Auseinandersetzungen dar, da es sich hier oft um große Vermögenswerte, meist Forderungen handelte. Bekannte Beispiele sind hier etwa Gesellschaften wie Simmering-Graz-Pauker, Böhler, Steyr-Daimler-Puch und die Wiener Lokomotivfabrik. Diese Position wurde natürlich von den deutschen Unterhändlern abgelehnt. Deutschland vertrat hier den Standpunkt, daß Österreich das in Österreich befindliche deutsche Anteilsvermögen an Gesellschaften beschlagnahmen könne, keinesfalls aber jene Anteile, die sich auf Vermögen in Deutschland beziehen. Theodor Veiter meint, daß die deutsche Regierung das österreichische Ansinnen auf Enteignung deutschen Vermögens in Deutschland zugunsten des österreichischen Fiskus schon „nach dem deutschen ordre public" nie hätte zulassen dürfen. „Das käme auf dasselbe hinaus, als wollte Österreich Österreichern Vermögen wegnehmen, das in Österreich liegt und es Jugoslawien übereignen, weil die Ju-

---

335 Vgl. Studiengesellschaft für privatrechtliche Auslandsinteressen e. V., Protokoll über die Sitzung der Arbeitsgruppe Österreich am 14. Oktober 1958 in Köln, vom 20. Oktober 1958; Studiengesellschaft für privatrechtliche Auslandsinteressen e. V., Protokoll über die Sitzung der Arbeitsgruppe Österreich am 18. Oktober 1958 in Köln, vom 21. Oktober 1958; Studiengesellschaft für privatrechtliche Auslandsinteressen e. V., Protokoll über die Sitzung der Arbeitsgruppe Österreich am 4. Februar 1959 in Frankfurt a. M., vom 7. Februar 1959; Schreiben Dr. Deussen, Gesellschaft für die Freigabe deutscher Vermögenswerte in Österreich m.b.H. an Dr. W. Veith, Studiengesellschaft für private Auslandsinteressen, Betr.: Ressort-Besprechung Österreich, vom 4. Mai 1959, alle in: BA B 184 – 114. Schreiben Deussen, Studiengesellschaft an die Deutsche Delegation in der Ständigen Kommission, vom 20. November 1958, in: PA B 86 – 751.

336 Vgl. Theodor VEITER, Auseinandersetzungen um „Deutsches Eigentum". Die gesellschaftsrechtlichen Probleme / 120 Anträge, zum Teil sehr komplizierte Fälle, in: Berichte und Informationen 15/712 (1960), S. 9-11, hier S. 9

goslawen zufällig ein Gesetz erlassen, das wegen irgendwelcher Zusammenhänge aus der Zeit der Monarchie so etwas vorsieht".[337]

Es war dann bei den Verhandlungen über den Vermögensvertrag eine Kompromißformulierung (Art. 87) gefunden worden, wonach Österreich auf die Konfiskation von Vermögen österreichischer Gesellschaften in Deutschland verzichten mußte, soweit es sich um Anteile deutscher juristischer Personen handelte. Hier wurde in bestimmten Fällen auf Antrag eine Auseinandersetzung ermöglicht. Den deutschen Eigentümern solcher Anteile an österreichischen Gesellschaften sollte nur der Anteil an dem in Österreich belegenen Vermögen entzogen werden, die Anteile an in der Bundesrepublik Deutschland einschließlich West-Berlin befindlichen Vermögen sollten dagegen im Besitz des deutschen Eigners bleiben.

Auch der Regelungskomplex Schulden (Art. 21 ff. VV) blieb ein zentraler Diskussionspunkt und wurde von den Vertretern der deutschen Wirtschaft sehr kritisch gesehen. Vor allem die von Österreich durchgesetzte Sterilisierung des Forderungsverzichts im Staatsvertrag (Art. 23 Abs. 3 StV) durch die Ausgestaltung des Deutsch-Österreichischen Vermögensvertrages und dem damit verbundenen Wiederaufleben von Forderungen von österreichischen Personen gegenüber deutschen Schuldnern – durch die sogenannte „Unbeschadetklausel" – hat bei letzteren alles andere als Begeisterung ausgelöst. Die großzügige Auslegung dieser „Unbeschadetklausel", hieß es in der 2. Ausgabe der Informationen der Arbeitsgruppe Österreich der Studiengesellschaft für privatrechtliche Auslandsinteressen, erlaube es den österreichischen Gläubigern, ihre Forderungen in nahezu allen Fällen wieder geltend zu machen. Aus Artikel 22 des Vermögensvertrages gehe hervor, daß eine österreichische Forderung gegen einen deutschen Schuldner nur dann nicht als „nicht geregelt" angesehen werde, wenn der Schuldner seine Leistungsverweigerung mit rein zivilrechtlichen, dem zum materiellen Recht zählenden Einreden und Einwänden begründe.[338] Nach Artikel 29 des Vermögensvertrages erlösche eine österreichische Forderung, wenn sie nicht innerhalb von sechs Monaten nach Inkrafttreten des Vermögensvertrages vom Gläubiger angemeldet werde.[339]

Es sei somit zu erwarten, daß nach Bekanntwerden des Vertragstextes, schon vor dessen Inkrafttreten, aus Österreich Forderungen angemeldet würden. Die Arbeitsgruppe Österreich empfahl für solche Fälle den deutschen Schuldnern, falls diese die Zahlung verweigern wollten, hierfür ausschließlich materiellrechtliche Begründungen anzuführen; der Hinweis auf den Forderungsverzicht im Staatsvertrag sei nicht ausreichend. Außerdem

---

337 Vgl. VEITER, Auseinandersetzungen um „Deutsches Eigentum", S. 9

338 Hierzu zählen z. B. Mängelrügen.

339 Studiengesellschaft für privatrechtliche Auslandsinteressen e.V. Bremen, Arbeitsgruppe Österreich, Information Nr. 2, vom 5. Juli 1957, in: BA B 184 – 108.

habe der vom Wiederaufleben einer Forderung betroffene Schuldner die Möglichkeit, den Schlichtungsausschuß unter Berufung auf die Härteklausel in Artikel 100 des Vermögensvertrages zu bemühen. Dieser habe die Möglichkeit, eine Beschränkung des Umfangs oder eine Festsetzung der Fälligkeit zu empfehlen. Außerdem könne sich der Schuldner auf Art. 119 des Londoner Schuldenabkommens berufen.[340]

Wenn der deutsche Schuldner Vermögen in Österreich besessen habe, die auf der Grundlage des Staatsvertrages in das Eigentum der Republik Österreich übergegangen seien, also immer, wenn das Vermögen in Österreich einer juristischen Person gehört habe oder die für natürliche Personen ausgehandelte Freigrenze von 260.000 ATS überschritten werde, könne die Wiedergeltendmachung von Forderungen zu unbilligen Ergebnissen führen. Für solche Fälle seien im Vermögensvertrag aber Vorkehrungen getroffen worden: So schreibe Artikel 24 vor, daß das gesamte durch den Staatsvertrag auf die Republik übertragene Vermögen einer deutschen juristischen oder natürlichen Person als Sondervermögen zu betrachten sei, mit dem die Republik, neben dem ehemaligen deutschen Eigentümer, für die rechtlich oder wirtschaftlich zu diesem Sondervermögen gehörenden Verbindlichkeiten zu haften habe. Gegebenenfalls sei von deutschen Schuldnern also auf das Sondervermögen zu verweisen.[341]

Am 16. Oktober 1958 gab es auf Einladung der Arbeitsgruppe Österreich der Studiengesellschaft eine Besprechung. Teilnehmer waren Werner Veith, der Leiter der Arbeitsgruppe Österreich und zugleich Vertreter des Bundesverbandes der Deutschen Industrie, Dr. Deussen von der Studiengesellschaft, Vertreter der Firmen Holzer & Co., Rotthalmünster (O. Holzer), F. S. Fehrer, Kitzingen a. M. (M. Jäger), Klöpfer & Königer, München (E. Klöpfer), William Prym-Werke, Stolberg, Rhl. (Tooren) und A. Löhlein für die Freigabegesellschaft. Einige Firmen mußten mit der Republik Österreich eine Auseinandersetzung über jene Vermögensteile durchführen, die über der Freigrenze von 260.000 ATS lagen.[342] Die Probleme, die sich hieraus ergaben, wurden besprochen. Zunächst referierte Veith, wie sich die Situation für ihn darstellte: Nachdem nun der Deutsch-Österreichische Vermögensvertrag in Kraft gesetzt sei, seien auch die Anteile deutscher Gesellschafter an österreichischen Personengesellschaften freizugeben. Der gemäß Vertrag zugrundezulegende Einheitswert zum 1. Januar 1948 sei völlig unproblematisch, soweit der Einheitswert des in Frage stehenden An-

340 Studiengesellschaft, Information Nr. 2, in: BA B 184 – 108.

341 Ebd.

342 Vgl. Protokoll über die Sitzung der Arbeitsgruppe Österreich am 16. Oktober 1958 in Köln, 21. Oktober 1958, in: BA B 184 – 114.

teils die Summen von 260.000 ATS nicht übersteige. Probleme könne es geben, wenn die Anteile über dieser Freigrenze lägen.[343]

Die österreichische Regierung hatte ihre ursprüngliche Absicht, die Spitzen über den Freibeträgen in das Eigentum der Republik einzufügen, nicht realisieren können. Dem habe das österreichische Recht entgegengestanden, wonach den übrigen Mitgliedern einer Personengesellschaft gegen ihren Willen kein Gesellschafter aufgezwungen werden könne. Die Auflösung der Gesellschaft könne in solchen Fällen eine rechtlich mögliche Konsequenz sein, die aber, wirtschaftlich betrachtet, sehr unzweckmäßig sei. Es sei daher schon von „offizieller" österreichischer Seite angedeutet worden, daß man den deutschen Gesellschaftern ermöglichen wolle, den Spitzenbetrag zu kaufen. In solchen Fällen sei, wie bei einer echten Auseinandersetzung, eine Auseinandersetzungsbilanz zu erstellen, aus der sich der wirtschaftliche Wert der Spitze über der Freigrenze ergeben müsse. Die österreichische Seite, so Veith weiter, lasse in solchen Fällen vorzugsweise Bewertungsgutachten von der Vermögensschutzgesellschaft erstellen, die vom Wiener Finanzministerium kontrolliert werde. Diese Bewertungen seien oft überhöht.[344]

Veith äußerte die Befürchtung, daß die Verhandlungen der deutschen Gesellschafter mit den österreichischen Stellen in den meisten Fällen schwierig werden könnten. Unter Umständen könne es von sehr großem Nutzen sein, darzustellen, welche Vorteile eine Wiedereinweisung des deutschen Eigentümers in das volle Eigentum habe. Auf österreichischer Seite sei man besonders daran interessiert, „daß die Arbeitsplätze der Belegschaft erhalten bleiben, daß dem Unternehmen ausländische – nicht österreichische – Investitionsmittel zugeführt werden, daß die Betriebe ausgeweitet und modernisiert und die Exportmöglichkeiten gesteigert werden".[345]

Im Anschluß an Veiths Ausführungen diskutierten die Sitzungsteilnehmer über die Problematik, die sich aus der Aufstellung einer Auseinandersetzungsbilanz ergaben. Vor allem der Stichtag für die Bilanz spielte eine Rolle. Theodor Veiter hatte am 28. März 1958 in den „Berichten und Informationen" die Auffassung vertreten, der Stichtag für die Auseinandersetzungsbilanz müsse der Tag des innerstaatlichen Inkrafttretens des Österreichischen Staatsvertrages, somit der 31. Juli 1955, sein. An diesem Tag habe die Republik Österreich die deutschen Anteile an den österreichischen Personengesellschaften erworben, ohne einen Anspruch auf Fortsetzung der Gesellschaft zu haben. Die Versammlung sah dies als die günstigste Lösung

343 Vgl. ebd.

344 Vgl. ebd.

345 Ebd.

an. Ein weiterer Punkt der Unklarheit in diesem Kontext war die Frage, wieweit die Schilling-Eröffnungs-Bilanzen hier hineinwirkten.[346]

Im Frühjahr 1959 faßte Dr. Veith von der Studiengesellschaft aus Sicht der deutschen Wirtschaft die „Schwierigkeiten und offene Fragen aus der Deutsch-Österreichischen Vermögensregelung" in einer Notiz zusammen, die unter anderem an die involvierten Bonner Ministerien verteilt wurde.[347] Demnach sahen die deutschen Eigentümervertreter folgende Problemlagen:

Deutsche Vermögenswerte in Österreich, die nicht bis zum 27. Juli 1955 beschlagnahmt oder sonstwie beansprucht worden seien, seien weder vom Staatsvertrag, noch vom Vermögensvertrag erfaßt; eine nachträgliche Beschlagnahme sei unzulässig. Diese Vermögenswerte seien auch ohne einen entsprechenden Antrag automatisch in Deutschem Eigentum verblieben.[348] Die österreichische Praxis gehe dahin, dem deutschen Eigentümer in der Zeit bis zum Inkrafttreten des Vermögensvertrages eine Verfügungsmöglichkeit über seine Vermögensrechte zuzugestehen oder sie abzulehnen, je nachdem was für den österreichischen Fiskus das Vorteilhafteste sei. Diese willkürliche Auslegung der Verfügungsmöglichkeit deutscher Eigentümer müsse unterbunden werden. „Man wird davon ausgehen müssen, daß der deutsche Eigentümer erst mit der Rückgabe des Vermögens seine Verfügungsmöglichkeit wiedererhält." Daher könnten für deutsche Gläubiger die Fristen für die Geltendmachung von Forderungen gegenüber USIA-Betrieben nicht angewandt werden.[349]

Zwei solcher Fälle waren Anfang März 1959 von der Freigabegesellschaft über die Studiengesellschaft an die zuständigen Bonner Ressorts herangetragen worden und wurden während einer interministeriellen Besprechung am 28. April 1959, an der auch Vertreter der deutschen Interessenten teilnahmen, besprochen. Dabei erklärte Günther vom Auswärtigen Amt sich bereit, diese Einzelfälle mit der österreichischen Seite zu besprechen. Er sah aber nur Aussicht auf Erfolg, wenn der deutsche Berechtigte keine Verfügungsmöglichkeit über seine Vermögenschaften besessen hätte. Vielleicht könne man den zahlreichen deutschen Gläubigern von USIA-Betrieben helfen, die derzeit wegen der Wirkung der Gläubigeraufrufe nach Paragraph 18 des Ersten Staatsvertragsdurchführungsgesetz[350] nicht zum Zuge kämen.[351]

---

346 Vgl. Berichte und Informationen, Nr. 10, vom 28. März 1958. Zur Frage der Auseinandersetzung auch: Bormann, Deutsche Delegation in der Ständigen Kommission an den Bundesverband des Privaten Bankgewerbes e. V. in Köln, 80 – 00/7, Wien, den 24. Oktober 1958, in: PA B 86 – 761.

347 Vgl. Dr. Veith, Studiengesellschaft für privatrechtliche Auslandsinteressen e. V., Notiz. Schwierigkeiten und offene Fragen aus der Deutsch-Österreichischen Vermögensregelung, in: BA B 184 – 114.

348 Vgl. Dr. Veith, Notiz, in: BA B 184 – 114.

349 Vgl. ebd.

350 § 18 I.StV.Durchf.Ges abgedruckt in PLÖCHL / VLCEK, Rechtsvorschriften, S. 216.

Der Vermögensvertrag sehe eine Bewertung der USIA-Betriebe nach dem Gewerbekapital für das Jahr 1955 für den Fall vor, daß ein Einheitswert zum 1. Januar 1948 nicht vorliege (Art. 7, Abs. 1). Damit sollten zugunsten des deutschen Eigentümers die durch die sowjetischen Maßnahmen resultierenden Wertminderungen ausgeglichen werden. In der Praxis habe sich jedoch gezeigt, daß diese Bestimmung des Vermögensvertrages für die deutschen Eigentümer ausschließlich zum Nachteil gereiche. Auch wenn die am 1. Januar 1948 gültigen Einheitswerte vorlägen, so Veith, würde das österreichische Finanzministerium bei USIA-Betrieben den für den deutschen Eigentümer ungünstigen Gewerbekapitalbetrag von 1955 als Bewertungsgrundlage verwenden. Hier handelte das österreichische Finanzministerium nach Veiths Auffassung gegen den Wortlaut des Vertrages.[352]

Das USIA-Problem war, berichtete Féaux de la Croix am 28. April 1959, bereits aufgegriffen worden.[353] Die Bundesregierung vertrat demnach die Auffassung, daß die Bewertungsregeln für die USIA-Betriebe in gegenseitigem Einvernehmen mit dem Ziel aufgestellt worden seien, die vorteilhafteste Lösung für die deutschen Berechtigten zu erzielen. Soweit sich dies unvorhergesehen in sein Gegenteil umkehre, müsse hier Abhilfe geschaffen werden.[354]

Die österreichische Regierung schädigte in der Interpretation Veiths auch bewußt die unter den „schwierigsten Verhältnissen" lebenden Deutschen in der sowjetisch-besetzten Zone, indem sie versuchte, nach Ablauf der Antragsfrist Vermögenswerte zu verkaufen, deren Eigentümer in der sowjetisch-besetzten Zone ansässig waren, und zwar auch dann, wenn nach dem Vermögensvertrag die Eigentümer die Rückgabe verlangen könnten, wären sie in der Bundesrepublik ansässig. Dem von deutscher Seite vorgetragenen Wunsch nach Liquidationsstop sei von Wien noch nicht stattgegeben: „Nichts kann den schlechten Willen der österreichischen Regierung besser beweisen als diese Veräußerung von Vermögenswerten Deutscher in der sowjetisch-besetzen Zone", so Veiths bittere Kommentierung.[355] Aus dem Verlauf der interministeriellen Besprechung am 28. April 1959 schloß Deussen von der „Gesellschaft für die Freigabe Deutscher Vermögenswerte in Österreich", daß die deutschen Beamten wohl die Hoffnung auf einen Li-

351 Vgl. Schreiben Deussen, Gesellschaft für die Freigabe Deutscher Vermögenswerte in Österreich, Frankfurt an Werner Veith, Studiengesellschaft für privatrechtliche Auslandsinteressen, Köln, Betr.: Ressort-Besprechung Österreich, vom 4. Mai 1959, in: BA B 184 – 114.

352 Vgl. Dr. Veith, Notiz, in: BA B 184 – 114.

353 So – ohne Beschlußfassung – in der Sitzung der Ständigen Kommission vom 9.-11. Dezember 1958. Siehe Bericht Nr. 27, Günther, Deutsche Delegation in der Ständigen Kommission an das Auswärtige Amt, vom 7. Februar 1959, in: PA B 86 – 751.

354 Vgl. Schreiben Deussen an Veith, vom 4. Mai 1959, in: BA B 184 – 114.

355 Vgl. Dr. Veith, Notiz, in: BA B 184 – 114.

quidationsstop aufgegeben hätten. Österreich gebe auch dann die Vermögen physischer Personen aus der „Ostzone“ frei, wenn die Berechtigten glaubhaft machen könnten, daß sie bis zum Ablauf der Antragsfrist in das Gebiet der Bundesrepublik übersiedelten. Nach dieser Zeit wollte man offenbar mit der zweijährigen Nachzüglerfrist nach Artikel 118, Absatz 2 VV operieren.[356]

Die Engherzigkeit des Wiener Finanzministeriums zeige sich auch in deutlicher Weise bei der Interpretation des Begriffes „karitatives und kulturelles Vermögen“, die gemäß Staatsvertrag und Vermögensvertrag unabhängig vom Wert und ohne Rücksicht darauf, ob der Eigentümer eine natürliche oder juristische Person ist, rückzuübertragen seien (Art. 22 § 13 StV in Verbindung mit Art. 20 VV), so eine weitere Beschwerde.[357] Diese Auffassung teilte das Auswärtige Amt nicht. Andererseits mußten Vertreter des Finanzministeriums doch zugeben, daß man in den Verhandlungen mit Österreich in der Frage bedeutender Vermögenschaften großer gemeinnütziger Siedlungsunternehmen, die in Österreich umfangreichen Hausbesitz aufgebaut hatten, nicht weitergekommen sei.[358]

Das nächste Monitum betraf die Behandlung verlagerter Güter: Diese seien vom Staatsvertrag nicht betroffen. Dies habe die österreichische Regierung in früheren Anweisungen bereits festgelegt, und es ergebe sich auch eindeutig aus Art. 9 Abs. 4b VV. Die österreichische Regierung weigere sich nun durchweg, die in der Kriegszeit zum Schutz vor Kriegseinwirkungen verlagerten Vermögenswerte zurückzugeben. Die Herausgabe werde auch dann verweigert, wenn eine Verlagerungsanweisung der damaligen Rüstungsdienststellen vorgelegt werden könne.[359] Auch diese Auffassung mochte Günther vom Auswärtigen Amt nicht teilen. Österreich habe die einwandfrei nur verlagerten Güter anstandslos zurückgegeben. Die meisten Fälle seien wegen der reibungslosen Abwicklung nicht ins Blickfeld gerückt.[360]

Ein weiterer Grund für Beschwerden betraf die Behandlung von Krediten: Die österreichische Regierung habe sich bislang geweigert, Kreditforderungen der Banken als nicht unter den Vermögensvertrag fallend anzuerkennen und deshalb den deutschen Kreditinstituten zur Einziehung freizugeben. Daher müßten die Kreditforderungen als in Deutschland belegen angesehen werden.[361] Schwierigkeiten gebe es mit der österreichischen Regierung auch hinsichtlich der vollen Rückgabe bereits gutgeschriebener

356 Vgl. Schreiben Deussen an Veith, vom 4. Mai 1959, in: BA B 184 – 114.

357 Vgl. Dr. Veith, Notiz, in: BA B 184 – 114.

358 Vgl. Schreiben Deussen an Veith, vom 4. Mai 1959, in: BA B 184 – 114.

359 Vgl. Dr. Veith, Notiz, in: BA B 184 – 114.

360 Vgl. Schreiben Deussen an Veith, vom 4. Mai 1959, in: BA B 184 – 114.

361 Vgl. Dr. Veith, Notiz, in: BA B 184 – 114.

Zinsen (Art. 89, Abs. 3 VV) an die Berechtigten, wie der Fall der Zinsen für die Illwerk-Obligationen zeige.[362]

Auch bei Wertpapierfragen sei das Verhalten Österreichs unkooperativ. So weigere sich die österreichische Regierung, für Wertpapiere, die in Sammeldepots verloren gegangen seien, Ersatz zu leisten. Hierfür gab allerdings das österreichische Wertpapierbereinigungsgesetz eine Grundlage: Es schloß diese verlorengegangenen Stücke von der Bereinigung aus, was übrigens auch für österreichische Staatsbürger galt, wenn die Stücknummern unbekannt waren.[363] Veith sah darin dennoch einen „ungerechtfertigten Eingriff", mit dem Deutsche geschädigt würden, deren Vermögen nach dem Vermögensvertrag zurückzugeben sei.[364]

Die österreichische Regierung habe sich ferner geweigert, eine Liste der österreichischen Gesellschaften mit Vermögen in Deutschland zu übergeben. Die daraufhin zur Fristwahrung von den deutschen Eigentümern vorsorglich gestellten Auseinandersetzungsbegehren seien von den österreichischen Gesellschaften durchweg negativ beantwortet worden, auch in solchen Fällen, in denen bekannt gewesen sei, daß Beteiligungen in Deutschland existierten.[365]

Für reine Familiengesellschaften in Form von juristischen Personen müsse eine Sonderregelung angestrebt werden. Wien habe bereits Vermögenswerte solcher Familiengesellschaften freigegeben. Im Interesse der Gleichbehandlung müßten auch die Werte der übrigen Familiengesellschaften zurückgeben werden.[366]

Das österreichische Finanzministerium verlange in ihm geeignet erscheinenden Fällen die Vorlage eines deutschen Staatsangehörigkeitszeugnisses, obwohl der Vermögensvertrag nur eine Glaubhaftmachung der Staatsangehörigkeit verlangt (Art. 7). Man war sich bei Abschluß des Vermögensvertrages einig, daß diese Glaubhaftmachung durch eine Bescheinigung der Meldebehörde erbracht werden kann. Durch das Verlangen auf Vorlage eines Staatsangehörigkeitszeugnisses würden insbesondere bei Erbengemeinschaften Schwierigkeiten verursacht, wenn einzelne Miterben im Ausland wohnten. Das österreichische Finanzministerium bestehe beim Nachweis der Rechtsnachfolge zudem auf der Vorlage eines Erbscheines auch dann, wenn der Erbschein durch ein Nachlaßgericht in der sowjetisch-besetzten Zone ausgestellt werden müsse, von diesem aber die Ausstellung

---

362 Vgl. Dr. Veith, Notiz, in: BA B 184 – 114.

363 Vgl. Schreiben Deussen an Veith, vom 4. Mai 1959, in: BA B 184 – 114.

364 Vgl. Dr. Veith, Notiz, in: BA B 184 – 114.

365 Vgl. ebd.

366 Vgl. ebd.

abgelehnt werde. In solchen Fällen sollte die Vorlage des Testamentes genügen.[367]

Nach Ratifizierung des Vermögensvertrages habe die Republik Österreich, so Veiths Einlassung, ein sogenanntes Nicht-Kampfschaden-Gesetz erlassen, das die Abgeltung solcher Schäden vorsehe, die durch die Besatzungsmacht verursacht wurden. In diesem Gesetz würden die deutschen Geschädigten ausdrücklich von der Entschädigung ausgeschlossen und somit diskriminiert. Eine Diskriminierung von Deutschen enthalte ebenfalls der Entwurf einer Vermögensverfallamnestie, der vorsehe, daß Deutsche nicht unter die Amnestiebestimmungen fallen sollten.[368]

Natürlich war die Abwicklung der Alt-Schulden ein weiterer Grund für Klagen: Die österreichische Regierung lege den Art. 22 des Vermögensvertrages einseitig aus, wenn sie auf dem Standpunkt beharre, daß eine Schuldenregelung nach Art. 22 Abs. 1 VV nur dann nicht vorliege, wenn der deutsche Schuldner nachweisen könne, daß der bürgerlich-rechtliche Einwand nicht nur schlüssig behauptet, sondern auch begründet sei. Diese Auslegung widerspreche sowohl dem Wortlaut des Vertrages als auch der Entstehungsgeschichte dieser Bestimmung, die davon ausgehe, daß eine Regelung dann nicht zustande gekommen sei, wenn der deutsche Schuldner die Forderung mit einem aus dem bürgerlichen Recht hergeleiteten Einwand bestreite. Es komme also darauf an, daß die Schuld schlüssig bestritten werde, nicht darauf, ob der Einwand begründet sei. Jede andere Auslegung widerspreche auch Art. 23 § 3 StV, der verlange, daß der österreichische Gläubiger mit dem deutschen Schuldner im Zeitpunkt des Inkrafttretens des Staatsvertrages eine Regelung bereits herbeigeführt haben müsse. Diese Bestimmung des Staatsvertrags sei im Vermögensvertrag schon bis über die Grenze des Vertretbaren ausgedehnt worden, man könne nicht soweit gehen und sagen, eine Regelung (d. i. eine übereinstimmende Willenserklärung von Gläubiger und Schuldner über Bestehen und Höhe der Schuld) werde auch dann unterstellt, wenn der Schuldner ausdrücklich das Bestehen der Forderung mit Gründen des bürgerlichen Rechts bestreite.[369]

Während der Besprechung am 28. April machte Féaux de la Croix kategorisch deutlich, daß die Diskussion über Artikel 22, Absatz 1 des Vermögensvertrages beendet sei und auch nicht wieder eröffnet werde. Wie Deussen Veith berichtete, hatte ihm Bracker vom Finanzministerium berichtet, daß alle österreichischen Versuche, die Bestimmungen von Artikel 22, Abs. 1, lit h VV aufzuweichen, an der festen Haltung Féaux gescheitert seien. Günther wies darauf hin, daß sich bislang aufgrund der Einwendun-

367 Vgl. ebd.

368 Vgl. ebd.

369 Vgl. ebd.

gen deutscher Schuldner andere Begründungen für eine Ablehnung österreichischer Zahlungsaufforderungen gefunden hätten.[370]

Hinsichtlich der Schuldverhältnisse zwischen Personen beider Staaten werde von Wien auch geltend gemacht, so Veith, daß das Leistungsverweigerungsrecht nach § 21 Abs. 4 des Umstellungsgesetzes kein Einwand des bürgerlichen Rechts sei. Auch diese Auflassung könne nicht hingenommen werden, da gemäß dem Londoner Schuldenabkommen, dem Österreich beigetreten sei, sei § 21 Abs. 4 UG bei der Regelung der Schuld zu berücksichtigen. Dies treffe besonders im österreichischen Falle zu, da die österreichischen Forderungen durchweg, sowohl nach den Grundsätzen des internationalen Privatrechts als auch nach den speziellen Lieferverträgen, dem deutschen Recht unterstellt seien.[371] Die deutsche Auffassung konnte auch im Schlichtungsausschuß durchgesetzt werden. Der deutsche Standpunkt wurde unter anderem damit begründet, daß die in § 21 Abs. 4 UG zugrundeliegenden Tatbestände unter keinen Umständen wieder aufgerollt werden dürften, da sonst der Sinn und die Grundlage der Währungsumstellung ins Gleiten kämen.[372]

Problematisch sei weiterhin die äußerst enge Auslegung des Begriffs der Konnexität (Art. 24 Abs. 2 VV) durch Österreich. Wien wolle damit erreichen, daß solche deutschen Schuldner, die ihr Vermögen in Österreich verloren haben, die österreichischen Gläubiger nicht auf das Sondervermögen verweisen können und trotz ihrer Vermögensverluste auch noch Schulden zu bezahlen haben. Die österreichische Seite möchte eine Konnexität nur anerkennen, wenn die in Art. 24 Abs. 2 des Vermögensvertrages als Beispiel aufgezählten Voraussetzungen[373] vorliegen. Daß diese Beispiele keine erschöpfende Auslegung der Konnexität darstellen, ergebe sich aber ausdrücklich aus dem Wort „insbesondere".[374] Der Repräsentant der Vermögensfreigabegesellschaft, Deussen, strich in der Besprechung am 28. April heraus, daß die „Insbesondere-Klausel" des Vermögensvertrages von Österreich völlig negiert werde, wobei er auf verschiedene österreichische Bescheide verweisen konnte.[375]

---

370 Schreiben Deussen an Veith, vom 4. Mai 1959, in: BA B 184 – 114.

371 Vgl. Veith, Notiz, in: BA B 184 – 114.

372 Vgl. Schreiben Deussen an Veith, vom 4. Mai 1959, in: BA B 184 – 114.

373 „Als Verbindlichkeiten, die im Sinne des Abs. 1 zu dem Sondervermögen gehören, sind insbesondere anzusehen: Verbindlichkeiten, die im österreichischen Geschäftsbetrieb des Schuldners begründet worden sind; Verbindlichkeiten, die außerhalb des österreichischen Geschäftsbetriebes des Schuldners begründet worden sind, sofern ihr Gegenwert dem das Sondervermögen bildenden Vermögen zugeflossen ist."

374 Vgl. Veith, Notiz, in: BA B 184 – 114.

375 Vgl. Schreiben Deussen an Veith, vom 4. Mai 1959, in: BA B 184 – 114.

Diese Informationen stießen bei den Beamten auf besonderes Interesse. Die Versammlung kam dann zu dem Ergebnis, daß es Aufgabe des Schlichtungsausschusses sein werde, die „Engherzigkeit" der Rechtsauffassung des österreichischen Finanzministeriums zu mildern, da in allen solchen Fällen vom österreichischen Gläubiger der Schlichtungsausschuß angerufen werden müsse.[376]

Österreichische Forderungen gegen deutsche Schuldner seien gemäß dem internationalen Währungsrecht in der Regel im Verhältnis 10:1 umzustellen, deutsche Forderungen gegen österreichische Schuldner seien von Reichsmark auf österreichische Schilling im Verhältnis 1:1 umzustellen. Hingegen versuchten österreichische Gläubiger und Schuldner, genau die umgekehrte Rechtsfolge durchzudrücken. Da es ein höchstrichterliches österreichisches Urteil gebe, wonach deutsche Forderungen gegen österreichische Schuldner im Verhältnis 10:1 in DM umgestellt werden sollen, bedürfe es einer der Rechtslage entsprechenden verbindlichen Auslegung des Vermögensvertrages. Dies sei um so notwendiger, als dieses Urteil, da nur österreichische Parteien beteiligt waren, unter Auslassung der Instanzen des Vermögensvertrages ergangen sei.[377] Aus den Äußerungen seitens der deutschen Ministerialbeamten schloß Deussen, daß diese nicht glaubten, eine andere Umrechnungsparität als 10:1 durchsetzen zu können.[378]

Entschädigungsansprüche aufgrund der österreichischen Verstaatlichungsgesetzgebung seit 1946 und des Entschädigungsgesetzes von 1953 sind nach der Rechtsprechung der höchsten österreichischen Gerichte originäre Ansprüche. Sie sind also erst mit der österreichischen Verstaatlichungsgesetzgebung und somit nach dem 8. Mai 1945 entstanden. Daraus begründe sich aber ein Entschädigungsanspruch für deutsche juristische Personen. Daher stünden auch alle Erträgnisse, Früchte und Nutzungen vom 8. Mai 1945 bis zum 27. Juli 1955 dem deutschen Eigentümer zu, auch wenn dieser eine juristische Person sei, dessen Vermögen nach den Bestimmungen des Staatsvertrages nicht zurückgegeben werden soll.[379]

Am Ende seiner Monita-Liste weist Veith auf ein Gutachten hin,[380] das von Paul Guggenheim, Professor an der Juristischen Fakultät der Universität Genf und am Institut universitaire de Hautes Études Internationales, Mitglied des Institut de droit international und Mitglied des Haager Schiedshofes, für den Bundesverband der Deutschen Industrie verfaßt hatte. Demnach war die Republik Österreich verpflichtet, den deutschen Eigentü-

---

376 Vgl. ebd.

377 Vgl. Veith, Notiz, in: BA B 184 – 114.

378 Vgl. Schreiben Deussen an Veith, vom 4. Mai 1959, in: BA B 184 – 114.

379 Vgl. Veith, Notiz, in: BA B 184 – 114.

380 Vgl. ebd.

mern für die Übernahme nicht zurückgegebener Vermögenswerte zu entschädigen.[381]

Zunächst ging das österreichische Bundesministerium für Finanzen daran, die anstehende Rückgabe des Kleinen Eigentums und die Durchführung des Vermögensvertrages vorzubereiten. Gleich nach Inkrafttreten des Vermögensvertrages hatte das österreichische Finanzministerium verlauten lassen, daß die Vermögenswerte, die durch den Vermögensvertrag betroffen waren, möglichst rasch und mit möglichst großem Entgegenkommen ohne bürokratischen Formalismus rückübertragen werden sollten.[382] Beobachter wie Veiter zweifelten freilich daran, daß sich die Praxis so „alteigetümerfreundlich" gestalten könnte: „Es mag ohne weiteres sein, daß der gute Wille in diesem Sinne besteht, wie er auch hinsichtlich der österreichischen Forderungsberechtigten gegenüber deutschen Eigentümern vorhanden ist. Allerdings stoßen sich manche dieser Akte guten Willens an dem sicher selbst sehr zum guten Willen bemühten, aber doch etwas fiskalisch ausgerichteten Denken des Staatssekretärs im Finanzministerium, der in einigen ganz entscheidenden Grundfragen, wie sie sich hierbei stellen, auch mit dem Bundesminister für Finanzen selbst nicht absolut konform geht. Es wird also wohl der gelegentlichen Führung durch die Hand des Bundeskanzlers selbst bedürfen, um weitere Akte guten Willens, den beide Vertragspartner mit dem Vermögensvertrag gesetzt haben, folgen zu lassen und auch wirklich in absehbarer Zeit den bisher leidtragenden privaten deutschen und österreichischen Vermögenseigentümern ... zu den Vorteilen des Vermögensvertrages zu verhelfen. Der betroffene Eigentümer, der durch den Staatsvertrag konfiskatorisch enteignet worden war, hat ja nicht viel davon, wenn ihm im Vermögensvertrag sein Eigentum in dem dort genannten Ausmaße wieder zugesprochen wird, er aber mit der Erlangung der wirklichen Verfügungsmacht über dieses Eigentum im Drahtverhau mangelnder oder auch mangelhafter technischer Durchführung des Vertrages hängen bleibt."[383]

---

381 Paul Guggenheim, Gutachten betreffend Ansprüche deutscher Eigentümer gegen die Republik Österreich, Genf, den 29. August 1960, in: BA B 184 – 106.

382 Vgl. VEITER, Administrative Durchführung, S. 7.

383 Ebd.

VI. DIE SCHIEDSORGANE IM RAHMEN DES DEUTSCH-ÖSTERREICHISCHEN VERMÖGENSVERTRAGES

1. ALLGEMEINES

1.1. Übersicht

Die Autoren des Gesetzestextes und die beteiligten Regierungen waren sich schon bei Abschluß der Vertragsverhandlungen darüber einig, daß es zu vielfachen Auslegungsschwierigkeiten und zu Streitigkeiten bei der Durchführung kommen würde.[384] Im Vertrag ist deshalb ein umfangreiches Konsultations- und Schlichtungsinstrumentarium vereinbart worden. Teil V des Vermögensvertrages behandelt diese Einrichtungen in 26 Artikeln.[385] Drei Gremien wurden für die gegenseitige Konsultation und für das Schiedsverfahren vorgesehen: die Ständige Kommission, der Schlichtungsausschuß und das Schiedsgericht.

Die Ständige Kommission, mit Vertretern beider Seiten paritätisch besetzt, sollte als Kontaktstelle der beiden Regierungen dienen, um allgemeine Fragen der Anwendung und Durchführung des Vermögensvertrages zu klären und Empfehlungen auszuarbeiten. Aus den Mitgliedern der Ständigen Kommission rekrutierte sich der Schlichtungsausschuß. Dieser Ausschuß und das Schiedsgericht sollten bei Einzelfallstreitigkeiten aktiv werden. Der Deutsch-Österreichische Vermögensvertrag enthielt keine Schiedsinstanz für solche Streitigkeiten, die sich zwischen den beiden Staaten aus dem Vertrag ergeben konnten. Das beiderseitige Einvernehmen sollte in diesen Fällen in der Ständigen Kommission oder auf dem normalen diplomatischen Wege hergestellt werden.[386]

Neben den im Vermögensvertrag vereinbarten Organen bildete die österreichische Seite im Bundesministerium für Auswärtige Angelegenheiten ein Sonderreferat, dem vier höhere Beamte und entsprechende Hilfs-

---

384 Vgl. Auswärtiges Amt, Schreiben an den Präsidenten der Industrie- und Handelskammer, Stuttgart, Dr. Dörtenbach, an den Bundesverband des privaten Bankgewerbes e.V., Köln, den Gesamtverband der Versicherungswirtschaft e.V., Köln, o.D., in PA B 86 – 760. Siehe auch die Bilanz von Veith auf den vorangegangenen Seiten.

385 Vgl. Gesetz über den Vertrag vom 12. Juni 1957 zur Regelung vermögensrechtlicher Beziehungen.

386 Vgl. Erläuternde Bemerkungen, S. 57.

kräfte zugeordnet waren. Die Leitung des Sonderreferats hatte der Gesandte und a.o. bevollmächtigte Minister Heinrich Calice inne, der auch der österreichischen Delegation in der Ständigen Kommission des Deutsch-Österreichischen Vermögensvertrages vorstand. Diesem Referat oblag die Ausführung und Abwicklung des Vermögensvertrages in Österreich.

Im Sommer 1958 ging man im Auswärtigen Amt davon aus, daß rund 50.000 Deutsche Ansprüche aus dem Vermögensvertrag geltend machen könnten. Dennoch war man zunächst – zumindest in Bonn – davon ausgegangen, daß die aus dem Vermögensvertrag resultierenden Fälle rasch abgewickelt würden. So war den deutschen Mitgliedern von Ständiger Kommission und Schlichtungsausschuß „offiziös" bedeutet worden, daß ihre Arbeit in Wien nicht länger als zwei Jahre dauern würde.[387] Anfang des Jahres 1960 wurde aber klar, daß der Schlichtungsausschuß und nachfolgend das Schiedsgericht erheblich mehr Fälle würden bearbeiten müssen, als dies erwartet worden war. Nach Ablauf der ersten zwei Jahre war noch kein Ende der Tätigkeit der Schlichtungsorgane abzusehen. Die Deutsche Delegation in der Ständigen Kommission in Wien hat bis Ende September 1960 3.359 Einzelfälle bearbeitet.[388]

Die Arbeit der Schlichtungsgremien wurde von einigen Problemkomplexen dominiert: dies waren

- Streitigkeiten um die gesellschaftsrechtliche Auseinandersetzung nach Artikel 87 des Vermögensvertrages,
- Probleme, die aus den Bestimmungen von Artikel 22 resultierten sowie
- Auseinandersetzungen um die Belegenheit von Vermögensansprüchen.

Bei einer gesellschaftsrechtlichen Auseinandersetzung nach Artikel 87 des Vermögensvertrages ging es um die Wahrung der Einheit von Gesellschaften und um die grundlegende Frage, ob Konfiszierungen über die Grenzen des Konfiskationslandes hinausreichende Wirkung haben. Entsprechend dem Grundsatz der territorialen Beschränkung von Enteignungsmaßnahmen legt Artikel 87 VV fest, daß sowohl der Staatsvertrag als auch österreichische Verstaatlichungsmaßnahmen, die gegen die Anteilsrechte deutscher Gesellschafter an juristischen Personen oder Personengesellschaften mit dem Sitz in Österreich gerichtet sind, sich nicht auf das in der Bundesrepublik Deutschland oder im Lande Berlin gelegene Vermögen dieser juristischen Personen oder Personengesellschaften auswirken dürfen. Zur Wah-

---

387 Vgl. Theodor VEITER, Auseinandersetzungen um „Deutsches Eigentum". Die gesellschaftsrechtlichen Probleme / 120 Anträge, zum Teil sehr komplizierte Fälle, in: Berichte und Informationen 15/712 (1960), S. 9-11, hier S. 9.

388 Vgl. Referat VI A/1, Seidler, an MR Bracker, Vermerk, VI A/1 – 0 1266 Art. 5 (4) Öst – 145/60; Referat 506, Ref.: LR I Dr. Burchard, Vermerk betr. Durchführung des Deutsch-Österreichischen Vermögensvertrages, in: BA B 126 – 26003; Referat VI A/1, VI A/1 – 0 1266 Art. 5 (4) Öst – 145/60, Vermerk vom 7. Oktober 1960, in: HABuBa B 330/3799.

rung der Einheit der juristischen Personen oder Gesellschaften wird aber festgelegt, daß die bisherigen Rechtsträger die Eigentümer der im Bundesgebiet oder im Lande Berlin „belegenen“ Vermögenswerte bleiben. Den deutschen Gesellschaftern steht zum Ausgleich hierfür ein Auseinandersetzungsanspruch gegen die Gesellschaft zu.[389]

Anträgen nach Artikel 87 mußte ein schriftliches „Auseinandersetzungsbegehren“ vorausgehen, das bis zum 16. Januar 1959 an die jeweilige österreichische Gesellschaft überreicht werden mußte.[390] Dem mußte bis zum 16. Januar 1960 ein formeller Auseinandersetzungsantrag an den Schlichtungsausschuß im Rahmen des Vermögensvertrages folgen.[391] Nach Beendigung des Schlichtungsverfahrens konnte die Angelegenheit entsprechend Artikel 108 des Vermögensvertrages dem Schiedsgericht überstellt werden. Wegen des Fristablaufs stieg in der ersten Hälfte des Januar 1960 der Einlauf von Fällen sprunghaft an. Innerhalb kürzester Zeit lagen über 100 Auseinandersetzungsanträge nach Artikel 87 des Vermögensvertrages auf dem Tisch des Schlichtungsausschusses, worunter sich nach Einschätzung der Experten einige äußerst komplizierte Fälle befanden.[392]

Als ein weiteres rechtliches Problem der Durchführung der Schiedsverfahren wurde das Problem der mutwillig oder irrtümlich erhobenen bürgerlich-rechtlichen Einwendungen nach Artikel 22 h VV erkannt. In der Ständigen Kommission beschrieb die deutsche Delegation im Frühsommer 1959 ihre Praxis zu Artikel 22 Abs. (1) lit. h VV: Danach trat die deutsche Seite in Fällen, in denen bürgerlich-rechtliche Einwendungen erhoben wurden, in

---

389 Vgl. Regierungsvorlage, 412 der Beilagen zu den stenographischen Protokollen des Nationalrats, S. 55ff; PÖCHL / VLCEK, Rechtsvorschriften, S. 163ff.; WEITNAUER, Vermögensvertrag, S. 6

390 Vgl. Schreiber, Aktennotiz, VI B 4 – 741 – 25/3 – 16116/58, vom 17. September 1958, in: BA B 126 – 38044; Bundesminister der Justiz (Hg.), Bundesanzeiger, 10. Jg., Nr. 183 vom 24. September 1958; Süddeutsche Zeitung vom 19. September 1958; Die Welt vom 20. September 1958; Studiengesellschaft für privatrechtliche Auslandsinteressen e. V., Bremen, Arbeitsgruppe Österreich (Hg.), Information Nr. 9 vom 28. November 1958, in: BA B 126 – 38044.

391 Vgl. Studiengesellschaft für privatrechtliche Auslandsinteressen e. V., Bremen, Arbeitsgruppe Österreich (Hg.), Information Nr. 1 vom 5. Januar 1960, in: BA B 126 – 38044.

392 In der Zusammenstellung der gem. Art. 87, Abs. 6 eingereichten Anträge (Stand 26.1. 1960), in: BA B 126 – 38044 sind 111 Anträge aufgeführt, davon betrafen 21 den VIAG Konzern und 17 die vormaligen Reichswerke Salzgitter. Veiter spricht von „rund 120“ Anträgen (VEITER, Auseinandersetzungen um „Deutsches Eigentum“, S. 9). In einem Bericht des Vorsitzenden der deutschen Delegation in der Ständigen Kommission ist die Rede von 128 Anträgen: Deutsche Delegation in der Ständigen Kommission (Deutsch-Österreichischer Vermögensvertrag vom 15. Juni 1957) an das Auswärtige Amt, Bonn, Bericht Nr. 10/60 vom 22. Januar 1960: Deutsches Vermögen in Österreich; Durchführung des Deutsch-Österreichischen Vermögensvertrages, in: BA B 126 – 26003).

die Prüfung des gesamten, von beiden Parteien vorgetragenen Sachverhaltes jedenfalls dann ein, „wenn die Erhebung der Einwendung als Mißbrauch eines Rechtsbehelfes oder als auf einem tatsächlichen oder Rechtsirrtum beruhend angesehen werden kann. Die deutsche Delegation geht dabei von der Erwägung aus, daß der Schlichtungsausschuß nicht Recht zu sprechen, sondern gemäß Art. 100 Vermögensvertrag die Aufgabe hat, Empfehlungen für die Schlichtung von Streitigkeiten auszuarbeiten. Eine solche Aufgabe zieht den Rahmen weiter und weist deutlich auf Berücksichtigung insbesondere auch solcher Umstände hin, die ex aequo et bono zu beachten sind.[393] Art. 100 Vermögensvertrag rückt diese Auslegungsprinzipien stark in den Vordergrund."[394]

1.2. Die „Philosophie" der Schiedsverfahren

Priorität genoß auf beiden Seiten die freiwillige Einigung der streitenden Parteien. Demnach sollten möglichst viele Fälle, die zu Streitigkeiten geführt hatten, nicht bis in das Schiedsgericht als letzte Instanz gelangen. Als erste Ebene waren die beiden Leiter der nationalen Delegationen vorgesehen, die gemeinsam versuchen sollten, schon im Vorfeld des Verfahrens vor dem Schlichtungsausschuß, einen Ausgleich zwischen den streitenden Parteien zu vermitteln.

Erst wenn auf dieser Ebene der Verständigung kein Ergebnis zustande kam, sollte der Fall an den Schlichtungsausschuß gelangen, der wiederum einen Schlichtungsvorschlag erarbeiten sollte, welcher den Kontrahenten als Basis für einen freiwilligen Vergleich dienen sollte. Dabei war das Verfahren vor dem Schlichtungsausschuß explizit als freiwillige Meditation angelegt, die keinen Zwang zur Annahme des Schlichtungsvorschlages beinhaltete. Dies wurde auch vom Schiedsgericht herausgestellt. So zum Beispiel in der Begründung zum Gutachten Nr. 59: Der Schlichtungsausschuß habe zwar die Befugnis, „Empfehlungen für die Schlichtung von Streitigkeiten auszuarbeiten ... und auf dieser Grundlage zu versuchen, eine gütliche Beilegung der Streitigkeit herbeizuführen (Artikel 103 Vermögensvertrag)..." Er kann „aber die streitigen Rechtsverhältnisse nicht selbst mit bindender Wirkung für die Beteiligten gestalten ... Vielmehr sind diese darin frei, eine

393 Ex aequo et bono = nach billigem und gutem Ermessen; ein juristischer Grundsatz, der bis heute in der internationalen Schiedsgerichtsbarkeit Anwendung findet. Vgl z. B. die aktuelle Schiedsgerichtsordnung der Internationalen Handelskammer in Paris. http://www.iccwbo.org/court/english/arbitration/pdf_documents/rules/rules_arb_german.pdf.

394 Beilage zu Bundesministerium für Finanzen, Aktennotiz G.-Zahl 206.012-33/59, G.-Zeichen 200505-33/59, Gegenstand Durchführung des VV. Besprechung vom 15. Juni 1959, in: AdR, Bundesministerium für Finanzen, 6693.

Empfehlung abzulehnen (Artikel 104 Absätze 2 und 3), sich an eine angenommene Empfehlung dann doch nicht zu halten (a. a. O. Absatz 6) oder sich auf den Schlichtungsantrag überhaupt nicht einzulassen (a. a. O. Absätze 4 und 5), was jeweils zur Ausstellung einer Ergebnislosigkeitsbescheinigung führt. Eine dem Vertragshilferecht des deutschen Rechts wesensähnliche Befugnis zur – die Parteien bindenden – richterlichen Rechtsgestaltung hat der Vermögensvertrag vielmehr allein dem Schiedsgericht ... zuerkannt."[395]

Konnte auch über Vermittlung des Schlichtungsausschusses keine Einigung gefunden werden, wurde als letzte Instanz das gemeinsame Schiedsgericht tätig, das in seiner Prozedur ebenfalls daran orientiert war, die Parteien zu einem Vergleich zu bewegen. Dies gilt auch für jene Verfahren, die auf Initiative eines nationalen Gerichtes vor das Deutsch-Österreichische Schiedsgericht gebracht wurden. Erst wenn all diese Versuche, einen Vergleich zwischen den Parteien herbeizuführen, fruchtlos blieben, fällte das Schiedsgericht ein „Bindendes Gutachten", das von den Parteien nicht mehr in Frage gestellt werden konnte und auch die nationalen Behörden und Gerichte band.

Die Ständige Kommission diente auch der Lösung solcher Vermögensstreitigkeiten, die durch den Vermögensvertrag nicht oder unzureichend abgedeckt waren, oder es wurden Arrangements auf Gegenseitigkeit vereinbart, d.h. Sonderbehandlungen im einen Staat durch als adäquat empfundene Gegenleistungen im anderen Staat abgegolten.

Bei der Konstruktion des Vermögensvertrages, bei der Erarbeitung der Durchführungsbestimmungen zum Vermögensvertrag und bei der Arbeit der Schlichtungsorgane wurde großer Wert darauf gelegt, daß es keine gegenseitigen Unterordnungen dieser Organe gab. Ziel war eine möglichst effektive Koordinierung der Tätigkeit der drei Einrichtungen Ständige Kommission, Schlichtungsausschuß und Schiedsgericht.[396] Besonders das Schiedsgericht legte auf seine Unabhängigkeit Wert und betonte dies mehrfach in seinen Sprüchen.[397]

---

395 Schiedsgericht des Österreichisch-Deutschen Vermögensvertrages, Bindendes Gutachten, Zahl 59 (Österreichische Filmverleih- und Verwertungsgesellschaft m. b. H. gegen UFA-Filmgesellschaft m.b.H. i. L., Liquidator: Deutsche Wirtschaftsförderungs- und Treuhand Gesellschaft m. b. H., Frankfurt/Main), vom 26. Januar 1965, vom 13. Oktober 1964, in: BA B 126 – 68348; siehe auch Hugo DWORAK / Peter SYMPHER, Die Rechtsprechung des Schiedsgerichts des österreichisch-deutschen Vermögensvertrages (II.), in: Wertpapier-Mitteilungen, Sonderbeilage Nr. 2/1966 zu Teil IV Nr. 33, vom 20. August 1966, S. 22f.

396 Vgl. SEIDL-HOHENVELDERN, Austrian-German Arbitral Tribunal, S. 37f.

397 Schiedsgericht des Österreichisch-Deutschen Vermögensvertrages, Bindendes Gutachten, Zahl 59 vom 13. Oktober 1964, in: BA B 126 – 68348. Schiedsgericht des Österreichisch-Deutschen Vermögensvertrages, Bindendes Gutachten, Zahl 58 (Richard Schroth, Baden b. Wien gegen Deuliewag, Deutsche Lieferwagen-Gesellschaft, Ham-

2. DAS ABKOMMEN ÜBER DIE ARBEITSWEISE UND DIE GRUNDLAGEN DER KONSULTATIONS- UND SCHLICHTUNGSGREMIEN

Nach dem Inkrafttreten des Vermögensvertrages konstituierten sich die Ständige Kommission, der Schlichtungsausschuß und das Schiedsgericht. In den deutschen ebenso wie in den österreichischen Bundesministerien war man der Auffassung, daß es noch einer Klärung von Verwaltungsfragen bedürfe, um die Arbeit der Schlichtungsgremien möglichst reibungslos gestalten zu können. Eine Verständigung darüber sollte im Rahmen eines Regierungsabkommens gelöst werden. Auf ein solches hatten sich die zuständigen Beamten bis zum Oktober 1958 verständigt.[398] Am 5. November 1958 billigte das Bundeskabinett in Bonn den Entwurf eines Verwaltungsabkommens ohne Aussprache.[399] Es dauerte noch bis zum 9. Januar 1959,[400] bis die Regierungen der Bundesrepublik und der Republik Österreich das Abkommen unterzeichneten.[401]

In Artikel 1 des Verwaltungsabkommens wurde festgelegt, daß es der Ständigen Kommission und dem Schlichtungsausschuß erlaubt war, sich selbst eine Geschäftsordnung zu geben. Der Geschäftsordnung des Schlichtungsausschusses mußte die Ständige Kommission zustimmen. Die Aufsicht

---

burg), vom 13. Oktober 1964, in: BA B 126 – 68348. Schiedsgericht des Österreichisch-Deutschen Vermögensvertrages, Bindendes Gutachten, Zahl 59 vom 13. Oktober 1964, in: BA B 126 – 68348. Schiedsgericht des Österreichisch-Deutschen Vermögensvertrages, Bindendes Gutachten, Zahl 67 (RA Dieter Schneider, als Testamentsvollstrecker Nachlaß Dr. Hans Birckner gegen die Republik Österreich), S. 16f., in: BA B 126 – 68348. Schiedsgericht des Österreichisch-Deutschen Vermögensvertrages, Bindendes Gutachten, Zahl 73 (Republik Österreich gegen Heinrich IV. Reuss, Gutsbesitzer in Ernstbrunn, Niederösterreich), S. 15f., in: BA B 126 – 68348.

398 Vgl. Schreiben von Brentano an den Staatssekretär im Bundeskanzleramt, 10. Oktober 1958, in: PA B 86 – 761.

399 Vgl. Auswärtiges Amt, Vermerk betr. Regierungsabkommen mit Österreich, 6. November 1958, Deutsches Vermögen in Österreich; Auszug aus dem Kurzprotokoll über die 41. Kabinettssitzung der Bundesregierung am 5. November 1958, 14. November 1958, beide in: PA B 86 – 761, jetzt auch abgedruckt in: Die Kabinettsprotokolle der Bundesregierung, Bd. 11, 1958, 41. Sitzung am 5. November 1958, München 2001, S. 366.

400 Dies hatte keine inhaltlichen Differenzen zur Ursache. Eine zeitliche Verzögerung ergab sich daraus, daß die Vollmachtsurkunde für Botschafter Carl Hermann Mueller-Graaf fehlerhaft war: anstelle von „Carl Hermann" hieß es „Karl-Hermann". Daher mußte die Urkunde neu gefertigt werden. Siehe den Schriftwechsel in PA B 86 – 761.

401 Schreiben Mueller-Graaf an das Auswärtige Amt vom 9. Januar 1959, in: PA B 86 – 761. Abkommen über die Ständige Kommission, den Schlichtungsausschuß und das Schiedsgericht nach dem Vertrag zwischen der Bundesrepublik Deutschland und der Republik Österreich zur Regelung vermögensrechtlicher Beziehungen, in: BGBlD. 1958 II (Nr. 10 vom 20. März 1959), S. 218-220.

über die gemeinsame Geschäftsstelle sollte im turnusmäßigen Wechsel von den Vorsitzenden der Delegationen der beiden Vertragsstaaten im Schlichtungsausschuß wahrgenommen werden. Anordnungen allgemeiner Natur, wie zum Beispiel Dienstvorschriften, oder Anordnungen in Einzelfällen, soweit sie grundsätzlicher Art waren, mußten von beiden Vorsitzenden gemeinsam getroffen werden (Artikel 2 Absatz 1). Ebenfalls von beiden Vorsitzenden zu unterzeichnen waren Bescheinigungen über die Ergebnislosigkeit von Schlichtungsverfahren. In Fällen des Artikels 104 Absätze 3 und 4 des Vermögensvertrages (Ablehnung oder Nichtäußerung einer Partei) war kein besonderer Beschluß des Schlichtungsausschusses notwendig (Artikel 3). In Artikel 2 wurde noch geregelt, daß die österreichische Bundesregierung im Rahmen ihrer Zuständigkeit „geeignete Maßnahmen" zu treffen hatte, „um eine Unverletzlichkeit der Räume der Gemeinsamen Geschäftsstelle und der Archive des Schlichtungsausschusses und des Schiedsgerichts nach Erfordernis" sicherzustellen (Absatz 3). Das Abkommen enthielt weiterhin Regelungen über die Erbringung von Serviceleistungen (Energieversorgung u.ä.) und die Verteilung der Kosten.

Nicht zum Zuge gekommen war Bonn mit dem Wunsch, Bestimmungen aufzunehmen, die die Amtshaftung der Mitglieder der Schlichtungsgremien des Vermögensvertrages und des Geschäftsstellenpersonals regeln sollten. Österreich lehnte das mit dem Hinweis ab, dies habe in Österreich rechtsändernde Wirkung. Allerdings wurde in einem Briefwechsel folgendes festgehalten: Sollte festgestellt werden, daß in einem nicht unwesentlichen Fall oder häufiger Schäden geltend gemacht werden, werde man in der Ständigen Kommission nach einer befriedigenden Lösung suchen. Kosten aus der Amtshaftung sollten von beiden Staaten je zur Hälfte getragen werden.[402]

3. DIE STÄNDIGE KOMMISSION

Die Ständige Kommission residierte, wie die beiden anderen Organe – Schlichtungsausschuß und Schiedsgericht – in Wien am Minoritenplatz 3. Die Verbalnoten über die Zusammensetzung der Ständigen Kommission und des Schiedsgerichts wurden am 31. Juli 1958 ausgetauscht.[403] Die kon-

402 Vgl. Briefwechsel zum Regierungsabkommen, Figl an Mueller-Graaf und Mueller Graaf an Figl vom 9. Jänner 1959, in: PA B 86 – 761 und BGBlD 1958 II, S. 220. Siehe auch: Justizministerium, Bonn, an das Auswärtige Amt vom 24. Mai 1958, in: HABuBa Archiv der Deutschen Bundesbank, B 330/3737.

403 Telegramm Auswärtiges Amt an Deutsche Botschaft Wien vom 31. Juli 1958, in: PA B 86 –760.

stituierende Sitzung fand einige Monate später, am 28. November 1958, in Wien statt.[404]

3.1. Rechtliche Grundlagen

Die Bestimmungen zur Ständigen Kommission sind in den Artikeln 91 bis 97 enthalten. Aufgabe der Ständigen Kommission war es, „Fragen zu erörtern, die sich im Zusammenhang mit der Durchführung und Anwendung des Vermögensvertrages ergaben und Empfehlungen hierüber an die beiden Regierungen auszuarbeiten."[405] Mit der gewählten Formulierung des Artikels 91 sollte der Zuständigkeitsbereich der Ständigen Kommission möglichst weit interpretierbar bleiben: die Ständige Kommission konnte sich demnach sowohl mit allgemeinen als auch mit speziellen Fragen befassen. Der Form nach konnte die Ständige Kommission keine verbindlichen und unmittelbar wirksamen Vereinbarungen oder Entscheidungen treffen, sondern nur Empfehlungen an die beiden Regierungen formulieren.[406] Die Ständige Kommission sollte nicht rechtschöpferisch agieren, „sondern durch Regierungsvertreter Fragen, die sich aus der Durchführung und Anwendung des Vertrages ergeben, erörtern und trachten, hierüber eine einheitliche Auffassung (zu) erzielen, die sie den beiden Regierungen als Empfehlung zuleitet."[407] Eine entsprechende Ansicht vertrat später auch das Schiedsgericht des Deutsch-Österreichischen Vermögensvertrages: Der Zuständigkeitsbereich der Ständigen Kommission sei möglichst weit gefaßt worden, daher könnten die dort erörterten Fragen „sowohl allgemeiner wie spezieller Natur sein." Dieses Gremium treffe aber keine verbindlichen und unmittelbar wirksamen Abmachungen oder Entscheidungen. Es arbeite lediglich Empfehlungen an die Regierungen aus. Die Ständige Kommission, formuliert das Schiedsgericht im Gutachten Nr. 60 in starker Anlehnung an die Formulierung der eben zitierten Gesetzeserläuterungen, „ist ihrem Charakter entsprechend ausschließlich ein Verhandlungsgremium ... Sie soll ... nicht rechtschöpferisch entscheiden, sondern durch Regierungsvertreter Fragen, die sich aus der Durchführung und Anwendung des Vertrages ergeben, erörtern und trachten, hierüber eine einheitliche Auffassung zu erzie-

404 Vgl. Vermerk Bracker, Finanzministerium Bonn, VB/2-0 1260 –Öst- 543/58, 1. Tagung der Ständigen Kommission nach dem Deutsch-Österreichischen Vermögensvertrag am 28.11.1958 in Wien, in: BA B 126 – 9163.

405 Art. 91 VV.

406 Vgl. Denkschrift, S. 55

407 Erläuternde Bemerkungen, S. 57.

len, die sie den beiden Regierungen als Empfehlungen zuleitet. Sie ist ... lediglich eine Kontaktstelle zwischen den Regierungen."[408]

Die Ständige Kommission wurde von beiden Regierungen paritätisch beschickt. Jeder der Vertragsstaaten bestellte eine Delegation von vier ordentlichen Mitgliedern und vier Stellvertretern. Aus der Mitte der beiden Delegationen wurde je ein Vorsitzender bestimmt. Bei Bedarf hatte jede Seite die Möglichkeit, Sachverständige beizuziehen.[409]

Als Sitz der Ständigen Kommission wurde Wien bestimmt, jedoch hatte die Kommission auch das Recht, an anderen Orten zusammenzutreten. Der Vermögensvertrag schreibt zwei ordentliche Tagungen pro Jahr vor. Jeder Delegationsvorsitzende konnte darüber hinaus die Einberufung einer außerordentlichen Sitzung verlangen, die innerhalb eines Monats zu beginnen hatte. Die Zuständigkeit für Einberufung und Leitung der Tagungen der Ständigen Kommission lag paritätisch abwechselnd beim österreichischen und deutschen Vorsitzenden. Die Einberufung und Leitung zur ersten Tagung der Ständigen Kommission wurde Österreich zugestanden.[410] Vor Beginn jeder Kommissionssitzung mußten sich die beiden Vorsitzenden über die Tagesordnung einigen, eine Ergänzung während der Tagung war jedoch möglich. Entsprechend ihrem Charakter als Verhandlungsgremium konnte die Ständige Kommission ihre Empfehlungen an die beiden Regierungen nur einstimmig fassen.[411]

Der Vermögensvertrag sah für die Ständige Kommission zunächst eine Amtsdauer von 2 Jahren ab Inkrafttreten des Vertrages vor. Sie sollte sich jeweils um ein Jahr verlängern, sofern dem nicht eine der beiden Vertragsparteien spätestens drei Monate vor Ablauf der betreffenden Periode widersprach.[412] Die erste Amtszeit der Kommission dauerte bis zum 16. Juli 1960.[413]

3.2. Besetzung der ständigen Kommission

Der Benennung der deutschen Mitglieder war ein Gerangel der verschiedenen Ressorts vorangegangen, welches erst nach „sehr schwierigen" Diskus-

---

408 Schiedsgericht des Österreichisch-Deutschen Vermögensvertrages, Bindendes Gutachten, Zahl 60 (Republik Österreich gegen Donau-Chemie AG, Wien), S. 22f., in: BA B 126 – 68348.

409 Vgl. Artikel 92, siehe auch Denkschrift, S. 55.

410 Vgl. Artikel 93 und 94; siehe auch Denkschrift, S. 56f.

411 Art. 95 und 96.

412 Art. 97. Vgl. auch Denkschrift, S. 56, 61.

413 Vgl. Erläuternde Bemerkungen, S. 57f.

sionen zu einem Ergebnis gebracht werden konnte.[414] Die österreichische Bundesregierung wünschte deshalb die baldige Benennung der Delegationsmitglieder zu notifizieren.[415]

Nach heftigen Kontroversen zwischen den Bonner Ministerien[416] waren von deutscher Seite für die Kommission in der ersten Zusammensetzung benannt worden: Dr. Ernst Féaux de la Croix, Ministerialdirigent im Bundesministerium der Finanzen, als Vorsitzender der deutschen Delegation; Legationsrat I. Klasse Dr. Hans Günther, Auswärtiges Amt, als stellvertretender Vorsitzender der deutschen Delegation und Vorsitzender der deutschen Delegation im Schlichtungsausschuß; Legationsrat Paul Ederes, Auswärtiges Amt; Ministerialrat Wilhelm Bertram, Bundesministerium der Justiz; Ministerialrat Dr. Hermann Weitnauer vom Bundesministerium der Justiz, der Schwiegersohn des deutschen Finanzministers Schäffer; Ministerialrat im Bundesministerium der Finanzen, Heinrich Bracker, der bereits Mitglied der Gemischten Kommission war; Regierungsdirektor Georg Wilhelm Schreiber und Oberregierungsrat Hanns Mogwitz, beide vom Bundesministerium für Wirtschaft.[417] Legationsrat Paul Wilhelm Endres vom Auswärtigen Amt wurde im Oktober 1959 von Legationsrat Hans-Heinrich Bormann, ebenfalls aus dem Auswärtigen Amt, abgelöst.[418]

Die österreichische Botschaft notifizierte der Bundesregierung folgende Zusammensetzung ihrer Delegation in der Ständigen Kommission[419]: a.o. und bev. Botschafter Josef Schöner als Vorsitzender der österreichischen Delegation, Heinrich Calice als Vorsitzender der österreichischen Delegation im Schlichtungsausschuß. Calice war bis dahin in der Abteilung RE (Fragen des fremden Eigentums in Österreich und des österreichischen Eigentums im Ausland) des Wiener Außenministeriums tätig. Sein Stellvertreter war Kurt Harrer, Ministerialrat im Bundesministerium der Finanzen. Als

---

414 Auswärtiges Amt, Referat 506, Aufzeichnung vom 26. Juli 1958, in: PA B 86 – 760.

415 Vgl. Fernschreiben Nr. 164 Günther und Muellller-Graaf an das Auswärtige Amt vom 19. Juli 1958, in: PA B 86 – 760.

416 Vgl. Auswärtiges Amt, Referat 506, 506-80 SL 94.19/19/19/53/58, Aufzeichnung vom 26. Juli 1958, in: PA B 86 – 760. Auswärtiges Amt, Telegramm an die Deutsche Botschaft in Wien, 506-80 SL 94.19/19/19/53/58, vom 22. Juli 1958, PA B 86 – 760; Schreiben Günther, Deutsche Delegation in der Ständigen Kommission, an Reg. Dir. Dr. Georg-Wilhelm Schreiber, Bundesministerium für Wirtschaft, vom 9. Oktober 1958, in: PA B 86 – 761; Schreiben Georg-Wilhelm Schreiber, Bundesministerium für Wirtschaft, an Günther, vom 16. September 1958, in: PA B 86 – 761; Auswärtiges Amt, Abt. 506, 506-80, SL-94.19-/286/58, Aufzeichnung. Betr.: Deutsch-österreichischer Vermögensvertrag, in: PA B 86 – 761.

417 Vgl. Auswärtiges Amt, Entwurf, Verbalnote, 27. Juli 1958, in: PA B 86 – 760. Hier weitere gleichlautende Dokumente zum Vorgang.

418 Verbalnote vom 15. Oktober 1959, in: PA B 86 – 761.

419 Zu den politischen Hintergründen vgl. VEITER, Administrative Durchführung, S. 7.

weitere Delegationsmitglieder beziehungsweise Stellvertreter der Mitglieder wurden benannt: Christine Villgrattner, ebenfalls aus dem Finanzministerium (später Außenministerium) und Rudolf Kirchschläger,[420] Legationsrat im Wiener Außenministerium, Abteilung Völkerrecht; Hofrat Gottfried Thaler, Vizepräsident des österreichischen Patentamtes; Edwin Loebenstein, Sektionschef im Bundeskanzleramt und Alfred Twaroch, Sektionsrat im Bundesministerium der Finanzen.[421] Kirchschläger wurde am 8. Juni 1959 als Ersatzmitglied der Ständigen Kommission und des Schlichtungsausschusses durch Legationsrat Eduard Tschöp vom Bundeskanzleramt ersetzt.[422]

Ab dem 1. September 1960 setzte sich die österreichische Delegation in der Ständigen Kommission wie folgt zusammen: Josef Schöner (a.o. und bev. Botschafter), Vorsitzender der Delegation; Friedrich Hartlmayr (a.o. Gesandter und bev. Minister, Bundesministerium für auswärtige Angelegenheiten) als Vorsitzender der österreichischen Delegation im Schlichtungsausschuß; Walter Neudörfer (Sektionsrat im Bundesministerium für Finanzen) als weiteres österreichisches Mitglied des Schlichtungsausschusses. Er hatte Harrer abgelöst. Hinzu kamen die folgenden Mitglieder beziehungsweise Stellvertreter der Mitglieder: Edwin Loebenstein (Sektionschef im Bundeskanzleramt), Christine Villgrattner (jetzt im Außenministerium), Alfred Twaroch (Ministerialrat im Finanzministerium), Karl Kainrath (Sektionsrat im Bundesfinanzministerium)[423] und Gottfried Thaler (Vizepräsident des Patentamtes).[424]

---

420 Jurastudium, 1947 Richter am Bezirksgericht Langenlois in Niederösterreich, 1954 Landesgerichtsrat am Bezirksgericht Innere Stadt in Wien, 1954 Berufung in die Völkerrechtsabteilung des Außenministeriums. Hier war er an den Vorarbeiten zum Staatsvertrag beteiligt. 1958 erhielt Kirchschläger den Titel eines a.o. Gesandten und bevollmächtigten Ministers, 1963 wurde er Kabinettschef des Außenministers, 1967 Gesandter in Prag, ab 1970 Außenminister unter Bruno Kreisky. 1974 bis 1986 amtierte er als Bundespräsident.

421 Vgl. Schreiben Gnodkte, Auswärtiges Amt an MR Bracker, Finanzministerium, MR Bertram, Justizministerium, Reg. Dir. Schreiber, Wirtschaftsministerium, Betr.: Mitglieder der Ständigen Kommission und des Schlichtungsausschusses, 22. Juli 1958; Österreichische Botschaft Bonn, Verbalnote vom 31. Juli 1958, beide in: PA B 86 – 760. Hier weitere gleichlautende Dokumente zum Vorgang.

422 Österreichische Botschaft Bonn, Verbalnote Zl. 5797-A/59, vom 2. Juli 1959, in: PA B 86 – 761.

423 Bis Frühjahr 1961, danach Sektionsrat Gottfried Kellner. Siehe Österreichische Botschaft Bonn, Verbalnote, Zl. 3841-A/61, in: PA B 86 – 761.

424 Verbalnote, Österreichische Botschaft, Bonn, an das Auswärtige Amt, vom 22. Juli 1960, in: Historisches Archiv der Deutschen Bundesbank, B 330/3739. Bericht Nr. 2 Günther, Deutsche Delegation in der Ständigen Kommission an das Auswärtige Amt, vom 8. Januar 1960, in: PA B 86 – 761. Zur Notifizierung des Austauschs von Harrer siehe: Österreichische Botschaft, Verbalnote, Zl. 3549/-A/60, vom 15. März 1960, in: PA B 86 – 761.

Einem Bericht Günthers zufolge war als Nachfolger von Kurt Harrer zunächst MinR Muck vorgesehen. Daß statt dessen Sektionsrat Walter Neudörfer ernannt wurde, führte Günther auf eine Intervention von Außenminister Kreisky „nach entsprechender Vorbereitung durch Herrn v. Harrer und Frau Dr. Villgrattner“ zurück. Neudörfer war seit 1946 in der Finanzprokuratur als ein „wesentlicher Bearbeiter“ von Fragen des deutschen Eigentums tätig. Günther mußte zudem auf Calice verzichten, mit dem sich die Zusammenarbeit „sehr erfreulich“ gestaltet hatte. Für ihn war Hartlmeier bestellt worden, der zuvor als österreichischer Botschafter in Karachi weilte.[425]

Im September 1961 setzten sich die Delegationen in der Ständigen Kommision beziehungsweise im Schlichtungsausschuß folgendermaßen zusammen: Die deutsche Delegation bestand aus Fèaux de la Croix (Vorsitzender), Günther, Bracker, Bormann, Bertram, Weitnauer, Schreiber und Mogwitz.[426] Die österreichische Delegation setzte sich aus Schöner (Vorsitzender), Hartlmayr,[427] Neudörfer, Loebenstein, Villgrattner, Bauer, Twaroch und Thaler zusammen.[428]

Günther genoß in Österreich einen guten Ruf. Er galt als österreichfreundlich und hatte den Fortgang der Verhandlungen über den Vermögensvertrag befruchtet. Theodor Veiter berichtet, „seinem, nach den Richtlinien des Bonner Außenministeriums und sohin nicht immer den Wünschen der deutschen Wirtschaft orientierten Verhandeln ist die Überwindung mancher Verhandlungsklippe schon bisher zu verdanken.“[429] Die österreichische Besetzung der Ständigen Kommission galt als Kompromiß zwischen den verschiedenen Strömungen in der Haltung zur Behandlung des Deutschen Eigentums. [430]

Im Sommer 1966 beschloß der Ministerrat, daß der jeweilige Leiter der Sektion IV des Bundesministeriums für Auswärtige Angelegenheiten mit

425 Bericht Nr. 63, Günther an das Auswärtige Amt, vom 4. Juli 1960, in: PA B 86 – 761.

426 Georg Wilhelm Schreiber wurde im August 1962 durch Knapp vom Bundeswirtschaftsministerium ersetzt. Hanns Mogwitz schied aus dem Ministerium aus, für ihn wurde kein Nachfolger benannt (Schreiben, Bundeswirtschaftsministerium an das Auswärtige Amt vom 29. August 1962, in: PA B 86 – 761).

427 Am 23. Januar 1962 ersetzt durch den Legationsrat II. Klasse, Johannes Proksch. Siehe: Österreichische Botschaft Bonn, Verbalnote, Zl 118/62, vom 30. Januar 1962, in: PA B 86 – 761.

428 Auswärtiges Amt, Ref. 506, Aufzeichnung vom 27. September 1961, in: PA B 86 – 761.

429 VEITER, Administrative Durchführung, S. 7.

430 Vgl. ebd., S. 7.

dem Vorsitz der Österreichischen Delegation in der Ständigen Kommission betraut werden sollte.[431]

3.3. *Die Tätigkeit der Ständigen Kommission*

Die erste Sitzung der Ständigen Kommission begann am 27. November 1958 in Wien.[432] Das Auswärtige Amt sah seinen Einfluß auf die Arbeit der Kommission durch die Mitarbeit Günthers als stellvertretender Vorsitzender gewährleistet. Günther konnte seit 1950 die Entwicklung der Vermögensproblematik zunächst in Salzburg, später in Wien beobachten. Außerdem war er an den Verhandlungen über Vermögensfragen von Beginn an maßgeblich beteiligt.[433]

Günther war neben seiner Mitgliedschaft in der Ständigen Kommission deutscher Vorsitzender des Schlichtungsausschusses und der deutsche Leiter der Gemeinsamen Geschäftsstelle in Wien. Ihm waren bei seiner Ernennung im Sommer 1957 aber noch weitere Aufgaben zugewiesen worden:

(a) Die Ausarbeitung von Modalitäten für das Verfahren der Vermögensfreigabe (Artikel 14) und Hilfestellung für deutsche Antragsteller, wobei er auch mit den österreichischen Bundes- und Landesbehörden kooperieren sollte.
(b) Die Vorabregelung von solchen Fällen, die sonst Gegenstand von Erörterungen in der Gemischten Kommission oder im Schlichtungsausschuß würden.
(c) Die Behandlung aller bislang im Auswärtigen Amt bearbeiteten Vermögensfälle und alle künftig anfallenden Einzelfälle.
(d) Die Förderung von Fällen (zumeist industriellen) deutschen Eigentums in Österreich, deren Regelung im Vermögensvertrag nicht gelungen war.[434]

Die Arbeit in der Ständigen Kommission und im Schlichtungsausschuß scheint sich zunächst aus deutscher Sicht nicht gerade einfach gestaltet zu haben. Anläßlich eines Personalwechsels in der österreichischen Delegation im September 1960 berichtet Günther nach Bonn: „Dr. Neudörfer ist wie

---

431 Bundesministerium für Auswärtige Angelegenheiten, Vortrag an den Ministerrat, Zl 201.387-14/71, vom 17. September 1971, in: Archiv Ministerrat Wien, Kartei Schlagwort Vermögen, Karte 38 Regierung Kreisky I 1971, 70/24 28.09.71 TOP 15.

432 Schreiben Deutsche Delegation in der Ständigen Kommission an die vertretenen Bonner Ministerien, vom 21. November 1958, in: PA B 86 – 751.

433 Vgl. Auswärtiges Amt, Abteilung 5, Aufzeichnung vom 4. Juli 1958, 506-90 SL – 94.19-16/58 II, in: PA B 86 -760.

434 Auswärtiges Amt, Aufzeichnung betr. Wiener Geschäftsstelle der Deutschen Delegation der Gemischten Deutsch-Österreichischen Kommission und des (zukünftigen) Schlichtungsausschusses. Anlage zum Bericht vom 19. Juli 1957, in: PA B 86 – 760.

Herr v. Harrer Fiskaljurist reinsten Wassers, vielleicht eine Kleinigkeit umgänglicher als Herr v. Harrer, mit dem aber immerhin alle Beteiligten seit langem eingearbeitet waren. Eine Auflockerung in der Zusammenarbeit der beiden Delegationen kann nach meiner Meinung nur eintreten, wenn das hiesige Außenministerium die fiskalische Parole durch eine Tendenz ersetzen lassen würde, die darauf beruht, nicht zu guter letzt noch das Verhältnis der beiden Länder zueinander Belastungsproben zu unterwerfen, die in keinem Verhältnis zu den noch vorhandenen Streitobjekten stehen."[435] Die Zusammenarbeit mit Neudörfer entwickelte sich dann aber besser, als dies Günther erwartet hatte. Ende Juli 1961 berichtet Bormann davon, daß ihn mit Neudörfer eine „ausgesprochen gute Zusammenarbeit" verbinde.[436]

Artikel 94 des Vermögensvertrages sah jährlich mindestens zwei ordentliche Tagungen der Ständigen Kommission vor. Mitte der sechziger Jahre konnte sich die Ständige Kommission in gegenseitigem Einvernehmen jedoch darauf beschränken, einmal pro Jahr zu tagen, da die durch den Vertrag angefallenen Fälle so weit fortgeschritten waren, daß sich die an die Ständige Kommission herangetragenen Fragen in sehr engen Grenzen hielten. 1966 hegten die involvierten Beamten die Hoffnung, den größten Teil der im Schlichtungsausschuß anhängigen Fälle rasch abschließen zu können. Die Ständige Kommission hätte sich nun verstärkt mit der Frage befassen können, welche Vorkehrungen zur Beendigung der Arbeit der vertraglichen Schlichtungs- und Konsultationsgremien getroffen werden müßten. Überraschend ließ der Stand der Arbeit des Schlichtungsausschusses Ende 1966 eine rasche Hinwendung zur Frage der Beendigung der Arbeit der Schlichtungsorgane noch nicht zu. Deshalb hoffte man nun auf einen Abschluß der Hauptarbeit des Schlichtungsausschusses bis zum Frühjahr oder Sommer 1967, um dann mit der Abwicklung der Vertragsorgane beginnen zu können.[437]

Es kam aber zu weiteren Verzögerungen. Die Abschlußtagung der Ständigen Kommission fand erst, nachdem der ursprünglich vorgesehene

---

435 Bericht Nr. 2 Günther, Deutsche Delegation in der Ständigen Kommission an das Auswärtige Amt, vom 8. Januar 1960, in: PA B 86 – 761; auch in Historisches Archiv der Deutschen Bundesbank, B 330/3739.

436 Bericht Nr. 60/61, Bormann, Deutsche Delegation in der Ständigen Kommission, an das Auswärtige Amt, vom 21. Juli 1961, in: PA B 86 – 761.

437 Schreiben a.o. Ges. u. bev. Min. Dr. Hans Reichmann, Bundesministerium für Auswärtige Angelegenheiten, Wien, an den Vorsitzenden der deutschen Delegation Min. Dir. Dr. Ernst Féaux de la Croix vom 13. Dezember 1966, in: PA B 86 Bd 1180. Siehe auch ebd.: Schreiben Bundesministerium für Wirtschaft an Bundesministerium der Finanzen, VI A 6 – 74 04 54, vom 29. Dezember 1966; Schreiben Bundesminister der Justiz an das Auswärtige Amt, 9110/ 1 Ö 1 – 2a – 4- 48 068/66, vom 13. Januar 1967.

Termin 7. bis 9. Februar 1972 nicht realisiert werden konnte,[438] vom 5. bis 7. Juni 1972 in Bonn statt. Auf dieser Sitzung ging es ausschließlich um die Auflösung der Schlichtungsorgane des Vermögensvertrages.[439]

3.4. Arbeitsweise

Zwei deutsche Delegationsmitglieder wurden nach Wien entsandt. Dies war sinnvoll, da alle Schlichtungsorgane ihren Sitz in Wien hatten. Aber sie sollten auch durch laufenden Kontakt mit den Verantwortlichen der österreichischen Seite und durch eine kompetente Beratung von vom Vermögensvertrag betroffenen deutschen Bürgern gewährleisten, daß die deutschen Interessen bei der Anwendung des Vermögensvertrages in gebührender Weise vertreten wurden.[440] Diese beiden Beamten führten, unterstützt von Verwaltungskräften, ein von der Deutschen Botschaft unabhängiges Büro mit der Bezeichnung „Deutsche Delegation in der Ständigen Kommission". Als Leiter dieser Institution fungierte Legationsrat 1. Klasse Günther.[441] 1961 löste Bormann Günther ab, als dieser einen anderen Posten im Auswärtigen Dienst bezog.[442]

Eine Konstruktion wie die Ständige Kommission war in internationalen und bilateralen Verträgen recht gebräuchlich.[443] Aufgabe der Ständigen Kommission war es, wie bereits weiter oben dargelegt, die bei der Durchführung und Anwendung des Vermögensvertrages auftretenden Fragen und Differenzen zu erörtern und hierüber Empfehlungen an die Regierungen der Vertragsstaaten zu erstellen.[444] Auf die Beilegung der einzelnen Streitigkeiten hat die Politik der Ständigen Kommission höchstens mittelbaren Einfluß

438 Vgl. Drahterlaß Auswärtiges Amt an Deutsche Botschaft Wien, V 7 – 83.SL.00/1-94.19, vom 17. Dezember 1971; Drahterlaß Auswärtiges Amt an Deutsche Botschaft Wien, V 7 – 83.SL.00/1-94.19, vom 19. Januar 1972, beide in: PA B 86 – 1363.

439 Vgl. Tagesordnung. 14. Tagung der Ständigen Kommission nach dem Deutsch-Österreichischen Vermögensvertrag vom 15. Juni 1957, vom 5. bis 7. Juni 1972 in Bonn, in: PA B 86 – 1363.

440 Vgl. Bericht Bormann, Deutsche Botschaft in Wien, 89 – 00, o.D. [Ende 1959], in: BA B 126 – 26003.

441 Vgl. Vorläufige Richtlinien für die Arbeiten der Gemeinsamen Geschäftsstelle, in: PA B 86 – 760.

442 Vgl. Schreiben Auswärtiges Amt an Deutsche Botschaft Wien, vom 27. September 1961; Auswärtiges Amt, Verbalnote an die Österreichische Botschaft Bonn, vom 7. November 1961, beide in: PA B 86 – 761.

443 Vgl. SEIDL-HOHENVELDERN, Austrian-German Arbitral Tribunal, S. 26.

444 Vgl. Bericht Bormann, Deutsche Botschaft in Wien, 89 – 00, o.D. [Ende 1959], in: BA B 126 – 26003.

gehabt:[445] „The existence of this Permanent Commission, as well as that of a Mixed Commission previously established in the autumn 1955 to discuss problems of the State Treaty, was the reason given by the Arbitral Tribunal to decline the request of a litigant that the Arbitral Tribunal should follow the example of other international tribunals and suggest to the partners of the Treaty that they carry out certain measures for economic or equitable reasons. Other international courts might be free to add such obiter dicta to their decisions. However, within the framework of the Property Treaty, the making of such recommendations should be left to the two above mentioned Commissions."[446]

Am 4. Februar 1958 fand im Auswärtigen Amt mit Vertretern der Bundesministerien für Justiz, für Wirtschaft und für Finanzen, der Deutschen Bundesbank und Vertretern der „Studiengesellschaft für privatrechtliche Auslandsinteressen" sowie des Bundesverbandes der Deutschen Industrie eine Besprechung statt.[447] Aus Aufzeichnungen hierüber geht hervor, daß sich das Auswärtige Amt eine durchaus großzügige Auslegung des Arbeitsbereiches der Ständigen Kommission vorstellte. Auf die Frage eines Vertreters der Industrie, ob der Kompetenzbereich der Ständigen Kommission „eine positive Regelung der vermögensrechtlichen Interessen auch deutscher juristischer Personen" erlaube, wenn vor dem Schlichtungsausschuß, zum Beispiel in Anlehnung an Fragen des Warenzeichen- oder des Namensrechts, ein Verfahren eingeleitet würde, nahm LR Günther vom Auswärtigen Amt Stellung. Er betonte, daß die Erörterung von Warenzeichenproblemen die Gelegenheit eröffnen könnte, Kontakte zwischen deutschen Firmen und österreichischen Stellen herzustellen. Hierbei würde die deutsche Delegation ihre guten Dienste sicher nicht verweigern. Eine positive Regelung im Einzelfalle oder auch von bestimmten Fallgruppen sei also durchaus denkbar. Man erhoffte sich somit noch über den Vermögensvertrag hinausgehende wohlwollende Regelungen deutscher Rückgabe- oder Ausgleichanträge.[448] Weitergehende Forderungen aus der Wirtschaft nach Entschädigung durch die Bundesrepublik Deutschland für enteignete Vermögenswerte in Österreich, insbesondere in Fällen der sogenannten inkonnexen Verbindlichkeiten, für Ausfallhaftungsfälle sowie Entschädigungsansprüche deutscher juristischer Personen aufgrund der österreichischen Ver-

445 Vgl. SEIDL-HOHENVELDERN, Austrian-German Arbitral Tribunal, S. 26f.

446 Ebd., S. 27.

447 Protokoll über den Verlauf der am 4. Februar 1958 im Auswärtigen Amt stattgehabten Besprechung über einige mit dem Deutsch-Österreichischen Vermögensvertrag zusammenhängende Probleme, Köln, den 7. März 1958, in: BA B 184 – 108.

448 Siehe ebd., S. 2.

staatlichungsgesetzgebung, wurden von den Ministerialbeamten dagegen dilatorisch behandelt, da die genauen Umstände noch ungeklärt waren.[449]

Die Gegenstände, die die Ständige Kommission in der Hauptsache beschäftigten, waren jene Problemlagen, die sich bereits bei der Vertragsunterzeichnung herauskristallisiert hatten: Bewertungsfragen, Fragen der Belegenheit und die Behandlung von Personengesellschaften.

Gleich in der ersten Sitzung, in der noch keine Entscheidungen getroffen werden sollten, wurden von beiden Seiten entsprechende Einlassungen gemacht:

Die österreichische Seite sprach die Auslegung von Artikel 22 VV Abs. 1 lit. h an: Die Praxis des Schlichtungsausschusses zeige, daß – entgegen den Intentionen bei Vertragsabschluß – von deutschen Schuldnern unberechtigte Einwendungen gegen österreichische Forderungen erhoben würden. Wenn Einwendungen von deutschen Schuldnern vorgetragen würden, sollten sie so stichhaltig sein, daß sie einer gerichtlichen Nachprüfung standhielten. Vor allem könne der häufig vorgetragene Einwand der Verjährung nicht durchgreifen. Österreich wollte eine einvernehmliche Auslegung dieser Vertragsbestimmung erreichen, damit auch das Schiedsgericht daran gebunden wäre. Von deutscher Seite wurde geäußert, daß für eine solche Regelung ein Staatsvertrag benötigt würde, der in der Bundesrepublik nicht durchzusetzen sei. Es wurde darum gebeten, konkrete Fälle in die Kommission zu bringen, damit eine elegante Lösung gefunden werden könne.[450]

Ein Anliegen der deutschen Delegation war die Bewertungsfrage nach Artikel 7 und 8 VV: Im Vermögensvertrag wurde bei der Wertermittlung von Vermögen der Einheitswert zugrundegelegt, der am 1. Januar 1948 gültig war. Dies war auch von entscheidendem Einfluß auf die Frage, ob und in welchem Umfang Deutsches Eigentum zurückgegeben wurde.

Bei der Abwicklung der USIA-Betriebe entwickelte diese Regelung nicht beabsichtigte Effekte: Die USIA-Betriebe waren vielfach devastiert oder stillgelegt worden. Dies löste auf deutscher Seite den Wunsch aus, diese Umstände bei der Ermittlung des Wertes von Betriebsvermögen zu berücksichtigen. Wirtschaftsgüter, die nicht mehr vorhanden oder nicht mehr nutzbar sind, könnten nicht in die Wertermittlung einbezogen werden. Man glaubte hierfür eine Lösung gefunden zu haben, als man sich darauf einigte,

---

449 Siehe ebd.; vgl. auch: Studiengesellschaft für privatrechtliche Auslandsinteressen, Arbeitsgruppe Österreich, Grundsätze einer Entschädigungsregelung in Bezug auf den Deutsch-Österreichischen Vermögensvertrag, Köln, den 21. November 1957; Studiengesellschaft für privatrechtliche Auslandsinteressen, Arbeitsgruppe Österreich, Ergebnisprotokoll über die Sitzung am 18. November 1957 in Stuttgart, beide in: BA B 184 – 108.

450 Vermerk Bracker, Finanzministerium Bonn, VB/2-0 1260 –Öst- 543/58, 1. Tagung der Ständigen Kommission nach dem Deutsch-Österreichischen Vermögensvertrag am 28.11.1958 in Wien, vom 5. Dezember 1958, in: BA B 126 – 9163.

für die Bewertung der USIA-Betriebe einen Hilfswert heranzuziehen, der auf einer Variante des Gewerbesteuerkapitalwertes für 1955 basierte.

Es stellte sich aber bald heraus, daß mit dieser Regelung genau das Gegenteil von dem erzielt wurde, was die Vertragsschließenden gewollt hatten. Dies lag zum einen daran, daß die Devastierungen und Stillegungen nicht das angenommene Ausmaß hatten. Zum anderen führte der Hilfswert von 1955 zu Bewertungen, die weit über jenen lagen, vor deren Zugrundelegung der deutsche Eigentümer geschützt werden sollte. Insbesondere bei nach dem 1. Januar 1948 erfolgten Anschaffungen von beweglichem Anlagevermögen, bei Wertpapieren, Vorräten, bei Rechten und Renten sowie bei Gewerbeberechtigungen differierten die beiden Wertermittlungen ganz erheblich. „Würde eine derart falsche Handhabung praktiziert werden", heißt es in einem internen Vermerk des Bonner Finanzministeriums vom 27. November 1958, „gelangte man zu dem grotesken Ergebnis, daß deutsche Eigentümer, die ohnehin Nachteile hinnehmen müssen, die ihren Betrieben unter russischer Verwaltung zugefügt worden sind, nun auf dem Wege über die Bewertung auch noch schlechter behandelt würden als Eigentümer, deren Betriebe in einer der westlichen Besatzungszonen gelegen waren." Für jene USIA-Betriebe, wo die 1955-Regelung zu Sinnwidrigkeiten führe, wollte man den Österreichern als interpretative Lösung vorschlagen, „das von den Russen zurückgelassene Vermögen zwar in seinem Bestand per August 1955 zugrunde zu legen, es aber nach den steuerlichen Grundsätzen zu bewerten, die – wie auch sonst im Vermögensvertrag zum 1.1.1948 galten."[451] Dies wurde von Günther in der 1. Sitzung der Ständigen Kommission vorgetragen. Harrer erwiderte für die österreichische Delegation, daß es nicht einfach sein werde, den deutschen Wünschen zu entsprechen, da man sich bereits in den amtlichen Erläuterungen zum Vermögensvertrag, die auch für die Beschlußfassung des Nationalrates maßgebend gewesen seien, festgelegt habe.[452]

Die Problematik der Familien- und Einmanngesellschaften wurde ebenfalls von deutscher Seite in der ersten Sitzung thematisiert: Aus deutscher Sicht bestand bei Behandlung von Familiengesellschaften in Form juristischer Personen Klärungsbedarf. Die deutsche Seite betonte die Bedeutung der Form der juristischen Person für Familiengesellschaften in Deutschland. Hier gebe es solche, die nur zur Verwaltung einer Villa am Wörther See etabliert worden seien, bis hin zu großen Kapitalgesellschaften, etwa die Firma Günther Wagner in Hannover. Es könne nicht angehen, daß solche Familiengesellschaften grundsätzlich unter das Rückgabeverbot an deutsche juristische Personen fielen. Vielmehr, so die deutsche Auffassung, sei zu

451 Vermerk betreffend Artikel 7, Abs. 1, Abschnitte a und c sowie Artikel 8 des Vermögensvertrages, vom 27. November 1958, in: BA B 126 – 9163.

452 Vermerk Bracker vom 5. Dezember 1958, in: BA B 126 – 9163.

prüfen, ob das persönliche Moment überwiege. Wenn dies der Fall sei, ließe sich sicher ein Weg finden, die Vermögenswerte zwar nicht an die juristischen Personen, aber doch an die einzelnen Familienmitglieder zurückzugeben. Deutschland erwarte hier ein „gemeinsames Bemühen um eine großzügige Auslegung“, sagte Günther im Verlauf der Sitzung. Auch in dieser Angelegenheit sollte weiter gesprochen werden. Die Sitzung wurde offiziell nicht beendet, sondern unterbrochen.[453]

Allerdings machte man sich Ende 1958 in der Deutschen Delegation nur wenig Hoffnung, bei der Rückgabe von Vermögenstiteln von Familiengesellschaften wirklich substantielles zu erreichen. Wegen der Bestimmungen des Staatsvertrages und des Vermögensvertrages bestand kein Rechtsanspruch auf Rückgabe. Dennoch sollten alle deutschen Interessenten rechtzeitig vor Fristablauf ein Begehren auf Rückübertragung beim österreichischen Finanzministerium stellen, um wenigstens einen Ansatzpunkt zu haben, und um eine Veräußerung der betreffenden Vermögenswerte an Dritte zu verhindern. Durch sofortige Verhandlungen solle versucht werden, Vereinbarungen zu treffen, die im Ergebnis die Rückgabe zum Ziel haben. Nach bestehender Rechtslage könne dies der österreichische Fiskus jedoch nicht ohne Gegenleistung machen.[454] Ziel mußte es also sein, möglichst günstige Konditionen für eine Rückgabe – oder genauer gesagt für einen Rückerwerb – zu erreichen. Die deutsche Position wurde im Verlauf der Deutsch-Österreichischen Konsultationen in Vermögens- und Wirtschaftsfragen dadurch verbessert, daß Bonn faktisch ein Junktim zwischen einer Gesamtlösung der noch offenen Finanzfragen (wie dann mit dem Bad Kreuznacher Abkommen vollzogen) und einer freundlichen Behandlung der deutschen Rückübertragungsanträge herstellte.

Diese drei Problembereiche standen auch im Zentrum der fortgesetzten Tagung der Ständigen Kommission (9. bis 11. Dezember 1958). Beschlüsse wurden auch hier noch nicht gefaßt. Günther berichtete nach Bonn, daß er mit den zuständigen österreichischen Stellen weiter über eine Lösung spreche und die nächste Tagung vorbereite.[455]

Am 10. Juni 1959 wurde die 1. Tagung der Ständigen Kommission in Wien fortgesetzt. Im Rahmen dieser Sitzung wurden die im November 1958 andiskutierten Problemfelder wieder aufgegriffen. Es wurden Anträge zur Auslegung der Artikel 22, 7 und 8 eingebracht. Beschlüsse sollten aber erst auf der zweiten Tagung erfolgen, die für den nächsten Tag angesetzt war.[456]

---

453 Vgl. ebd., in: BA B 126 – 9163.

454 Vgl. Günther, Deutsche Delegation, Aufzeichnung 80 – 00/8 vom 22. Juni 1959, in: BA B 126 -26003.

455 Vgl. Günther, Bericht Nr. 27 an das Auswärtige Amt, vom 7. Februar 1959, in: BA B 126 – 9163.

456 Vgl. Protokoll über die erste Tagung der Ständigen Kommission in Wien am 10. Juni 1959, in: BA B 126 – 9163.

Am 11. Juni konnte für die Bewertungsfragen nach Art. 7 und 8 des Vermögensvertrages eine Lösung gefunden werden. Die Ständige Kommission beschloß für die Auslegung der Bewertungsvorschriften für Geschäftsanteile folgende Empfehlungen: „Bezüglich der Auslegung des Art. 7 Abs. 1 lit. C wird von der Ständigen Kommission empfohlen, daß der zum 1. Jänner 1948 geltende Einheitswert auch dann zum Ansatz gelangt, wenn die Personengesellschaft oder Gesellschaft mit beschränkter Haftung von einer ehemaligen Besatzungsmacht in Österreich mittelbar oder unmittelbar verwaltet wurde.“ In der Frage der Auslegung des Art. 8 VV wurde Einvernehmen darüber einzielt, „daß durch die Worte ‚soweit die Verbindlichkeiten und Erträgnisse nicht bereits bei der Feststellung des zum 1. Jänner 1948 geltenden Einheitswertes eines Betriebsvermögens berücksichtigt wurden' getroffene Einschränkung nicht nur gelten soll, wenn der Wertermittlung der zum 1. Jänner 1948 geltende Einheitswert eines Betriebsvermögens zugrunde gelegt wird, sondern auch dann, wenn der für die Berechnung der Gewerbesteuer vom Gewerbekapital für das Jahr 1955 maßgebende Wert zum Ansatz gelangt.“[457] Dies war ein Erfolg für die deutsche Delegation.[458] Entsprechend positiv war auch das Echo bei den deutschen Betroffenen: Nach Einschätzung der Bremer „Studiengesellschaft für privatrechtliche Auslandsinteressen“ war diese Empfehlung geeignet, die in einigen Fällen im Zusammenhang mit der Bewertung der USIA-Betriebe aufgetauchten Probleme für die deutschen Interessenten aus dem Wege zu räumen.[459]

Wegen der Behandlung der Artikel-22-Problematik war am Tag zuvor ein Bericht des Schlichtungsausschusses über die Praxis zu Art. 22 Abs. 1 lit h VV gegeben worden. Danach trat die deutsche Seite dann in eine Prüfung des gesamten von beiden Parteien vorgetragenen Sachverhaltes jedenfalls dann ein, wenn der Einwand als Mißbrauch eines Rechtsmittels oder als auf einem tatsächlichen oder rechtlichen Irrtum beruhend betrachtet werden konnte. Dabei ging die deutsche Delegation davon aus, daß der Schlichtungsausschuß nicht Recht zu sprechen hatte, sondern lediglich Empfehlungen für eine Schlichtung ausarbeiten sollte. Diese Mediation, heißt es im offiziellen Protokoll der Ständigen Kommission, ziehe den Rahmen weiter und weise „deutlich auf Berücksichtigung insbesondere

457 Protokoll über die zweite Tagung der Ständigen Kommission in Wien am 11. Juni 1959, in: BA B 126 – 9163.

458 Vgl. Finanzministerium, Bemerkungen zu der Behandlung der Bewertungsfragen gemäß Artikel 7 und 8 Vermögensvertrag in der Ständigen Kommission, o.V., o.D., in: BA B 126 – 9163.

459 Vgl. Studiengesellschaft für privatrechtliche Auslandsinteressen e. V. Bremen, Arbeitsgruppe Österreich, Information Nr. 2 vom 7. August 1959, in: BA B 126 – 9163.

auch solcher Umstände hin, die ex aequo et bono zu beachten sind".[460] Diese werden ja von Art. 100 VV stark in den Vordergrund gestellt. Die Ständige Kommission nahm diesen Bericht über die Auslegung zur Kenntnis, wobei die beiden Delegationen aber ihre Rechtsstandpunkte nicht aufgeben wollten.[461]

1960 befaßte sich die Ständige Kommission auch mit der Auslegung von Artikel 5 VV. Die Bestimmung dieses Artikels wurde bislang dergestalt ausgelegt, daß beim Erblasser die Wohnsitzvoraussetzung in der Bundesrepublik oder im Land Berlin vorliegen mußte. Nach der nun abgestimmten Empfehlung der Ständigen Kommission sollte es nicht mehr auf den Wohnsitz des Erblassers, sondern nur noch auf den Wohnsitz des Erben in der Bundesrepublik oder im Land Berlin ankommen.[462] Mit dieser im Umlaufverfahren beschlossenen Auslegung[463] konnten neun von vierzehn anhängigen Schlichtungsverfahren positiv im Sinne der deutschen Interessenten durch Rückübertragung erledigt werden.[464]

Über die Behandlung der Familiengesellschaften kam noch kein Beschluß zustande. Ab der Sitzung vom 11. Juni traten die Schwierigkeiten bei der Behandlung der Komplexe Banken und Versicherungen stark in den Vordergrund.[465]

Die Bundesrepublik bestand weiterhin darauf, daß Familien- und Einmanngesellschaften wie eine natürliche Person behandelt werden und einmal den Freibetrag von 260.000 ATS erhalten sollten. Es wurde erwartet, daß mit einer solchen Praxis beinahe 80 Prozent dieser Gesellschaften, bei denen das Eigentum wirtschaftlich in der Hand von natürlichen Personen lag, ihre gesamten Vermögenswerte zurückbekommen würden. Auch bei den wenigen Fällen, wo es um höhere Summen ging, könnten die deutschen

---

460 Protokoll über die zweite Tagung der Ständigen Kommission in Wien am 11. Juni 1959, in: BA B 126 – 9163.

461 Vgl. ebd.

462 Vgl. Vermerk Bracker, Finanzministerium, Referat VI A/2, VI A/2 – 0 1260 Öst – 216/60, vom 6. September 1960, in: BA B 126 – 9163.

463 Vgl. Günther an das Auswärtige Amt, Bericht Nr. 90, vom 27. September 1960, in: BA B 126 – 9163: „Es wird empfohlen, Artikel 5 des Vermögensvertrages in der Weise auszulegen, daß Rechtsnachfolger von Todes wegen, die die Voraussetzung des Artikels 3 des Vermögensvertrages erfüllen, Anspruch auf Rückübertragung im Rahmen der dem Erblasser eingeräumten Freigrenze haben." (Ausfertigung vom 12. September 1960, in: BA B 126 – 9163)

464 Vgl. Günther an das Auswärtige Amt, Bericht 69/60 vom 25. Juli 1960. Es handelt sich um die Schlichtungsverfahren Zahl 637, 764, 766, 786, 787, 815, 912, 915, 921. Nicht zum Zuge kamen bei dieser Regelung die Zahlen 832, 851, 852, 858, 914, weil es sich um formlose Vorgriffe auf die Erbschaft handelt.

465 Vgl. ebd; Protokoll über die dritte Tagung der Ständigen Kommission in Wien am 10. Dezember 1959, in: BA B 126 – 9163; Protokoll über die vierte Tagung der Ständigen Kommission in Bonn vom 13. – 15. Januar 1960, ebd.

Gesellschafter durch die Übertragung in Höhe von maximal 260.000 ATS „den Fuß in der Tür behalten".[466]

1961 ergriff die Bundesrepublik nochmals die Initiative zur Besserstellung der deutschen Vermögensinteressen an Familiengesellschaften. Zu dieser Zeit waren über Eingaben beim Schlichtungsausschuß Vermögenswerte von Familiengesellschaften in Höhe von rund 8 Millionen ATS bzw. RM bekannt geworden.[467] Nach einer Abstimmung mit Ministerialdirigent Geßler und MinR Bertram vom Bundesjustizministerium sandte Bracker vom Bundesfinanzministerium eine Formulierung für die Auslegung an die Deutsche Delegation in der Ständigen Kommission. Damit wurde eine vorteilhafte Lösung für in der Sowjetischen Besatzungszone enteignete Familiengesellschaften angestrebt.[468]

Die Gespräche über den Problemkomplex Familien- und Einpersonengesellschaften sowie über einige – zum Teil sehr umfangreiche – Einzelfälle gestalteten sich äußerst schwierig und fanden oft in sehr unfreundlicher Atmosphäre statt. Dies stand im Zusammenhang mit Verhandlungen über einen zusätzlichen Finanz- und Ausgleichsvertrag zwischen der Bundesrepublik und Österreich, dem sogenannten „Kreuznacher Abkommen". Die österreichische Delegation konnte die deutsche Seite gegen Ende der Verhandlungen zum Vermögensvertrag zu einem raschen Beginn von Verhandlungen über einen weiteren Vertrag bewegen. Dieser Finanz- und Ausgleichsvertrag mit Österreich wurde am 26. Juni 1961 in Bonn paraphiert und am 27. November 1961 vom österreichischen Botschafter Schöner und

---

466 Schreiben Bracker, Bundesfinanzministerium an Günther, Deutsche Delegation, VI A/2, VI a/2 – 0 1260 Öst – 1/61, vom 9. Januar 1961, in: BA B 126 – 9163. Siehe auch: Bericht Bundesministerium für Auswärtige Angelegenheiten Wien an Bundesfinanzministerium Wien, Zl. 139.488-14RV/60; Bundesfinanzministerium Wien, Aufzeichnung einer Besprechung im Außenministerium im Zusammenhang mit den weiteren österr.-deutschen Verhandlungen am 2.6.1960, beide in: AdR 6693.

467 Vermögenswerte von Familiengesellschaften, soweit sie in Schlichtungsverfahren bekannt geworden sind; Ansprüche gegen österreichische Gebietskörperschaften, die aus Schichtungsverfahren bekannt geworden sind, beide Aufstellungen sind Anlagen zu Bracker, Bundesfinanzministerium, Vorschlag für eine Empfehlung der Ständigen Kommission zu Art. 6 Vermögensvertrag, vom 2. Februar 1961, in: BA B 126 – 9163.

468 Vgl. Bracker, Bundesfinanzministerium, Vorschlag für eine Empfehlung der Ständigen Kommission zu Art. 6 Vermögensvertrag, vom 2. Februar 1961, in: BA B 126 – 9163; Schreiben Geßler, Bundesjustizministerium an Bertram, vom 16. Januar 1961, ebd.; Schreiben Geßler, Bundesjustizministerium an Bracker, Bundesfinanzministerium, 9110 – 1 Ö 1 – 2 – 65 128/61, vom 4. Februar 1961, ebd.; Bracker, Bundesfinanzministerium, an Günther, Deutsche Delegation, VI A/2 – 0 1260 Öst – 43/61, vom 6. Februar 1961, ebd; Bundesfinanzministerium, Referat VI A/2, Vermerk über die 5. Tagung der Ständigen Kommission in Wien vom 22. bis 25. März 1961, VI a/2 – 0 1260 Öst – 86/61, vom 28. März 1961, ebd.; Bundesfinanzministerium Wien, Abt. 16, Dienstzettel an die Abt. 33, GZ 270072 -33/61, vom 13. Februar 1961, in: AdR 6693.

Bundesaußenminister Gerhard Schröder unterzeichnet. Die Ratifizierung durch den deutschen Bundestag erfolgte am 21. August 1962. Das Kreuznacher Abkommen war eines von insgesamt elf pauschalen Wiedergutmachungsabkommen, welche die Bundesrepublik 1959 bis 1964 mit westeuropäischen Staaten schloß. Das Gesamtvolumen dieser Verträge betrug fast 1 Mrd. DM. Im hier behandelten Vermögensvertrag war die Entschädigung der Umsiedler und volksdeutschen Vertriebenen, die in Österreich ansässig waren, offengelassen worden. Im Kreuznacher Abkommen übernahm die Bundesregierung die Verpflichtung zur Zahlung von 321 Millionen DM in vier gleichen Jahresraten. Davon waren 125 Millionen DM vorgesehen für die Entschädigung der Vertriebenen und der Umsiedler, 95 Millionen für die im Zeitraum zwischen dem 13. März 1938 und dem 8. Mai 1945 aus politischen und rassischen Gründen Verfolgten, 6 Millionen für den Fond aus unbeerbtem Vermögen, 95 Millionen für Ersatzzahlungen von Sozialversicherungsträgern. Weiterhin räumte die Bundesrepublik Österreich ein zinsloses Darlehen in Höhe von 13 Millionen DM für den Wohnungsbau für deutsche Staatsangehörige, die noch in Notunterkünften untergebracht waren (1.135 Familien) ein.[469]

Die österreichischen Wünsche zur finanziellen Ausstattung des Kreuznacher Abkommens hatten bei den deutschen Beamten blankes Entsetzen[470] und bei Politikern Empörung ausgelöst. Vor allem die von Außenminister Kreisky deponierten Zahlungsforderungen stießen auf erhebliche Vorbehalte. So beschrieb der Vorsitzende der deutschen Delegation in der Ständigen Kommission, Ernst Féaux de la Croix, Kreiskys Verhalten folgendermaßen: „Außenminister Kreisky [hat] zum Ausgleichsvertrag Erwartungen Österreichs ausgesprochen ..., die – wenn man auch seinen Wunsch auf Gewährung einer Staatsanleihe von Staat zu Staat einkalkuliert – auf eine deutsche Gesamtleistung an Österreich von 800 Mio. DM hinauslaufen. Gewiß hat Herr Kreisky mir in einem Gespräch ... erklärt, daß man über die Dinge ... verhandeln müsse. Es bleibt aber die Tatsache, daß er eine solche Forderung zum Ausdruck gebracht hat, eine Forderung, die man besser nicht mit den gebührenden Ausdrücken qualifiziert ... Allem Anschein nach will Kreisky

---

469 Vgl. Details zu den Verhandlungen und zum Inhalt des Vertrages bei Pape, Ungleiche Brüder, S. 503-518 mwN; Vertragstext in: BGlD 1962, II, Nr. 29, S. 1041-1063 sowie BGBlÖ 1962, Nr. 76, S. 1797-1814. Siehe auch: Bundesfinanzministerium Wien, Vermerk vom 16. März 1962, AE 213740 – 33/62, in: AdR 6693; Auswärtiges Amt, Referat 507, Aufzeichnung, Betr.: Deutschösterreichischer Finanz- und Ausgleichsvertrag, vom 22. Juni 1961; Niederschrift über das Ergebnis des Treffens der deutschen und österreichischen Außen- und Finanzminister in Bad Kreuznach, 12. Juni 1961, beide in: PA B 86 – 752; Bundesfinanzministerium Wien, Aufzeichnung, AE 276574 – 33/61, in AdR 6693.

470 Vgl. Ernst FÉAUX DE LA CROIX, Staatsvertragliche Ergänzungen der Entschädigung, in: Ders. / Helmuth RUMPF, Der Werdegang des Entschädigungsrechts unter national- und völkerrechtlichem und politologischem Aspekt, München 1985, S. 294.

unter keinen Umständen eine sachliche Kontroverse herbeiführen."[471] Auch Bundeskanzler Adenauer kritisierte Ende 1960 in einem streng vertraulichen Gespräch im Bonner Presseclub die österreichische Politik mit unmißverständlichen Worten: Die Österreicher seien „ein unbelehrbares Volk, wie ihre Haltung in der Frage der Wiedergutmachung beweise, die man als indiskutabel bezeichnen müsse. Die Bundesrepublik habe bisher mehr als vier Milliarden Mark an Wiedergutmachung bezahlt, Herr Raab aber bisher keinen Groschen".[472] Auch bei den deutschen Kabinettsberatungen mangelte es bei einigen Ministern nicht an Vorbehalten.[473]

Den hohen österreichischen Geldforderungen bei den Verhandlungen über das Kreuznacher Abkommen stand, zumindest in den Augen der deutschen Beamten, eine sehr große Zurückhaltung bei der Behandlung der deutschen Wünsche in der Ständigen Kommission und im Schlichtungsausschuß gegenüber. Daher verständigten sich die Bundesregierung und die zuständigen Ministerien auf eine Junktimierung zwischen einer zufriedenstellenden Befriedigung deutscher Interessen im Rahmen der Abwicklung des Vermögensvertrages und einem Zustandekommen des Ausgleichsvertrages.[474] Eine Reduzierung der österreichischen Forderungen, die über Gespräche zwischen ÖVP- und CDU/CSU-Politikern in Bonn abgesprochen wurden,[475] half einen Kompromiß zu finden, der auch die Behandlung der anhängigen Schlichtungsfälle bezüglich Familien- und Einmanngesellschaften erleichterte. Daran konnten auch Querschüsse aus der Politik bei der Behandlung von prominenten Fällen nichts ändern.[476] Bruno Pittermann hatte sich lange Zeit gegen eine freundliche Behandlung der angemeldeten

---

471 Féaux de la Croix, Ministerialdirektor im Bundesministerium der Finanzen als Vorsitzender der Deutschen Delegation in der Ständigen Deutsch-Österreichischen Kommission, Bericht über die 5. Tagung der Ständigen Deutsch-Österreichischen Kommission, vom 30. März 1961, in: BA B 126 – 9163.

472 Zitiert von PAPE (Ungleiche Brüder, S. 508) aus einem Bericht des österreichischen Botschafters, der offenbar über das Gespräch im Bilde war.

473 Vgl. ebd.

474 Féaux de la Croix, Bericht über die 5. Tagung, in: BA B 126 – 9163; Bundesfinanzministerium Referat, VI A/2, VI a/2 – 0 1260 Öst – 86/61, Vermerk zur 5. Tagung der Deutsch-Österreichischen Ständigen Kommission in Wien vom 22. bis 25. März 1961, ebd; Schreiben Bracker, Bundesfinanzministerium an Günther, Deutsche Delegation, VI A/2, VI a/2 – 0 1260 Öst – 1/61, vom 9. Januar 1961, ebd.

475 Vgl. Féaux de la Croix, vertrauliche Aufzeichnung vom 16. März 1961, VI A/2, VI a/2 – 0 1260 Öst – 127/61, in: BA B 126 – 9163; Deutsche Delegation an Féaux de la Croix, Auszugsweise Abschrift aus einem Privatbrief von Herrn Legationsrat I. Klasse Dr. Günther an Herrn Kobold, VI A/2, VI a/2 – 0 1260 Öst – 171/61, ebd.

476 Vgl. auch: Féaux de la Croix, Bundesfinanzministerium Bonn, VI A/1 – 0 4013 – 186/61, Aufzeichnung vom 20. April 1961, in: BA B 126 – 9163.

Wünsche der Firma Dyckerhoff aus Wiesbaden gestellt.[477] Harald Dykkerhoff hatte unter anderem versucht, über den Generaldirektor der Perlmoos, Staatssekretär a.D. Gehart, der Mitglied der SPÖ war, dessen Parteigenossen Vizekanzler Pittermann, Justizminister Broda und Außenminister Kreisky zu beeinflussen, das mit dem Wiener Finanzministerium gefundene Arrangement zu befürworten.[478] Schließlich gelang, wie erwähnt, der Durchbruch.[479]

Ein Kompromiß über die noch im Schlichtungsausschuß anhängigen Vermögensstreitigkeiten wegen Ansprüchen von Familien- und Einmanngesellschaften kam in Verbindung mit der Einigung über das Bad Kreuznacher Abkommen zustande.[480] Es konnte erreicht werden, daß diese Gesellschaften, soweit sie Grundbesitz in Österreich hatten, diesen über ihnen genehme Personen „gegen Zahlung einer mäßigen Summe" wieder erwerben konnten.[481] Für andere Fälle, bei denen es sich um Wertpapiere und Geldforderungen handelte, beauftragte die Ständige Kommission den Schichtungsausschuß, dem Antragsgegner (die Republik Österreich oder eine österreichische Gebietskörperschaft) in 11 noch nicht beschiedenen Schlichtungsfällen zu empfehlen, den im Einzelfall in Betracht kommenden natürlichen Personen als Antragstellern 45 Prozent des Verwertungserlöses des beschlagnahmten Eigentums zu zahlen. Für 9 bereits abgeschlossene Schlichtungsfälle sowie in allen beim österreichischen Bundesministerium der Finanzen „noch anhängigen oder anhängig werdenden einschlägigen Fällen" sollte ebenfalls eine Abfindungssumme von 45 Prozent des Verwer-

---

477 Schreiben Günther, Deutsche Delegation in der Ständigen Kommission and Féaux de la Croix, Bundesfinanzministerium Bonn, vom 27. Januar 1961 sowie vom 23. Februar 1961, beide in: BA B 126 – 9163. Siehe auch die nachfolgenden Ausführungen.

478 Abschrift Schreiben Dyckerhoff an Außenminister von Brentano vom 25. April 1961, in: in: BA B 126 – 9163.

479 Vgl. Scheiben Bormann, Deutsche Delegation, an Féaux de la Croix, vom 12. Mai 1961; Bormann, Deutsche Delegation, Vermerk, 81 – 12, vom 19. Mai 1961; Bormann, Deutsche Delegation, Aufzeichnung über das Gespräch mit Herrn Finanzminister Dr. Klaus am 28. April 1961; Schreiben Sektionsrat Neudörfer, Bundesfinanzministerium Wien an Legationsrat Bormann, Deutsche Delegation, vom 9. Mai 1961, alle in: BA B 126 – 9163.

480 Schreiben Bundesverkehrsministerium, Bonn, an Auswärtiges Amt, A 3 – 130/15 – 4180 A, vom 4. März 1961; Vermerk ORR Schramm, Bundesfinanzministerium, VI a/2, 0 1260 Öst – 96/61; Auswärtiges Amt, Kurzprotokoll über die Ressortbesprechung am 13. März 1961 zur Vorbereitung der Tagung der Ständigen Kommission in Wien vom 21.-25. März 1961; dito vom 14. März 1961, alle in: BA B 126 – 9163; Bundesfinanzministerium Wien, Aufzeichnung vom 29. November 1961, 210.237/18 – 35 61, in: AdR 6693.

481 Bundesfinanzministerium, Referat VI a/2, 0 1260 Öst – 234/61, Sprechzettel für die deutschen Herren Minister zu den Vermögensfragen (Ministertreffen in Bad Kreuznach am 12./13. 6. 1961), vom 8. Juni1961, in: BA B 126 – 9163.

tungserlöses empfohlen werden.[482] Hier kamen die Regelungen teilweise außerhalb des Vermögensvertrages zustande.[483] Dies kann durchaus als ein Erfolg für die deutsche Delegation gewertet werden, deren Ziel es ja war, den Anteilseignern von Familiengesellschaften Rückgaben oder Entschädigungen zu vermitteln.

Neben diesen großen Problemkomplexen leistet die Ständige Kommission auch noch in einer Reihe von Einzelfällen,[484] die durch die Maschen des Vermögensvertrages fielen oder bei denen Ermessensspielräume auszuloten und abzustimmen waren (etwa bei Fristverlängerungen für einen Personenkreis, der durch Verschulden Dritter nicht rechtzeitig Anträge auf Rückgabe stellen konnte, wie dies häufig der Fall war, wenn Unterlagen aus der Sowjetischen Besatzungszone bzw. der DDR benötigt wurden), ihre guten Dienste. So konnten z.B. in folgenden Fällen allseits befriedigende Lösungen gefunden werden: Von Rautenkranz (ITAG) erhielt als Entschädigung 7 Millionen ATS für alle seine geltend gemachten Vermögenstitel.[485] Die Dyckerhoff Zementwerke AG Wiesbaden konnten ihre Perlmoos-Aktien gegen Zahlung des Kurswertes dieser Aktien zum 20. Juli 1956 (255 Prozent des Nominalwertes) zurückkaufen. Somit waren für Aktien im Nominalwert von 2,640.000 ATS jetzt 6,752.000 ATS zu zahlen.[486] Der aktuelle Kurs lag zu dieser Zeit bei 650 Prozent des Nominalwertes.[487] Der Bayerische Lloyd erhielt für seine in Österreich verbliebenen alten Schleppkähne 5 Millionen ATS für Schiffsbauaufträge bei der österreichi-

482 Vgl. Schlußprotokoll über die fünfte Tagung der Ständigen Kommission in Wien (vom 23. bis 27. März 1961 und vom 29. Mai bis 5. Juni 1961), in: BA B 126 – 9163. Auch hier war wieder wie bei der ersten Sitzung verfahren worden: Die Tagung wurde im März nicht beendet, sondern nur unterbrochen. Siehe auch: Bundesfinanzministerium Wien, Aufzeichnung vom 30. Oktober 1961, Zl. 279.134 – 33/61, in: AdR 6693; Bericht 10/64, Bormann, Deutsche Delegation an das Auswärtige Amt, vom 13. Mai 1964, in PA B 86 – 753.

483 Vgl. „Hinweise zum Deutsch-Österreichischen Vermögensvertrag“ (Nicht zur Veröffentlichung in der Tagespresse, im Rundfunk oder Fernsehen bestimmt), Anlage zu Bericht 13/63, Deutsche Delegation an das Auswärtig Amt vom 8. Februar 1963, in: PA B 86 – 753.

484 Vgl. Bundesfinanzministerium Bonn, Referat VI a/2, 0 1260 Öst – 234/61, Sprechzettel vom 8. Juni1961, in: BA B 126 – 9163; Bundesfinanzministerium Wien, Aufzeichnung o.D. (November 1961), o. Zl., in: AdR 6693.

485 Vgl. Schlußprotokoll über die fünfte Tagung der Ständigen Kommission, in: BA B 126 – 9163; Aktenvermerk Günther vom 24. Februar 1961, ebd.; Legationsrat Burchard, Bundesfinanzministerium Bonn, Aufzeichnung vom 7. Juni 1961, ebd.

486 Vgl. Schlußprotokoll über die fünfte Tagung der Ständigen Kommission, in: BA B 126 – 9163.

487 Vgl. Schreiben Günther, Deutsche Delegation in der Ständigen Kommission an Féaux de la Croix, Bundesfinanzministerium Bonn, vom 27. Januar 1961, in: BA B 126 – 9163.

schen Werft in Kornneuburg.[488] All diese Kompromisse in der Ständigen Kommission wurden im deutschen Finanzministerium als günstig angesehen.[489]

Die siebente Tagung der Ständigen Kommission, die am 7. und am 28. Juni 1962 in Wien stattfand, hatte gegenüber früheren Sitzungen eine deutlich kleinere Tagesordnung. Es gab nur noch wenige klärungsbedürftige Probleme zwischen den beiden Staaten. Neben Fristverlängerungen standen Versicherungs- und Bankfragen im Zentrum der Beratungen.[490] Vom 29. bis 31. Mai 1963 fand in Wien die neunte Tagung der Ständigen Kommission statt. Sie befaßte sich mit Restfällen im Bereich Familiengesellschaften, Erbschaftsproblemen, Fristen, von Grundstücksfragen und aus dem Bankensektor.[491] Die gleiche Problematik wurde auch mit kleiner Tagesordnung auf der zehnten und elften Tagung vom 10. bis 12. Dezember 1963 in Wien verhandelt.[492] In der Hauptsache mit Fristen des Vermögensvertrages und der Wertpapierbereinigung, Kreditfragen, Erfassungsstop sowie Erbschaftsangelegenheiten befaßte sich die zwölfte Sitzung.[493] In der dreizehnten Tagung standen Einzelfälle im Vordergrund, zu denen sich der Schlichtungsausschuß noch nicht mit einer Empfehlung äußern wollte. Schließlich wurde noch über den Stand der Abwicklung des Vermögensvertrages und die Regelung der Schlußphase der Aktivitäten im Rahmen des Vermögensvertrages beraten.[494]

---

488 Vgl. Schlußprotokoll über die fünfte Tagung der Ständigen Kommission, in: BA B 126 – 9163; Legationsrat Burchard, Bundesfinanzministerium Bonn, Aufzeichnung vom 7. Juni 1961, ebd.

489 Bundesfinanzministerium, Referat VI a/2, 0 1260 Öst – 234/61, Sprechzettel vom 8. Juni1961, in: BA B 126 – 9163.

490 Protokoll über die siebente Tagung der Ständigen Kommission in Wien am 7. Juni 1962, fortgesetzt am 28. Juni 1962, in: BA B 126 – 9163.

491 Vgl. Protokoll über die neunte Tagung der Ständigen Kommission in Wien vom 29. bis 31. Mai 1963, in: PA B 86 – 753.

492 Vgl. Protokoll über die zehnte Tagung der Ständigen Kommission in Wien vom 10. bis 12. Dezember 1963, Protokoll über die elfte Tagung der Ständigen Kommission in Hamburg vom 2. bis 6. Juni 1964, beide in: PA B 86 – 753.

493 Vgl. Protokoll über die zwölfte der Ständigen Kommission in Wien vom 16. bis 18. Dezember 1964, in: PA 86 -1179.

494 Vgl. Protokoll über die dreizehnte Tagung der Ständigen Kommission in Wien vom 9. bis 11. November 1965, in: PA B 86 – 1180.

4. DER SCHLICHTUNGSAUSSCHUSS

4.1. Rechtliche Grundlagen

Der Schlichtungsausschuß im Rahmen des Deutsch-Österreichischen Vermögensvertrages wurde aus vier Mitgliedern der Ständigen Kommission gebildet, für die auch vier Stellvertreter zu benennen waren. Daher war die Existenz des Schlichtungsausschusses von jener der Ständigen Kommission abhängig. Eine Auflösung der Ständigen Kommission hatte auch das Ende des Schlichtungsausschusses zur Folge. Die jederzeit mögliche Abberufung eines ordentlichen oder stellvertretenden Mitglieds aus der Kommission führte auch zum Ende des gegebenenfalls vorhandenen Mandats im Schlichtungsausschuß.[495]

Anders als bei der Ständigen Kommission, handelte es sich beim Schlichtungsausschuß um eine zwischenstaatliche Einigungsstelle. Er konnte nur auf Initiative von durch den Vermögensvertrag betroffenen Rechtsträgern des Privatrechts aktiv werden. Die Anrufung des Schlichtungsausschusses war bei allen Streitigkeiten aus dem Vermögensvertrag Prozeßvoraussetzung für alle Streitfälle, die vor den Gerichten in Österreich und in der Bundesrepublik anhängig gemacht wurden, sofern diese

(a) „Rechte und Ansprüche zum Gegenstand haben, auf deren Geltendmachung, Bestand oder Umfang die Bestimmungen dieses Vertrages Anwendung finden, oder

(b) Rechte und Ansprüche zum Gegenstand haben, deren Geltendmachung erst durch die Bestimmungen dieses Vertrages ermöglicht wurde, oder

(c) daraus resultieren, daß streitig ist, ob ein am oder vor dem 8. Mai 1945 begründetes Recht innerhalb oder außerhalb der Republik Österreich belegen ist, oder welche Folgen sich aus der Belegenheit eines solchen Rechtes ergeben.“[496]

Dies bedeutete, daß bei allen Streitigkeiten, die aus einem unmittelbaren Zusammenhang mit dem Vermögensvertrag resultierten, in denen sich ein Teil der Streitparteien auf relevante Bestimmungen des Vermögensvertrages berufen konnte, vor dem Gang zum Gericht oder der Bemühung einer anderen für die Erledigung des Streitfalles zuständigen Behörde (zum Beispiel Wasserrechtsbehörde) der Schlichtungsausschuß zu konsultieren war. Ausnahmen bildeten jene Fälle, in denen explizit die Zuständigkeit einer

495 Art. 98. Vgl. Erläuternde Bemerkungen, S. 58; Denkschrift, S. 56.

496 Erläuternde Bemerkungen, S. 58.

anderen Behörde festgelegt worden war.[497] Aus diesen Bestimmungen ergab sich somit eine temporäre Unzulässigkeit des Rechtsweges.[498]

Die Streitigkeiten, die in die Zuständigkeit des Schlichtungsausschusses fielen, wurden von der Regierung in Bonn in zwei Gruppen aufgeteilt:

1. in „Streitigkeiten über Rechte oder Ansprüche, auf deren Geltendmachung, Bestand oder Umfang Bestimmungen des vorliegenden Vertrages Anwendung finden oder deren Geltendmachung erst durch Bestimmungen dieses Vertrages ermöglicht wurde (Artikel 99 Satz 1). Rechte und Ansprüche dieser Art sind z.B. Rechte, die gemäß Teil I 1. Abschnitt oder nach anderen Vorschriften des Vertrages auf deutsche Berechtigte oder Gläubiger übertragen werden, oder Forderungen österreichischer Gläubiger, die auf Grund einer Regelung im Sinne des Artikels 22 oder anderer Bestimmungen über die Regelung gegen deutsche Schuldner geltend gemacht werden können," außerdem Ansprüche im Sinne des Artikels 87;[499]
2. in Streitigkeiten zwischen Staatsangehörigen der vertragschließenden Staaten darüber, ob ein am oder vor dem 8. Mai 1945 begründetes Recht innerhalb oder außerhalb der Republik Österreich belegen ist oder welche Folgen sich aus der Belegenheit eines solchen Rechtes ergeben (Artikel 99 Satz 2). Streitigkeiten über die Belegenheit können namentlich dann entstehen, wenn zweifelhaft ist, ob ein Recht vom Staatsvertrag erfaßt ist (vgl. hierzu auch Artikel 87), oder wenn die Frage des Umstellungs- oder Umrechnungsverhältnisses (vgl. Erläuterungen zu Artikel 24) zu entscheiden ist. Soweit Artikel 99 Satz 2 von den Folgen handelt, welche sich aus der Belegenheit eines Rechtes ergeben, ist weiter noch auf die Erklärungen der beiden Delegationen in Nr. 10 des Tagungsendprotokolls hinzuweisen."[500]

Die in der deutschen Denkschrift zum Vermögensvertrag zitierten Erklärungen beziehen sich auf den Fall, daß Forderungen deutscher Gläubiger gegen österreichische Schuldner nach dem Verständnis der deutschen Bundesregierung als außerhalb Österreichs „belegen" und somit als nicht vom Staatsvertrag erfaßt betrachtet wurden, während sie möglicherweise in österreichischer Auslegung trotz des außerhalb Österreichs „belegenen" Erfüllungsorts wegen des Wohnsitzes oder Sitzes des Schuldners in Österreich als vom Staatsvertrag erfaßt zu betrachten wären. Österreich hatte bei den Verhandlungen die Auffassung vertreten, „daß in solchen Fällen der österreichische Schuldner, wenn er von dem österreichischen Staat in Anspruch

497 So in den Artikeln 44 und 65 VV. Vgl. Erläuternde Bemerkungen, S. 58; Denkschrift, S. 56f.

498 So die Denkschrift, S. 57. Siehe auch Art. 104 und 105 VV.

499 Denkschrift, S. 57.

500 Ebd., S. 57f. Siehe auch Erläuternde Bemerkungen, S. 59.

genommen wird, ohne Rücksicht auf die Belegenheit stets gegenüber dem deutschen Gläubiger die Leistung verweigern könne". Man berief sich dabei auf die Rechtsprechung des Bundesgerichtshofes zu Fällen, in denen dem Schuldner „auf Grund einer in der Bundesrepublik nicht anerkannten sowjetzonalen Enteignung eine Inanspruchnahme sowohl seitens des ursprünglichen Gläubigers als auch seitens des durch die Enteignung begünstigten sowjetzonalen Rechtsträgers droht. Nach deutscher Auffassung kann dagegen ein solches Leistungsverweigerungsrecht nur dann in Betracht kommen, wenn die Entscheidung über die Belegenheit der Forderung nicht genügen sollte, um zugleich auch die Frage zu klären, ob die Forderung vom Staatsvertrag erfaßt ist oder nicht, wenn also trotz Klärung der Belegenheitsfrage aus besonderen Gründen eine doppelte Inanspruchnahme des Schuldners möglich sein sollte."[501]

Die in den Artikeln 38 bis 43 des Vermögensvertrags abgehandelten Verfahren für Wertpapierfragen[502] sowie das durch Artikel 65 bestimmte Verfahren für Fragen des Markenschutzes wurden von der Behandlung im Schlichtungsausschuß beziehungsweise vom Schiedsgericht ausgenommen.[503]

Mit Artikel 99 des Vermögensvertrages sollte ein Umfang der Zuständigkeit des Schlichtungsausschusses erreicht werden, der alle Fälle umfaßte, die sich aus Streitigkeiten über Bestand, Umfang oder Fälligkeit eines Rechts oder eines Anspruchs aus dem Vermögensvertrag ergeben konnten. „Der Grund für die Festlegung einer so umfassenden Zuständigkeit liegt darin," lesen wir in den Erläuternden Bemerkungen der österreichischen Bundesregierung, „daß es zweckmäßig schien, alle Fragen, die sich aus dem Vertrag bei der Vielgestalt der möglichen Fälle ergeben, vorerst vor dieses zwischenstaatliche Forum zu bringen, um so eine sowohl in den beiden Staaten als auch zwischen den beiden Staaten divergierende Auslegung des Vertrages zu vermeiden und durch Erzielung eines gütlichen Einvernehmens zwischen den streitenden Parteien nicht zuletzt eine Belastung der Gerichte" zu vermeiden.[504]

Die Beschlüsse des Schlichtungsausschusses waren für die Streitparteien, wie schon erwähnt, nicht bindend. Vielmehr konnte dieses Gremium lediglich Empfehlungen an die streitenden Parteien herantragen, mit denen ein Ausgleich gefunden werden sollte.

Eine Empfehlung des Schlichtungsausschusses gemäß Artikel 100 Absatz 2 bis 4 konnte, bezugnehmend auf Härteklauseln, die Reduzierung ei-

501 Denkschrift, S. 59; Erläuternde Bemerkungen, S. 58f.; PLÖCHL / VLCEK, Rechtsvorschriften, S. 179.

502 Siehe Art. 44 Abs. 2 VV

503 Vgl. Denkschrift, S. 58.

504 Erläuternde Bemerkungen, S. 58; Art. 103.

ner geschuldeten Leistung oder die Festsetzung einer neuen Fälligkeit enthalten. Der Schlichtungsausschuß konnte nach Absatz 2 eine Herabsetzung der Leistung oder die Streckung der Fälligkeit empfehlen, wenn dies wegen der wirtschaftlichen Leistungsfähigkeit des Schuldners zur Vermeidung von Härten dringend geboten war und dem Gläubiger unter Berücksichtigung seiner wirtschaftlichen Verhältnisse und der Art der Forderung dies zugemutet werden konnte.[505] Diese Härtefallregelung entsprach im wesentlichen dem deutschen Vertragshilferecht.[506]

Artikel 100 Absatz 2 bezog sich auf alle Forderungen, die einem deutschen Gläubiger auf Grund des Vermögensvertrages rückübertragen oder zur Verfügung gestellt werden. Außerdem war er für alle Forderungen österreichischer Gläubiger einschlägig, die diese durch eine Regelung nach Artikel 22 des Vermögensvertrages geltend machen können. Nicht einschlägig hingegen war Absatz 2 für nach Artikel 28 oder 33 des Vermögensvertrages geregelte oder mit Artikel 23 Absatz 2 des Staatsvertrages konotierte Forderungen österreichischer Gläubiger.[507]

Die Härteklausel des Artikels 100 Abs. 3 war anzuwenden bei Forderungen österreichischer Gläubiger, (a) für die die Republik Österreich mit dem Sondervermögen haftete, (b) für die sich eine Ausfallhaftung des deutschen Schuldners ergeben konnte. Unbesehen der allgemeinen Leistungsfähigkeit des Schuldners konnte diese Ausfallhaftung Unbilligkeiten provozieren, wenn das an Österreich gefallene Vermögen des Schuldners nach dem 8. Mai 1945 durch Umstände geschmälert worden war, die dieser nicht zu vertreten hatte. Dies galt nach Darstellung der deutschen Bundesregierung vor allem für Verstaatlichungsmaßnahmen, für Eingriffe der Besatzungsmacht, für Verwaltungsfehler bei der Abwicklung des Vermögens einschließlich der Schuldentilgung, aber auch für den Fall, „daß bei der Verwertung des Vermögens aus Gründen, die vom österreichischen Standpunkt aus durchaus berechtigt erscheinen können, nicht auf die Erzielung des bestmöglichen Erlöses Bedacht genommen wird." Hier kam es nicht auf die wirtschaftliche Leistungsfähigkeit des Schuldners oder die Vermeidung von Härten an. Der Eingriff war nach deutscher Auffassung vielmehr vorzunehmen, „wenn und insoweit dies für den Schuldner zur Vermeidung von Unbilligkeiten geboten ist und dem Gläubiger, insbesondere unter Berücksichtigung seiner Verhältnisse und der Art der Forderung, zugemutet werden kann." Daß bei Vorliegen der genannten Umstände „nicht schlechthin eine Herabsetzung der Ausfallhaftung vorgesehen ist," heißt es in der deutschen Denkschrift weiter, sei damit zu rechtfertigen, „daß die weite Fassung

505 Vgl. Denkschrift, S. 58f.; Erläuternde Bemerkungen, S. 59.

506 Vgl. Denkschrift, S. 59. Vertragshilfegesetz vom 26. März 1952, in: DBGBl. I, 1952, S. 198, geändert mit Gesetz vom 24. August 1953, DBGBl I, 1953, S. 1003.

507 Vgl. Erläuternde Bemerkungen, S. 59.

des Entlastungsgrundes ,Umstände, die der Schuldner nicht zu vertreten hat' auch Fälle in sich schließen kann, bei denen die Vermögensverminderung dem wirtschaftlichen Gefahrenbereich des Schuldners" zugerechnet werden müsse, etwa der Wertverlust von Maschinen durch Alterung. Außerdem verdiene die Lage des Gläubigers Berücksichtigung. So werde eine Reduzierung bei Lohnforderungen, die im Konkursfalle ein Vorrecht genießen würden, regelmäßig nicht in Erwägung zu ziehen sein.[508]

Absatz 4 von Artikel 100 bildete das Gegenstück zum dritten Absatz: Er galt für Forderungen deutscher Gläubiger gegenüber österreichischen Schuldnern. Die Regelung, so wurde bei der Abfassung des Vertrages vermutet, würde vor allem bei unbefriedigten Forderungen gegenüber dem Deutschen Reich greifen.[509] Die deutsche Regierung stellte in ihrer Denkschrift zum Vermögensvertrag heraus, daß die Bestimmungen des Artikels 100 dem allgemeinen deutschen Vertragsrecht als Sondervorschrift vorgingen. Dagegen bleibe das Leistungsverweigerungsrecht, wie es sich aus dem Bundesvertriebenengesetz ergebe, bestehen.[510]

Die wesentliche Voraussetzung bei allen Härtefällen war somit die Zumutbarkeit für den Gläubiger. Die Anwendung der Härteklauseln, insbesondere die Prüfung der Zumutbarkeit, bildete eine zentrale Aufgabe des Schlichtungsausschusses und nachfolgend des Schiedsgerichts.

Die Ausführungen der Absätze 2 bis 4 des Artikels 92, Artikel 93 und 95 sowie Absatz 1 von Artikel 96 des Vermögensvertrages waren sinngemäß auf den Schlichtungsausschuß anzuwenden. [511] Mit dieser Regelung sollte erreicht werden, dass die Arbeit des Schlichtungsausschusses zugunsten einer schnellen Bearbeitung der Parteianträge möglichst unbelastet von Formalien bleibt.[512]

In Artikel 101 vereinbarten die Vertragsparteien Bundesrepublik Deutschland und Republik Österreich die Einrichtung einer „Gemeinsamen Geschäftsstelle des Schlichtungsausschusses".[513] Diese Geschäftsstelle wurde am Minoritenplatz 3 im Wiener I. Bezirk eingerichtet.[514] Die Geschäftsstelle wurde von dem deutschen und dem österreichischen Vorsitzenden gemeinsam geleitet. Sie war zuständig für die Kanzleiarbeiten des

---

508 Denkschrift, S. 59f.

509 Vgl. Denkschrift, S. 60.

510 Paragraphen 82ff. Zum Vertriebenengesetz siehe: Bundesvertriebenengesetz vom 14. August 1957. Kommentar von Werner EHRENFORTH, Berlin – Frankfurt am Main 1959, S. 338ff.

511 Vgl. Art. 101 VV.

512 Vgl. Erläuternde Bemerkungen, S. 60.

513 Vgl. Art. 101 Abs. 2 VV, Denkschrift, S. 61.

514 Vgl. PÖCHL / VLCEK, Rechtsvorschriften, S. 185.

Schlichtungsausschusses. Hier waren die Anträge auf Einleitung eines Schlichtungsverfahrens einzureichen (Artikel 102).[515]

Der Schlichtungsausschuß sollte – unter Wahrnehmung des Grundsatzes des rechtlichen Gehörs der Parteien – versuchen, in einem formlosen Verfahren die an ihn herangetragenen Streitigkeiten gütlich beizulegen. Am Ende des Schlichtungsverfahrens sollte in der Regel eine „Empfehlung" stehen. Die Empfehlung führte nur dann zur Beilegung des Disputs, wenn beide Parteien dem Schlichtungsausschuß in Monatsfrist nach der Zustellung der Empfehlung ihre Zustimmung mitteilten. Die Nichtäußerung einer Partei war als Ablehnung zu werten (Artikel 104 Absatz 2).[516]

Für den Fall, daß das Schlichtungsverfahren ohne Ergebnis blieb, mußte dem Antragsteller darüber unverzüglich eine Bescheinigung übermittelt werden. Die Absätze 4 bis 6 (Art. 104) nennen weitere Gründe für die Erteilung einer solchen Bescheinigung: Die „Ergebnislosigkeitsbescheinigung" mußte auch ausgestellt werden, wenn der Schlichtungsausschuß nicht in der Lage war, innerhalb von vier Monaten nach Antragseingang eine Empfehlung auszusprechen. Damit sollten Nachteile für Antragsteller solcher Schlichtungsverfahren möglichst vermieden werden.[517] Da es sich bei dem Spruch des Schlichtungsausschusses nicht um einen vollstreckbaren Titel handelte, wurde in Artikel 104 (Absatz 6) bestimmt, daß das Schlichtungsverfahren auch dann als ergebnislos zu werten war, wenn binnen zwei Monaten nach dem Wirksamwerden der Empfehlung weder geleistet noch eine vollstreckbare Erklärung abgegeben oder ein vollstreckbarer Vergleich vereinbart wurde.[518]

Artikel 105 des Vermögensvertrages bestimmte, daß die Anrufung des Schlichtungsausschusses eine Voraussetzung für Verfahren vor den ordentlichen Gerichten oder für einen Antrag an eine sonst zuständige Behörde in einem der beiden Vertragsstaaten für Streitigkeiten nach Artikel 99 VV war. Entsprechend legte Artikel 105 fest, daß einer entsprechenden Klage eine Bescheinigung über die Ergebnislosigkeit des Schlichtungsverfahrens beigefügt sein mußte. Andernfalls waren die Klage oder der Antrag abzuweisen:[519] „Ergibt sich erst im Laufe des Verfahrens, daß es sich um einen Rechtsstreit der im Artikel 99 bezeichneten Art handelt, so ist der behauptete Mangel einer Bescheinigung über die Ergebnislosigkeit des Schlichtungsverfahrens prozessual der Einrede der Unzulässigkeit des Rechtsweges

515 Vgl. Art. 102 VV.

516 Vgl. Denkschrift, S. 62.

517 Vgl. Denkschrift, S. 62; Erläuternde Bemerkungen, S. 60.

518 Vgl. Erläuternde Bemerkungen, S. 60.

519 Vgl. Denkschrift, S. 62; Erläuternde Bemerkungen, S. 60.

gleichzusetzen", heißt es weiterhin in den erläuternden Bemerkungen der österreichischen Bundesregierung.[520]

In Artikel 106 finden sich Fristbestimmungen für die Geltendmachung von Ansprüchen nach Artikel 99 vor den Gerichten oder den sonst zuständigen Behörden: „Um zu verhindern, daß nach dem ergebnislosen Ausgang des Schlichtungsverfahrens ein längerer Zustand der Ungewißheit über den Streitfall eintritt, erklärt Artikel 106 die Geltendmachung von Rechten oder Ansprüchen ... nach Ablauf einer Frist von 3 Monaten nach Zustellung der Ergebnislosigkeitsbescheinigung für unzulässig."[521] Das „unzulässig" in Artikel 106 war nach Auffassung der österreichischen Bundesregierung in Österreich mit einer Unzulässigkeit des Rechtsweges gleichzusetzen, nicht jedoch etwa mit der Einrede der Verjährung.[522]

Um den Kläger oder Antragsteller nicht der Gefahr auszusetzen, wegen des vertraglich vorgeschriebenen Schlichtungsverfahrens eine Verjährung seines Anspruchs zu riskieren, wurde Artikel 107 in das Vertragswerk aufgenommen. Diese Bestimmung war zudem auf alle in den Rechtsordnungen der beiden Vertragsstaaten möglichen Fälle anzuwenden, in denen die Einbringung einer Klage oder eines Antrages an eine Frist geknüpft war.[523]

In Artikel 116 wurde festgelegt, daß die Verfahren vor dem Schlichtungsausschuß kostenfrei waren. „Mit Rücksicht auf die Natur und den Zweck des Schlichtungsverfahrens erschien es gerechtfertigt, von den Parteien hierfür keine Kosten zu erheben."[524]

4.2. Arbeits- und Verfahrensweise

Im Gegensatz zu üblichen Schlichtungsorganen hatte der Schlichtungsausschuß keine neutralen Mitglieder, sondern bestand, wie oben erwähnt, aus je 2 Beamten der Vertragsstaaten. Das Gebot der Einstimmigkeit für Empfehlungen des Schlichtungsausschusses erzwang aber einen Kompromiß zwischen den widerstreitenden Interessen der Parteien und der sie unterstützenden Rechtsauffassungen der nationalen Regierungen.[525] „Owing to the composition of the Conciliation Committee and to the requirement that it reach are recommendations unanimously, these recommendations by necessity constituted a compromise between parts of the conflicting interests of the parties which the members of the Committee either had deemed well

---

520 Erläuternde Bemerkungen, S. 60. Vgl. auch Denkschrift, S. 62.

521 Denkschrift S. 62f.

522 Vgl. Erläuternde Bemerkungen, S. 60.

523 Vgl. Denkschrift, S. 62f.; Erläuternde Bemerkungen, S. 61.

524 Denkschrift, S. 66.

525 Vgl. SEIDL-HOHENVELDERN, Austrian-German Arbitral Tribunal, S. 29.

founded in law or equitable or at least acceptable as a means of improving diplomatic relations."[526]

Die Hauptarbeitsbelastung des Schlichtungsausschusses erwartete man durch Streitigkeiten in der Belegenheitsfrage und bei der Anwendung der im Vertrag vorgesehenen Härteklauseln. Die Bundesrepublik hatte die Härteklauseln besonders herausgestellt. Wenn man den Vermögensvertrag wörtlich nehme, so Theodor Veiter, seien tatsächlich viele Härten und Unbilligkeiten zu erwarten.[527] Der Arbeitsanfall aufgrund von Auseinandersetzungsbegehren nach Artikel 87 war wohl zunächst unterschätzt worden.[528]

Für eine hohe Arbeitsbelastung des Schlichtungsausschusses sprachen auch empirische Befunde; so lagen der deutschen Delegation in der Ständigen Kommission bereits vor dem ersten Zusammentreten dieses Organs rund tausend Anträge vor.[529] Schlichtungsausschuß und Schiedsgericht bildeten bei der Klärung der Vermögensfragen im Rahmen des Vermögensvertrages gewissermaßen das Nadelöhr des Verfahrens: Ansprüche aus dem Vermögensvertrag konnten vor Gerichten und Behörden sowohl in Deutschland als auch in Österreich nur geltend gemacht werden, wenn zuvor ein Schlichtungsverfahren durchgeführt wurde und dessen Ergebnislosigkeit bescheinigt worden war. „Dieser Eingriff in die Zivilprozeßordnung stellt in der hier vorliegenden Art ein Novum im internationalen Schiedswesen dar."[530]

Dieser Schlichtungsausschuß des Deutsch-Österreichischen Vermögensvertrages ist nicht mit den Schlichtungsorganen der Friedensverträge vom 10. Februar 1947 oder mit der Ausgleichungskommission des Staatsvertrages vergleichbar. Bei diesen Kommissionen handelte es sich um internationale Tribunale, deren Beschlüsse für die Parteien bindend waren: „The Conciliation Committee likewise did not fulfill all the functions which ... should be exercised by an entity so as to qualify as a 'genuine' conciliation commission. Such commission as a rule included neutral members and tried to reach an amicable settlement au an inter-State dispute, mainly by ascertaining the true nature of contested facts. The Conciliation Committee left fact-finding mostly to the action before domestic courts which ensued after its efforts at conciliation hat failed. The Conciliation Committee had no neutral member ... It reached its decisions by unanimous vote ... All

526 Ebd., S. 29.

527 Vgl. VEITER, Administrative Durchführung, S. 8; ders., Schlichtungsausschuß, S. 5f.

528 Vgl. Theodor VEITER, Auseinandersetzungen um „Deutsches Eigentum". Die gesellschaftsrechtlichen Probleme / 120 Anträge, zum Teil sehr komplizierte Fälle, in: Berichte und Informationen 15/712 (1960), S. 9-11, hier S. 9.

529 Vgl. VEITER, Administrative Durchführung, S. 8.

530 Ebd., S. 8; vgl. SEIDL-HOHENVELDERN, Austrian-German Arbitral Tribunal, S. 28.

members of the ... Committee, as civil servants, were bound to obey the instructions of their own government."[531]

Der Schlichtungsausschuß hatte keine Verfahrensordnung (Art. 103 VV). Für Beschlüsse dieses Gremiums war zudem Einstimmigkeit notwendig. Diese Konstruktion betont die Maxime, zu einem Ausgleich der Interessen zu gelangen. Die Empfehlungen des Schlichtungsausschusses hatten bei den Parteien großes Gewicht. Daher konnte dieser Ausschuß die Erwartungen, die seiner Etablierung zugrunde lagen, auch erfüllen. In den meisten Fällen konnte der Ausschuß Argumente für eine Fortführung des Rechtsstreits aus dem Wege räumen.[532] Von insgesamt 1.340 Fällen des Schlichtungsausschusses wurden weniger als ein Zehntel, genau 104 Fälle, vor dem Schiedsgericht verhandelt. Auch Fälle mit einem Streitwert von mehreren Millionen Schillingen wurden von den streitenden Parteien auf der Grundlage einer Empfehlung des Schlichtungsausschusses beigelegt.[533] Es wurden Fälle nach Aktenlage behandelt, aber auch Parteien zur Sitzung des Ausschusses geladen.[534]

Die Delegationen bearbeiteten die Fälle mit ihren jeweiligen Ministerien und Interessenten vor. Die deutsche Seite führte zum Teil ausführliche Gespräche mit einzelnen Antragstellern bzw. deren Rechtsvertretern. Zum Teil fuhren Beamte für solche Konsultationen auch zu den Betroffenen, um sich ein umfassendes Bild zu machen.[535]

4.3. Die Tätigkeit des Schlichtungsausschusses

1958 verlagerte sich im Laufe des Jahres der Schwerpunkt bei der Durchführung des Vermögensvertrages auf den Schlichtungsausschuß.[536] Die konstituierende Sitzung fand vom 14. bis 16. Oktober 1958 in Wien statt.

---

531 Ebd., S. 29.

532 Vgl. ebd., S. 30.

533 Vgl. ebd., S. 2.

534 Zum Beispiel Fall 11, SGP gegen Henschel & Sohn GmbH bzw. Fall 57 und Fall 58 gegen Oscar R. Henschel in der 3. Sitzung des Schlichtungsausschusses. Siehe: Protokoll der 3. Tagung des Schlichtungsausschusses vom 19.-22. Jänner 1959, in: AdR, Gruppe 04/BKA Schlichtungsausschuß.

535 Vgl. Schreiben Günther, Deutsche Delegation an Schreiber, Bundeswirtschaftsministerium Bonn, 82 – 22, vom 30. November 1959; Liste formelle Prüfung (Fdg. Österr. Gläubiger gegen deutsche Schuldner); Reisebericht des Regierungsrates Dr. Hans-Joachim von Stein über die Dienstreise vom 16.6.1959 bis 30.6.1959 nach Wien, vom 7. Juli 1959, alle in: PA B 86 – 754.

536 Vgl. Auswärtiges Amt, Acht, Aufzeichnung vom 4. Dezember 1958, Betr.: Personalanforderung der Deutschen Delegation in der Ständigen Kommission in Wien, in: PA B 86 -760.

Neben Formalia der Geschäftsführung wurde ein erster Schlichtungsfall (Helene Zarwasch gegen 11 Antragsgegner) behandelt.[537]

Der Schlichtungsausschuß scheint trotz der Spannungen zwischen den Delegationen ein hohes Vertrauen bei den Beteiligten genossen zu haben. Jedenfalls berichtet dies der Vorsitzende der deutschen Delegation in der Ständigen Kommission: „Bei der großen Anzahl der vom Vermögensvertrag betroffenen Staatsangehörigen beider Länder und der Kompliziertheit der Materie wird der Schlichtungsausschuß aus dem Vertrauen der beiderseits Beteiligten in einem Umfange angerufen, der Außenstehenden nur schwer nahezubringen ist. ... Im übrigen entspricht dieses Vertrauen dem Gewicht, das ihm in der sachlich gut fundierten Vorstellung der deutschen Bundesregierung bei der parlamentarischen Beratung gegeben worden ist.“[538]

Bis zum Januar 1960 erreichten den Schlichtungsausschuß 720 Anträge auf Einleitung eines Schlichtungsverfahrens. Die Tagungen des Schlichtungsausschusses wurden mit einer ganzen Reihe von Einzelgesprächen zwischen den Vorsitzenden der beiden Delegationen sowie mit Vorgesprächen mit den Streitparteien vorbereitet. Nur so war die hohe Zahl von 362 Verfahren in acht Sitzungen innerhalb von gut einem Jahr zu erreichen. Von den 362 vom Oktober 1958 bis Ende Dezember 1959 verhandelten Schlichtungsverfahren wurden beendet 83 mit Empfehlungen (Artikel 104 Absatz 1 Vermögensvertrag), 129 ergebnislos (Artikel 104, Absatz 3 bis 6 Vermögensvertrag), 70 wegen Unzuständigkeit (kein Streit im Sinne von Artikel 99 Vermögensvertrag), 80 wurden zurückgezogen.[539]

Von den 83 ausgesprochenen Empfehlungen wurden innerhalb der für die Annahme gesetzten Fristen lediglich 25 angenommen. In mehreren Fällen hatten die Empfehlungen nach Fristablauf zur nachträglichen gütlichen Einigung der Streitparteien auf der Grundlage des Wortlauts der Empfehlung des Schlichtungsausschusses geführt, und es war auf die Ausstellung einer Ergebnislosigkeitsbescheinigung verzichtet worden.[540]

---

537 Vgl. Österreichisch-deutscher Schlichtungsausschuß, Protokoll über die 1. Tagung des Schlichtungsausschusses, Wien, 14.-16. Oktober 1958, vom 16. Oktober 1958, in: AdR, Gruppe 04/ BKA Schiedsgericht.

538 Deutsche Delegation in der Ständigen Kommission (Deutsch-Österreichischer Vermögensvertrag vom 15. Juni 1957) an das Auswärtige Amt, Bonn, Bericht Nr. 10/60 vom 22. Januar 1960: Deutsches Vermögen in Österreich; Durchführung des Deutsch-Österreichischen Vermögensvertrages, in: BA B 126 – 26003. Zur Vorstellung der Bundesregierung siehe: Staatssekretär VON SCHERPENBERG vor dem Deutschen Bundestag am 9. Mai 1958, in: Stenographische Berichte, S. 1586.

539 Deutsche Delegation in der Ständigen Kommission (Deutsch-Österreichischer Vermögensvertrag vom 15. Juni 1957) an das Auswärtige Amt, Bonn, Bericht Nr. 10/60 vom 22. Januar 1960: Deutsches Vermögen in Österreich; Durchführung des Deutsch-Österreichischen Vermögensvertrages, in: BA B 126 – 26003.

540 Vgl. ebd.

Bei den 129 ergebnislos beendeten Schiedsverfahren handelte es sich überwiegend um Forderungsfälle österreichischer Gläubiger. Hier wurden die Ergebnislosigkeitsbescheinigungen ausgestellt, (a) weil außerhalb des Verfahrens der österreichische Gläubiger mit der Österreichischen Delegation den Verzicht auf seine Forderung abgesprochen hatte, oder (b) die Gläubiger, nachdem die Forderungen häufig bereits abgeschrieben waren, nicht noch das Kostenrisiko eines Prozesses auf sich nehmen wollten.[541]

Bei den achtzig zurückgezogenen Verfahren handelt es sich nur bei einem Fall um einen Vermögensstreit, alle anderen Eingaben betrafen Forderungen österreichischer Gläubiger gegenüber deutschen Schuldnern. Diese Rücknahmen seien, so der Bericht des Vorsitzenden der Deutschen Delegation in der Ständigen Kommission, fast ausnahmslos auf das Einwirken der beiden Delegationsvorsitzenden auf die Streitparteien zurückzuführen gewesen.[542] Zur Veranschaulichung des Umfangs sei auf einen Bericht der Deutschen Delegation in der Ständigen Kommission an das Auswärtige Amt vom 25. Februar 1959 verwiesen: Demnach wurden bis zum Februar 1959 166 Fälle herangetragen, wovon 15 bereits erledigt wurden. Die verbliebenen Schlichtungsfälle summierten sich auf einen Streitwert von 5.299.000,00 DM.[543]

Im Januar 1960 standen noch 358 Verfahren beim Schlichtungsausschuß zur Entscheidung an. Im November des Vorjahres waren den Schlichtungsorganen 22, im Dezember 55 neue Fälle vorgelegt worden. Wegen der Antragsfrist für Auseinandersetzungsbegehren gemäß Artikel 87 Abs. 6 war die Zahl der vorgelegten Fälle in den ersten Wochen das Jahres bis zum 16. Januar auf 128 hochgeschnellt.[544] Der Gesamtstreitwert dieser Verfahren wurde vom deutschen Delegationsleiter auf 35 bis 40 Millionen DM geschätzt.[545] In den folgenden Monaten hat sich dann der Eingang bei der Gemeinsamen Geschäftsstelle wieder reduziert: im Februar wurden 52 neue Eingänge verzeichnet, im März 20, im April 36, im Mai 26, im Juni 12,[546]

541 Vgl. ebd.

542 Vgl. ebd.

543 Deutsche Delegation an das Auswärtige Amt, Bericht 50, vom 25 Februar 1959, in: PA B 86 – 754.

544 Vgl. Studiengesellschaft für Privatrechtliche Auslandsinteressen, Arbeitsgruppe Österreich, Information 1/60, vom 5. Januar 1960, in: BA B 184 – 106.

545 Vgl. Deutsche Delegation in der Ständigen Kommission, Bericht Nr. 10/60 vom 22. Januar 1960, in: BA B 126 – 26003.

546 Vgl. Deutsche Delegation in der Ständigen Kommission (Deutsch-Österreichischer Vermögensvertrag vom 15. Juni 1957) an das Auswärtige Amt, Bonn, Bericht Nr. 69/60 vom 28. Juli 1960: Deutsches Vermögen in Österreich; Durchführung des Deutsch-Österreichischen Vermögensvertrages, in: BA B126 – 26003. In einem deutschen Bericht werden für Mai 21 und für Juni 11 Anträge genannt (Referat 506, Ref.: LR I Dr. Burchard, Vermerk betr. Durchführung des Deutsch-Österreichischen Ver-

im Juli und August je 7, im September 13,[547] im Oktober 21 und im November 1960 waren es 11.[548] Bis Ende Juni 1960 waren beim Schlichtungsausschuß insgesamt 921 Anträge auf Einleitung eines Schlichtungsverfahrens eingegangen, wovon bis zum 30. Juni 1960 640 Anträge erledigt worden waren. Von diesen 640 Empfehlungen des Schlichtungsausschusses wurden erledigt 152 mit Empfehlungen (Artikel 104 Absatz 1 Vermögensvertrag), 193 ergebnislos (Artikel 104, Absatz 3 bis 6 Vermögensvertrag), 148 wegen Zurückziehens des Antrags und 147 wegen Unzuständigkeit (kein Streit im Sinne von Art. 99 Vermögensvertrag).[549] Von den 152 Empfehlungen wurden bis Ende Juli 1960 von den Streitparteien 71 angenommen und 56 abgelehnt. Der Rest ist noch offen.[550]

Bis zum Ende des dritten Quartals des Jahres 1960 war der Schlichtungsausschuß in insgesamt 974 Fällen angerufen worden. Zu Beginn des vierten Quartals waren noch 217 Verfahren anhängig. Zu diesem Zeitpunkt konnte der Ausschuß auf 757 abgeschlossene Verfahren verweisen, von denen 191 mit einer Empfehlung, 151 ergebnislos, 66 ergebnislos gemäß Artikel 104 Absatz 4 des Vermögensvertrages wegen Nichtäußerung, 177 wegen Zurücknahme des Antrags und 172 wegen Unzuständigkeit beendet wurden. 74 Empfehlungen wurden angenommen, 53 abgelehnt. Bei den restlichen Empfehlungen ist die Frist noch nicht abgelaufen.[551]

Bis zum Ende des dritten Quartals im Jahre 1961 hatte der Schlichtungsausschuß insgesamt 1.042 Schlichtungsverfahren behandelt oder eingeleitet. Von diesen Verfahren wurden 936 abschließend erledigt, und zwar 244 mit einer Empfehlung, 199 ergebnislos, 73 ergebnislos gemäß Artikel 104 Absatz 4 des Vermögensvertrages wegen Nichtäußerung, 226 wegen

---

mögensvertrages, in: BA B 126 – 26003). Die Differenz beruht möglicherweise auf der Hinausnahme jener Anträge, die wegen Unzuständigkeit zurückgewiesen worden sind.

547 Vgl. Referat 506, Ref.: LR I Dr. Burchard, Vermerk betr. Durchführung des Deutsch-Österreichischen Vermögensvertrages, in: BA B 126 – 26003.

548 Deutsche Delegation in der Ständigen Kommission (Deutsch-Österreichischer Vermögensvertrag vom 15. Juni 1957) an das Auswärtige Amt, Bonn, Bericht Nr. 103/60 vom 6. Dezember 1960: Deutsches Vermögen in Österreich; Durchführung des Deutsch-Österreichischen Vermögensvertrages, in: BA B 126 – 26003.

549 Vgl. Deutsche Delegation in der Ständigen Kommission (Deutsch-Österreichischer Vermögensvertrag vom 15. Juni 1957) an das Auswärtige Amt, Bonn, Bericht Nr. 69/60 vom 28. Juli 1960: Deutsches Vermögen in Österreich; Durchführung des Deutsch-Österreichischen Vermögensvertrages, in: BA B 126 – 26003.

550 Vgl. ebd.

551 Vgl. Deutsche Delegation in der Ständigen Kommission (Deutsch-Österreichischer Vermögensvertrag vom 15. Juni 1957) an das Auswärtige Amt, Bonn, Bericht Nr. 103/60 vom 6. Dezember 1960: Deutsches Vermögen in Österreich; Durchführung des Deutsch-Österreichischen Vermögensvertrages, in: BA B 126 – 26003.

Rücknahme des Antrags und 194 wegen Unzuständigkeit.[552] Von den 244 vom Schlichtungsausschuß ausgesprochenen Empfehlungen wurden von den Streitparteien 144 angenommen, in 95 Fällen wurden sie nicht akzeptiert. In 5 Fällen läuft die Frist noch.

Die hohe Zahl der zurückgezogenen Anträge ist auf die Strategie der beiden Delegationsvorsitzenden zurückzuführen, eine gütliche Einigung der streitenden Parteien ohne formelles Schlichtungsverfahren anzuregen und zu fördern. Diese Vergleiche auf der Basis quasi informeller Schlichtung finden keinen Niederschlag in der Statistik.[553]

Ein großer Teil jener Schlichtungsverfahren, die der Ausschuß vor sich herschob, bzw. sich die beiden Seiten nicht über einen Spruch einigen konnten, betrafen deutsche Ansprüche von Familien- und Einmanngesellschaften und Fragen der Haftung für Forderungen.[554]

Andere Fälle, die zu keiner Lösung kommen wollten, standen im Zusammenhang mit Forderungen gegenüber deutschen Schuldnern, die einen großen Anteil an den Schlichtungsstreitigkeiten hatten. Eine spezielle Problematik war die Interpretation des Begriffes „agency" aus dem Londoner Schuldenabkommen. Im Abkommen ist die Rede von „debts of the Reich or of an agency of the Reich". Agencies sind Organisationen oder Firmen, die im Auftrag des Reiches handeln. Im Zentrum der Diskussion stand der bis heute umstrittene[555] Artikel 5 des Londoner Schuldenabkommens.[556] Sein

---

552 Vgl. Deutsche Delegation in der Ständigen Kommission (Deutsch-Österreichischer Vermögensvertrag vom 15. Juni 1957) an das Auswärtige Amt, Bonn, Bericht Nr. 85/61 vom 10. November 1961: Deutsches Vermögen in Österreich; Durchführung des Deutsch-Österreichischen Vermögensvertrages, in: BA B 126 – 26003.

553 Vgl. ebd.

554 Vgl. Beschluß der Ständigen Kommission, Anlage zu Punkt 2 zum Schlußprotokoll über die fünfte Tagung der Ständigen Kommission in Wien (vom 23. bis 27. März 1961 und vom 29. Mai bis 5. Juni 1961), in: BA B 126 – 9163. Siehe hierzu auch die Ausführungen weiter oben zur Arbeit der Ständigen Kommission.

555 In den zurückliegenden Jahren wurde Artikel 5, besonders dessen Absatz 2, als Instrument angesehent, mit dem individuelle Wiedergutmachungsansprüche ausländischer Opfer des NS-Regimes abgeblockt werden sollten. Siehe hierzu mwN: ROMBECK-JASCHINKSI, Londoner Schuldenabkommen, S. 7ff.; Ludolf HERBST / Constantin GOSCHLER (Hg.), Wiedergutmachung in der Bundesrepublik Deutschland, München 1989.

556 Article 5
Claims excluded from the Agreement
(1) Consideration of governmental claims against Germany arising out of the first World War shall be deferred until a final general settlement of this matter.
(2) Consideration of claims arising out of the second World War by countries which were at war with or were occupied by Germany during that war, and by nationals of such countries, against the Reich and agencies of the Reich, including costs of German occupation, credits acquired during occupation on clearing accounts and claims against the Reichskreditkassen shall be deferred until the final settlement of the

2. Absatz stellt sämtliche aus dem Zweiten Weltkrieg herrührenden Forderungen ausländischer Gläubiger gegen Deutschland bis zu einer endgültigen Regelung der deutschen Reparationen in einem Friedensvertrag zurück. Einen Friedenvertrag gibt es bis heute nicht, damit ist diese Regelung immer noch offen.

Nach Artikel 119 des Deutsch-Österreichischen Vermögensvertrages wurden die Verpflichtungen der Bundesrepublik und der deutschen Schuldner aus dem Londoner Schuldenabkommen nicht berührt. Da das Londoner Schuldenabkommen dem Vermögensvertrag vorging, konnten Verbindlichkeiten, die unter den Vermögensvertrag fielen, nur dann erfüllt werden, wenn dem keine Bestimmung des Londoner Schuldenabkommens vom 27. Februar 1953 entgegenstand. Nach Auffassung des Bonner Bundesfinanzministeriums verboten „Sinn und Zweck" der Gesamtregelung des Artikels 5 LSchA, „daß Forderungen der vor dem 1. September 1939 in das Reich eingegliederten Staaten und ihrer Staatsangehörigen gegen im Auftrag des Reiches handelnde Stellen und Personen (‚agencies') – jedenfalls im gegenwärtigen Zeitpunkt – befriedigt werden. Wenn auch die ‚agencies' im Art. 5 Abs. 4 LSchA nicht ausdrücklich genannt sind, so ist doch aus Art. 8 LSchA[557] der Grundsatz abzuleiten, daß unter Art. 5 Abs. 2 und 3 fallende

problem of reparation.
(3) Consideration of claims, arising during the second World War, by countries which were not at war with or occupied by Germany during that war, and by nationals of such countries, against the Reich and agencies of the Reich, including credits acquired on clearing accounts, shall be deferred until the settlement of these claims can be considered in conjunction with the settlement of the claims specified in paragraph (2) of this Article (except in so far as they may be settled on the basis of, or in connexion with, agreements which have been signed by the Governments of the French Republic, the United Kingdom of Great Britain and Northern Ireland and the United States of America and the Government of any such country).
(4) Claims against Germany or German nationals by countries which were, before 1 September 1939, incorporated in, or which were, on or after 1 September 1939, allied to, the Reich, and of nationals of such countries, arising out of obligations undertaken or rights acquired between the date of incorporation (or, in the case of countries allied to the Reich, 1 September 1939) and 8 May 1945, shall be dealt with in accordance with the provisions made or to be made in the relevant treaties. To the extent that, under the terms of such treaties, any such debts may be settled, the terms of the present Agreement shall apply.
(5) The settlement of debts owed by the City of Berlin and by public utility enterprises owned or controlled by Berlin, and situated in Berlin, shall be deferred until such time as negotiations on the settlement of these debts are considered by the Governments of the French Republic, the United Kingdom of Great Britain and Northern Ireland and the United States of America and by the Government of the Federal Republic of Germany and the Senat of Berlin to be practicable.
Im Internet verfügbar über: http://bar.austlii.edu.au/au/other/dfat/treaties/1954/17.html

557 Article 8: Prohibition of discriminatory treatment. The Federal Republic of Germany will not permit, nor will the creditor countries seek from the Federal Republic of

Gläubiger nicht schlechter gestellt werden dürfen als die Gläubiger des Art. 5 Abs. 4 LSchA."[558] Dies sei aber der Fall, wenn Forderungen der „ehemaligen Verbündeten" gegen die „agencies" befriedigt würden, nicht jedoch jene der „Neutralen" oder der „ehemaligen Gegner" des Deutschen Reiches gegen diese Gesellschaften.

Eine Reihe deutscher Schuldner berief sich zur Abwehr österreichischer Forderungen darauf, daß sie als „agency" des Reiches tätig gewesen seien und daher gemäß Londoner Schuldenabkommen nicht leisten müßten. Die Frage, die diskutiert wurde, war, wie eine Unternehmung zu einer „agency" werden konnte. Wie konnte sie nachweisen, daß sie „einen besonderen Auftrag zur Erledigung einer bestimmen Angelegenheit im Namen des Reiches" hatte.[559] Dieser im Gegensatz etwa zu Entscheidungen des Bundesgerichtshof, die als bürgerlich-rechtliche Einwendungen angesehen wurden, öffentlich-rechtliche Einwand, so die überwiegende Meinung von leitenden Beamten des Auswärtigen Amtes, der Bundesministerien für Finanzen, Wirtschaft und Justiz in einer Ressortbesprechung am 2. Dezember 1959, verhindere, falls er begründet sei, daß sich die deutsche Seite im Schlichtungsausschuß zu einer Zahlungsempfehlung bereitfinden könne. In solchen Fällen müsse also eine Ergebnislosigkeitsbescheinigung ausgefertigt werden. Allerdings wollte man verhindern, daß österreichische Gläubiger schlechter gestellt würden, als Gläubiger aus anderen Staaten, die unter das Londoner Schuldenabkommen fielen.[560]

Die deutsche Seite versuchte in dieser Frage eine pragmatische Lösung zu finden. Auch die Österreichische Delegation wollte eine Einigung erzielen, vermutlich in Form einer Pauschalabgeltung.[561] Deutsche Einwände, die offensichtlich unbegründet waren, wurden daher auch von deutscher Seite zurückgewiesen. Es wurde versucht, Empfehlungen zu geben, um die

---

Germany, either in the fulfillment of terms of settlement in accordance with the present Agreement and the Annexes thereto or otherwise, any discrimination or preferential treatment among the different categories of debts or as regards the currencies in which debts are to be paid or in any other respect. Differences in the treatment of different categories of debts resulting from settlement in accordance with the provisions of the present Agreement and the Annexes thereto shall not be considered discrimination or preferential treatment. (http://bar.austlii.edu.au/au/other/dfat/treaties/1954/17.html).

558 Schreiben Fricke, Bundeswirtschaftsministerium Bonn, an Schreiber, Bundeswirtschaftsministerium Bonn, V B/1 – 0 1266 Art. 5 (4) Öst-212/59, Schreiben vom 2. Dezember 1959, in: PA B 86 – 755.

559 Bundesfinanzministerium Bonn, Referat V B/1, Vermerk Seidler, V B/1 – 0 1266 Art. 5 (4) Öst – 231/59, Ressortbesprechung vom 2. Dezember 1959, in: PA B 86 – 755.

560 Vgl. ebd.

561 Schreiben Schreiber, Bundeswirtschaftsministerium Bonn, an Bertram, Justizministerium Bonn und Seidler, Bundesfinanzministerium Bonn, VI B 4 – 741 – 25/3 Beih. 614 – 45 938/60, vom 3. Dezember 1960, in: PA B 86 – 755.

Agency-Fälle möglichst gering zu halten.[562] Diese Praxis beruhte auf einer Weisung der Ständigen Kommission vom Januar 1960. In Schlichtungsausschuß bestand während seiner 16. Tagung Einvernehmen darüber, die Agency-Fälle recht bald zu erledigen. Daher wurde beschlossen, den Agency-Komplex vor Ablauf der Fristen nach Artikel 104 Abs. 5 VV, also vor dem 28. Februar 1961, im Rahmen einer Sondersitzung unter Beiziehung von Sachverständigen abschließend zu beraten.[563] Dies gelang nicht. Statt dessen sollten alle Agency-Fälle bei der 19. Tagung des Schlichtungsausschusses behandelt werden.[564] Leider liegt ein Ergebnisprotokoll dieser Sitzung nur als Fragment vor. Aber im Zusammenhang mit den Lösungsversuchen der deutschen Seite bezüglich der Personen- bzw. Familiengesellschaften und der Vorbereitung des Kreuznacher Abkommens wurden auch hier pragmatische Lösungen gesucht und Kompromisse gefunden, die die österreichischen Gläubiger nicht leer ausgehen ließen.

Ende Februar beziehungsweise Anfang März 1961 erstellte die Deutsche Delegation in der Ständigen Kommission eine Gesamtübersicht über die im Schlichtungsausschuß noch anhängigen Verfahren. Demnach standen noch 167 Fälle unterschiedlicher Größenordnung zur Entscheidung an.[565] In knapp fünfzig Fällen war die Ständige Kommission eingeschaltet worden.[566] Das Bonner Finanzministerium hat eine Aufstellung angefertigt, die versuchte den Wert der noch anstehenden Schlichtungsfälle zu erfassen. Dieser Aufstellung zufolge machten die deutschen Wünsche geldmäßig dargestellt eine Summe von 2,53 Million DM aus.[567] Von den Mitte April 1961 beim Schlichtungsausschuß 157 anhängigen Fällen teilten sich wie folgt auf:[568]

11	Belegenheitsstreitigkeiten
49	Streitigkeiten gemäß Artikel 87 VV
17	Agency-Problem
8	Artikel 20 VV

562 Vgl. Vermerk, 506-80SL-94.19-21/22, vom 11. Oktober 1960, in: PA B 86 – 755.

563 Vgl. Vermerk Schreiber, Bundeswirtschaftsministerium Bonn, VI B 4 – 741 – 25/3 Beih. 6 – 45 930/60, vom 1. Dezember 1960, in: PA B 86 – 755.

564 Vgl. Schreiben Bormann, Deutsche Delegation an Minister Hartlmayr, vom 27. April 1961, in: PA B 86 – 755.

565 Vgl. Günther, Deutsche Delegation an das Auswärtige Amt, Bericht Nr. 13/61, vom 9. März 1961, in: BA B 126 -9163.

566 Gesamtübersicht über die noch anhängigen Verfahren vor dem Schlichtungsausschuß, Anlage zu Bericht Nr. 13/61, in: BA B 126 -9163.

567 Bundesfinanzministerium Bonn, Referat VI A/2, VI A/2 – 0 1260 Öst – 148/61, Aktenvermerk für Abteilungsleiter VI, vom 24. April 1961, in: BA B 126 – 9136.

568 Vgl. Deutsche Delegation in der Ständigen Kommission an das Auswärtige Amt, Bonn, Bericht Nr. 32/61, vom 11. April 1961, in: PA B 86 – 762.

17	Familiengesellschaften
32	Sonstige Vermögensfälle
23	Sonstige Forderungsfälle

Im dritten Quartal 1961 stellte sich die Gliederung der Schlichtungsfälle wie folgt dar:[569]

Schl.A.	St.Kom.	
8	8	Belegenheitsstreitigkeiten (Forderungen deutschen Gläubiger)
40	0	Streitigkeiten gemäß Artikel 87 VV
8	3	Artikel 20 VV
17	16	Familiengesellschaften
22	1	Sonstige Vermögensfälle
11	0	Forderungsfälle

Im Jahre 1961 wurden 63 neue Schlichtungsverfahren beantragt, 1962 gingen nur noch 44 Anträge ein, bis zur Jahresmitte 1963 kamen nochmals 45 Neuanträge auf Schlichtung. Den neuen Anträgen lagen in überwiegender Zahl Streitigkeiten aus dem Wertpapiersektor zugrunde, wo die Antragsfristen beim Finanzministerium noch längere Zeit offen waren.[570] Da die Bereinigungsverfahren auf dem Wertpapiersektor praktisch abgeschlossen seien und die noch zu bereinigenden Wertpapierkategorien für den Vermögensvertrag keine nennenswerte Bedeutung hätten, so die Einschätzung der Deutschen Delegation in der Ständigen Kommission, könne nun der für die Antragstellung vorgesehene Fristablauf gemäß der Paragraphen 18 und 43 VV abgewartet werden. Ab dem Frühjahr 1964 dürften nur noch vereinzelte Wertpapierfälle den Schlichtungsausschuß erreichen, so es beim Finanzministerium in Wien zu keinen außergewöhnlichen Verzögerungen käme.[571]

Während des laufenden Jahres und im nachfolgenden Jahr konnten auf der Basis der in der Ständigen Kommission und auf politischer Ebene zustandegekommener Absprachen wichtige Schlichtungsfälle mit einem be-

569 Deutsche Delegation in der Ständigen Kommission an das Auswärtige Amt, Bonn, Bericht Nr. 85/61, vom 10. November 1961, in: PA B 86 – 762. – In der ersten Spalte finden sich die im Schlichtungsausschuß noch anhängigen Fälle, in der zweiten Spalte die Verfahren, die durch eine Empfehlung der Ständigen Kommission erledigt werden konnten. Siehe auch: Protokoll über die 21. Tagung des Schlichtungsausschusses in Wien vom 17.–19. Oktober 1961, Protokoll über die 22. Tagung des Schlichtungsausschusses in Wien vom 4. bis 5. Dezember 1961, beide in: BA B 126 – 68346.

570 Vgl. Deutsche Delegation in der Ständigen Kommission (Deutsch-Österreichischer Vermögensvertrag vom 15. Juni 1957) an das Auswärtige Amt, Bonn, Bericht Nr. 62/63 vom 18. Oktober 1963, in BA B 126 – 26003; Protokoll über die 18. Tagung des Schlichtungsausschusses in Wien vom 22. und 23. Februar 1961, in: BA B 126 – 68346; Protokoll über die 19. Tagung des Schlichtungsausschusses in Wien vom 24. bis 26. Mai 1961, ebd.

571 Vgl. ebd.

friedigenden Schiedsspruch bedacht werden, andere wurden bei den Wiener Behörden nach Maßgabe der Empfehlungen behandelt.[572] Diese Schritte waren in der Regel an das Inkrafttreten des Kreuznacher Abkommens geknüpft.[573]

Da sich die österreichische Seite nicht auf eine von Bonn beantragte Verlängerung der Antragsmöglichkeit für Flüchtlinge aus der „sowjetisch besetzten Zone" über den 31. Juli 1963 hinaus einlassen wollte, waren von dieser Seite keine formell berechtigten Anträge mehr zu erwarten.[574]

Für die erste Jahreshälfte 1963 liegen ebenfalls Zahlen über die Arbeit des Schlichtungsausschusses vor: Demnach hat der Schlichtungssausschuß während seiner 26. Tagung vom 19. bis 21. Februar 51 Fälle behandelt, wovon in 8 Fällen eine Ergebnislosigkeitsbescheinigung erteilt und in einem Fall eine Empfehlung abgegeben wurde.[575] Während der 27. Tagung (19. bis 21. Juni 1963) standen 64 Fälle auf der Tagesordnung, zwei Empfehlungen wurden ausgesprochen und 8 Ergebnislosigkeitsbescheinigungen erteilt.[576]

Bis Oktober 1963 hatten den Schlichtungsausschuß insgesamt 1.143 Anträge auf Einleitung eines Schlichtungsverfahrens erreicht. Ende November 1962 waren 46 Verfahren anhängig. Im Oktober 1963 war die Zahl der unerledigten Verfahren wieder angestiegen und lag bei 69, obgleich die meisten der eingegangenen Schlichtungsfälle zwischen den Tagungen des Schlichtungsausschusses abgearbeitet worden waren.[577]

---

572 Siehe die Ausführungen zur Ständigen Kommission weiter oben.

573 Vgl. Bundesfinanzministerium Wien, Vermerk Fälle der sog. Familiengesellschaften, 279.134 – 33/61, vom 30. Oktober 1961, in: AdR 6693; Protokoll über die 23. Tagung des Schlichtungsausschusses in Wien vom 27. Februar bis 1. März 1962; Protokoll über die 24. Tagung des Schlichtungsausschusses in Wien vom 26. bis 29. Juni 1962; Protokoll über die 25. Tagung des Schlichtungsausschusses in Wien vom 23. bis 25. Oktober 1962, alle in: BA B 126 – 68346. Siehe die Ausführungen zur Ständigen Kommission weiter oben.

574 Vgl. Deutsche Delegation in der Ständigen Kommission (Deutsch-Österreichischer Vermögensvertrag vom 15. Juni 1957) an das Auswärtige Amt, Bonn, Bericht Nr. 62/63 vom 18. Oktober 1963, in BA B 126 – 26003.

575 Vgl. Protokoll über die 26. Tagung des Schlichtungsausschusses in Wien vom 19. bis 21. Feber 1963, in: BA B 126 – 68346.

576 Vgl. Deutsche Delegation in der Ständigen Kommission (Deutsch-Österreichischer Vermögensvertrag vom 15. Juni 1957) an das Auswärtige Amt, Bonn, Bericht Nr. 62/63 vom 18. Oktober 1963, in BA B 126 – 26003; Protokoll über die 27. Tagung des Schlichtungsausschusses in Wien vom 19. bis 21. Juni 1963, in: BA B 126 – 68346.

577 Vgl. Deutsche Delegation in der Ständigen Kommission (Deutsch-Österreichischer Vermögensvertrag vom 15. Juni 1957) an das Auswärtige Amt, Bonn, Bericht Nr. 62/63 vom 18. Oktober 1963, in BA B 126 – 26003.

Aus dem Bericht der Deutschen Delegation in der Ständigen Kommission vom 18. Oktober 1963 geht hervor, daß sich, trotz hoffnungsvollen Bemühens im Schlichtungsausschuß, weiterhin 14 Altfälle einer Lösung widersetzten. Die Gründe hierfür seien unterschiedlich, heißt es im Bericht; oft sei der Tatbestand ungenügend vorgetragen oder es fehlten notwendige Unterlagen. Dies bringe zeitraubende und langwierige Schriftwechsel und Ausgleichsbemühungen mit sich.[578] Die deutschen Vertreter im Ausschuß waren hier wohl gegenüber deutschen Antragstellern sehr geduldig: „Da eine Erledigung durch eine Ergebnislosigkeitsbescheinigung den fast in allen Fällen deutschen Antragsteller in eine wenig aussichtsreiche Position bringt" (es blieb dem Antragsteller dann nur noch der schwierige und sich gegebenenfalls über Jahre erstreckende Klageweg), werde sich die Deutsche Delegation im Schlichtungsausschuß weiterhin „um einen im Interesse des Antragstellers liegenden Ausgleich" bemühen.[579]

Während der 29. Tagung des Schlichtungsausschusses, die vom 10. bis 12. März 1964 in Wien abgehalten wurde, wurden zehn Einzelfälle abschließend erledigt: in 2 Fällen wurden Empfehlungen ausgesprochen, ein Fall konnte ohne formale Empfehlung positiv erledigt werden, in den sieben anderen Fällen konnte eine Zustimmung zu Rückübertragungen bei der österreichischen Delegation nicht durchgesetzt werden, so daß hier eine Ergebnislosigkeitsbescheinigung ausgestellt werden mußte.[580] Ende April 1964 waren beim Schlichtungsausschuß noch 54 Fälle unerledigt, wobei es sich überwiegend um Fälle handelte, in denen die Interpretation von Artikel 5 des Vermögensvertrages eine zentrale Rolle spielte. Diese Fälle wurden an die Ständige Delegation weitergereicht.[581] Vom 24. bis 26. Juni 1964 fand die 30. Tagung des Schlichtungsausschusses statt. Hier standen 31 Fälle auf der Tagesordnung. Auf dieser Sitzung wurde nur ein Fall durch eine Ergebnislosigkeitsbescheinigung beendet, in allen anderen Fällen wurden Fristverlängerungen beschlossen, um die Sachlagen prüfen zu können.[582] Mit 107 Schlichtungsfällen hatte sich der Ausschuß während seiner 31. Tagung vom 13. bis 16. Oktober 1964 zu befassen. Neun dieser Fälle wurden mit Ergebnislosigkeitsbescheinigung beendet. Für den überwiegenden Teil der Fälle, die durch die Auslegung von Artikel 5 VV tangiert wurden, wur-

578 Vgl. ebd; Protokoll über die 28. Tagung des Schlichtungsausschusses in Wien vom 12. bis 14. November 1963, in: BA B 126 – 68346.

579 Deutsche Delegation, Bericht Nr. 62/63 vom 18. Oktober 1963, in BA B 126 – 26003.

580 Vgl. Protokoll über die 29. Tagung des Schlichtungsausschusses in Wien vom 10. bis 12. März 1964, in: BA B 126 – 68346.

581 Vgl. Bericht 8/64, Bormann, Deutsche Delegation an das Auswärtige Amt, vom 21. April 1964, in: BA B 126 – 68346.

582 Vgl. Protokoll über die 30. Tagung des Schlichtungsausschusses in Wien vom 24. bis 26. März 1964, in: BA B 126 – 68346.

den Fristverlängerungen beschlossen.[583] Zwischenzeitlich war eine Reihe von Neuanträgen eingelaufen, wobei es sich in der überwiegenden Zahl der Fälle um Streitigkeiten im Zusammenhang mit der Behandlung von Familiengesellschaften handelte.[584]

Anfang des Jahres 1965 (32. Tagung vom 8. bis 11. Februar 1965 in Wien) wurden im Schlichtungsausschuß 114 Fälle behandelt.[585] Wegen unterschiedlicher Auslegungen der Artikel 5 und 6 VV stockte die Arbeit maßgeblich. Auf Initiative der deutschen Seite von je einem Antragsteller eine sogenannte Testklage erhoben. Hiervon erhoffte man sich eine Richtungsvorgabe für die anderen 46 Fälle des Schlichtungsausschusses. In 39 weiteren Fällen hing die gütliche Einigung entscheidend von der Frage ab, inwieweit von österreichischer Seite Anträge auf Bereinigung von Wertpapieren gleichzeitig als Rückübertragungsbegehren anerkannt wurden. Auch hier wollte der Schlichtungsausschuß die Entwicklung abwarten.[586] Keine substantiellen Fortschritte brachte die nächste Tagung des Ausschusses im Mai 1965.[587] Hier wurden 109 Fälle behandelt, wovon 30 sogenannte Familiengesellschaften bzw. Einmanngesellschaften betrafen.[588] Hier wurden auf Antrag der deutschen Delegation Fristverlängerungen gewährt. Dies galt auch für Streitigkeiten im Zusammenhang mit Wertpapierbereinigungen. Hier sollte der Abschluß des Verfahrens Dr. Dieter Schneider gegen die Republik Österreich beim Schiedsgericht abgewartet werden (Bindendes Gutachten Zahl 67). Dieser Prozeß wurde als Testfall angesehen für weitere gleichgelagerte Probleme.[589]

Zu Beginn des Jahres 1966 waren beim Schlichtungsausschuß Verfahren anhängig. Davon betraf einer Artikel 20 VV, 43 Fälle fielen unter die Problematik der Familiengesellschaften, 42 waren Vermögensfälle gemäß

583 Vgl. Protokoll über die 31. Tagung des Schlichtungsausschusses in Wien vom 13. bis 16. Oktober 1964, in: BA B 126 – 68346.

584 Vgl. Bericht 26/64, Bormann, Deutsche Delegation an das Auswärtige Amt, vom 30. Oktober 1964, in: BA B 126 – 68346.

585 Vgl. Protokoll über die 32. Tagung des Schlichtungsausschusses in Wien vom 9. bis 11. Oktober 1964, in: BA B 126 – 68346.

586 Vgl. Deutsche Delegation in der Ständigen Kommission, Bericht 3/65, vom 25. Februar 1965, in: PA B 86 – 1179.

587 Vgl. Deutsche Delegation in der Ständigen Kommission, Bericht 9/65, vom 6. Juli 1965, in: PA B 86 – 1179.

588 Vgl. Protokoll über die 33. Tagung des Schlichtungsausschusses in Wien vom 18. bis 20. Mai 1965, in: BA B 126 – 68346.

589 Vgl. Bericht 9/65, Persch, Deutsche Delegation, an das Auswärtige Amt, vom 6. Juli 1965, in: BA B 126 – 68346.

Artikel 5 VV, 5 Fälle gemäß Artikel 6 VV sowie 25 zu unterschiedlichen Problemkomplexen.[590]

In der 2. Hälfte der 60er Jahre nahm der Anteil der Erledigungen von Schiedsgerichtsverfahren immer mehr ab. Es wurden fast ausschließlich Beschlüsse über Fristverlängerungen gefaßt, da die Schlichtungskommission nicht in der Lage war, für andere als solche Beschlüsse Einstimmigkeit herzustellen. Es waren die alten schadensgeneigten Bereiche: Familiengesellschaften, Erbschaften, Fälle in denen Unterlagen aus der DDR benötigt wurden und Belegenheitsfälle. Diese wurden dann zu Gruppen gebündelt, und meist wurde mindestens einmal für das gesamte Bündel eine Fristverlängerung beschlossen, da man sich nicht einig werden konnte. Es ist schon dargelegt worden, daß für einige Fälle mit Unterstützung der Ständigen Kommission, auch angesichts der Verhandlungen über das Kreuznacher Abkommen, in den Jahren zuvor geregelt werden konnten. Jetzt aber blieben Fälle, wo es nicht weiter ging.[591] Nun wurde versucht, über sogenannte Musterfälle diese Knoten zu durchschlagen. So schrieb Legationsrat Persch von der Deutschen Delegation am 9. November 1966 an das Auswärtige Amt. „Nach den bisherigen Erfahrungen ist kaum damit zu rechnen, daß die österreichische Seite den deutschen Forderungen nachgeben wird. Angesichts der erheblichen Bedeutung der im Schlichtungsausschuß nicht zu klärenden Rechtsfragen für zahlreiche deutsche Berechtigte muß die Deutsche Delegation zur Wahrung der Belange der deutschen Gläubiger auf die Einleitung von Musterprozessen mit schiedsrichterlichen Gutachten hinwirken.“[592] Die Idee war, aus je einem Bereich einen möglichst idealtypischen Fall herauszunehmen und den Antragsteller dazu zu animieren, seine Angelegenheit dem Schiedsgericht vorzulegen. Es kristallisierten sich einige Fälle heraus (Schlichtungsakten Zahl 1144, 1201, 1270[593]), wobei aus der Gruppe Familiengesellschaftsfälle kein Fall genommen wurde, da man hier eine a limine-Abweisung fürchtete, da es sich ja um juristische Personen handelte.[594] Dies waren eher Fälle für andere Wege des Ausgleichs. Man

590 Vgl. Zusammenstellung der beim Schlichtungsausschuß noch anhängigen Verfahren, Bundesfinanzministerium Bonn, VI A/2 – 0 1260 Öst. – 1/66, in: BA B 126 – 68347.

591 Auszug aus dem Protokoll über die 35. Tagung des Deutsch-Österreichischen Schlichtungausschusses vom 11. bis 13. Oktober 1966 in Wien, in: BA B 126 – 68347.

592 Schreiben Persch, Deutsche Delegation an das Auswärtige Amt, 82 – 23/55, vom 9. November 1966, in: BA B 126 – 68347. Vermögenslosen älteren Personen, die aus der DDR in die Bundesrepublik gekommen waren, sollte zudem Rechtsschutz gewährt werden.

593 Vgl. Schreiben Kopp, Bundesfinanzministerium Bonn an Finanzpräsident Bracker, Oberfinanzdirektion München, VI A/2 0 1260 Öst – 41/67, vom 28. November 1967, in: BA B 126 – 68347.

594 Mögliche Testfälle, o. V., o.D., in: BA B 126 – 68347.

hoffte dann auf der Basis des Bindenden Gutachtens, eine Basis für einen einstimmigen Beschluß des Schlichtungsausschusses zu finden.[595]

Im April 1969 standen noch 67 Verfahren im Schlichtungsausschuß zur Entscheidung an. Hiervon war die überwiegende Zahl (ca. 55) sogenannte Bündelfälle, deren Ausgang von einer endgültigen Entscheidung in „Testprozessen" abhing.[596] Schließlich konnte der Schlichtungsausschuß am 8./9. Juni 1971 alle noch anhängigen Schlichtungsverfahren erledigen.[597] Dies bedeutet aber nicht, daß alles zur Zufriedenheit der Deutschen Behörden verlaufen war. Besonders die Strategie, mittels Musterfällen zu für die deutsche Seite erfreulichen Ergebnissen zu gelangen, erwies sich als nicht zielführend. In einigen wenigen Fällen war die Deutsche Delegation von der österreichischen Seite damit „überrascht" worden, daß die Österreicher diese Fälle klaglos gestellt hatten. Die deutschen Interessenten hatten hier also Recht bekommen, so daß eine Entscheidung des Schlichtungsausschusses nicht mehr notwendig war. „Aus welchen Gründen sich die österr. Seite gerade in diesen Fällen großzügig gezeigt hat, haben wir nicht weiter zu erforschen versucht, sondern haben uns mit diesen bescheidenen ‚Erfolgen' begnügt".[598] Die Erledigung der Fälle erfolgte somit, abgesehen von den 5 klaglos gestellten Fällen, in 60 Fällen durch die Erteilung einer Ergebnislosigkeitsbescheinigung.[599] 1972 und 1973 sind dann noch einige wenige Fälle im Umlaufverfahren behandelt worden.[600] Es wurden ebenfalls Ergebnislosigkeitsbescheinigungen ausgestellt.

Die Ausstellung von Ergebnislosigkeitsbescheinigungen hatte eine große Bedeutung für die Arbeit des Schlichtungsausschusses. Entgegen ihrer Bezeichnung wurden sie als ein durchaus hilfreiches Instrument angesehen. So waren laut Bericht vom 22. Januar 1960 in 129 Verfahren die Ergebnislosigkeitsbescheinigungen nur erteilt worden, weil außerhalb des Verfah-

---

595 Vgl. Bericht 10/66, Persch, Deutsche Delegation an das Auswärtig Amt, vom 25. Mai 1966, in: BA B 126 – 68347; Schreiben Persch, Deutsche Delegation an Bracker, Bundesfinanzministerium Bonn und Knapp, Bundeswirtschaftsministerium Bonn, 82 – 23/35, vom 9. November 1966; Mögliche Testfälle, o. V., o.D., in: BA B 126 – 68347.

596 Vgl. Fernschreiben Deutsche Botschaft Wien an das Auswärtige Amt, Nr. 478 vom 30. April 1930, in PA 86 – 1363.

597 Vgl. Schreiben Wirtschafs- und Finanzministerium an das Auswärtige Amt vom 15. Juni 1971, in: PA 86 – 1363.

598 Bericht Bracker an Bumhofer, Bundesministerium für Wirtschaft und Finanzen, vom 2. Juli 1971, in: BA B 126 – 68347.

599 Vgl. Protokoll über die 39. Tagung des Schlichtungsausschuses in Wien vom 8. bis 9. Juni 1971, in: BA B 126 – 68347.

600 Vgl. Schreiben Deutsche Delegation an Bracker vom 22. August 1972; Umlaufbeschluß vom 1. Dezember 1972; Schreiben Bracker an Bumhofer, Bundesministerium für Wirtschaft und Finanzen, vom 2. Juli 1971, alle in: BA B 126 – 68347.

rens der Verzicht des österreichischen Gläubigers mit den österreichischen Behörden vereinbart worden war oder weil wegen anderer Gründe feststand, daß die Gläubiger von vielfach abgeschriebenen Forderungen keine Prozeßkostenrisiken mehr auf sich nehmen wollten.[601] Die meisten dieser Fälle betrafen Forderungsfälle österreichischer Gläubiger.

601 Vgl. Deutsche Delegation in der Ständigen Kommission an das Auswärtige Amt, Bonn, Bericht Nr. 10/60, vom 22. Januar 1960: Deutsches Vermögen in Österreich; Durchführung des Deutsch-Österreichischen Vermögensvertrages, in: PA B 126 – 26003. Deutsche Delegation in der Ständigen Kommission an das Auswärtige Amt, Bonn, Bericht Nr. 32/61, vom 11. April 1961, in: PA B 86 – 762.

Tabelle 13: Verfahrensaufkommen je Sitzung des Schlichtungsausschusses des Deutsch-Österreichischen Vermögensvertrages

Tagung Nr.	Datum	Behandelte Verfahren
1.	14. – 16. Oktober 1958 (Konstituierende Sitzung)	0
2.	9. Dezember 1958	12
3.	19. – 22. Januar 1959	39
4.	9. – 11. März 1959	44
5.	8. – 10. April 1959	62
6.	25. – 27. Mai 1959	93
7.	24. – 26. Juni 1959	74
8.	27. -29. Juli 1959	129
9.	21. – 23. Oktober 1959	166
10.	10. – 12. Dezember 1959	63
11.	27. – 29. Januar 1960	53
12.	2. – 5. März 1960	74
13.	26. – 29. April 1960	57
14.	30. Mai – 1. Juni 1960	42
15.	28. – 30. September 1960	89
16.	17. – 18. November 1960	126
17.	25. – 30. Januar 1961	86
18.	22. – 23. Februar 1961	70
19.	24. – 26. Mai 1961	42
20.	4. – 5. Juli 1961	73
21.	17. – 19. Oktober 1961	51
22.	4. – 5. Dezember 1961	85
23.	27. Februar – 1. März 1962	39
24.	26. – 29. Juni 1962	88
25.	23. – 25. Oktober 1962	50
26.	19. – 21. Februar 1963	51
27.	19. – 21. Juni 1963	64
28.	12. – 14. November 1963	65
29.	10. – 12. März 1964	64
30.	24. – 26. Juni 964	61
31.	13. – 16. Oktober 1964	107
32.	8. – 11. Februar 1965	114
33.	18. – 20. Mai 1965	109
34.	3. – 5. Mai 1966	132
35.	11. – 13. Oktober 1966	72
36.	7.- 9. März 1967	61
39.	8.-9. Juni 1971	68

Erläuterung: Diese Zahlen sind nicht identisch mit der Zahl der erledigten Fälle pro Sitzung, da einzelne Fälle über mehrere Sitzungen hinweg behandelt wurden. Nicht erfaßt sind die Fälle, die auf Vermittlung der beiden Vorsitzenden gütlich beigelegt werden konnten. Für die nichtabgedeckten Zeiträume konnten die Daten in den Quellenbeständen nicht nachgewiesen werden. – *Quellen*: Deutsche Delegation in der Ständigen Kommission (Deutsch-Österreichischer Vermögensvertrag vom 15. Juni 1957) an das Auswärtige Amt, Bonn, Bericht Nr. 10/60 vom 22. Januar 1960: Deutsches Vermögen in Österreich; Durchführung des Deutsch-Österreichischen Vermögensvertrages, Bericht Nr. 69/60 vom 28. Juli

1960; Bericht Nr. 85/61 vom 10. November 1961, alle in: BA B 126/26003; Österreichisch-Deutscher Schlichtungsausschuß, Protokolle in: AdR, Gruppe 04/BKA Schlichtungsausschuß. Gemeinsame Geschäftsstelle des österr.-dt. Schlichtungsausschuß, Aktenbündel Tagungen Schlichtungsausschuß, in BA B 126 – 68346, 68347.

Abbildung 3: Verfahrensaufkommen je Sitzung des Schlichtunsausschusses des Deutsch-Österreichischen Vermögensvertrages

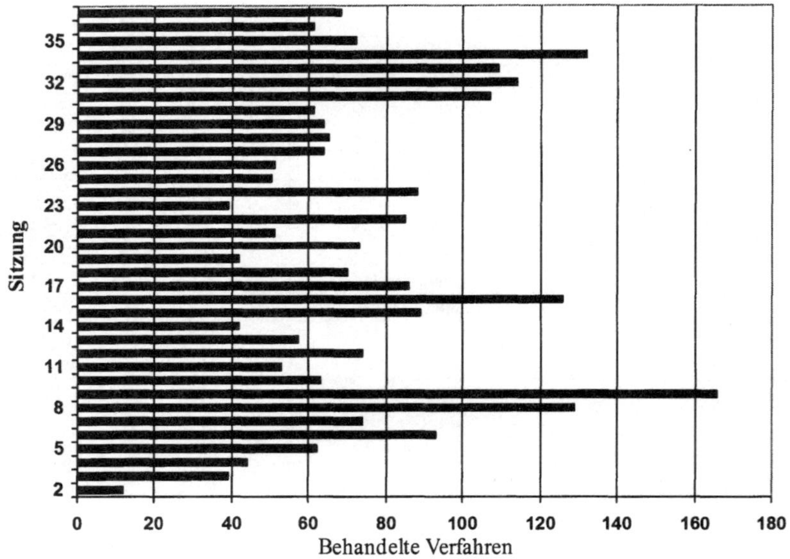

Quelle: Tabelle 13

Prägend für die Arbeitsweise des Schlichtungsausschusses war die persönliche Vermittlung durch die beiden Delegations-Vorsitzenden. Zwischen diesen herrschte wohl Übereinstimmung darüber, daß man durch persönliche Vermittlung möglichst viele Fälle ohne formalen Schlichtungsspruch auf dem Wege der gütlichen Einigung zwischen den streitenden Parteien regeln wollte. Dies hat auch gut funktioniert. Der Anteil der zurückgezogenen Anträge war durchgängig signifikant hoch.[602]

---

602 Vgl. die hier zitierten Berichte.

5. DAS DEUTSCH-ÖSTERREICHISCHE SCHIEDSGERICHT

Zur Beilegung von Streitigkeiten aus dem Deutsch-Österreichischen Vermögensvertrag sah das Vertragswerk ein Schiedsgericht vor, das am 1. April 1959 seine Tätigkeit aufnahm. Diesem Organ wurden folgende Aufgaben zugewiesen:

- die Entscheidung von Streitigkeiten über die Anwendung und Auslegung des Vermögensvertrages.
- die Fixierung von Auseinandersetzungsleistung, die in den Verfahren gemäß Artikel 87 des Vermögensvertrages zwischen juristischen Personen mit Sitz in Österreich und ihren ehemaligen deutschen Gesellschaftern wegen des auf dem Gebiet der Bundesrepublik Deutschland gelegenen Vermögens der Gesellschaft erbracht werden mußten.
- die Entscheidung, ob Rechte oder Ansprüche vom Staatsvertrag abgedeckt werden.
- die Reduzierung oder Stundung einer geschuldeten Leistung auf Grund der Härteklauseln in Artikel 100 des Vermögensvertrages.

Das Schiedsgericht legte Wert auf seine Unabhängigkeit und eigenständige Position.[603] So vermerkt das Schiedsgericht im Oktober 1964 in der Begründung zum Bindenden Gutachten Nummer 58: „Das Schiedsgericht ist keine dem Schlichtungsausschuß übergeordnete Instanz, die das von dem letzteren eingeschlagene Verfahren überprüfen könnte."[604] Andererseits sahen sich die Schiedsrichter auch nicht an Beurteilungen durch den Schlichtungsausschuß gebunden.[605]

Das Schiedsgericht machte auch deutlich, daß es Empfehlungen der Ständigen Kommission eben nur als Empfehlungen betrachtete und sich in keiner Weise daran gebunden sah: „Die ... Ständige Kommission ist eine nach dem Vermögensvertrag gebildete zwischenstaatliche Einrichtung, deren Aufgabe es u. a. ist ..., Empfehlungen über Fragen, die sich im Zusammenhang mit der Durchführung und Anwendung dieses Vertrages ergeben, an die beiden Regierungen auszuarbeiten. An diese Empfehlungen ist das Schiedsgericht nicht gebunden; es kann sie, solange sie nur Empfehlungen bleiben, seinen Gutachten nicht zugrundelegen, die vielmehr ausschließlich von den Bestimmungen des Vermögensvertrages auszugehen haben."[606]

---

603 Schiedsgericht des Österreichisch-Deutschen Vermögensvertrages, Bindendes Gutachten, Zahl 59 vom 13. Oktober 1964, in: BA B 126 – 68348.

604 Schiedsgericht des Österreichisch-Deutschen Vermögensvertrages, Bindendes Gutachten, Zahl 58 (Richard Schroth, Baden b. Wien gegen Deuliewag, Deutsche Lieferwagen-Gesellschaft, Hamburg), vom 13. Oktober 1964, in: BA B 126 – 68348.

605 Bindendes Gutachten, Zahl 59 vom 13. Oktober 1964, in: BA B 126 – 68348.

606 Schiedsgericht des Österreichisch-Deutschen Vermögensvertrages, Bindendes Gutachten, Zahl 67 (RA Dieter Schneider, als Testamentsvollstrecker Nachlaß Dr. Hans

Diese Abgrenzung heißt nun nicht, daß die Schiedsrichter die Arbeit der Ständigen Kommission für vernachlässigbar hielten. Im Gegenteil: Im gleichen Gutachten bezeichnete das Gericht die Ständige Kommission (in diesem Fall den Bankenausschuß) als Institution des Vermögensvertrages, „deren Meinung allergrößte Autorität und Gewicht hat".[607]

Aus der eben zitierten Formulierung wird auch klar, daß sich das Schiedsgericht bei seiner Entscheidungsfindung auf die Bestimmungen des Vermögensvertrages berief und sich so im Zweifelsfall von Empfehlungen der Ständigen Kommission oder auch des Schlichtungsausschusses absetzte. Dazu heißt es an anderer Stelle: Das Schiedsgericht ist „als Zwischeninstanz ausschließlich für die nach dem Vermögensvertrag zu beurteilenden Fragen in die innerstaatlichen Verfahren eingeschaltet worden."[608]

5.1. Die Organisation und die Verfahrensrichtlinien des Schiedsgerichts

Das Schiedsgericht setzte sich aus je zwei österreichischen und deutschen Richtern zusammen. Jede Regierung hatte das Recht zwei Richter und zwei Stellvertreter zu ernennen. Aus den ernannten Richtern bestimmte jede Regierung einen Vorsitzenden. Dabei war für die Berufung unerheblich, ob sich die Richter noch im aktiven Dienst befanden oder bereits im Ruhestand waren.[609] Sie durften nicht der Ständigen Kommission angehören – und somit auch nicht dem Schlichtungsausschuß.

Die Schiedsrichter sollten in voller Unabhängigkeit und frei von Weisungen agieren können. Dem diente zum einen, daß die Berufenen dem Richterstand angehörten. Eine weitere Sicherung der Unabhängigkeit stellte die Regelung dar, daß die Schiedsrichter und ihre Stellvertreter für vier Jahre ernannt wurden und während ihrer Amtsdauer gegen ihren Willen nicht abgelöst werden konnten. Die sachliche Weisungsfreiheit der Mitglieder des Schiedsgerichts wurde explizit genannt. Außerdem konnten sie als Schiedsrichter nicht in Angelegenheiten mitwirken, mit denen sie in anderem Zusammenhang bereits befaßt worden waren oder an denen sie unmittelbares Interesse hatten. Dies galt für die Richter und ihre Vertreter.

Birckner gegen die Republik Österreich), S. 16f., in: BA B 126 – 68348. Hervorhebung im Original.

607 Ebd., S. 30.

608 Schiedsgericht des Österreichisch-Deutschen Vermögensvertrages, Bindendes Gutachten, Zahl 73 (Republik Österreich gegen Heinrich IV. Reuss, Gutsbesitzer in Ernstbrunn, Niederösterreich), S. 15f., in: BA B 126 – 68348.

609 Vgl. Denkschrift, S. 63; Erläuternde Bemerkungen, S. 61.

Die Verhandlungsleitung wechselte zwischen den beiden Vorsitzenden von Sitzung zu Sitzung. Für die Leitung der Amtsgeschäfte, die Aufsicht über die Geschäftsstelle sowie die Bestimmung des Berichterstatters und Mitberichterstatters für die eingehenden Rechtssachen war der amtierende Vorsitzende zuständig. Ort, Zeitpunkt und Tagesordnung der Sitzungen waren einvernehmlich von den beiden Vorsitzenden zu vereinbaren.

Artikel 108 des Vermögensvertrages erteilte dem Schiedsgericht die Aufgabe, für Streitverfahren im Sinne von Artikel 99, durch Beschluß „bindende Gutachten" abzugeben über

- die Anwendbarkeit und Auslegung der Bestimmungen des Vertrages,
- die als Auseinandersetzungsergebnis zu erbringende Leistung bei Anwendung von Artikel 87,
- eine Beschränkung des Umfanges der Leistung oder über eine Festsetzung ihrer Fälligkeit gemäß den Härteklauseln des Artikels 100 Absatz 2, 3 oder 4,
- Streitigkeiten über die Belegenheit von Rechten oder daraus sich ergebende Folgen im Sinne von Artikel 99 Satz 2 und
- seine eigene Zuständigkeit (Artikel 110 Abs. 2).[610]

Die Beschlüsse des Schiedsgerichts, die „Bindenden Gutachten", waren, wie die Bezeichnung schon vermittelt, von bindender Wirkung. Diese galt für die innerstaatlichen Gerichte oder sonst zuständigen Behörden in allen Instanzen, in denen das entsprechende Verfahren anhängig war oder werden sollte. Ein bindendes Gutachten war somit immer eine Entscheidung, die nur für das konkrete Verfahren und dessen Parteien wirkte.[611]

Ein Beschluß des Schiedsgerichts konnte mit Mehrheit zustande kommen.[612] Auf diese Möglichkeit mußte jedoch in keinem Verfahren zurückgegriffen werden; alle verfügbaren Beschlüsse des Schiedsgerichts sind einstimmig zustande gekommen.[613] Für den Fall, daß das Gericht binnen vier Monaten keine Mehrheit für ein Bindendes Gutachten finden konnte, sah der Vertrag die Bestellung eines pensionierten Richters oder eines aktiven oder emeritierten Professors der Rechte als neutralen Vorsitzenden für dieses Verfahren vor.[614] Zwar wurde die Vier-Monats-Frist oft verlängert, jedoch hat keine der beiden beteiligten Regierungen je die Initiative ergriffen,

---

610 Vgl. Denkschrift, S. 64.

611 Vgl. ebd.

612 Vgl. Artikel 112, 1 VV.

613 Bei der Aushebung der Akten fehlen einige wenige Bindende Gutachten, die nicht aufzufinden waren, die aber auch aus einer Periode stammen, über die Dworak & Sympher berichten, daß es keine Mehrheitsentscheidungen gab: Siehe DWORAK / SYMPHER, Das Schiedsgericht, S. 425. Zu den Fundstellen der Gutachten siehe das Quellenverzeichnis und die rezenten Fußnoten.

614 Siehe Artikel 112, 2-4 VV.

diesen neutralen fünften Schiedsrichter zu etablieren. So kamen diese Bestimmungen nie zur Anwendung.[615]

Die bindenden Gutachten des Deutsch-Österreichischen Schiedsgerichts wirkten nicht als unmittelbare Sachentscheidungen, „sondern das Schiedsgericht ist als Zwischeninstanz für die nach dem Vermögensvertrag zu beurteilenden Fragen in die innerstaatlichen Verfahren eingeschaltet. Die zuständigen innerstaatlichen Instanzen bleiben bestehen, ihnen verbleibt nicht nur der Erlaß der Endentscheidung, die das Verfahren formell abschließt – wobei sie allerdings an das Gutachten des Schiedsgerichts gebunden sind".[616]

Das Verfahren vor dem Schiedsgericht mußte durch einen Beschluß der Gerichte und Behörden in einem der beiden Vertragsstaaten in Gang gesetzt werden. Rechtsstreitigkeiten, die den Vermögensvertrag tangierten, wurden zunächst gemäß dem nationalen Prozeßrecht vom jeweils zuständigen Gericht oder der zuständigen Behörde behandelt. Hielten das Gericht oder die Behörde die zu beurteilende Frage für „entscheidungserheblich", mußte das Verfahren mit begründetem Beschluß ausgesetzt und die Akten unverzüglich dem Schiedsgericht zugeleitet werden.[617] Das Schiedsgericht befand somit im Wege der Vorabentscheidung allein über die mit dem Vermögensvertrag zusammenhängenden Fragen. Das nationale Gericht, respektive die nationale Behörde, fällte dann die formell abschließende Entscheidung und entschied über den vom Vermögensvertrag nicht berührten Teils des Streits.

Die nach der nationalen Gesetzgebung zuständigen Gerichte oder Behörden waren dem Vertrag nach verpflichtet, bei Streitigkeiten, für die Artikel 99 einschlägig war und eine der Voraussetzungen nach Artikel 108 Absatz 1 vorlag, von Amts wegen oder auf Antrag einer oder beider Parteien das Verfahren zu unterbrechen. Gegen den begründeten Beschluß waren Rechtsmittel zulässig. Die Rechtsmittelinstanz hatte dann vom Schiedsgericht ein Gutachten über dessen Zuständigkeit einzuholen, um dann endgültig zu entscheiden. Wenn der Unterbrechungsbeschluß rechtskräftig war, mußten die Akten sofort dem Schiedsgericht in Wien zugeleitet werden.[618]

Durch diese Regelung in Artikel 110 sollte verhindert werden, daß die innerstaatlichen Instanzen dem Deutsch-Österreichischen Schiedsgericht Fragen entzogen, deren Beurteilung nach dem Vermögensvertrag dem Schiedsgericht vorbehalten sein sollte.[619]

Eine besondere Regelung war für den Fall getroffen, daß ein rechtskräftig Verpflichteter die Härteklauseln geltend machen wollte: Mit Anträgen

615 Vgl. SEIDL-HOHENVELDERN, Austrian-German Arbitral Tribunal, S. 37.

616 Denkschrift, S. 64f.

617 Vgl. Erläuternde Bemerkungen, S. 61; Denkschrift, S. 65.

618 Vgl. ebd.; Erläuternde Bemerkungen, S. 61f.

619 Vgl. Denkschrift, S. 65.

eines Schuldners zwecks Reduzierung oder Stundung der geschuldeten Leistung konnte das Schiedsgericht auch noch im Vollstreckungsverfahren nach Rechtskraft des zur Leistung verpflichtenden Urteils befaßt werden. Folgte das Schiedsgericht dem Antrag ganz oder teilweise, konnte das Urteil nur nach den Vorgaben des Schiedsgerichts vollstreckt werden. Ein im Zeitpunkt der Antragstellung bereits eingeleitetes Zwangsvollstreckungsverfahren war auf Antrag des Schuldners bis zur Entscheidung des Schiedsgerichts auszusetzen.[620]

Ein Unterbrechungsbeschluß nach Artikel 110 war nur zulässig bei Streitigkeiten, für die der Inhalt von Artikel 99 einschlägig war. Auch hier war das Verfahren nicht in jedem Fall auszusetzen. Nur wenn beide Voraussetzungen, wie sie im ersten Absatz von Artikel 108 aufgeführt sind, erfüllt waren, war die Unterbrechung des Verfahrens zulässig: „Werden in einem Streitverfahren, das Rechte oder Ansprüche der in Artikel 99 genannten Art zum Gegenstand hat, mit dem vorliegenden Vertrag im Zusammenhang stehende Punkte außer Streit gestellt – wird zum Beispiel lediglich unabhängig von den Bestimmungen des Vertrages die aktive oder passive Klagslegitimation oder die Höhe einer Forderung aus nicht mit dem Vertrag zusammenhängenden Gründen bestritten –, so ist kein Unterbrechungsbeschluß zu fassen, da keine der Voraussetzungen des Artikels 108 Abs. 1 lit. a bis e gegeben ist“, heißt es in den Erläuternden Bemerkungen der österreichischen Seite.[621]

Das Schlichtungsverfahren war unter Wahrung des Grundsatzes des Parteiengehörs zu gestalten. Die streitenden Parteien konnten sich durch Anwälte, die in einem der beiden Signatarstaaten zugelassen waren, vor dem Schiedsgericht vertreten lassen. Die Einzelheiten des Schiedsgerichtsverfahrens sollten nach Maßgabe des Vermögensvertrages in einer gesonderten Verfahrensordnung niedergelegt werden. Die Verfahrensordnung mußte von Österreich und Deutschland im Konsens ausgearbeitet werden. (Dies wird weiter unten noch ausführlich dargestellt.) Ferner war eine Gerichtskostenordnung festzusetzen, nach der im Bedarfsfalle einer Partei Armenrecht eingeräumt werden konnte.[622] Die Veröffentlichung der Verfahrensordnung des Schiedsgerichts erfolgte erst im Frühjahr 1960.[623]

Die Adresse des Schiedsgerichts war die gleiche wie die des Schlichtungsausschusses (Artikel 113): Minoritenplatz 3 im I. Wiener Gemeinde-

---

620 Vgl. Hugo DWORAK / Peter SYMPHER, Die Rechtsprechung des Schiedsgerichts des österreichisch-deutschen Vermögensvertrages, 1.4.1959-31.3.1963 (Wertpapier-Mitteilungen, Sonderbeilage Nr. 6/1963 zu Teil IV Nr. 52/52 vom 21./28. Dezember 1963: Die Rechtsprechung des Schiedsgerichts des österreichisch-deutschen Vermögensvertrages, S. 4.

621 Erläuternde Bemerkungen, S. 61.

622 Vgl. Denkschrift, S. 65f.; Erläuternde Bemerkungen, S. 62.

623 Siehe den nachfolgenden Abschnitt zur Verfahrensordnung.

bezirk. Das Schiedsgericht hatte, wie der Schlichtungsausschuß, die Möglichkeit auch außerhalb der österreichischen Bundeshauptstadt zu tagen. Besonders gegen Ende seiner Amtszeit machte das Schiedsgericht davon regen Gebrauch und tagte z.B. in Salzburg, Nürnberg, Regensburg, Bonn und Karlsruhe.

Die Entscheidungen des Wiener Schiedsgerichtes wurden über die Gerichte oder sonst zuständigen Behörden zugestellt. Nach der Zustellung war ein unterbrochenes Verfahren oder ein aufgeschobenes Zwangsvollstreckungsverfahren allein auf Antrag der Parteien wiederaufzunehmen. Den Erläuternden Bemerkungen der österreichischen Bundesregierung ist zu entnehmen, daß diese Regelung aus Ersparnisgründen getroffen wurde. Es wurde angenommen, daß in der überwiegenden Zahl der Fälle nach Kenntnis des Beschlusses des Schiedsgerichtes eine Entscheidung des Gerichtes oder der zuständigen Behörde obsolet sein würde, weil sich die Parteien über die allenfalls noch vom Gericht zu entscheidenden Fragen verständigen würden oder im Falle eines schon anhängigen Vollstreckungsverfahrens ohne Zwang leisten würden.[624]

Die Artikel 115 bis 117 enthalten für den Schlichtungsausschuß und das Schiedsgericht gleichlautende Verfahrensbestimmungen: Artikel 115 folgend, konnten Schlichtungsausschuß und Schiedsgericht Zustellungen in das Gebiet eines jeden der beiden Vertragsstaaten unmittelbar bewirken. Die technische Durchführung war Aufgabe der gemeinsamen Geschäftsstelle. Artikel 117 behandelt die von den vertragschließenden Regierungen der Vertragsstaaten für den Schlichtungsausschuß und das Schiedsgericht zu tragenden Kosten. Dem Grundsatz nach hatte jede Seite die Kosten für ihre Vertreter zu übernehmen.[625]

5.2. *Entstehung und Inhalt der Verfahrensordnung des Deutsch-Österreichischen Schiedsgerichts*

Eine der ersten Aufgaben des Schiedsgerichts war die Erarbeitung einer Verfahrensordnung. Einen ersten Entwurf für eine Verfahrensordnung hatte Amtsgerichtsrat Dr. Sympher, einer der deutschen Schiedsrichter, im Mai 1959 vorgelegt. Etwa ein Jahr nach der Veröffentlichung der Ratifizierungsgesetze des Vermögensvertrages in den Bundesgesetzblättern Österreichs und der Bundesrepublik Deutschland konnten sich die Mitglieder des Schiedsgerichts über einen gemeinsamen Entwurf[626] einer Verfahrensord-

---

624 Vgl. Erläuternde Bemerkungen, S. 62.

625 Vgl. ebd.

626 Vgl. [Entwurf einer Verfahrensordnung für das Österreichisch-deutsche Schiedsgericht], Anlage zu Schreiben v. Dziembowski, Botschaft der Bundesrepublik Deutsch-

nung für das Schiedsgericht einigen.[627] An den Besprechungen vom 2. bis 4. Juni 1959 nahmen drei deutsche und drei österreichische Mitglieder des Schiedsgerichts teil, sowie der deutsche und der österreichische Vorsitzende des Schlichtungsausschusses. Da die deutsche Bundesregierung zu den Beratungen über die Verfahrensordnung des Schiedsgerichts keinen Beamten entsandt hatte, verzichtete auch die österreichische Bundesregierung auf einen entsprechenden Schritt.[628] Diesen Besprechungen hatten ein deutscher[629] und ein österreichischer Entwurf zugrunde gelegen.[630]

Nun sollten die beiden nationalen Regierungen auf der Basis des übermittelten Entwurfs eine Verfahrensordnung auf den Weg bringen. Im Sommer 1959 begannen in den Hauptstädten die Beratungen über die Genehmigung des Vorschlags einer Verfahrensordnung.[631] Während die zuständigen Bonner Ministerien an dem in Wien von den Schiedsrichtern erarbeiteten Entwurf nichts zu kritisieren hatten,[632] wurden in Wien Änderungswünsche laut. Ministerialrat Betram vom Bonner Justizministerium wollte die Verhandlungen über die österreichischen Änderungswünsche mit der Erörterung der noch fehlenden Gerichtskostenordnung verbinden.[633] An eine bal-

---

land, Wien, an das Auswärtige Amt, Bonn, vom 14. Juli 1959, RK 506-80.01 Ber. Nr. 10001, Betr.: Verfahrensordnung nach Art. 111 des deutsch-österr. Vermögensvertrages, in: BA B 126 – 68345; Verfahrensordnung des Schiedsgerichts des österreichisch-deutschen Vermögensvertrages (Entwurf Juni 1959), Anlage zu Schreiben Roemer, Justizministerium Bonn, an das Auswärtige Amt, das Bundesfinanzministerium und das Bundeswirtschaftsministerium, vom 18. Dezember 1959, 9110/1 Ö 1 – 2a (14) – 49 654/59 II, Betr.: Tagesordnung des Schiedsgerichts des österreichisch-deutschen Vermögensvertrages, , in: BA B 126 – 68345.

627 Vgl. Schreiben Günther, Deutsche Delegation in der Ständigen Kommission (deutsch-österr. Vermögensvertrag vom 15.6.1957) an das Auswärtige Amt, Bonn, vom 5. Juni 1959, Bericht Nr. 102, Betr.: Deutsches Vermögen in Österreich; hier: Deutsch-Österreichisches Schiedsgericht nach dem Vermögensvertrag, Bezug: Erlaß vom 21. Mai 1959; 506-89 SL-94.19/21/4a, in: BA B 126 – 68345.

628 Vgl. Günther an Auswärtiges Amt vom 5. Juni 1959, in: BA B 126 – 3126/68345.

629 Vermutlich: Verfahrensordnung des österreichisch-deutschen Schiedsgerichts, Entwurf vom 9.5.1959, Anlage zu Schnellbrief Justizministerium, Bonn, an Finanzministerium Bonn, MinR. Bracker, VB/2-01260 Öst.-172/59, o.D., in: BA B 126 – 68345.

630 Vgl. Günther an Auswärtiges Amt vom 5. Juni 1959, in: BA B 126 – 68345.

631 Vgl. Rundschreiben des Justizministeriums an das Auswärtige Amt, das Wirtschaftsministerium, das Finanzministerium, alle Bonn, vom 30. Juli 1959, GZ 9110/1 (14) Ö 1 – 2 a –47 966/59, Betr.: Verfahrensordnung des Schiedsgerichts des österreichisch-deutschen Vermögensvertrages, Bezug: Schreiben des Auswärtigen Amts vom 23. Juli 1959 506-80 SL 94.19/4 A, in: BA B 126 – 68345.

632 Vgl. z.B. Schreiben Schreiber, Wirtschaftsministerium an Gnodtke, Auswärtiges Amt und Bracker, Finanzministerium vom 10. August 1959, VI B 4 – 741-25/3 Beih. 5-66509/59, in: BA B 126 – 68345.

633 Vgl. Vermerk vom 8. Oktober 1959, in: BA B 126 – 68345.

dige Arbeitsaufnahme des Schiedsgerichts war vierzehn Monate nach Verkündung des Gesetzes immer noch nicht zu denken,[634] obgleich die Änderungswünsche keine großen Fragen tangierten.[635]

Der deutsche Vorsitzende des Schiedsgerichts lud gegen Jahresende für den 14. Januar 1960 die Vertreter der beteiligten Bonner Ministerien zu einer Besprechung über die Verfahrensordnung in den großen Sitzungssaal des Bundesjustizministeriums. In dieser Sitzung sollte der Entwurf vom Juni 1959 mit österreichischen und deutschen Regierungsvertretern beraten werden.[636]

Die Verhandlungen über den Juni-Entwurf[637] einer Verfahrensordnung fanden in Verbindung mit der vierten Tagung der Deutsch-Österreichischen Ständigen Kommission in Bonn statt und erstreckten sich vom 13. bis 15. Januar 1960. Sie wurden in wechselnden Foren geführt. Sie gliederten sich in eine Vorbesprechung der Regierungsvertreter der Bundesrepublik und Österreichs allein, sowie in Besprechungen des Schiedsgerichts zusammen mit den Regierungsvertretern. Dazwischen tagte auch das Schiedsgericht für sich allein. Die beiderseitigen beteiligten Ressorts waren ebenfalls durch Beamte vertreten. Für die deutsche Seite fungierte Ministerialrat Bertram vom Bundesjustizministerium als Delegationssprecher.

Die österreichischen Änderungswünsche waren zunächst nur von den beteiligten deutschen Vertretern besprochen worden. Dabei stellte sich heraus, daß die Deutschen sich mit den redaktionellen Änderungen anfreunden konnten. Bedenken bestanden gegenüber Wünschen aus Österreich, die sich gegen die erwünschte Konzentrationsmaxime des Entwurfs richteten.[638] Die

---

634 Vgl. ebd.

635 Schnellbrief von Roemer, Justizministerium Bonn, an das Auswärtige Amt, Referat 506, vom 30. Dezember 1959, 9110/1 Ö 1 – 2a (14) – 49 654/59 II, Betr.: Tagung des Schiedsgerichts des Deutsch-Österreichischen Vermögensvertrages, in: BA B 126 – 68345.

636 Vgl. Schreiben Roemer, Justizministerium Bonn, an das Auswärtige Amt, das Bundesfinanzministerium und das Bundeswirtschaftsministerium, vom 18. Dezember 1959, 9110/1 Ö 1 – 2a (14) – 49 654/59 II, Betr.: Tagesordnung des Schiedsgerichts des österreichisch-deutschen Vermögensvertrages, in: BA B 126 – 68345.

637 Vgl. [Bundesministerium der Finanzen], Referat VI A/2, VI A/2-0 1260 – Öst. – 369/59, 1. Vermerk, Betr.: Tagung des Schiedsgerichts nach dem Deutsch-Österreichischen Vermögensvertrages, in: BA B 126 – 68345.

638 Enthalten im Entwurf vom Juni 1958 in den Artikeln 11 und 18: „Artikel 11: (1) Der Berichterstatter setzt dem Kläger (Antragsteller) eine Frist, innerhalb der er zu den Fragen, über die das Schiedsgericht nach Artikel 108 des Vermögensvertrages sein bindendes Gutachten abgibt, schriftlich Stellung nehmen kann. Nach Eingang der Stellungnahme des Klägers (Antragstellers) oder nach fruchtlosem Ablauf der Äußerungsfrist erhält der Gegner Gelegenheit zur Stellungnahme. (2) Neue Angriffs- und Verteidigungsmittel können im Laufe des weiteren Verfahrens nicht mehr vorgebracht werden, es sei denn, daß sie auf rechtliche oder tatsächliche Gründe gestützt werden,

Beschränkung von Schriftsätzen gab es in Verfahren vor anderen bilateralen und internationalen Schiedsgremien.[639] Gegen die im Entwurf vom Juni 1959 vorgesehene Konzentrationsmaxime hatten die österreichischen Teilnehmer vor allem verfassungsrechtliche Bedenken. Nach längerer Debatte wurde Artikel 18 ganz fallengelassen. Artikel 11 wurde nach dem Vorschlag des Schiedsgerichts weicher gefaßt, um dem Vorwurf zu entgehen, den Parteien seien Angriffs-, Verteidigungs- und Beweismittel vorzeitig abgeschnitten worden.[640]

Bedenken hatten deutsche und österreichische Regierungsvertreter gegen die Fassung des Artikels 30 des Verfahrensordnungsentwurfes der Schiedsrichter.[641] Die von den Schiedsrichtern gewählte Formulierung wurde von den deutschen und österreichischen Regierungsbeamten vor allem deswegen verworfen, weil Artikel 117 Absatz 2 des Vermögensvertrages davon ausgeht, daß sich das Schiedsgericht aus den eingehenden Gebühren weitgehend selbst finanziert. Die beiden Vertragsstaaten wollten nur die verbleibenden Defizite ausgleichen. Die Ministerialbeamten stellten sich einen abgestuften Kostentarif vor, der Gewähr dafür bieten sollte, daß das Schiedsgericht bei der Kostenfestsetzung doch „in gewisser Weise" an Höchst- und Mindestsätze gebunden ist. Dadurch wollte man vermeiden, daß die Schiedsrichter ihre Ermessensfreiheit zu gutmütig handhabten und

---

die erst nachträglich zutage getreten sind. Macht eine Partei derartige Angriffs- oder Verteidigungsmittel geltend, so kann der Berichterstatter der Gegenpartei eine Frist zur Stellungnahme setzen. Die Entscheidung über die Zulässigkeit des Vorbringens bleibt dem Schiedsgericht vorbehalten. (3) Die Frist für die Einreichung der Schriftsätze soll vier Wochen nicht überschreiten. Artikel 18: Die Parteien dürfen in der mündlichen Verhandlung keine anderen als die bisher von ihnen geltend gemachten Angriffs- und Verteidigungsmittel vorbringen." Verfahrensordnung des Schiedsgerichts des österreichisch-deutschen Vermögensvertrages (Entwurf Juni 1959), Anlage zu Schreiben Roemer, Justizministerium Bonn, an das Auswärtige Amt, das Bundesfinanzministerium und das Bundeswirtschaftsministerium, vom 18. Dezember 1959, 9110/1 Ö 1 – 2a (14) – 49 654/59 II, Betr.: Tagesordnung des Schiedsgerichts des österreichisch-deutschen Vermögensvertrages, in: BA B 126 – 68345.

639 Vgl. Vorschriften über eine Beschränkung der Zahl der Parteienschriftsätze in den Verfahrensordnungen internationaler Schiedsgerichte, in: BA B 126 – 68345.

640 Vgl. [Bundesministerium der Finanzen], Referat VI A/2, VI A/2-0 1260 – Öst. – 369/59, 1. Vermerk, Betr.: Tagung des Schiedsgerichts nach dem Deutsch-Österreichischen Vermögensvertrages, in: BA B 126 – 68345.

641 „Artikel 30: Die Höhe der Gebühren wird vom Schiedsgericht unter Berücksichtigung des Streitwertes und des Ausmaßes der Inanspruchnahme des Schiedsgerichts nach billigem Ermessen festgesetzt." Verfahrensordnung des Schiedsgerichts des österreichisch-deutschen Vermögensvertrages (Entwurf Juni 1959), Anlage zu Schreiben Roemer, Justizministerium Bonn, an das Auswärtige Amt, das Bundesfinanzministerium und das Bundeswirtschaftsministerium, vom 18. Dezember 1959, 9110/1 Ö 1 – 2a (14) – 49 654/59 II, Betr.: Tagesordnung des Schiedsgerichts des österreichisch-deutschen Vermögensvertrages, in: BA B 126 – 68345.

so keine nennenswerten Gebühren bei der Schiedsgerichtskasse eingingen. Im Laufe der Beratungen ließen sich auch die Schiedsrichter davon überzeugen, daß eine konkretere Formulierung gefunden werden müsse. Man verständigte sich noch darauf, daß die Gebührensätze wegen des Sitzes des Gerichts in Wien in Schilling auszudrücken seien.[642]

Die Frage des Kostenvorschusses[643] war Gegenstand ausführlicher Erörterungen. Vor allem die österreichischen Mitglieder des Schiedsgerichts konnten sich für die vorgelegte Formulierung nicht erwärmen, „weil sie für das Schiedsgericht den weitgehend auch bei anderen internationalen Gerichten geltenden Grundsatz ‚ohne Schuß kein Jus' nicht mitmachen wollten. Wenn von jedem Verfahrensbeteiligten zunächst ein u. U. erheblicher Vorschuß gefordert werde, bevor das Schiedsgericht überhaupt tätig wird, so käme dies einer Rechtsverweigerung gleich."[644] Nach längerer Diskussion wurde ein Kompromiß in dem Sinne gefunden, daß das Schiedsgericht seine Tätigkeit „in der Regel" von der Zahlung eines Kostenvorschusses abhängig machen sollte.[645] Gegen „ziemlichen" österreichischen Widerstand blieb die Fassung des Artikels 33 im wesentlichen bestehen, wonach ein beigeordneter Armenanwalt aus den Mitteln des Schiedsgerichts vergütet werden sollte. Die Armenanwälte aus Mitteln der beiden Signatarstaaten zu bezahlen, hielt die Mehrheit in diesem Kreise für technisch nicht machbar.[646]

---

642 Vgl. [Bundesministerium der Finanzen], Referat VI A/2, VI A/2-0 1260 – Öst. – 369/59, 1. Vermerk, Betr.: Tagung des Schiedsgerichts nach dem Deutsch-Österreichischen Vermögensvertrages, in: BA B 126 – 68345. Beschlossene Neuformulierung in: BA B 126 – 68345. Siehe auch: Änderungsbeschlüsse des Schiederichtes vom 15. Januar 1960, in: BA B 126 – 68345.

643 „Artikel 32: (1) Das Schiedsgericht wird nur tätig, wenn ein vom Berichterstatter festzusetzender Kostenvorschuß für die voraussichtlich erwachsenden Gebühren und Auslagen geleistet wird. Ein Vorschuß für die Kosten einer Beweisaufnahme ist vom Beweisführer zu leisten. (2) Die Festsetzung von Kostenvorschüssen unterbleibt ganz oder teilweise, wenn beim Kostenschuldner die vor den Gerichten seines Heimatstaates geforderten Voraussetzungen für die Gewährung des Armenrechtes gegeben sind." Verfahrensordnung des Schiedsgerichts des österreichisch-deutschen Vermögensvertrages (Entwurf Juni 1959), Anlage zu Schreiben Roemer, Justizministerium Bonn, an das Auswärtige Amt, das Bundesfinanzministerium und das Bundeswirtschaftsministerium, vom 18. Dezember 1959, 9110/1 Ö 1 – 2a (14) – 49 654/59 II, Betr.: Tagesordnung des Schiedsgerichts des österreichisch-deutschen Vermögensvertrages, in: BA B 126 – 68345.

644 [Bundesministerium der Finanzen], Referat VI A/2, VI A/2-0 1260 – Öst. – 369/59, 1. Vermerk, Betr.: Tagung des Schiedsgerichts nach dem Deutsch-Österreichischen Vermögensvertrages, in: BA B 126 – 68345.

645 Vgl. ebd.

646 Vgl. ebd.

Ende Februar überreichte der deutsche Vorsitzende des Schiedsgerichts dem Bonner Justizministerium die mit allen Unterschriften der Schiedsrichter und deren Stellvertreter versehene Verfahrensordnung für das Schiedsgericht, die nun von den beiden Regierungen genehmigt werden sollte. In den deutschen Ministerien sah man nun auch eine gewisse Eile geboten. Das Gericht war zwar bereits gegründet und hatte sich auch schon seit längerem personell konstituiert. Trotzdem war beinahe drei Jahre nach Vertragsschluß noch immer nicht mit der eigentlichen Arbeit, nämlich streitige Fälle im Rahmen des Vermögensvertrages zu entscheiden, begonnen worden. Bis Anfang März 1960 waren bei der Geschäftsstelle des Schiedsgerichts bereits zwölf Sachen zur Entscheidung vorgelegt worden,[647] bis Mitte Oktober 1960 waren es 22.[648] Die zuständigen deutschen Ressorts erteilten der Verfahrensordnung stillschweigend ihr Plazet, auf einen Kabinettsbeschluß wurde verzichtet.[649] Die genehmigte Fassung der Verfahrensordnung des Schiedsgerichts wurde am 31. März 1960 im Teil II des deutschen Bundesgesetzblattes[650] und am gleichen Tag auch im Bundesgesetzblatt der Republik Österreich veröffentlicht.[651]

Im Oktober 1960 berichtete Günther dem Auswärtigen Amt, daß die Arbeit des Schlichtungsausschusses zu Ende gehe. Günther schrieb nach Bonn, daß die Vorarbeiten für die die nationalen Gerichte bindenden Gutachten soweit gediehen seien, daß das Schiedsgericht nach einer letzten vorbereitenden Sitzung, die Ende November/Anfang Dezember 1960 stattfinden sollte, Anfang des nächsten Jahres zu seiner ersten Arbeitstagung zu-

647 Bracker, Finanzministerium Bonn, Referat VI A/2, an Abteilungsleiter VI über VI A, vom 7. März 1960, VI A/2-0 1260 –Öst – 65/60, Betr.: Deutsch-Österreichischer Vermögensvertrag (VV), hier: Verfahrensordnung des Schiedsgerichts, in: BA B 126 – 68345.

648 Günther an das Auswärtige Amt, vom 12. Oktober 1960, Ber.-Nr. 91/60, Betr.: Deutsch-Österreichischer Vermögensvertrag; hier: Schiedsgericht, in: BA B 126 – 68345.

649 Vgl. Schnellbrief Justizministerium, Bonn, an das Auswärtige Amt, das Wirtschafts- und das Finanzministerium, vom 1. März 1960, 9110/1 Ö 1 – 2a (14) 65 260/60, Betr.: Verfahrensordnung des Schiedsgerichts des österreichisch-deutschen Vermögensvertrages, in: BA B 126 – 68345; Schreiben Roemer, Justizministerium, Bonn, an das Auswärtige Amt, vom 14. März 1960, 9110/1 Ö 1 – 2a (14) 65 260/60 II, Betr.: Genehmigung der Verfahrensordnung des Schiedsgerichts des österreichisch-deutschen Vermögensvertrages, in: BA B 126 – 68345; Bundesjustizminister Schäffer an den Vorsitzenden des Schiedsgerichts des Österreichisch-deutschen Vermögensvertrages, Wien/Freiburg, vom 14. März 1960, in: BA B 126 – 3126/68345.

650 BGBlD., Teil II, vom 31. März 1960.

651 73. Kundmachung der Bundesregierung vom 8. März 1960, betreffend die Erlassung der Verfahrensordnung des Schiedsgerichts des österreichisch-deutschen Vermögensvertrages, in: BGBlÖ., Jg. 1960, 19. Stück, ausgegeben am 31. März 1960, S. 526-529.

sammentreten wolle. Die Intensivierung der Arbeit des Schiedsgerichts erfordere eine Intensivierung der Deutsch-Österreichischen Zusammenarbeit im Schiedsrichtergremium. Die österreichische Seite, so Günther, erwarte und begrüße einen derartigen vertieften Kontakt.[652] Es waren auch schon Befürchtungen in der Öffentlichkeit geäußert worden, daß hier sehr langwierige Verfahren zu gegenwärtigen seien: „Es zeigt sich, daß die allenfalls streitig werdenden Ansprüche aus dem Vermögensvertrag unter Berücksichtigung aller nun anwendbaren Verfahren und Instanzen (Schlichtungsausschuß, Gericht, allenfalls Rechtsmittelinstanz mit Gutachten über die Zuständigkeit des Schiedsgerichtes, Schiedsgericht und wieder Gericht) jahrelang in der Schwebe sein können. Manche werden daher, wenigstens bei kleineren Werten, lieber einen privaten Vergleich anstreben. Andere, vor allem Beanspruchor hoher Werte, werden sich sagen, daß sie ohne weiteres noch einige Jahre zuwarten können, da sie nun einmal schon seit dem Jahre 1945 gezwungenermaßen zugewartet haben."[653]

Diese Entwicklung nahm das Auswärtige Amt zum Anlaß, in einem Schreiben an den Justizminister vom 29. Oktober 1960 eine Intensivierung der Arbeit des Schiedsgerichts zu reklamieren, zumal sich der Beginn der Tätigkeit des Gerichts wider Erwarten verzögert habe. „Das Auswärtige Amt", hieß es in dem Schreiben weiter, „ist aus allgemein politischen Gründen daran interessiert, den Vermögensvertrag bald abzuwickeln." Aus diesem Grund sollten die deutschen Schiedsrichter für ein halbes Jahr nach Wien gehen.[654]

5.3. Stellung des Schiedsgerichts im internationalen Vergleich

Der Vertrag von Saint Germain vom 13. September 1919 sah im Verhältnis der einzelnen Vertragsparteien die Errichtung internationaler Schiedsgerichtshöfe, der Gemischten Schiedsgerichtshöfe, vor, die über einen Teil der im Staatsvertrag geregelten Ansprüche befinden konnten. Aufbauend auf den Regelungen des Vertrags von Saint Germain wurden für die Gemischten Schiedsgerichtshöfe Prozeßordnungen zur Regelung von privatrechtlichen Beziehungen österreichischer Staatsangehöriger mit Staatsangehörigen

---

652 Bericht Günther an das Auswärtige Amt, vom 12. Oktober 1960, Ber.-Nr. 91/60, Betr.: Deutsch-Österreichischer Vermögensvertrag; hier: Schiedsgericht, in: BA B 126 – 3126/68345.

653 Vgl. VEITER, Administrative Durchführung, S. 8f.

654 Schreiben Burchard, Auswärtiges Amt an den Bundesminister der Justiz, vom 29. Oktober 1960, 506-80SL-94.19–19, Betr.: Deutsch-Österreichischer Vermögensvertrag; hier: Schiedsgericht, in: BA B 126 – 68345.

von Frankreich, Griechenland, Belgien, Japan, Jugoslawien, Großbritannien, Italien und Rumänien festgelegt. Zudem wurden Schiedsverträge zur Schlichtung von Streitigkeiten Österreichs mit Italien, Polen, Rumänien, der Schweiz und der Tschechoslowakei unterzeichnet. In allen Fällen mußten die Schiedsgerichtsverfahren durch Klagen eingeleitet werden.[655]

Von den durch die Zweite Republik selbst abgeschlossenen Staatsverträgen im weitesten Sinne des Wortes, also einschließlich der Regierungsabkommen, der Ressortübereinkommen und der Verwaltungsübereinkommen, war die Einsetzung eines Schlichtungsinstrumentariums keine Seltenheit, so im Abkommen mit der Schweiz über Sozialversicherung, im Übereinkommen mit Italien über die Regelung des Grenzverkehrs oder in den Abkommen mit der Bundesrepublik Deutschland über Sozialversicherung, über Arbeitslosenversicherung und über Gastarbeitnehmer oder im Abkommen mit dem Freistaat Bayern über die Anwendung der Salinenkonvention. Meist wurden solche Abkommen mit den Nachbarstaaten der Zweiten Republik abgeschlossen, da „gerade im Verhältnis zu diesen die Lösung gemeinsamer Fragen zwischenstaatliche Vereinbarungen erforderte." Österreich hat auch mit nahezu allen anderen europäischen Staaten Vereinbarungen getroffen; ausgenommen die Deutsche Demokratische Republik, Albanien, Andorra und San Marino. Hinzu kamen vertragliche Abmachungen mit einzelnen außereuropäischen Staaten und zahlreiche multilaterale Verträge. Die meisten dieser Abkommen regelten Verkehrsfragen, an zweiter Position rangierten Fragen des Arbeits- und Sozialrechts, wobei auch der Sozialversicherung ein weiter Raum zukam. Kulturabkommen spielten hingegen nur eine untergeordnete Rolle.[656]

Allein auf privatrechtliche, obligatorische Verbindlichkeiten bezieht sich lediglich das Abkommen zwischen Österreich und der Schweiz aus dem Jahr 1958 über die Regelung von Zahlungsverpflichtungen aus der Zeit vor dem 9. Mai 1945. In diesem Vertrag wurde den Antragstellern im Fall der Ablehnung ihres Begehrens der Weg zu einem Schiedsgericht eröffnet, das aus je einem Schweizer und einem österreichischen Richter bestand. Wie der Deutsch-Österreichische Vermögensvertrag, sah auch dieser Vertrag bei Nichteinigung des Schiedsgerichts einen dritten Richter als Vorsitzenden vor. Im Gegensatz zum Vermögensvertrag war dieses österreichisch-schweizerische Gericht nie zusammengetreten.[657]

Das Schiedsgericht des Vermögensvertrages kann in der Entwicklung der rechtlichen Ausgestaltung von Schlichtungsgremien außenpolitischer

655 Vgl. Hugo DWORAK / Peter SYMPHER, Das Schiedsgericht des österreichisch-deutschen Vermögensvertrages, in: Österreichische Juristen-Zeitung, 19/16, 25. August 1964, S. 421-425.

656 Vgl. ebd., S. 421 mit einer Reihe weiterer Beispiele.

657 Vgl. ebd., S. 422.

Verträge der Ersten und Zweiten Republik sowie der Bundesrepublik Deutschland insofern als Novum angesehen werden, als bis dahin keines der internationalen Schiedsgerichte, an denen diese Staatsgebilde beteiligt waren, in bereits laufende Verfahren vor Gerichten und bei sonstigen Behörden eingeschaltet worden waren und Gutachten abzugeben hatten, die für deren weiteres Vorgehen bindend waren.[658] Das Schiedsgericht sah sich „als Zwischeninstanz ausschließlich für die nach dem Vermögensvertrag zu beurteilenden Fragen in die innerstaatlichen Verfahren eingeschaltet".[659]

Die Regelungen des Vermögensvertrages hinsichtlich der Einwirkung der Bindenden Gutachten des Schiedsgerichts sind von Zeitgenossen mit jenen Regelungen über die Einwirkung der Entscheidungen des Europäischen Gerichtshofes auf das nationale Recht verglichen worden. Der Europäische Gerichtshof war erst kurz vor Abschluß des Vermögensvertrages im Rahmen der europäischen Integrationsverträge eingerichtet worden.[660] „The relevant provisions of the former Treaty were readily accepted as a model by the drafters of the Property Treaty, since at least in this respect the purposes of the organs concerned were similar. The Arbitral Tribunal was established in order to protect the Property Treaty against divergent arbitral interpretations by domestic courts."[661] Der beste Weg, divergierende Auslegungen durch nationale Gerichte zu vermeiden, war in der Tat, den Vorrang und bindenden Charakter der Entscheidungen des Deutsch-Österreichischen Schiedsgerichts festzuschreiben.

5.4. Besetzung des Schiedsgerichts

Gemäß dem Vermögensvertrag hatten die beiden Vertragsstaaten binnen eines Monats nach Inkrafttreten des Vertrages die von ihnen ernannten Schiedsrichter gegenseitig zu notifizieren. Um für das Schiedsgericht geeignete Personen benennen zu können, wandte sich das Bundesjustizmini-

658 Vgl. SEIDL-HOHENVELDERN, Austrian-German Arbitral Tribunal, S. 32; DWORAK, SYMPHER, Schiedsgericht, S. 422.

659 Schiedsgericht des Österreichisch-deutschen Vermögensvertrages, Bindendes Gutachten, Zahl 73 (Republik Österreich gegen Heinrich Reuss, Ernstbrunn, Niederösterreich), in: BA B 126 – 68348.

660 Vgl. Wichard WOYKE unter Mitarbeit von Johannes VARWICK, Europäische Union. Erfolgreiche Krisengemeinschaft. Einführung in Geschichte, Strukturen, Prozesse und Politiken, München – Wien 1998, S. 23ff.; Hanns Jürgen KÜSTERS, Die Gründung der Europäischen Wirtschaftsgemeinschaft, Baden-Baden 1982; SEIDL-HOHENVELDERN, Austrian-German Arbitral Tribunal, S. 32.

661 Ebd.

sterium im Juni 1958 mit der Bitte um Hinweise auf geeignete Richter aus der ordentlichen Gerichtsbarkeit an die Landesjustizverwaltungen.[662]

Schließlich benannte die Bundesrepublik Deutschland mit Datum 1. April 1959 folgende Mitglieder des Schiedsgerichts: Günter Kaulbach, Senatspräsident am Oberlandesgericht in Karlsruhe, und Peter Sympher, Amtsgerichtsrat im Bundesministerium der Justiz in Bonn. Zu stellvertretenden Schiedsrichtern wurden bestellt: Hans Gramm, Senatspräsident am Hamburgischen Oberlandesgericht, und Franz-Josef Wilhelmy, Oberlandesgerichtsrat in Köln. Kaulbach wurde zudem als deutscher Vorsitzender und Gramm als stellvertretender deutscher Vorsitzender ernannt.[663]

Die Republik Österreich bestellte zu Schiedsrichtern: Guido Sommer, Senatspräsident i. P. des Obersten Gerichtshofes und Präsident des Patentgerichtshofes, und Hugo Dworak (zugleich österreichischer Vorsitzender), Vorsitzender Rat des Oberlandesgerichts Wien. Als stellvertretende österreichische Schiedsrichter wurden berufen: Roderich Kralik, Rat i. P. des Obersten Gerichtshofes und Wilhelm Bistritschan, ebenfalls Rat i. P. des Obersten Gerichtshofes;[664] „Alles gute Namen“, wie Günther kommentierte.[665] Für Bistritschan folgte bereits im Dezember 1959 Friedrich Ruttar, Oberlandesgerichtsrat des Handelsgerichtes Wien.[666]

5.5. Die Arbeit des Schiedsgerichts

An das Deutsch-Österreichische Schiedsgericht konnten die innerstaatlichen Gerichte oder Behörden ein Verfahren abgeben, und es konnte auch von jedem Verfahrensbeteiligten angerufen werden. Von diesem Recht machten vor allem deutsche Unternehmen Gebrauch. Das Schiedsgericht hatte dabei ausschließlich den Vermögensvertrag auszulegen. Rekurse auf nationales Recht waren nur dann zulässig, wenn der Vermögensvertrag keine Handhabe zur Rechtsfindung bot. In seinem 25. Gutachten bemerkt das Deutsch-Österreichische Schiedsgericht in Bezug auf die Einlassung einer Beklag-

---

662 Vgl. Rundschreiben, Bundesjustizministerium an die Landesjustizverwaltungen vom 10. Juni 1958, in: PA B 86 – 760.

663 Vgl. Schreiben Auswärtiges Amt an die Deutsche Botschaft, Wien, vom 20. März 1959, in: PA B 86 – 761. Abschriften der Ernennungsschreiben folgen im Ordner. Deutsche Botschaft Wien, Verbalnote vom 1. April 1959, in: PA B 86 – 761.

664 Österreichische Botschaft, Verbalnote, Zl 3788-A/59, vom 1. April 1959; Bericht 81/61 Bormann an das Auswärtige Amt, vom 30. Oktober 1961, beide in: PA B 86 – 761.

665 Schreiben Günther, Deutsche Delegation der Ständigen Kommission, an Min.R. Bertram, Bundesjustizministerium, vom 14. April 1959, in: PA B 86 – 761.

666 Österreichische Botschaft, Verbalnote, Zl. 9493-A/59, vom 14. Dezember 1959, in: PA B 86 – 761.

ten, ob die im Vermögensvertrag vorgeschriebene Einschaltung der bilateralen Schiedsinstanz in den Instanzenweg der Vertragsstaaten mit dem Grundgesetz der Bundesrepublik vereinbar sei, folgendes: Die Vereinbarkeit „kann hier nur im Rahmen der dem Schiedsgericht durch den Vermögensvertrag übertragenen Kompetenzen geprüft werden." Diese seien in Artikel 108 Absatz 1 des Vermögensvertrages umschrieben: „Fragen des innerstaatlichen Rechts der beiden Vertragstaaten sind ... ebenso wie die vertraglichen Bindungen der beiden Vertragstaaten gegenüber dritten Staaten, nur insoweit in Betracht zu ziehen, als sie entweder als Vorfrage einer in die Zuständigkeit des Schiedsgerichts fallenden Frage oder für die Auslegung einer der Beurteilung des Schiedsgerichts vorbehaltenen Bestimmung von Bedeutung sind."[667] Seidl-Hohenfeldern kommentiert: „Thus it appeared to qualify as an international tribunal, in a stricter sense of the term, in spite of not being ‚classical arbitral tribunal'."[668] Die Beschränkung der Tätigkeit des Schiedsgerichts auf die Interpretation des Vermögensvertrages unter Ausschluß aller anderen Normen Deutschland und Österreichs führte zu einigen Entscheidungen des Gerichts, die Verletzung solcher nationaler Normen in Kauf nahmen, wenn dieses Vorgehen durch den Wortlaut des Vermögensvertrages gedeckt war. Dies ist für die Praxis internationaler Schlichtungsverfahren wohl nicht ungewöhnlich.[669]

Wenn sich private Parteien nicht über eine Empfehlung des Schlichtungsausschusses arrangieren konnten, gelangte der Fall zum Schiedsgericht. Die Empfehlungen des Schlichtungsausschusses enthielten keine Hinweise auf die Grundlagen der Empfehlung. Diese fanden sich aber in den jeweiligen vorgelegten Akten, so daß die Schiedsrichter über die Motive von Empfehlungen des Schlichtungsausschusses im Bilde waren. Es war durchaus üblich, daß sich das Schiedsgericht in seinen Gutachten auf die Akten des Schlichtungsausschusses bezog und dessen Auffassung zustimmte oder verwarf. Keinesfalls fühlte sich aber das Gericht an die Linie des Schlichtungsausschusses gebunden.[670]

In der juristischen Literatur wird herausgestellt, daß das Deutsch-Österreichische Schiedsgericht zu einer Reihe unklarer beziehungsweise strittiger Passagen des Vermögensvertrags richtungsweisende Schiedssprüche gefällt hat.[671] Diese Entscheidungen fielen aber alle bereits recht früh.

---

667 Schiedsgericht des Österreichisch-deutschen Vermögensvertrages, Gutachten Zahl 25, Österreichische Mineralölverwaltung AG, Wien, gegen Zentralbüro für Mineralöl GmbHiL, Hamburg, S. 22f., in: BA 126 – 19174

668 SEIDL-HOHENVELDERN, Austrian-German Arbitral Tribunal, S. 36.

669 Vgl. ebd., S. 36, 69ff.

670 Siehe zum Beispiel die Bindenden Gutachten Nr. 22, S. 8, und Nr. 59, S. 18.

671 Vgl. Hugo DWORAK / Peter SYMPHER, Die Rechtsprechung des Schiedsgerichts des österreichisch-deutschen Vermögensvertrages (1.4.1959 – 31.3.1963), Wertpapier-

Zwar zog sich die Arbeit des Schiedsgerichts noch bis 1974 hin, aber schon die Bindenden Gutachten der Jahre 1970 und 1971 machten deutlich, daß es keine neuen Argumente und Probleme mehr gab.[672]

Es ist aber nicht Gegenstand dieser Arbeit, eine rein rechtshistorische Abhandlung über die Tätigkeit der Schiedsorgane und deren Auswirkung vorzulegen. Vielmehr geht es um die Darstellung der Tätigkeit der Schlichtungsorgane, eingebunden in die ökonomischen und politischen Zusammenhänge. Zusammenfassungen der Entscheidungen des Schiedsgerichts sind in zeitgenössischen Darstellungen erschienen. Als Überblick findet sich eine Auflistung aller Verfahren vor dem Schiedsgericht (Tabelle 15). Diese Tabelle enthält einige interessante Details. Neben vielen juristischen Aufsätzen zu den Gutachten des Schiedsgerichts, sind die Publikation von Hugo Dworak und Peter Sympher „Die Rechtsprechung des Schiedsgerichts des Deutsch-Österreichischen Vermögensvertrages, 1.4.1959-31.3.1963“ und der Titel „The Austrian-German Arbitral Tribunal“ von Ignaz Seidl-Hohenveldern (New York 1972) zu nennen. Hier sind umfassende juristische Informationen zu finden. Dennoch kann eine Darstellung der Entscheidungen des Schiedsgerichts nicht ganz entfallen, da hier grundlegende Entscheidungen getroffen wurden, die für den wirtschaftlichen Bereich wie für die politische Entwicklung wichtig waren. Zu den zentralen Fragen gehörte die Haltung zum Institut des Privateigentums, die ja gesamtgesellschaftlich zumindest in den ersten Jahren unseres Betrachtungszeitraumes weit oben auf der politischen Agenda in beiden Ländern stand.

Österreich gab inzwischen in seinen Vorbehalten zur Europäischen Konvention der Menschenrechte zu, daß der Übergang von deutschem privatem Eigentum auf die Republik Österreich, der Menschenrechts-Konvention widersprach. Es mußte deshalb geprüft werden, ob die Beschlagnahme deutschen Eigentums nur das in Österreich „belegene“ einschloß, oder ob auch das außerhalb Österreichs gelegene, deutsche Privateigentum, „für welches in Österreich irgendein Anknüpfungspunkte konstruiert werden kann“, davon betroffen war.[673] Die beiden vertragschließenden Regierungen haben in ihren Erläuterungen zu den Motiven des Vermögensvertrages das Bekenntnis zum Grundsatz der Unantastbarkeit des Privateigentums herausgestellt, wie dies weiter oben dargelegt wurde. Für die Abwicklung des Vermögensvertrages war es daher von besonderer Bedeutung, welchen Stellenwert das Schiedsgericht dem Privateigentum grundsätzlich beimessen würde.

Mitteilungen, Sonderbeilage Nr. 6/1963 zu Teil IV Nr. 51/52 vom 21./28. Dezember 1963.

672 Vgl. SEIDL-HOHENVELDERN, Austrian-German Arbitral Tribunal, S. VIII.

673 VEITER, Auseinandersetzungen um „Deutsches Eigentum“, S. 9.

Das Schiedsgericht hat schon in seinem ersten Gutachten, ein Verfahren der Chlorodont GmbH., Nachf. J. Jarosch & Co., Wien XVI., gegen die Leo-Werke GmbH, Frankfurt am Main, den Vorrang privater Verfügungsrechte betont und in diesem Zusammenhang ausführlich die rechtswissenschaftliche Debatte zur Enteignung gewürdigt. In dieser Entscheidung wurde das Prinzip der Unantastbarkeit des privaten Eigentums als zweiter Grundsatz neben die Verpflichtung der beiden Staaten auf Vertragstreue gestellt: „Durch den Vermögensvertrag sollte ... nicht nur der Grundsatz der Vertragstreue Österreichs zum Staatsvertrag hochgehalten, sondern auch der Grundsatz der Unantastbarkeit des Privateigentums als Richtschnur ihres Handelns angesehen und den vermögensrechtlichen Interessen von Einzelpersonen innerhalb der bei Beachtung der zwischenstaatlichen Bindungen gegebenen Möglichkeiten weitgehend Rechnung getragen und vor allem Unbilligkeiten und vermögensrechtliche Härten, die sich für den einzelnen ergeben, gemildert werden."[674]

Deutlich formulierte das Schiedsgericht unter Vorsitz von Günter Kaulbach sowie Dr. Guido Sommer, Dr. Hugo Dworak und Dr. Peter Sympher als Beisitzern im 18. Gutachten vom 29. November 1961 den Grundsatz der Unantastbarkeit des Privateigentums als Richtschnur für seine Entscheidungen: „Die Auslegung des Vermögensvertrages hat von dem im Vertrage erkennbar zum Ausdruck gebrachten Willen der beiden Vertragstaaten auszugehen, Unbilligkeiten und vermögensrechtliche Härten, die der Staatsvertrag für die Angehörigen beider Staaten gebracht hatte, innerhalb der durch die vorgegebenen zwischenstaatlichen Bindungen gesetzten Grenzen so weit wie möglich zu mildern ... Ziel der Verhandlungen über den Vermögensvertrag war es, die Auswirkungen dieser tief in wohlerworbene private Rechte eingreifenden Bestimmungen [Artikel 22 und 23; E.R.] des Staatsvertrages auf ein Mindestmaß zu beschränken und damit dem von beiden Vertragsstaaten übereinstimmend als Richtschnur ihres Handelns anerkannten Grundsatz der Unantastbarkeit des Privateigentums nach besten Kräften Rechnung zu tragen".[675] Daß das Schiedsgericht des Deutsch-Österreichi-

---

674 Schiedsgericht des österreichisch-deutschen Vermögensvertrages [Vorsitz: Dr. Guido Sommer, Beisitzer: Günther Kaulbach, Dr. Hugo Dworak, Dr. Peter Sympher], Zahl 1 [Chlorodont Ges.m.B.H., Nachf. J. Jarosch & Co., Wien XVI., gegen die Leo-Werke GmbH, Frankfurt am Main], vom 28. Februar 1961, S. 57, in: BA B 126 – 19174.

675 Schiedsgericht des Deutsch-Österreichischen Vermögensvertrages, Gutachten Zahl 18 [Leopold Ehrlich, Graz, gegen Wilhelm Abt GmbH, Schorndorf/Württemberg], vom 29. November 1961, S. 23, in: BA 126 – 19174. Fast gleichlautend: Gutachten Zahl 25 [Österreichische Mineralölverwaltung AG, Wien, gegen Zentralbüro für Mineralöl GmbH i.L., Hamburg], vom 28. November 1961 und Zahl 26 [Textilwerke F. M. Hämmerle, Dornbirn, gegen Messerschmitt AG., Augsburg, vom 28. November 1961, beide in: BA B 126 – 19174. Siehe auch: DWORAK / SYMPHER, Die Rechtsprechung des Schiedsgerichts des österreichisch-deutschen Vermögensvertrages (1.4.1959 – 31.3.1963), S. 4f.

schen Vermögensvertrages sich eindeutig zum Grundsatz der Unantastbarkeit des Privateigentums bekannt hat, darf zu den richtungsweisenden Entscheidungen dieses Gremiums gezählt werden.

5.6. Der Umfang der Arbeit des Schiedsgerichts

Die Tätigkeit des Schiedsgerichts, an dessen Geschäftsordnung viele Monate gearbeitet worden war, begann zeitlich versetzt zum Schlichtungsausschuß. Mitte Januar 1960 hatte die Geschäftsstelle des Schiedsgerichts acht Fälle vorliegen,[676] bis zum Juli lagen 17 Anträge gemäß Artikel 110 Absatz 1 des Vermögensvertrages vor, wobei sich das Schiedsgericht in drei Fällen für unzuständig erklärte.[677] Am Ende des dritten Quartals 1961 hatten dem Schiedsgericht 39 Fälle vorgelegen, von denen bis dahin knapp die Hälfte, nämlich 20 Fälle, erledigt werden konnte.[678]

---

676 Vgl. Deutsche Delegation in der Ständigen Kommission (Deutsch-Österreichischer Vermögensvertrag vom 15. Juni 1957) an das Auswärtige Amt, Bonn, Bericht Nr. 10/60 vom 22. Januar 1960: Deutsches Vermögen in Österreich; Durchführung des Deutsch-Österreichischen Vermögensvertrages, in: BA B 126 – 26003.

677 Vgl. Deutsche Delegation in der Ständigen Kommission (Deutsch-Österreichischer Vermögensvertrag vom 15. Juni 1957) an das Auswärtige Amt, Bonn, Bericht Nr. 69/60 vom 28. Juli 1960: Deutsches Vermögen in Österreich; Durchführung des Deutsch-Österreichischen Vermögensvertrages, in: BA B 126 – 26003.

678 Vgl. Deutsche Delegation in der Ständigen Kommission (Deutsch-Österreichischer Vermögensvertrag vom 15. Juni 1957) an das Auswärtige Amt, Bonn, Bericht Nr. 85/61 vom 10. November 1961: Deutsches Vermögen in Österreich; Durchführung des Deutsch-Österreichischen Vermögensvertrages, in: BA B 126 – 26003.

Tabelle 14: Anhängige Verfahren beim Schiedsgericht, Stand: 19. Oktober 1960

Zahl	Kläger	Beklagter
17	Bayerische Hypotheken- und Wechselbank	Josef König & Co, Lustenau
21	Bayerische Vereinsbank, München	Kästle, Anton Hohenems, Vorarlberg
1	Chlorodont Ges., Wien	Leo-Werke GmbH. Frankfurt
19	Commerzbank AG, Sondervermögen der Republik Österreich	Fa. Jostagl & Kohlrausch und 2 andere
18	Ehrlich, Leopold, Graz	Firma Wilhelm Abt GmbH.
11	Hämmerle F. M., Dornbirn	Messerschmidt AG., Augsburg
6	Henschel & Sohn GmbH, Kassel	Dr. Arno Donner, Baurat, Wien
7	Henschel-Werke GmbH., Kassel	Simmering-Graz-Pauker AG., Wien (zurückgezogen)
4	Hintermann, Hans, Feistritz	Reichsstelle für Garten- und Weinbauerzeugnisse, Berlin
20	Krieg, Michael, Wien III	Republik Österreich
3	Kubik, Dr. Harald, Leibnitz	Versorgungsanstalt des Bundes und der Länder, Karlsruhe
15	Landes-Hypothekenanstalt für Niederösterreich und Wien	Urtel, Jürgen, Rothenfeld/Main
14	Österreichische Mineralölverwaltungs AG., Wien IX	Zentralbüro für Mineralöl Ges., Hamburg
12	Perlmoser Zementwerke AG	Gesellschaft für musikalische Aufführungsrechte
8	Schering AG, Berlin	Alpine Chemische AG., Kufstein
22	Schmitt & Junk OHG., München	Gemeinde Wien
9	Schulz, Hubert	Halama, Hilde
10	Urtel, Jürgen	Landeshypothekenanstalt Wien
16	Wagner, Walter, Bielefeld	Republik Österreich
2	Wisser, Karl, Bregenz	Versorgungsanstalt des Bundes und der Länder, Karlsruhe
5	Wolf, Melanie, Pechbrunn, BRD	Kauba, Karl Sattler, Otto Löwi's Söhne alle Wien
13	Wolf, Melanie, Pechbrunn, BRD	Paar, Ferdinand u.a., Wien

Quelle: BA B 126/68345. – Diese Übersicht gilt unverändert per 1. Dezember 1960. Vgl. Bericht Auswärtiges Amt an den Bundesminister der Finanzen, z.Hd. MinR Bracker, Bundesminister der Justiz, z. Hd. MinR Bertram, Bundesminister für Wirtschaft, z. Hd. Reg.Dir. Schreiber, 506 – 80SL – 94.19/20/1, betr. deutsches Vermögen in Österreich: hier: Durchführung des Vermögensvertrags, vom 27. Dezember 1960, Anlage 2: Anhängige Verfahren beim Schiedsgericht, Stand: 1.12.1960, in: BA B 126 – 26003.

1962 gingen beim Schiedsgericht 14 Anträge auf Einleitung eines Schiedsgerichtsverfahrens ein, in der ersten Jahreshälfte 1963 waren es 8. Von insgesamt 61 beantragten Verfahren hatte das Gericht bis Oktober 1963 in 51 Fällen entschieden.[679] Das Schiedsgericht traf bis 1971 in 97 Fällen Entscheidungen[680], bis 1974 waren es insgesamt 104.[681] Die 104 Entscheidungen gliedern sich wie folgt auf: 40 wegen Ablehnung wegen Unzuständigkeit oder Erledigung; 29 Sachentscheidungen:Vermögensvertrag nicht einschlägig; 33 Sachentscheidungen gemäß Vermögensvertrag, 2 unbekannt.[682] Die Durchführung des Vermögensvertrages wurde 1973 für abgeschlossen erklärt und das Schiedsgericht aufgelöst.[683]

---

679 Deutsche Delegation in der Ständigen Kommission (Deutsch-Österreichischer Vermögensvertrag vom 15. Juni 1957) an das Auswärtige Amt, Bonn, Bericht Nr. 62/63 vom 18. Oktober 1963, in BA B 126 – 26003.

680 Gesetz zum Protokoll v. 22.2.1973 zum Vertrag v. 15.6.1957 zwischen der Bundesrepublik Deutschland und der Republik Osterreich zur Regelung vermögensrechtlicher Beziehungen in: BGBl 1974 II, Nr. 54, 14.9.1974, S. 1213f.; dazu Denkschrift der Bundesregierung zum Gesetzentwurf, Deutscher Bundestag, 7. Wahlperiode, Drucksache 7/1251 v. 13.11.1973. Regierungsvorlage [der österreichischen Bundesregierung] mit „Erläuterungen" zum Protokoll, 28.2.1973, Beilage 689 zu den Stenographischen Protokollen des Nationalrats, 13. Gesetzgebungsperiode.

681 Die Verfahren sind anschließend in einer Tabelle verzeichnet.

682 Zwei Bindende Gutachten konnten in den Archiven nicht aufgefunden werden.

683 Gesetz zum Protokoll v. 22.2.1973; Denkschrift, Drucksache 7/1251 v. 13.11.1973.

Tabelle 15: Aufstellung der Verfahren vor dem Deutsch-österreichischen Schiedsgericht

Zahl	Kläger	Beklagter	Streitgegenstand	Erledigung	Datum
1	Chlorodont GmbH, Wien	Leo Werke GmbH, Frankfurt	Art 64 ff VV	unzuständig	28.02.1961
2	Wisser Karl, Bregenz	Versorgungsanstalt d.B. und der L., Karlsruhe	Art 45 ff und 22 VV	nicht eingeleitet	06.12.1960
3	Kubik Harald, Leibnitz	Versorgungsanstalt d.B. und der L., Karlsruhe	Art 45 ff und 22 VV	Sachent., abl.	28.02.1961
4	Hintermann Hans, Feistritz	Reichstelle für Garten- und Weinbauerz.	unmittelbar von Partei angerufen	unzulässig	05.12.1960
5	Wolf Melanie, Pechbrunn	1)Kauba Karl 2)Sattler Otto 3) Löws Söhne Wien	Art 105 VV	Sachent., abl.	01.03.1961
6	Henschel & Sohn, Kassel	Dammer Arno, Wien	Klage zurückgenommen	nicht eingeleitet	06.12.1960
7	Henschel Werke GmbH, Kassel	Simmering-Graz-Pauker	unm. Angerufen, Klage zurückg.	erledigt	06.12.1960
8	Schering AG	Alpine Chemie AG	Art 87 VV	außerg. Vgl	15.02.1962
9	Schulz Hubert,Köln	Halama Hilde, Wien	Art 105 VV	Sachent., abl.	01.03.1961
10	Urtel Jürgen	Landeshypothekenanstalt Wien	unmittelbar von Partei angerufen	unzulässig	06.12.1960
11	F.M. Hämmerle, Dornbirn	Messerschmitt AG, Augsburg	Art 22 VV	nicht eingeleitet	06.12.1960
12	Perlmooser Zementwerke, Wien	Ges. f. musikal. Aufführungsrechte, Berlin	Art 22 VV	erledigt	17.07.1961
13	Wolf Melanie,Pechbrunn	Paar Ferdinand u.a., Wien	Art 105 VV	Sachent., abl.	01.03.1961
14	ÖMV, Wien	Zentralbüro für Mineralöl, Hamburg	Art. 22 und 105 VV	nicht eingeleitet	06.12.1960
15	Landeshypothekenanstalt für NÖ	Jürgen Urtel, Rohrbach an der Gölsen	Art 21 VV	Sachent., abl.	01.03.1961
16	Wagner Walter, Bielefeld	Republik Österreich	unmittelbar von Partei angerufen	unzulässig	06.12.1960
17	Bayr. Hypobank, München	Josef König & Co, Lustenau	Art 99 Satz 2 VV	sachlich	01.03.1961
18	Ehrlich Leopold, Graz	Wilhelm Abt GmbH, Schorndorf/Württemberg	Art 22 VV	sachlich	29.11.1961
19	Commersbank AG, Wien	Fa Jostal & Kohlrausch und 2 andere, Wien	Art 108 VV	Sachent., abl.	28.11.1961
20	Krieg Michael, Wien	Republik Österreich	Art 9 VV	sachlich	04.10.1961
21	Bayr. Vereinsbank München	Kästle Anton	Art 99 Satz 2 VV, Klager.	erledigt	21.03.1963
22	Schmitt & Junk, München	Gemeinde Wien	Art. 1 Abs 3 und Art 15 VV	Sachent., abl.	04.10.1961
23	Wiener Neustädter Maschinenw. GmbH	Schweiger Ludwig, München	Art 22 I h VV	sachlich	28.11.1961
24	Wisser Karl,Bregenz	Versorgungsanstalt d.B. und der L., Karlsruhe	Art 45 ff und 22 VV	Sachent., abl.	12.07.1961

Zahl	Kläger	Beklagter	Streitgegenstand	Erledigung	Datum
25	ÖMV, Wien	Zentralbüro für Mineralöl, Hamburg	Art 22 und 105 VV	Sachent., abl.	28.11.1961
26	Hämmerle F. M., Dornbirn	Messerschmitt AG, Augsburg	Art 22 I h VV	sachlich	28.11.1961
27	Wiener Neustädter Maschinenw.GmbH	I.G. Farbenindustrie, Frankfurt am Main	Art 22 und 24 VV	sachlich	28.11.1961
28	Mannesmann AG , Düsseldorf	1) Dr. Berchtold 2) O. Buchsbaum in Wien	Art 63 ff VV	sachlich	15.02.1962
29	Turba Richard	Eherverlag	unmittelbar von Partei angerufen	unzulässig	16.03.1961
30	Deutsche Bank AG Frankfurt	Otten Josef	Klagerücknahme	erledigt	18.12.1962
31	Bayr. Hypobank, München	Josef König & Co, Lustenau	Ruhen der Klage	erledigt	25.02.1964
32	Göhmann Karl, Hannover	Semperit Gummiwerke, Wien	Art 105,106 VV	Sachent., abl.	14.06.1962
33	Österr. HIAG Werke, Wien	Republik Österreich, Sonderv DEGUSSA	Art 24 VV	sachlich	15.06.1962
34	Baumgart Elise, Berlin	Wimmer-Lamquet, Gabriele, Wien	unmittelbar von Partei angerufen	unzulässig	03.11.1961
35	Wiener Neustädter Maschinenw. GmbH	Keiper Fritz, Remscheid	Vergleich vor Schiedsgericht	erledigt	18.12.1962
36	Wiener Neustädter Maschinenw. GmbH	Süddt. Kühlerfabrik Julius Fr. Behr KG, Stuttgart		außerg.Vgl.	26.10.1961
37	Krankenvers. Bundesbeamten, Frankfurt	Republik Österreich	Art. 20 VV	sachlich	14.11.1962
38	Creditanstalt Bankverein Wien	Argus Apparatebau, Berlin	Art.22 I h VV	sachlich	14.11.1962
39	Zapp Robert, Düsseldorf	Flugmotorenwerke Ostmark GmbH		außerg.Vgl.	15.06.1962
40	Zapp Robert, Düsseldorf	Simmering-Graz-Pauker	anwendbares Währungsrecht	Sachent., abl.	14.06.1962
41	Wacker Chemie GmbH München	Republik Österreich		außerg. Vgl	01.07.1963
42	Simon Bernhard, Hamburg	Emil Schlingers Erben, Wien	Art. 105 VV	sachlich	15.11.1962
43	Hummel Walter u.a.	Neider Anreas, Perchtoldsdorf	Art 108 I, 99, 100 II VV	sachlich	01.07.1963
44	Österreich. Länderbank	Hirtenberger AG		außerg.Vgl.	07.06.1962
45	Gaskoks Vertriebs GmbH, Wien	Hirtenberger AG	Art 105 VV, Art 23 StV	sachlich	01.07.1963
46	Österr. Metallhüttenwerke	Hirtenberger AG	Art 105 VV, Art 23 StV	sachlich	01.07.1963
47	A.J. Gasser & Co, Wien	Hirtenberger AG	Art 105 VV, Art 23 StV	sachlich	01.07.1963
48	Schmitt & Junk, München	Gemeinde Wien	Vergleich	erledigt	09.01.1963
49	Berning Otto, u.a	Republik Österreich	Art. 6, 7 II VV	sachlich	01.07.1963
50	Schulz Wilhelm u.a., Liebenau a.d. Weser	Wurzer Josef, Wien	Art. 105, Legitimation Kläger	sachlich	24.02.1964

Zahl	Kläger	Beklagter	Streitgegenstand	Erledigung	Datum
51	Mifka Christine, Vöcklabruck	Versorgungsanstalt d.B. und der L., Karlsruhe	Art. 105 VV, Art 23 STV	Sachent., abl.	13.11.1962
52	Schmitt & Junk, München	Republik Österreich		außerg. Vgl	01.09.1964
53	RWE, Essen	Vorarlberger Illwerke AG	Art. 99, 22 VV	sachlich	01.07.1963
54	Zapp Robert, Düsseldorf	Gräf & Stift AG Wien	Währungsrecht	sachlich	24.02.1964
55	Zapp Robert, Düsseldorf	Steyr- Daimler- Puch AG, Wien	Währungsrecht	sachlich	24.02.1964
56	Rausch Erich, Wien	Heckmann Karl, München	Art. 23 III STV	Sachent., abl.	13.10.1964
57	Deutsche Bank AG Frankfurt	Otten Josef	Klagerücknahme	erledigt	15.11.1965
58	Schroth Richard, Baden bei Wien	Deuliewag u.a., Hamburg	Art. 105, 99, 85 lit b. VV	sachlich	13.10.1964
59	Österr. Filmverleih und verwert. GmbH	UFA Film iL. Frankfurt	Art. 105 VV	Sachent., abl.	26.01.1965
60	Republik Österreich, SV HeereskreditAG	Donau Chemie AG, Wien	Ford. nicht von VV erfaßt	sachlich	15.11.1965
61	Böhme Kurt	Republik Österreich	Klage zurückgezogen	erledigt	25.01.1965
62	Republik Österreich SV Heereskredit AG	Denzel Wolfgang, Wien	Ford. nicht von VV erfaßt	sachlich	15.11.1965
63	UFA Film i.L. Frankfurt	Österr. Filmverleih und Verwert GmbH	Art.76 VV	unzuständig	26.01.1965
64	RWE, Essen	Vorarlberger Illwerke AG	vgl Zahl 53	Empf. Rücknahme	1.Halbj. 1964
65	Kraft Gertrud, München	Republik Österreich	Legitimation der Klägerin	sachlich	07.03.1966
66	Jurkowitsch Hermine, Kärnten	Versorgungsanstalt d.B. und der L., Karlsruhe	unmittelbar von Partei angerufen	unzulässig	14.05.1965
67	Schneider, Köln	Republik Österreich	Art. 43 VV	sachlich	14.03.1966
68	Vereinigte Mellwareke AG, Wien	Hirtenberger AG	Art. 105 VV, Art 23 STV	sachlich	08.03.1966
69	Republik Österreich	Gillett Heinz Lothar	Art 105 VV, Art 23 StV	Sachent., abl.	17.11.1965
70	Jurkowitsch Hermine, Kärnten	Versorgungsanstalt d.B. und der L., Karlsruhe	Art. 45 und 22 VV	sachlich	15.11.1965
71	Paech Adolf, Berlin	Republik Österreich	Art 106 VV	Sachent., abl.	08.03.1966
72	Lange Mathilde u.a., Falkenstein	Republik Österreich	Art. 105, 106 VV	Sachent., abl.A.	
73	Rep. Öster. SV Mitteldt. Landesbank	Reuss, Heinrich IV, Niederösterreich		unzuständig	
74	UFA Film i.L. Frankfurt	Österr. Filmverleih und Verwert GmbH		außerg. Vgl	27.05.1968
75	k.A.				06.12.1966

Zahl	Kläger	Beklagter	Streitgegenstand	Erledigung	Datum
76	Hummel Walter u.a.	Neider Andreas, Perchtoldsdorf	Art 100 II VV, vgl Zahl 43	sachlich	05.12.1966
77	Zahnradfabrik Friedrichshafen AG	Republik Österreich		sachlich	05.12.1966
78	k.A.				
79	Wera Günther , Pfunds	Republik Österreich	Klagerücknahme	erledigt	08.05.1967
80	Degginger & Hess GmbH, München	Degginger & Hess OHG Saslzburg	Art 71 VV Art 22 STV	sachlich	27.05.1968
81	Schneider Dieter, Köln	Republik Österreich	vgl Zahl 67	sachlich	28.05.1968
82	Zellner Alwine, Burgenland	Republik Österreich	Art. 99 VV Art 22 STV	sachlich	18.09.1968
83	Glöbl Therese, München	Republik Österreich		Sachent., abl.	10.02.1969
84	Stiftung Preuß. Kulturbesitz, Berlin	Mercedes de Leloir, Buenos Aires		unzuständig	23.01.1969
85	Rep. Österr. SV Dresdner Bank	Österrichische Landesbank AG		nicht eingeleitet mangels Vorschußzahlung	06.10.1969
86	Rep. Österr. SV Dresdner Bank	Seidel Käthe u.a., Wien		Sachent., abl.	06.10.1969
87	Cohen Margaret, London	Land Nordrhein-Westtfalen	Art. 21 und 85 lit b VV	Sachent., abl.	16.02.1970
88	Fischer Eva, Brüssel	Land Nordrhein-Westfalen	Art. 21 und 85 lit b VV	Sachent., abl.	16.02.1970
89	Fleischmann Moritz, London	Land Nordrhein-Westfalen	Art. 21 und 85 lit b VV	Sachent., abl.	18.02.1970
90	Fischer Kurt, Brüssel	Land Nordrhein-Westfalen	Art. 21 und 85 lit b VV	Sachent., abl.	17.02.1970
91	Rottenstein Paula, Basel	Land Nordrhein-Westfalen	Art. 21 und 85 lit b VV	Sachent., abl.	02.06.1970
92	Nagel Lotte, Berlin	Land Nordrhein-Westfalen	Art. 21 und 85 lit b VV	Sachent., abl.	03.06.1970
93	Eisinger Charlotte, Tulln a.d. Donau	Land Nordrhein-Westfalen	Art. 21 und 85 lit b VV	Sachent., abl.	07.10.1969
94	Beck Marie, Wien	Land Nordrhein-Westfalen	Art. 21 und 85 lit b VV	Sachent., abl.	04.06.1970
95	Reutmann Gertrude, Wien	Land Nordrhein-Westfalen	Art. 21 und 85 lit b VV	Sachent., abl.	20.10.1970
96	Müller Heinrich, Hamburg	Republik Österreich		sachlich	11.05.1971
97	Weber Martha	Republik Österreich		zurückgewiesen	10.05.1971
98	Weber Martha	Republik Österreich		außerg. Vgl	06.09.1972
99	Svaton Hubert, Wien	Ratzinger GmbH, München	unmittelbar von Partei angerufen	eingestellt	26.03.1975
100	Zeller Alwine, Burgenland	Republik Österreich		zurückgewiesen	07.09.1972

Zahl	Kläger	Beklagter	Streitgegenstand	Erledigung	Datum
101	Nagel Alois, Stuttgart		unmittelbar von Partei angerufen	unzulässig	12.01.1973
102	Republik Österreich, SV Dresdner Bank	Kärntner Montanindustrie GmbH		Sachent., abl.	08.05.1974
103	Schulz Hubert,Köln		unmittelbar von Partei angerufen	abgelegt	24.10.1974
104	Mugrauer Admont	Republik Österreich	Vergleich vor Schiedsgericht		27.12.1974

6. DIE ABWICKLUNG DER ORGANE DES DEUTSCH-ÖSTERREICHISCHEN VERMÖGENSVERTRAGES

1962 wurde schon einmal über die Auflösung der Schlichtungsgremien nachgedacht, die im Rahmen der Durchführung des Vermögensvertrages vom 15. Juni 1957 eingerichtet worden waren.[684] 1966 hofften die beteiligten deutschen und österreichischen Beamten, den größten Teil der im Schlichtungsausschuß anhängigen Fälle bald abschließen zu können. Unerwartet ließ der Stand der Arbeit des Schlichtungsausschusses eine Einstellung der Arbeit der Schiedsgremien Ende 1966 noch nicht zu. Bereits im Oktober 1966 hatte der Schlichtungsausschuß einen größeren Bedarf an Gutachten ausgemacht. Dort ging man davon aus, daß deren Erstellung sich bis ins nächste Jahr erstrecken würde.[685]

Hinzu kamen ausstehende Entscheidungen auf dem Gebiet der Wertpapierbereinigung. Hier waren in beiderseitigem Einvernehmen Musterprozesse eingeleitet worden, die rechtliche Fragen im Zusammenhang mit dem Vermögensvertrag klären sollten. Vor allem erwarteten beide Seiten eine Entscheidung in der Frage der ordnungsgemäßen Zustellung im Bereinigungsverfahren und damit des Beginns der Antragsfrist für Übertragungsbegehren von Wertpapieren. Da diese Prozesse erst zum Jahresende 1966 eingeleitet worden waren, wurde im Bonner Finanzministerium nicht damit gerecht, daß es bald zu Urteilen kommen würde. Daher wollte sich Bonn zum Jahreswechsel 1966/67 noch nicht auf eine fixe Verabredung zu einer Behandlung der Abwicklung der Schlichtungsorgane des Vermögensvertrages in der Ständigen Kommission einlassen.[686]

Allerdings dachte man im Finanzministerium darüber nach, ob die beiden Vertragsstaaten im ersten Halbjahr 1967 eine kleine Expertenkommission bilden sollten. Diese sollte die erforderlichen ratifikationsbedürftigen Vereinbarungen über die Beendigung der Abwicklung des Vermögensver-

---

684 Vgl. Bundesministerium für Finanzen, Aktenvermerk 61.587 16 62, Grundzahl 210046, 33, Beendigung der Tätigkeit des Schlichtungsausschusses und der Ständigen Kommission, vom 25. Juni 1962, in: AdR, 6693, Bundesministerium für Finanzen.

685 Vgl. Schreiben a.o. Ges. u. bev. Min. Dr. Hans Reichmann, Bundesministerium für Auswärtige Angelegenheiten, Wien, an den Vorsitzenden der deutschen Delegation Min.Dir. Dr. Ernst Féaux de la Croix vom 13. Dezember 1966, in: BA B 126 – 38039 und in BA B 86 – 1180. Siehe auch Schreiben Bundesministerium für Wirtschaft an Bundesministerium der Finanzen, VI A 6 – 74 04 54, vom 29. Dezember 1966; Schreiben Bundesminister der Justiz an das Auswärtige Amt, 9110/ 1 Ö 1 – 2a – 4- 48 068/66, vom 13. Januar 1967, beide BA B 86 – 1180.

686 Vgl. Briefkonzept MR Bracker, Finanzministerium, Bonn, an Auswärtiges Amt, Bundesminister der Justiz, Bundesminister für Wirtschaft und die deutsche Delegation in der Ständigen Kommission, vom 23. Dezember 1966, VI a/2 – = 1260 Öst – 2/66, Betreff: Deutsch-Österreichischer Vermögensvertrag, in: BA B 126 – 38039

trages und den Wegfall der Schiedsgremien, insbesondere des Schiedsgerichts, vorbereiten.[687]

Während das Bundeswirtschaftsministerium den Überlegungen aus dem Bundesfinanzministerium zustimmte,[688] warnte das Justizministerium ausdrücklich vor einem zu forschen Vorgehen: Da Einzelpersonen aus dem Vermögensvertrag kein Recht darauf ableiten könnten, daß die Ständige Kommission innerhalb eines bestimmten Zeitraumes zusammentritt, sondern vielmehr die beiden betroffenen Regierungen hierüber gemeinsam disponieren könnten, bestünden keine rechtlichen Bedenken dagegen, Tagungen der Ständigen Kommission nur noch in großen Zeitabständen abzuhalten. Jedoch verhalte sich die Sache anders im Falle des Schlichtungsausschusses. Dessen Tätigkeit betreffe die Rechtsstellung von Einzelpersonen, wie sich dies aus den Artikeln 99 folgende des Vertrages ergebe. Gemäß Artikel 98 hänge die Existenz des Schlichtungsausschusses von der der Ständigen Kommission ab. Daher müsse diese zumindest „formell so lange bestehen bleiben wie ein Tätigwerden des Schlichtungsausschusses noch erforderlich ist.“ Es würde sich zwar zu irgendeinem Zeitpunkt feststellen lassen, daß de facto keine Anträge beim Schlichtungsausschuß mehr zu erwarten seien. Allerdings sollte bei einer nicht ratifikationsbedürftigen Regierungsvereinbarung über die Auflösung von Ständiger Kommission und mit ihr des Schlichtungsausschusses bedacht werden, daß die Bestimmungen über die Zuständigkeit des Schlichtungsausschusses durch den ratifizierten Vermögensvertrag Bestandteil des Zivilprozeßrechts in beiden Vertragsstaaten geworden und daher von den nationalen Gerichten unmittelbar anzuwenden seien. Diese Schwierigkeit könne auch Artikel 97 VV nicht beheben. Noch stärkere Bedenken seien dagegen zu erheben, die Tätigkeit des Schiedsgerichts durch eine Regierungsvereinbarung zu beenden. Zum einen sei das Schiedsgericht und seine Zuständigkeit mit der deutschen und der österreichischen Gerichtsverfassung sowie dem Zivilprozeßrecht der beiden Vertragsstaaten eng verflochten, zum anderen sei es hier bedeutend schwieriger als beim Schlichtungsausschusses zu erkennen, ob und über welchen Zeitraum noch mit Vorlagen gemäß Artikel 110 des Vermögensvertrages beim Schiedsgericht von deutschen oder österreichischen Gerichten gerechnet werden müsse. Diesen Bedenken könne auch nicht mit dem Hinweis auf die für die einzelnen Schiedsrichter in Artikel 109 Abs. 1 Satz 2 VV festgelegte Amtsdauer begegnet werden.[689]

687 Vgl. ebd.

688 Vgl. Schreiben des Wirtschaftsministeriums (Dr. Knapp) an das Finanzministerium, VI A 6 – 74 04 54, vom 29. Dezember 1966, Betreff: Deutsch-Österreichischer Vermögensvertrag, in: BA B 126 – 38039.

689 Schreiben Justizministerium (Bertram), Bonn, an Finanz- und Wirtschaftsministerium, vom 13. Januar 1967, 9110/1 Ö 1 – 2a – 4 – 48 068/66, Betreff: Deutsch-Österreichischer Vermögensvertrag, in: BA B 126 – 38039.

Sollte der Zeitpunkt gekommen sein, daß eine Befassung der Schlichtungsorgane nicht mehr in relevantem Ausmaß zu erwarten sei, empfahl das Bonner Justizministerium die Beendigung der Tätigkeit dieser beiden Organe durch ein zu ratifizierendes Protokoll, um durch verfahrensrechtliche Schwierigkeiten das Auftreten von Restfällen bezüglich des Schlichtungsausschusses und insbesondere in bezug auf das Schiedsgericht zu vermeiden. Diese Auffassung habe auch der Leiter des Verfassungsdienstes im österreichischen Bundeskanzleramt, Baron Loebenstein, geteilt, als man dies am Rande der Tagung der Ständigen Kommission im November 1965 außerhalb der Tagesordnung besprochen habe.[690] Entsprechend signalisierte die österreichische Seite im März 1967, daß man vorerst keinen Bedarf für ein Zusammentreten der Ständigen Kommission sehe.[691]

Im März 1967 gab es kombiniert mit der 36. Tagung des Schlichtungsausschusses in Wien ein Treffen von Mitgliedern des Schlichtungsausschusses und der Ständigen Kommission unter der Leitung des Vorsitzenden der deutschen Delegation im Schlichtungsausschuß, Legationsrat Persch. Bei diesem Treffen wurde über die Beendigung der Abwicklung des Vermögensvertrages beraten.[692] Zum Zeitpunkt dieser Beratungen lagen dem österreichischen Bundesministeriums für Finanzen keine unerledigten Übertragungsbegehren mehr vor.

Persch fertigte von diesem Treffen ein Gedächtnisprotokoll, das einer noch von den beiden Regierungen einzusetzenden Expertenkommission als Grundlage für die Ausarbeitung entsprechender Vereinbarungen dienen sollte.[693] Aus dieser Aufzeichnung geht hervor, daß beide Seiten darin übereinstimmten, daß Voraussetzung für die Beendigung der Abwicklung in erster Linie das Versiegen der Anträge beim Schlichtungsausschuß sei. Nach Abschluß der 36. Tagung des Schlichtungsausschusses waren noch 55 Anträge anhängig. Davon konnten 51 erst nach Beendigung verschiedener Musterprozesse entschieden werden. Man rechnete aufgrund der Erfahrungen der zurückliegenden Monate damit, daß in der nächsten Zeit ein bis zwei neue Anträge pro Monat beim Schlichtungsausschuß eingehen würden. Die Mehrzahl dieser Verfahren werde im Umlaufwege wegen Fristversäumnis ergebnislos abgeschlossen werden können, ohne daß es eines Zusammentretens des Schlichtungsausschusses bedürfe.[694]

---

690 Vgl. ebd.

691 Vgl. Deutsche Delegation in der Ständigen Kommission (Legationsrat Persch), Wien, an Feaux de la Croix, Bundesfinanzministerium, Bonn, vom 20. März 1967, V 7-83, Betreff: Deutsch-Österreichischer Vermögensvertrag, in: BA B 126 – 38039.

692 Vgl. ebd.

693 Vgl. ebd.

694 Vgl. Pro Memoria, Gedächtnisprotokoll, Wien, den 9. März 1967, Gemeinsame Überlegungen über eine Beendigung der Tätigkeit der zwischenstaatlichen Organe nach dem Vermögensvertrag vom 15.6.1957, in: BA B 126 – 38039.

Um diesen Antragseingang zu beenden, sollte ein Schlußtermin für die Einbringung neuer Anträge auf Schlichtung gesetzt werden, wobei man die Dauer der parlamentarischen Behandlung in Österreich und Deutschland einkalkulieren müsse. Außerdem sei im Interesse der Berechtigten eine angemessene Zeitspanne einzuhalten. Gedacht war an etwa 3 Monate, welche zwischen der Verkündung der Vereinbarung und dem Schlußtermin liegen müssen. Hierzu bedürfe es eines Zusatzprotokolls zum Vertrag, da ein solcher Schritt eine Änderung des Vermögensvertrages bedeute.[695]

Das Gremium stimmte weiter darin überein, daß der Zeitpunkt für die Beendigung der Tätigkeit der Schlichtungsorgane davon abhänge, wie die grundsätzlichen Rechtsfragen, deren Klärung in Musterprozessen noch anstand, von den Gerichten entschieden würden. Zu diesem Zeitpunkt sah man hier zwei Möglichkeiten.

(1.) Nach dem Ergebnis der laufenden Musterprozesse sind die streitigen Fristen für die Stellung von Übertragungsbegehren endgültig abgelaufen. Dies würde bedeuten, daß gleichgelagerte Fälle mit Aussicht auf Erfolg nicht mehr geltend gemacht werden könnten und die im Schlichtungsausschuß noch anhängigen Verfahren entsprechend ergebnislos endeten. Für diesen Fall könne man Vereinbaren, daß Streitigkeiten im Sinne des Art. 99 ab einem zu bestimmenden Datum vor einer Anrufung der Gerichte oder der sonst zuständigen Behörden nicht mehr dem Schlichtungsausschuß vorzulegen seien. Das Schiedsgericht könne nach Erledigung der bei ihm im Zeitpunkt des Inkrafttretens der angestrebten Vereinbarung noch anhängigen Verfahren aufgelöst werden. Schließlich könnten die Gerichte und sonst zuständigen Behörden in Deutschland und Österreich von den in Teil V des Vermögensvertrages vereinbarten besonderen Verfahrensvorschriften entbunden werden, soweit es sich nicht um Fälle handele, die dem Schiedsgericht bereits vorlägen.

Hier ging die deutsche Seite davon aus, daß eine solche Vereinbarung materiell-rechtlichen Ansprüchen von Deutschen aus dem Vermögensvertrag nicht schaden dürfe. Es solle der Grundsatz gelten, daß die Fortgeltung des Vermögensvertrages „schon mit Rücksicht auf die noch nicht geklärte Rechtsposition deutscher Eigentümer in der Sowjetzone nicht in Zweifel gestellt" werden dürfe.[696]

Kämen (2.) die Gerichte in den laufenden Musterprozessen zu dem Urteil, die streitigen Fristen für die Stellung von Übertragungsbegehren habe noch nicht begonnen, sah man die Möglichkeit der Geltendmachung „einer nicht unerheblichen Anzahl neuer Übertragungsbegehren" beim österreichi-

695 Vgl. Gedächtnisprotokoll, 9. März 1967, in: BA B 126 – 38039.

696 Vgl. Deutsche Delegation in der Ständigen Kommission (Legationsrat Persch), Wien, an das Auswärtige Amt, Bonn, vom 20. März 1967, V 7-83, Ber. Nr. 3/67, Betreff: Deutsch-Österreichischer Vermögensvertrag, in: BA B 126 – 38039.

schen Finanzministerium und, bei abschlägigem Bescheid, neuer Verfahren beim Schlichtungsausschuß. In diesem Falle müßten die Schlichtungsorgane des Vermögensvertrages solange aufrecht erhalten werden, wie dies nach den Bestimmungen des Vermögensvertrages vorgeschrieben sei,[697] also bis zu drei Jahren.[698]

Anläßlich der nächsten Sitzung des Schlichtungsausschusses vom 3. bis 6. Oktober 1967 sollte auch eine Expertenkommission einberufen werden, um die notwendigen Vereinbarungen vorzubereiten.[699] Am 12. April 1967 übermittelte Ministerialdirektor Féaux de la Croix dem österreichischen Gesandten Hans Reichmann den Vorschlag, sich gelegentlich über die Zusammensetzung und Einberufung einer solchen Expertenkommission zu verständigen.[700]

Im Laufe des Frühsommers verständigten sich die beteiligten Bonner Ministerien über die deutschen Mitglieder der Expertenkommission. Vorgesehen wurden Ministerialrat Bertram vom Bundesministerium der Justiz, Ministerialrat Knapp vom Bundesministerium für Wirtschaft und der Leiter der Bundesvermögens- und Bauabteilung bei der Oberfinanzdirektion München, Finanzpräsident Bracker.[701] Beraten werden sollte, so war man sich mit Wien einig, auf der Grundlage des Pro Memoria vom 9. März.

Im Juli 1967 nahm Ministerialrat Bertram vom Bonner Justizministerium, der ja als Mitglied der Expertenkommission benannt worden war, gegenüber den zuständigen Abteilungen im Auswärtigen Amt sowie im Finanz- und im Wirtschaftsministerium Stellung zu der Beratungsgrundlage: Es sei zu überlegen, mittels eines ratifizierten Liquidationsprotokolls dem Schlichtungsausschuß eine selbständige Existenz für die Zeit der Abwicklung der Restfälle einzuräumen. Die Ständige Kommission könne dann aufgelöst werden.[702] Eine Überlegung, die von anderen deutschen Mitgliedern der Kommission geteilt wurde.[703]

---

697 Gedächtnisprotokoll, 9. März 1967, in: BA B 126 – 38039.

698 Vgl. Art. 43, Abs. 2, 18 VV

699 Vgl. Gedächtnisprotokoll, 9. März 1967, in: BA B 126 – 38039. Schreiben Bundesjustizministerium, Referat VI A/2 an das Auswärtige Amt usw. vom 16. Juni 1967, VI A/2 – 0 1260 Öst – 21/67, in: BA B 126 – 38039 und PA B 86 – 1363.

700 Schreiben Féaux de la Croix and Reichmann, vom 12. April 1967, VI A/2 – 0 1260 Öst – 15/67, in: BA B 126 – 38039. Zustimmend: Schreiben Reichmann an Féaux de la Croix vom 18. Mai 1967, Zl. 314.874-14/67, ebd.

701 Vgl. Schreiben Bundesjustizministerium, Referat VI A/2 an das Auswärtige Amt usw. vom 16. Juni 1967, 9110/1 Ö 1 – 2a – 1- 46 426/67, in: BA B 126 – 38039.

702 Vgl. Schreiben Bertram, Bundesministerium der Justiz an das Auswärtige Amt usw. vom 20. Juli 1967, VI A/2 – 0 1260 Öst – 21/67, in: BA B 126 – 38039.

703 Zustimmend z. B. Bracker, Oberfinanzdirektion München an Regierungsdirektor Kopp, Finanzministerium, vom 24. Juli 1967, in: BA B 126 – 38039.

Während man sich auf die Expertenkommission vorzubereiten begann, stellte sich heraus, daß die Einschätzung Brackers vom Dezember letzten Jahres hinsichtlich der Dauer der Verfahren über Antragsfrist für Übertragungsbegehren von Wertpapieren noch zu optimistisch war.[704] Legationsrat Heinz Laube vom österreichischen Bundesministerium für Auswärtige Angelegenheiten berichtete Anfang August 1967 dem Vorsitzenden der Deutschen Delegation des Schlichtungsausschusses, daß die Finanzprokuratur mit einer weiteren Laufzeit von 1 bis 1,5 Jahren rechne, so daß der Sinn einer Expertenbesprechung, wie sie von Bonn angeregt worden war, vorerst nicht gegeben sei.[705] Damit bezog er eine andere Position zuvor Minister Reichmann, der Vorsitzende der österreichischen Delegation in der Ständigen Kommission. Darauf machte auch Bracker in einem Schreiben an die deutsche Botschaft in Wien vom 18. September 1967 aufmerksam und brachte zum Ausdruck, daß er, übereinstimmend mit dem Bundesfinanzministerium und Ministerialrat Knapp, sich der Auffassung Laubes nicht anschließen wolle. Vielmehr können, wie bereits im Pro Memoria vom 9. März dargelegt, auf der Basis zweier Alternativen Vorbereitungen für den Abschluß der Abwicklung des Vermögensvertrages getroffen werden. Freilich wäre eine Verschiebung der für Anfang Oktober ins Auge gefaßten Sitzung des Schlichtungsausschusses zu bedenken, da aufgrund des Weggangs Perschs aus Wien die Deutsche Delegation zunächst ohne Vorsitzenden sei. Um dessen Nachfolger Zeit zur Einarbeitung zu geben, wäre wohl eine Verschiebung um einige Wochen zu erwägen.[706] Die deutsche Seite wollte die Expertenkommission auch deshalb rasch an der Arbeit sehen, da sonst zu erwarten war, daß jene Beamte, die mit der Durchführung des Vermögensvertrages und zum Teil auch schon mit der Ausarbeitung des Vertrages befaßt waren, bald nicht mehr zur Verfügung stehen würden.[707]

Zwischenzeitlich hatte das Referat VI im Bonner Bundesministerium der Finanzen seine Vorschläge für die Verhandlungspositionen der deut-

---

704 Vgl. Briefkonzept MR Bracker, Finanzministerium, Bonn, an Auswärtiges Amt, Bundesminister der Justiz, Bundesminister für Wirtschaft und die deutsche Delegation in der Ständigen Kommission, vom 23. Dezember 1966, VI a/2 – 0 1260 Öst – 2/66, Betreff: Deutsch-Österreichischer Vermögensvertrag, in: BA B 126 – 38039.

705 Vgl. Schreiben LR Heinz Laube, Bundesministerium für Auswärtige Angelegenheiten an den Vorsitzenden der Deutschen Delegation des Schlichtungsausschusses, vom 8. August 1967, Zl. 327.426-14/67, in: BA B 126 – 38039.

706 Vgl. Schreiben Bracker, Oberfinanzdirektion München, an die deutsche Botschaft in Wien, Kopie an das Bundesfinanzministerium in Bonn, o. Z., in: BA B 126 – 38039. Schreiben Knapp, Bundeswirtschaftsministerium, Bon, an die deutsche Botschaft in Wien usw., vom 19. September 1967, VI A 6 – 74 02 35, ebd.; Schreiben Bundesminister der Justiz, Bonn, an das Auswärtige Amt, vom 29. September 1967, ebd.

707 Vgl. Entwurf. Schreiben Bertram, Justizministerium Bonn an Botschaftsrat Mühlenhover, Geschäftsträger der Bundesrepublik Deutschland, Deutsche Botschaft Wien, vom 5. Oktober 1967, o- Z., in: BA B 126 – 38039.

schen Seite wie folgt zusammengefaßt: „Anträge können beim Schlichtungsausschuß und beim Schiedsgericht nur noch innerhalb einer Frist von 3 Monaten nach dem Inkrafttreten des Schlußabkommens eingereicht werden. Die zwischenstaatlichen Organe sind 3 Monate nach Inkrafttreten des Schlußabkommens, spätestens jedoch nach Erledigung der anhängigen Anträge aufgelöst. (Ständige Kommission und Schlichtungsausschuß sollen in einem Zuge aufgelöst werden, da keine Vorteile darin gesehen werden, wenn zunächst nur die Ständige Kommission aufgelöst wird.) Finanzielle Auseinandersetzung braucht nicht im Schlußabkommen enthalten zu sein, vielmehr ist Notenwechsel hier ausreichend ...“ Unklar war man sich darüber, ob auch die Gemischte Kommission aufgelöst werden konnte oder noch wegen des Finanz- und Ausgleichsvertrages bestehen bleiben mußte.[708]

Schließlich kam man mit der österreichischen Seite zu einer Terminvereinbarung und Schlichtungsausschuß und Expertenkommission traten zwischen dem 12. und 14. Dezember 1967 in Wien zu Beratungen zusammen.[709] An der Tagung des Expertenausschusses der Ständigen Kommission zur Vorbereitung der Beendigung der Tätigkeit der Organe nach dem Vermögensvertrag nahmen von deutscher Seite Legationsrat Dr. Überschär von der deutschen Botschaft als Vorsitzender sowie die im Vorfeld nominierten Herren Betram, Bracker und Knapp teil. Für Österreich verhandelten Gesandter Laube sowie die Ministerialräte Wittermann und Kellner. Zusätzlich waren Legationssekretär Irbinger (Österreich) und Legationsrat 1. Klasse Siefker (Deutschland) anwesend.[710]

Wie schon vor einigen Monaten angedacht, entwickelten die Experten zwei Entwürfe. Der erste Entwurf sollte dann zum Tragen kommen, wenn die Gerichte in den laufenden Musterprozessen zu der Auffassung gelangen sollten, daß die streitigen Fristen für die Rückübertragung von Wertpapieren noch nicht zu laufen begonnen haben. Der zweite Entwurf basierte auf dem Fall, daß die Gerichte die streitigen Fristen für die Stellung von Übertragungsbegehren als endgültig abgelaufen ansehen würden.[711]

---

708 Bundesministerium der Finanzen. Referat VI A/2, Vermerk, Betr.: Deutsch-Österreichischer Vermögensvertrag, Verfasser: Kopp, VI A/2 – 0 1260 Öst. 26/67, Bonn, den 30. August 1967, in: BA B 126 – 38039.

709 Schreiben Auswärtiges Amt an die Bundesminister der Finanzen, der Justiz und für Wirtschaft, vom 5. Januar 1968, V 7 – 83.SL 00/5/94.19, in: BA B 126 – 38039.

710 Niederschrift über die Tagung des Expertenausschusses der Ständigen Kommission, die vom 12. bis 14. Dezember 1967 in Wien stattgefunden hat, Wien, am 14. Dezember 1967, in: BA B 126 – 38039.

711 Ebd.

Tabelle 16: Synopse der beiden Varianten für eine Vereinbarung über die Beendigung der Tätigkeit der Schlichtungsorgane des Vermögensvertrages vom 14. Dezember 1967

Artikel	Variante A	Variante B
1	Für die Fristen, die sich aus Artikel 43 Abs. 2 in Verbindung mit den Artikeln 17 Abs. 2 und 18 des Vermögensvertrages ergeben, wird bestimmt: a) eine Anrufung des Schlichtungsausschusses durch den Betroffenen ist nur noch innerhalb einer Frist von 3 Monaten nach Empfang einer Mitteilung gemäß Artikel 17 Abs. 1 des Vermögensvertrages zulässig. b) Begehren auf Übertragung können, sofern die in Artikel 43 des Vermögensvertrages vorgesehenen Voraussetzungen bei Inkrafttreten dieses Protokolls vorliegen, nur noch innerhalb einer Frist von 6 Monaten nach Inkrafttreten des Protokolls gestellt werden. Bei unverschuldeter Versäumnis dieser Frist kann das Begehren innerhalb einer weiteren Frist von 6 Monaten nachgeholt werden. c) Begehren auf Übertragung können, sofern die in Artikel 43 des Vermögensvertrages vorgesehenen Voraussetzungen bei Inkrafttreten des Protokolls noch nicht vorliegen, nur noch innerhalb einer Frist von 6 Monaten nach Eintritt der Voraussetzungen gestellt werden. Buchstabe b) Satz 2 gilt entsprechend.	Streitigkeiten im Sinne des Artikels 99 des Vermögensvertrages können nur noch innerhalb einer Frist von 3 Monaten nach Inkrafttreten dieses Protokolls dem Schlichtungsausschuß unterbreitet werden.
2	Streitigkeiten im Sinne des Artikels 99 des Vermögensvertrages, die nicht unter Artikel 1 dieses Protokolls fallen, können nur noch innerhalb einer Frist von 3 Monaten nach Inkrafttreten dieses Protokolls dem Schlichtungsausschuß unterbreitet werden.	Der Schlichtungsausschuß ist mit Erledigung des letzten bei ihm anhängigen Verfahrens aufgelöst.
3	Der Schlichtungsausschuß ist mit Erledigung des letzten bei ihm anhängigen Verfahrens aufgelöst.	Streitigkeiten die sich aus der Ablehnung von Begehren auf Übertragung von Vermögen ergeben, und die dem Schlichtungsausschuß nach Maßgabe dieses Protokolls nicht mehr zu unterbreiten sind, können von demjenigen, der das Begehren gestellt hat, nur noch innerhalb von 6 Monaten nach Empfang einer ablehnenden Erklärung des

Artikel	Variante A	Variante B
		österreichischen Bundesministeriums für Finanzen bei einem Gericht oder einer sonst zuständigen Behörde anhängig gemacht werden.
4	Streitigkeiten, die sich aus der Ablehnung von Begehren auf Übertragung von Vermögen ergeben, und die dem Schlichtungsausschuß nach Maßgabe dieses Protokolls nicht mehr zu unterbreiten sind, können von demjenigen, der das Begehren gestellt hat, nur noch innerhalb von 6 Monaten nach Empfang einer ablehnenden Erklärung des österreichischen Bundesministeriums für Finanzen bei einem Gericht oder einer sonst zuständigen Behörde anhängig gemacht werden.	Die Gerichte oder sonst zuständigen Behörden der beiden Vertragsstaaten haben in Verfahren über Streitigkeiten der in Artikel 99 des Vermögensvertrages genannten Art den Artikel 110 dieses Vertrages nur noch innerhalb einer Frist von ... Monaten nach Inkrafttreten dieses Protokolls anzuwenden.
5	Die Gerichte oder sonst zuständigen Behörden der beiden Vertragsstaaten haben in Verfahren über Streitigkeiten der in Artikel 99 des Vermögensvertrages genannten Art den Artikel 110 dieses Vertrages nur noch anzuwenden, a) in Fallen des Artikels 1 Buchstabe a) dieses Protokolls, innerhalb einer Frist von ... Monaten, b) in Fallen des Artikels 2 dieses Protokolls innerhalb einer Frist von ... Monaten nach Inkrafttreten dieses Protokolls.	Die im Teil V des Vermögensvertrages enthaltenen besonderen Verfahrensvorschriften sind von den Gerichten und sonst zuständigen Behörden der bei den Vertragsstaaten auf diejenigen Streitigkeiten nicht mehr anzuwenden, die nach Maßgabe dieses Protokolls dem Schlichtungsausschuß und dem Schiedsgericht nicht mehr unterbreitet werden können. (Die Artikel 99-116 des Vermögensvertrages gelten vom Inkrafttreten dieses Protokolls an nur noch für diejenigen Streitigkeiten, die zu diesem Zeitpunkt vor dem Schlichtungsausschuß oder Schiedsgericht bereits anhängig sind oder die diesen Organen nach Maßgabe dieses Protokolls noch unterbreitet werden können.)
6	Die im Teil V des Vermögensvertrages enthaltenen besonderen Verfahrensvorschriften sind von den Gerichten und sonst zuständigen Behörden der beiden Vertragsstaaten auf diejenigen Streitigkeiten nicht mehr anzuwenden, die nach Maßgabe dieses Protokolls dem Schlichtungsausschuß und dem Schiedsgericht nicht mehr unterbreitet werden können (Die Artikel 99 – 166 des Vermögensvertrages gelten vom Inkrafttreten dieses Protokolls an nur noch für diejenigen Streitigketten, die zu diesem Zeit-	

Artikel	Variante A	Variante B
	punkt vor dem Schlichtungsausschuß oder Schiedsgericht bereits anhängig sind oder die diesen Organen nach Maßgabe dieses Protokolls nach unterbreitet werden können.)	
7	(1) Das Schiedsgericht wird ... Monate nach dem Inkrafttreten dieses Protokolls aufgelöst. Falls bei Ablauf dieser Frist noch Verfahren bei dem Schiedsgericht anhängig sind, können die Regierungen der beiden Vertragsstaaten vereinbaren, daß das Schiedsgericht seine Tätigkeit für längstens 6 Monate fortsetzt. (2) Verfahren, die bei Auflösung des Schiedsgerichts bei diesem noch nicht erledigt sind, gehen in der Lage, in der sie sich befinden, wieder in die Zuständigkeit des Gerichts oder der sonst zuständigen Behörde über, die das Schiedsgericht befaßt hatten.	(1) Das Schiedsgericht wird ... Monate nach dem Inkrafttreten dieses Protokolls aufgelöst. Falls bei Ablauf dieser Frist noch Verfahren bei dem Schiedsgericht anhängig sind, können die Regierungen der beiden Vertragsstaaten vereinbaren, daß das Schiedsgericht seine Tätigkeit für längstens 6 Monate fortsetzt. (2) Verfahren, die bei Auflösung des Schiedsgerichts bei diesem noch nicht erledigt sind, gehen in der Lage, in der sie sich befinden, wieder in die Zuständigkeit des Gerichts oder der sonst zuständigen Behörde über, die das Schiedsgericht befaßt hatten. (hier Artikel 6)
8	Unabhängig von der Auflösung des Schlichtungsausschusses nimmt dessen Geschäftsstelle die Aufgaben der Geschäftstelle des Schiedsgerichts (Artikel 113 des Vermögensvertrages) bis zur Beendigung der Tätigkeit des Schiedsgerichts wahr.	Unabhängig von der Auflösung des Schlichtungsausschusses nimmt dessen Geschäftsstelle die Aufgaben der Geschäftsstelle des Schiedsgerichts (Artikel 113 des Vermögensvertrages) bis zur Beendigung der Tätigkeit des Schiedsgerichts wahr.

Quelle: BA B 126 – 38039.

Aus den in den Akten des Bonner Finanzministeriums vorhandenen Vorentwürfen beider Seiten geht hervor, daß sich, wie dies ja schon das Pro Memoria vom 9. März 1967 gezeigt hat, keine wesentlichen inhaltlichen Differenzen während der Verhandlungen gezeigt haben. Der österreichische Vorentwurf sah eine längere Laufzeit des Schlichtungsausschusses von bis zu einem Jahr nach Inkrafttreten des Zusatzprotokolls vor.[712]

Auf diesem Stand verharrte die Vorbereitung der Auflösung zunächst bis etwa März 1969. Der Schlichtungsausschuß trat 1968 zweimal zusammen. Seit dessen 37. Tagung waren wegen der laufenden Musterprozesse (Testfälle) 55 sogenannte „Bündelfälle" vom Ausschuß vorerst bis zum 31. Dezember 1968 „auf Frist gelegt" worden. Laut einem Bericht Überschärs

---

712 Vgl. Deutscher Vorentwurf, 13. Dezember 1967 und Österreichischer Vorentwurf, o. D., beide in: BA B 126 – 38039.

habe von den Testfällen lediglich ein Fall[713] Fortschritte gemacht. Auch liege in einem weiteren Fall das Schiedsgutachten[714] vor, jedoch sei in diesem Fall, nach Auffassung der österreichischen Finanzprokuratur, mit der Einlegung von Rechtsmitteln zu rechnen,[715] so daß hier mit einem Abschluß des Gerichtsverfahrens nicht vor der zweiten Hälfte des Jahres 1969 zu rechnen sei.[716]

In den ersten drei Quartalen des Jahres 1968 waren beim Schlichtungsausschuß insgesamt 22 neue Anträge eingegangen (I: 3; II: 12, III: 7). Bei einer Zusammenkunft der beiden Vorsitzenden des Schlichtungsausschusses am 2. Mai 1968 wurden von diesen Anträgen 2 bis zum 31. Dezember des Jahres auf Frist gelegt, 11 Fälle wurden durch Ergebnislosigkeitsbescheinigung abgeschlossen, da sie gerichtlich behandelt werden mußten.[717] Von den seit dem 2. Mai eingelaufenen Anträgen sollten weitere 3 auf Frist gelegt und 6 durch Ergebnislosigkeitsbescheinigung beendet werden. Für die Zukunft erwartete Überschär einen ähnlichen Antragseingang wie in den zurückliegenden Monaten.[718]

Anfang November waren beim Schiedsgericht nur noch drei Verfahren anhängig. Allerdings wurde vermutet, daß noch einige jener Fälle, für die der Schlichtungsausschuß eine Ergebnislosigkeitsbescheinigung ausgefertigt hatte, dem Gremium vorgelegt werden würden.[719]

Zu Beginn des Jahres 1969 kam es zu einer Wiederbelebung der Diskussion über die Vorbereitung der Auflösung der Gremien des Vermögensvertrages. Ausgelöst wurde dies durch das Drängen des haushaltspolitischen Ausschusses des Deutschen Bundestages. Dort stand man, nicht zuletzt wegen der allgemeinen Haushaltslage, einer weiteren Finanzierung der bilate-

713 Ehemaliger Schlichtungsfall 1144, jetzt Sache "Brickner/Korte". Hierzu auch das Aktenbündel zum Fall Korte in: PA B 86 – 1179.

714 Zahl 81. Dieter Schneider, Rechtsanwalt in Köln, als Testamentsvollstrecker im Nachlass nach Dr. Hans Birckner, vertreten durch Rechtsanwalt Erich Zeiner, Wien, gegen die Republik Österreich wegen der Übertragung eines Kontoguthabens und von Wertpapieren, Reststreitwert 68.000 ATS, in: AdR, Gruppe 04: BKA Schiedsgericht, Karton Zahl 71-90.

715 Vgl. Schreiben Knapp, Bundeswirtschaftsministerium Bonn an Überschär, Deutsche Delegation, VI a 6 – 74 04 49, vom 16. Mai 1968, mit Anlage „Entwurf für Rechtsausführungen zur Äußerung der Finanzprokuratur vom 17. Februar 1968 in Sachen Rechtsanwalt Dr. Schneider ./. Republik Österreich Zahl 8, in: PA B 86 – 1179.

716 Vgl. Fernschreiben, Deutsche Botschaft, Überschär, an das Auswärtige Amt, Bonn, vom 6. November 1968, in: BA B 126 – 38039.

717 Vgl. ebd.

718 Vgl. ebd.

719 Vgl. ebd.

ralen Schiedsinstanzen zunehmend kritisch gegenüber.[720] Daher sah sich die Leitung des Auswärtigen Amtes genötigt, die Gespräche über eine Auflösung der Gremien zu forcieren. Am 13. März 1969 legte das Auswärtige Amt dem Leiter der Ständigen Kommission, Féaux de la Croix, nahe, darauf zu drängen, daß die Beratungen im Schlichtungsausschuß zu einem Ende gebracht und über eine Beschlußfassung der Ständigen Kommission schon an die beiden Regierungen weitergeleitet werden. Es würde, heißt es in diesem Schreiben, die Position des Auswärtigen Amtes erleichtern, wenn es bei den Besprechungen für den Bundeshaushalt für 1970 mitteilen könnte, „daß Entwürfe für eine unverzügliche Aufhebung der Schiedsinstanzen nicht nur vorliegen, sondern von beiden Regierungen bereits genehmigt sind" und je nach Ausfall des Testverfahrens ohne weitere Beratungen sofort den gesetzgebenden Körperschaften zur Beschlußfassung vorgelegt werden könnten.[721] Diese Anregung des Außenamtes wurde von den anderen beteiligten deutschen Institutionen wohlwollend aufgegriffen[722]. Man trat an die österreichische Regierung heran, um ein entsprechendes Verfahren zu verabreden und zu erreichen, daß der Schlichtungsausschuß auf seiner nächsten Sitzung im Mai 1969 erneut über die Protokollvarianten beriet und einvernehmliche Entwürfe an die Ständige Kommission weiterleitete.[723]

720 Vgl. Auswärtiges Amt, v LR Linsser, an den Leiter der Ständigen Kommission, Féaux de la Croix, Bundesministerium der Finanzen, V 7 – 83 SL 00/4-94.18, Beendigung der Schiedsorgane, in: BA B 126 – 38039.

721 Auswärtiges Amt, v LR Linsser, an den Leiter der Ständigen Kommission, Féaux de la Croix, Bundesministerium der Finanzen, V 7 – 83 SL 00/4-94.18, Beendigung der Schiedsorgane, in: BA B 126 – 38039. Verbalnote. Deutsche Delegation in der Ständigen Kommission an die Österreichische Delegation in der Ständigen Kommission, 82 – 23, vom 21. April 1969, in PA 86 – 1363; Entwurf. Schreiben Auswärtiges Amt an den Leiter der Deutschen Delegation in der Ständigen Kommission, Feaux de la Croix, V 7 – 83 SL 00/4-94.18, vom März 1969, ebd. Schreiben Féaux de la Croix, Finanzministerium Bonn an LR Überschär, Deutsche Delegation in der Ständigen Kommission, VI A/7 – 0 1260 Öst. – 10/69, vom 9. April 1969, ebd.; Schnellbrief Justizministerium an Auswärtiges Amt, 9110/1 – Ö 1 – 2 a – 45 797/69, vom 2. April 1969, ebd.; Schreiben Auswärtiges Amt an Deutsche Botschaft Wien, V 7 – 83 SL 00/5-94.19, vom 15. April 1969, ebd.

722 Vgl. Schreiben Bracker an Féaux de la Croix usw., vom 26. März 1969, o. Z.; Schreiben Bundeswirtschaftsministerium, Knapp, an Féaux de la Croix usw., VI A 6 – 74 04 29/1, vom 1. April 1969; Schnellbrief Bundesjustizminsterium, Bertram, an das Auswärtige Amt, Linsser, 9110/1 Ö 1 – 2 a -45 797/69, alle in: BA B 126 – 38039.

723 Vgl. Brief Féaux de la Croix an LR Überschär, Deutsche Delegation in der Ständigen Kommission, MinR. Bracker, Auswärtiges Amt, Justiz- und Wirtschaftsministerium, vom 9. April 1969, VI A/7 – 0 1260 Öst. – 10/69; Brief Überschär an Féaux de la Croix, 82 – 23, Wien, den 21. April 1969; Verbalnote, Deutsche Delegation in der Ständigen Kommission an die Österreichische Delegation in der Ständigen Kommission, vom 21. April 1969 alle in: BA B 126 – 38039.

Die österreichische Seite stimmte dem Bonner Ansinnen zu. So konnte der Schlichtungsausschuß auf seiner Sitzung vom 13. bis 16. Mai in Wien sich erneut mit einer Vereinbarung über die Auflösung der Schiedsorgane des Vermögensvertrages befassen, mit dem Auftrag, einen Text zu finden, der den beiden Regierungen zur Genehmigung vorgelegt werden konnte.[724]

Als der Schlichtungsausschuß im Mai 1969 zusammentrat, lagen dem Schiedsgericht noch 7 Fälle vor und weitere 10 waren angekündigt. Beim Schlichtungsausschuß waren noch 67 Verfahren anhängig, worunter immer noch die 55 sogenannten „Bündelfälle" waren, deren Abschluß immer noch an den ausstehenden Gerichtsurteilen hing. Um hier weiterzukommen, schlug die österreichische Seite vor, diese Fälle auf der nächsten Sitzung durch Ergebnislosigkeitsbescheinigung zu beenden. Diese Fälle sollten später auf der Basis der noch ausstehenden Urteile durch das österreichische Finanzministerium erledigt werden.[725]

Aus Anlaß der Ausschußsitzung trat vereinbarungsgemäß auch der Expertenausschuß der Ständigen Kommission zusammen. Dieses Mal setzte sich das Gremium zusammen aus Legationsrat Überschär als Vorsitzendem, Finanzpräsident Bracker, Ministerialrat Knapp und dem vortragenden Legationsrat Linsser für die Bundesrepublik sowie Frau a.o. Gesandte u. bev. Minister Rabl, Sektionschef Löbenstein, Ministerialrat Kellner und Legationsrat Nettel für die Republik Österreich. Für Österreich war ferner Legationssekretär Irbinger anwesend.[726]

Der Expertenausschuß überarbeitete gemäß den Vorgaben die Vorschläge vom 14. Dezember 1967 und ergänzte diese in einigen Punkten, vor allem wurden die offengelassenen Fristen ergänzt. In Artikel 6/Version A (Artikel 5/Version B) wurde die wahlweise vorgesehene 2. Fassung gestrichen. Ansonsten änderte sich nur die Numerierung der Artikel.[727]

Entgegen den deutschen Erwartungen zweifelten die österreichischen Vertreter daran, daß sich die beiden Regierungen vor dem rechtskräftigen Abschluß der Urteile in den Musterprozessen mit den Protokollentwürfen

---

724 Vgl. Brief Auswärtiges Amt an die Bundesminister der Justiz, der Finanzen und für Wirtschaft, Mr. Bracker, vom 2. Mai 1969, 83 SL 00/4-94.19; Kopie Fernschreiben Nr. 478, Deutsche Botschaft, Wien an das Auswärtige Amt, vom 30. April 1969, alle in: BA B 126 – 38039.

725 Vgl. Kopie Fernschreiben Nr. 478, Deutsche Botschaft, Wien an das Auswärtige Amt, vom 30. April 1969, in: BA B 126 – 38039.

726 Vgl. Niederschrift über die Tagung des Expertenausschusses der Ständigen Kommission in Wien vom 13. bis 16. Mai 1969, in: BA B 126 – 38039.

727 Vgl. ebd.; Brief Bracker an Kopp, Finanzministerium Bonn, vom 9. Juni 1969, o. Z., in: BA B 126 – 38039.

befassen würden.[728] Man ging, entgegen der Erwartungen im Auswärtigen Amt, wegen der immer noch laufenden Musterprozesse davon aus, daß vor Ende 1970 nicht damit gerechnet werden könnte, daß die beiden Regierungen sich mit den Protokollentwürfen befassen könnten.[729] In der Tat sollte es noch einige Monate dauern, bis die Auflösung der Schiedsgremien beschlossen wurde.

Anfang Juni 1972 konnte die Ständige Kommission während ihrer Abschlußtagung die notwendigen Beschlüsse zur Auflösung der Schlichtungsorgane des Vermögensvertrages treffen.[730] Mittlerweile war auch der maßgebliche Musterprozeß entschieden. Auf der Basis dieser Entscheidung hatte der Schlichtungssausschuß die zahlreichen bei ihm noch anhängigen sogenannten Bündelfälle wegen österreichischer Wertpapiere entschieden. Da die Wertpapierfragen geklärt waren, konnte Alternativentwurf A entfallen, und man konnte jetzt eine Vereinbarung auf der Basis von Variante B aushandeln.[731]

Die Ständige Kommission empfahl den beiden Regierungen, die Durchführung des Vermögensvertrages mittels eines Protokolls zu beenden. Zuvor hatte das Gremium noch den Abschlußbericht des Bankenausschusses vom 16./20. Dezember des Vorjahres zur Kenntnis genommen.

Die Akten des Schlichtungsausschusses und des Schiedsgerichts sollten gemäß Übereinkunft in der Ständigen Kommission in der Zentrallagerstelle des österreichischen Bundeskanzleramts und danach im österreichischen Staatsarchiv verwahrt werden, wobei sich deren Benützung nach dem österreichischen Archivrecht richten sollte.[732] Die Ständige Kommission verabschiedete als Entwurf für das Protokoll zum Vermögensvertrag vom 15. Juni einen Text, der sich weitgehend an die modifizierte Fassung der bereits

728 Vgl. ebd. Niederschrift über die Tagung des Expertenausschusses der Ständigen Kommission in Wien vom 13. bis 16. Mai 1969; Beilage I zur Niederschrift vom 16.5. 1969; Beilage II zur Niederschrift vom 16.5.1969, alle in: PA B 86 – 1363.

729 Vgl. ebd.

730 Vgl. Tagesordnung. 14. Tagung der Ständigen Kommission nach dem Deutsch-Österreichischen Vermögensvertrag vom 15. Juni 1957, vom 5. bis 7. Juni 1972 in Bonn, in: PA 86 – 1363.

731 Schreiben Bracker an das Auswärtige Amt (1. Blatt fehlt, daher kein Datum; vermutlich Februar 1972), in: PA 86 – 1363.

732 Niederschrift über die 14. Tagung der Ständigen Kommission in Bonn, vom 7. Juni 1972, in: PA 86 – 1363. Zur Frage der Archivierung und späteren Zugangs siehe auch: Vermerk Weinrady, Auswärtiges Amt, ZB 8-81.03/72, vom 21. Juni 1972; Verbalnote, Bundesministerium für Auswärtige Angelegenheiten an Deutsche Botschaft Wien, 19.896-14/72, vom 4. Juli 1972; Deutsche Botschaft Wien, Verbalnote an das Bundesministerium für Auswärtige Angelegenheiten, RK V 7 – 83.13, vom 14. November 1972; Bundesministerium für Auswärtige Angelegenheiten, Verbalnote an die Deutsche Botschaft Wien, 30.909-14/72, vom 9. November 1972, ebd.

1967 in einer ersten Fassung beschlossenen Variante B hielt.[733] Außerdem wurde ein Notenwechsel über das Prozedere der Auflassung der gemeinsam betriebenen Geschäftsstelle der Schiedsgremien in Wien entworfen.[734] Die Öffentlichkeit wurde mittels einer gemeinsamen Presseverlautbarung über das Vorhaben informiert.[735] Auf österreichischen Wunsch hin wurde bemerkt, daß sich die Auflösungsvereinbarung nicht auf das Kreuznacher Abkommen von 1961 bezog.[736]

Nachdem die zuständigen Ministerien den Vereinbarungen in der Ständigen Kommission ihr Plazet gegeben hatten,[737] bereitete das Auswärtige Amt eine entsprechende Kabinettsvorlage vor. Der österreichische Ministerrat stimmte dem Protokoll ebenfalls zu. Seit November 1972 wurde die Unterzeichnung des Protokolls durch die jeweiligen Regierungsvertreter vorbereitet.[738] Am 22. Februar 1973 konnte dann endlich das Protokoll über die Beendigung der Abwicklung des Vermögensvertrages von den beiden Bevollmächtigten Schirmer und Kirchschläger unterzeichnet werden.[739] Anschließend wurde in beiden Staaten von den Regierungen eine Gesetzesvorlage für die nationalen Parlamente vorbereitet.[740] Das deutsche Bundeska-

---

733 Entwurf. Protokoll zum Vertrag vom 15. Juni 1957, in: PA 86 – 1363.

734 Vgl. Entwurf eines Notenwechsels in Durchführung des Regierungsabkommens über die Ständige Kommission, den Schlichtungsausschuß und das Schiedsgericht vom 9. Januar 1959, in: PA 86 – 1363. Ebd.: Inventarliste und Schätzung des Inventars, vom 25. Mai 1972

735 Vgl. Gemeinsame Presseverlautbarung (7. Juni 1972); Abschrift aus der Wiener Zeitung vom 8. Juni 1972; Presse- und Informationsamt der Bundesregierung, Bonn, Pressemitteilung Nr. 626/72 vom 8. Juni 1972, alle in: PA 86 – 1363; Deutsch-Österreichischer Vermögensvertrag, ungez. Artikel in: Bulletin der Bundesregierung, Nr. 85, vom 9. Juni 1972, S. 1184.

736 Vgl. Vermerk Bäumer, Finanzministerium, Bonn, an Referat L 4, V 7 – 83 SL 00/4/1 – 94.19, vom 7. Juni 1972; Abschrift aus der Wiener Zeitung vom 8. Juni 1972, beide in: PA 86 – 1363.

737 Vgl. Schnellbrief Auswärtiges Amt an Wirtschafts- und Finanzministerium, Justizministerium und Innenministerium, V 7 – 83 SL 00/4/2-94.19, vom 7. Juni 1972, Brief Wirtschafts- und Finanzministerium an Auswärtiges Amt, Justiz- sowie Innenministerium, W/VI B 1 – 74 02 35, vom 21. Juni 1972; Justizministerium an Auswärtiges Amt, Wirtschafts- und Finanzministerium, 9119/1 Ö 1 – 2a (22) – 55 998/72, vom 22. Juni 1972; Auswärtiges Amt an Deutsche Botschaft Wien, V 7 – 83.SL 00/4/1 – 94.19, vom 22. August 1972, alle in: PA 86 – 1363.

738 Bundesministerium für Auswärtige Angelegenheiten, Verbalnote an die Deutsche Botschaft Wien, 30.910-14/72, vom 13. November 1972; Bericht Nr. 114, Deutsche Botschaft, Wien an das Auswärtige Amt, Referat 110, K ZB 1 – 83.05, vom 30. Januar 1973, beide in: PA 86 – 1363.

739 Vgl. Urschrift. Protokoll zum Vertrag vom 15. Juni 1957, in: PA 86 – 1363.

740 Vgl. Bericht Nr. 766, Deutsche Botschaft an das Auswärtige Amt, RK V 7-83/13, vom 6. Juni 1973, in: PA 86 – 1363; Regierungsvorlage. Protokoll zum Vertrag vom 15.

binett stimmte dem Gesetzesentwurf zum Protokoll vom 22. Februar 1973 am 27. September 1973 im Umlaufverfahren zu. Bundestag und Bundesrat gaben ebenfalls ihr Plazet.[741]

In diesem Protokoll wurde vereinbart, daß Streitigkeiten im Sinne von Artikel 99 VV[742] dem Schlichtungsausschuß nur noch innerhalb einer Ausschlußfrist von drei Monaten nach Inkrafttreten des Protokolls vorgelegt werden konnten. Die Ständige Kommission, und mit ihr der Schlichtungsausschuß, waren laut Artikel 2 des Protokolls mit Erledigung des letzten beim Schlichtungsausschuß anhängigen Verfahren aufgelöst.[743]

Sollten noch Streitigkeiten aus der Ablehnung von Anträgen auf Vermögensübertragung erwachsen, die dem Schlichtungsausschuß wegen dessen Auflösung nicht mehr angetragen werden konnten, so stand demjenigen, der dieses Begehren gestellt hatte, nur noch ein Zeitraum von sechs Monaten nach Eingang der Ablehnung durch das österreichische Bundesministerium der Finanzen zur Verfügung, um vor einem nationalen Gericht oder einer sonst zuständigen Behörde Widerspruch gegen einen solchen Bescheid einzulegen. Dabei waren die nationalen Gerichte und Behörden bei ihrem Vorgehen nach Inkrafttreten des Protokolls nur noch ein halbes Jahr an die Bestimmungen des Artikels 110 VV gebunden.[744] Anfang September 1973 war beim Schiedsgericht immer noch ein Verfahren anhängig (Zahl 99; Schlichtungsfall 1337), außerdem gab es noch zwei Schlichtungsfälle,

---

Juni 1957 zwischen der Republik Österreich und der Bundesrepublik Deutschland zur Regelung vermögensrechtlicher Beziehungen, Nr. 689 der Beilagen zu den stenographischen Protokollen des Nationalrates XIII. GP, 28. Februar 1973, S. 1-3; Bericht des Finanz und Budgetausschusses über die Regierungsvorlage (689 der Beilagen): Protokoll zum Vertrag vom 15. Juni 1957 zwischen der Republik Österreich und der Bundesrepublik Deutschland zur Regelung vermögensrechtlicher Beziehungen, vom 24. Mai 1973, Nr. 774 der Beilagen zu den stenographischen Protokollen des Nationalrates XIII. GP; Auswärtiges Amt an den Chef des Bundeskanzleramtes, 514 – 553.70/2 OST, Kabinettsache, Datenblatt-Nr. VII/0773/02, vom 14. September 1973, in: PA 86 – 1363.

741 Schreiben Chef des Bundeskanzleramtes an die Bundesminister, Chef des Präsidialamtes, Präsident des Bundesrechnungshofes, Presse- und Informationsamt der Bundesregierung, I/4 (II/1) – 530 01 – Ve 17/73, Kabinettssache, Datenblatt Nr. 7/773, vom 28. September 1973, in: PA 86 – 1363.

742 Artikel 99. Siehe Gesetzestext im Anhang.

743 Regierungsvorlage. Protokoll zum Vertrag vom 15. Juni 1957, Nr. 689 der Beilagen zu den stenographischen, 28. Februar 1973; Bericht des Finanz und Budgetausschusses, vom 24. Mai 1973, Nr. 774 der Beilagen zu den stenographischen Protokollen; Auswärtiges Amt, Denkschrift zum Protokoll, in: PA 86 -1363.

744 Art. 3 und 4, Protokoll zum Vertrag vom 15. Juni 1957; Denkschrift zum Protokoll.

wo die Anfechtungsfrist nach Erteilung der Ergebnislosigkeit noch nicht abgelaufen war,[745] so daß für solche Fälle Vorsorge zu treffen war.

Das Schiedsgericht sollte ein Jahr nach dem Inkrafttreten des Protokolls aufgelöst werden. Sollten zwei Monate vor Ablauf dieser Frist bei diesem Gremium noch Fälle anhängig sein, konnte es seine Tätigkeit längstens ein weiteres halbes Jahr fortsetzen. Sollte es dann noch nicht abgeschlossene Verfahren vor dem Schiedsgericht geben, so waren diese an das vorlegende Gericht oder die vorlegende Behörde zur weiteren Behandlung zurückzugeben.[746]

Die Durchführung des Vermögensvertrages wurde 1973 für abgeschlossen erklärt, Schiedsgericht und Schlichtungsausschuß wurden aufgelöst.[747] Die Geschäftsstelle wurde bis zur Auflösung des Schlichtungsausschusses aufrechterhalten.[748]

745 Vgl. Bericht Nr. 1/73, Deutsche Delegation in der Ständigen Kommission an das Auswärtige Amt, Referat 514, 553.70 – 02, vom 7. September 1973, in: PA 86 – 1363.

746 Vgl. Art. 6, Protokoll zum Vertrag vom 15. Juni 1957; Denkschrift zum Protokoll.

747 Gesetz zum Protokoll v. 22.2.1973; Denkschrift, Drucksache 7/1251 v. 13.11.1973.

748 Vgl. Art. 7, Protokoll zum Vertrag vom 15. Juni 1957; Denkschrift zum Protokoll.

VII. ZUSAMMENFASSUNG UND ANALYSE

Der Unterzeichnung des „Vertrages zwischen der Bundesrepublik Deutschland und der Republik Österreich zur Regelung vermögensrechtlicher Beziehungen" am 15. Juni 1957 waren eineinhalbjährige, sehr schwierige Verhandlungen vorausgegangen. Und es sollte wegen innenpolitisch motivierten Taktierens in beiden Staaten noch bis 1958 dauern, bis der Vertrag tatsächlich in Kraft treten konnte. Seit Dezember 1955 hatten Delegationen der beiden Regierungen in der Gemischten Kommission an einer Lösung der vermögensrechtlichen Probleme zwischen Deutschland und Österreich gearbeitet. Die andauernden vermögensrechtlichen Streitigkeiten hatten auf breiter Front und in fast allen Lebensbereichen zu einer schweren Belastung der Beziehungen sowohl zwischen den Regierungen als auch den Staatsbürgern und Unternehmen beider Staaten geführt.

Die beiden Verhandlungsdelegationen hatten sich in mühevoller Kleinarbeit zu einem Kompromiß über die Behandlung von Vermögenschaften, Rechten und Interessen deutscher Staatsangehöriger vorgearbeitet: das sogenannte Kleine Deutsche Eigentum in Österreich konnte rückübertragen werden und österreichische Forderungen in Deutschland waren geschützt.

Besonders schwierig gestaltete sich die Einigung in der Gemischten Deutsch-Österreichische Kommission (1.) über Bestimmungen über Geltendmachung von Forderungen österreichischer Staatsangehöriger gegenüber deutschen Personen und vice versa, (2.) die Abgrenzung des räumlichen, persönlichen und sachlichen Geltungsbereiches, (3.) besondere Bestimmungen über Kreditinstitute und Wertpapierbereinigung, (4.) Versicherungsunternehmen und Bausparkassen, (5.) gewerbliche Schutzrechte, Firmenbezeichnungen und Urheberrechte und schließlich (6.) die Regelung von Streitfällen, Fristen und Schlußbestimmungen. [749]

Der rechtliche Ausgangspunkt für den österreichisch-deutschen Vermögensvertrag waren die Artikel 22 und 23 des „Staatsvertrages betreffend die Wiederherstellung eines unabhängigen und demokratischen Österreich" vom 15. Mai 1955. Artikel 22 übertrug das deutsche Vermögen von den Besatzungsmächten auf Österreich. In Artikel 23 wurde von der Republik Österreich im eigenen Namen und im Namen ihrer Staatsangehörigen ein Verzicht auf alle zwischen dem 13. März 1938 und dem 8. Mai 1945 begründeten Forderungen gegen Deutschland und deutsche Staatsangehörigen ausgesprochen. Mit dem deutsch-österreichischen Vermögensvertrag wurde die Übertragung des laut Staatsvertragsgesetzes an Österreich gefallene sogenannte Kleine Deutsche Eigentum bis zu einer Wertgrenze von 260.000

---

749 Vgl. Auswärtiges Amt, Entwurf eines Schreibens, o.D., in: PA B 86 -760.

ATS an die deutschen Eigentümer und die Geltendmachung von Forderungen privater österreichischer Staatsangehöriger gegenüber privaten deutschen Schuldnern geregelt. Vermögenschaften, Rechte und Interessen in Österreich, die am 8. Mai 1945 Eigentum eines deutschen Staatsbürgers, einer natürlichen Person deutscher Staatsangehörigkeit, waren und die durch die Bestimmungen des Artikels 22 des Staatsvertrages auf die Republik Österreich übertragen wurden, waren Gegenstand der Regelungen des Vermögensvertrages. Als Eckpunkte des Vermögensvertrages können genannt werden:

- der Freibetrag von 260.000 ATS für jedes Vermögen,
- die Bewertung der zur Übertragung anstehenden Vermögen nach den geltenden Einheitswerten vom 1. Januar 1948,
- die Einteilung in zwei Vermögensgruppen für die Bewertung und Übertragung,
- die Zusage Österreichs, die Ausnahmebestimmungen zu Vermögen mit kultureller, erzieherischer, religiöser oder karitativer Zweckbestimmung möglichst günstig anzuwenden,
- die Bildung einer Ständigen Kommission zur Erörterung aller Fragen, die bei der Durchführung und Anwendung des Vermögensvertrages entstehen,
- die Errichtung eines Schlichtungsausschusses, der Vermögensstreitigkeiten gütlich beilegen und auch diejenigen Fragen klären soll, die für jenen Personenkreis, der durch die Härten des Vertrages betroffen ist, von herausragender wirtschaftlicher Bedeutung sind.

Das Auswärtige Amt maß dem Vertragsabschluß, durch den „praktisch" neunzig Prozent der natürlichen Personen „ohne jede Schwierigkeit" ihr Eigentum zurückbekamen, große politische Bedeutung zu. Bei der Beratung im Deutschen Bundestag im Mai 1958 zeigte sich das Auswärtige Amt zuversichtlich, auch für die restlichen zehn Prozent, etwa 4.500 Fälle eine befriedigend Lösung über Härtefallregelungen zu finden.[750] Vor Inkrafttreten des Vermögensvertrages konnten Deutsche lediglich Hausrat und Wohnungseinrichtungen sowie bewegliche Güter, die nach Österreich verlagert worden waren, um sie den Kriegseinwirkungen zu entziehen und in Härtefällen Bankguthaben bis zur Höhe von 5.000 ATS, sonst bis zu 500 ATS zurückerhalten, und dies auch nur auf der Grundlage einer besonderen Verfügung des österreichischen Finanzministeriums.[751]

Es war nicht allein nicht allein die Kompliziertheit und Vielschichtigkeit der zu regelnden Tatbestände oder die Unwilligkeit der Beteiligten, die den Weg zu einer Lösung so steinig machte. Es spielten auch politische Probleme eine Rolle, die von außenpolitischen Einschränkungen bis hin zu

750 Stenographische Protokolle, 29. Sitzung, S. 1587.

751 Vgl. Auswärtiges Amt, Entwurf eines Schreibens, o.D., in: PA B 86 -760.

Wechselwirkungen mit jeweils nationalen ordnungs- und sozialpolitischen Konzepten reichten.

Außenpolitisch wirkte das Kräftegefüge der Alliierten: Österreich hatte bis nach dem Staatsvertrag sowjetische Truppen im Land hinzunehmen, um nur ein Beispiel zu nennen. Für die Einschätzung der deutschen Politik müssen die westdeutsch-amerikanischen Beziehungen mit ins Kalkül gezogen werden. In jenen Jahren war auch die Problematik der beschlagnahmten deutschen Vermögen in den USA noch ungeklärt. Trotz der immer engeren politischen und militärischen Zusammenarbeit, bestanden die Vereinigten Staaten auf der Enteignung deutscher Vermögenswerte in den USA. Außerdem wurde von amerikanischen Unternehmen gegen eine Rückgabe des deutschen Industrievermögens interveniert, um so deutsche Großunternehmen, vor allem der chemischen Industrie, dauerhaft vom amerikanischen Markt fernzuhalten. So zeigte sich die amerikanische Regierung auch nur zu einer Teilfreigabe der deutschen Vermögen bereit, mit der man kleinen Privateigentümern entgegenkommen wollte, während deutsche Industrievermögen nicht restituiert werden sollten. Auch diese Initiative scheiterte nach 1960.[752]

Innenpolitisch stelle sich sowohl in der Bundesrepublik Deutschland als auch in der Republik Österreich die Frage nach der ordnungspolitischen Ausrichtung: In beiden Ländern gab es eine Mehrheit für die Etablierung eines privatwirtschaftlichen Ordnungskonzepts, was auch das Bekenntnis zum Privateigentum implizierte. In diesem Kontext war die Behandlung des sogenannten Deutschen Eigentums angesichts der umfänglichen Verstaatlichungen in Österreich von großem Gewicht.

Die österreichische Regierung befand sich in einem ernsten Interessenkonflikt: Es waren außenpolitische Rücksichten auf die Sowjetunion zu nehmen. Wollte man eine stabile österreichische Gesellschaft und einen selbstbewußten demokratischen Staat aufbauen, ergaben sich daraus innenpolitische Notwendigkeiten. Die Katastrophe des Bürgerkrieges, der Ständestaat und die anschließende Besetzung des Landes durch Nazi-Deutschland waren noch zu verkraften. Die Behandlung der deutschen Vermögenstitel in Österreich tangierte einen zentralen Punkt der Gesellschafts-, der Rechts- und der Wirtschaftspolitik: die Frage ob sich Österreich in Richtung Privatwirtschaft oder doch stärker in Richtung einer Staatswirtschaft bewegen sollte. Wenn sich Österreich in den Westen integrieren wollte – und das wollte zumindest die überwiegende Mehrheit der politischen und gesellschaftlichen Eliten – konnten die Verstaatlichungen nicht das letzte Wort sein. Österreich mußte demonstrieren, daß es den Primat des Privateigentums und der privaten Verfügungsrechte über Eigentum hochhalten wollte. Zusätzlich wirkten Spannungen zwischen Österreich und

752 Vgl. PAPE, Ungleiche Brüder, S. 141.

Deutschland, die sich nicht nur aus der jüngsten Vergangenheit ergeben hatten und die bis heute immer wieder neue Konjunkturen haben.

Als Indiz, wie wichtig das Vertragswerk und dessen Abwicklung genommen wurden, mag man vorweg daraus erschießen, daß es nach Unterzeichnung des Vertrages noch bis 1958 dauerte, bis es in Kraft treten konnte und das Vertragswerk ein sehr detailliertes und komplexes System der Regelung vermögensrechtlicher Fragen und der Streitbeilegung enthält.

Das Verhältnis zwischen Österreich und der Bundesrepublik war durch die Enteignung und teilweise Verstaatlichung des deutschen Eigentums natürlicher und juristischer Personen sehr schwer belastet worden. Einen Tiefpunkt erlebten die Deutsch-Österreichischen Beziehungen bei Bekanntwerden des endgültigen Inhaltes des Staatsvertrages von 1955. Das Zustandekommen und die Bestimmungen des Österreichischen Staatsvertrages führten in Bonn zu heftigen Reaktionen. Die Bundesregierung fühlte sich, wie dies Matthias Pape eindrücklich dargestellt hat, von der Wiener Regierung hinters Licht geführt und über den Tisch gezogen. Die zum Jahreswechsel 1955/56 vereinbarte Aufnahme diplomatischer Beziehungen war sicher ein erster Schritt, die Beziehungen wieder auf bessere Bahnen zu lenken – aber auch nicht mehr. Der Streit über Vermögensfragen wie auch über Versorgungsleistungen aus dem deutschen Lastenausgleich trübte in den fünfziger Jahren das Verhältnis zwischen beiden Staaten.

Die österreichische Bundesregierung war sehr bemüht, die Wogen, die die Behandlung deutscher Vermögenschaften in Österreich und der Staatsvertrag erzeugt hatten, zu glätten und einen vertrauensvollen Neuanfang mit dem Nachbarn im Westen in Gang zu setzen. Die finanziellen Vereinbarungen mit der Sowjetunion im Rahmen der Staatsvertragsverhandlungen hatten einen hohen Finanzbedarf erzeugt, der allein im Lande nicht aufzubringen war. Hinzu kamen andere Notwendigkeiten im Rahmen des Wiederaufbaus des Landes und seiner wirtschaftlichen Lebensfähigkeit. Die für diese Aufgaben notwendigen Gelder konnten nur über ausländische Kredite aufgebracht werden. Dafür war die Bundesrepublik die erste Adresse. Pape ist zuzustimmen, wenn er schreibt, daß für Wien zu dieser Zeit nichts wichtiger war, als das durch den Staatsvertrag stark beschädigte Vertrauen der deutschen Kreditinstitute und der Wirtschaft sowohl in das Wirtschafts- als vor allem auch in das Rechtswesen Österreichs zu sanieren.[753] SPÖ und ÖVP wollten daher in der Vermögensfrage möglichst bald einen Ausgleich mit Bonn erzielen.

Hinzu kam der Wunsch, Österreich trotz seiner durch den Staatsvertrag erzwungenen Neutralität de facto wirtschaftlich, gesellschaftlich und politisch in den Westen einzubinden. Wobei man sich mit dieser Westintegrati-

753 Vgl. ders., Die Deutsch-Österreichischen Beziehungen, S. 170.

on durchaus auch einen gewissen militärischen Schutz gegenüber dem Sowjetimperium ausrechnete.

Die Beratungen über die offenen Vermögensfragen führten schließlich zum „Vertrag zur Regelung vermögensrechtlicher Beziehungen" zwischen den beiden Staaten. Österreich verzichtete hier unter sehr großzügiger Interpretation des Staatsvertrages auf den größten Teil des deutschen Privatvermögens in Österreich, ohne daß die ehemaligen Besatzungsmächte Österreichs Anlaß für Interventionen sahen. Der deutsch-österreichische Vermögensvertrag war ein wichtiger Schritt auf dem Weg zur Verbesserung der Deutsch-Österreichischen Beziehungen, ja er war schon das Ergebnis einer Widerannäherung. Ein zweiter Meilenstein war das Kreuznacher Abkommen aus dem Jahr 1961, welches die Problematik der Sozialversicherungen regelte.

Die zentrale Bedeutung, die beide Regierungen der Beantwortung der Frage nach der Behandlung des Privateigentums beimaßen, läßt sich schon daraus ermessen, daß die beiden Regierungen in ihren Erläuterungen zum Vermögensvertrag, trotz der massiven Eingriffe des Staatsvertrages in die privaten Verfügungsrechte, mehrfach darauf hinweisen, daß dieses Vertragswerk auf dem Respekt vor vorangegangenen Vertragsabschlüssen und auf dem Prinzip der Unantastbarkeit des Privateigentums beruhe: „Zwei Grundsätze beherrschten die Verhandlungen der Gemischten Kommission: der Grundsatz der Vertragstreue Österreichs zum Staatsvertrag und der Grundsatz einer möglichst weitgehenden Berücksichtigung der vermögensrechtlichen Interessen von Einzelpersonen innerhalb der bei Beachtung der zwischenstaatlichen Bindungen gegebenen Möglichkeiten", formulierte die österreichische Bundesregierung.[754] Der deutsche Bundeskanzler formulierte in seiner Denkschrift: „Die Verhandlungen [über den Vermögensvertrag] konnten erfolgreich abgeschlossen werden, weil beide Seiten den Grundsatz der Unantastbarkeit des Privateigentums als Richtschnur ihres Handelns angesehen haben. Da sowohl zu Lasten der Deutschen als auch der Österreicher durch die Bestimmungen der Artikel 22 Abs. 13 und 23 Abs. 3 Staatsvertrag Eingriffe in die Privatsphäre erfolgt sind, mußte es das Bestreben beider Teile sein, die Schäden und Störungen, die sich heraus ergeben haben, im Interesses ihrer Staatsangehörigen und der beidseitigen Beziehungen soweit wie möglich zu beseitigen."[755]

Die Praxis der Schlichtungsgremien – Ständige Kommission, Schlichtungsausschuß und Schiedsgericht – orientierte sich an der Priorität privater Eigentumsrechte. Dies spiegeln die Ergebnisse und Leitlinien der Ständigen

754 Erläuternde Bemerkungen zur Regierungsvorlage vom 19. Februar 1958, Nr. 412 der Beilagen zu den Stenographischen Protokollen des Nationalrates VIII. GP, S. 29.

755 Denkschrift, 11-53 001-1789/58, Bundesratsdrucksache 23/58 vom 24. Januar 1958, S. 2-69, hier: S. 10.

Kommission und des Schlichtungsausschusses wider; schließlich findet sich in vielen Begründungen zu den Bindenden Gutachten des Österreichisch-deutschen Schiedsgerichts der Rekurs auf diesen Grundsatz.[756] Die Betonung privaten Eigentums und privater Verfügungsrechte hatte freilich, worauf Ignaz Seidl-Hohenveldern hinweist, nicht allein seine Ursache in der ordnungspolitischen Ausrichtung der beiden Regierungen. So hatte Bonn großes Interesse daran, zu zeigen, daß das Prinzip des Privateigentums in Westdeutschland weiterhin ein hohes Gut darstellte, da sich die Bundesregierung auch in ihren Verhandlungen mit den Alliierten, und hier vor allem mit den Vereinigten Staaten, über die Freigabe des beschlagnahmten „Kleinen Deutschen Eigentums“ auf den Respekt vor dem Privateigentum berief. Dazu mag sie durch dem Umstand ermutigt worden sein, daß die Obergrenze des Staatsvertrages für die Rückgabe Kleinen Deutschen Eigentums von 260.000 Schilling jener 10.000-Dollar-Freigrenze entsprach, bis zu der die USA deutsche Vermögen nicht zur Deckung der Reparationsforderungen an das Deutsche Reich verwendete (Winslow Act vom 4. März 1923). Die Bonner Regierung hatte zuvor schon ähnliche Vereinbarungen mit der Schweiz, Schweden, Spanien und Portugal unterzeichnen können.[757] Österreich verfolgte ein ähnliches Interesse bei der Herausstreichung des Respekts vor dem Privateigentum, war doch während des Zweiten Weltkrieges auch Eigentum österreichischer Bürger im Ausland als Feindvermögen konfisziert worden.[758] Diese Strategie führte zu einer Reihe von Abkommen zur Abgeltung österreichischer Vermögenstitel, häufig in Form von lump sum agreements, brachte aber nicht immer die von Österreich erhofften Ergebnisse.[759]

Sowohl die Bundesrepublik als auch Österreich hatten aus den dargelegten Gründen großes Interesse an einer Pointierung des Prinzips der Unverletzbarkeit des Privateigentums. Dem standen die Bestimmungen des Staatsvertrages und jene des Londoner Schuldenabkommens entgegen. Wegen dieses Prinzipienkonflikts mußte bei der Formulierung des Vermögensvertrags eine „rather delicate balance between respect of this principle and

---

756 Vgl. Schiedsgericht des österreichisch-deutschen Vermögensvertrages, Bindende Gutachten, Zahl 1, S. 57; Z 18, S. 23; Z. 37, S. 97; Z. 38, S. 18; Z. 56, S. 22; Z. 60, S. 30; Z. 83, S. 26f., in: BAK VII/2 01260 – B126/19174.

757 Vgl. Stenographische Protokolle, 29. Sitzung, S. 1587.

758 Vgl. SEIDL-HOHENVELDERN, Austrian-German Arbitral Tribunal, S. 10.

759 Vgl. Deutsche Botschaft Wien, Bericht an das Auswärtige Amt, RK 507 Ber. 1026, Vermögensverhandlungen Österreichs mit den Nachbar- und Oststaaten, in: PA B 86 – 1181; Studie des Südost-Instituts, München „Die volksdeutschen Entschädigungsansprüche in Österreich“, Anlage zum Schreiben des Auswärtigen Amts an die Deutsche Botschaft, Wien, 507-82.03/3, vom 26. Oktober 1962, in: ebd.

the even more weighty principle of pacta sunt servanda“[760] beachtet werden.

Von Bedeutung war für beide Seiten, einen vermögensrechtlichen Kompromiß zu finden, der in der Lage war, das gegenseitige Vertrauen, gerade auch bei den wirtschaftlichen Akteuren wieder herzustellen. Ohne Zweifel befand sich Österreich in einer finanzpolitischen Klemme und war daher nachhaltig auf die Sanierung des Vertrauensverhältnisses gerade bei ausländischen Kreditgebern und Investoren angewiesen. Aber die deutschen Investoren, Banken, Versicherungen und die Unternehmen der Realwirtschaft hatten auch großes Interesse, sich in Österreich zu engagieren und die alten wirtschaftlichen Bande neu zu knüpfen. Diese Motivation wird auch in den Erläuterungen der beiden Regierungen zum Vermögensvertrag thematisiert. So wollte die österreichische Regierung – nach offizieller deutscher Einschätzung – mit dem Abschluß des erreichen, daß alte wirtschaftliche Beziehungen nicht dauerhaft unterbrochen wurden und sich die “traditionellen Bande zum Wohlergehen beider Staaten und ihrer Staatsbürger in freundschaftlichem Geiste“ vertieften.[761]

Diese Philosophie leitete auch die Arbeit der Schlichtungsorgane des Vermögensvertrages, die nach der Vertragsunterzeichnung sukzessive eingerichtet wurden: Aus der allgemeinen, rechtlichen Beschreibung der Schlichtungsorgane wird schon deutlich, daß hier ein sehr komplizierter, vielfach ineinander verzahnter Mechanismus gebildet worden war. Priorität genoß auf beiden Seiten die freiwillige Einigung der streitenden Parteien. Demnach sollten möglichst viele Fälle, die zu Streitigkeiten geführt hatten, nicht bis in das Schiedsgericht als letzte Instanz gelangen. Als erste Ebene waren die beiden Leiter der nationalen Delegationen vorgesehen, die gemeinsam versuchen sollten, frühzeitig einen Ausgleich zwischen den streitenden Parteien zu vermitteln. Erst wenn diese Ebene der Mediation erfolglos verlief, sollte der Fall an den Schlichtungsausschuß gelangen, der einen Schlichtungsvorschlag erarbeiten sollte, der den Kontrahenten als Basis für einen freiwilligen Vergleich dienen sollte. War auch dieser Schritt ergebnislos, wurde als letzte Instanz das gemeinsame Schiedsgericht tätig, das in seiner Prozedur ebenfalls daran orientiert war, die Parteien zu einem Vergleich zu bewegen. Erst wenn all diese Versuche, einen Vergleich zwischen den Parteien herbeizuführen, fruchtlos blieben, fällte das Schiedsgericht ein Bindendes Gutachten, das von den Parteien nicht mehr in Frage gestellt werden konnte und auch die nationalen Behörden und Gerichte band. Die

760 SEIDL-HOHENVELDERN, Austrian-German Arbitral Tribunal, S. 12. Siehe auch: Erläuternde Bemerkungen zur Regierungsvorlage vom 19. Februar 1958, Nr. 412 der Beilagen zu den Stenographischen Protokollen des Nationalrates VIII. GP, S. 29f.; Denkschrift vom 24. Januar 1958, 11-53 001-1789/58, Bundesratsdrucksache 23/58, S. 2ff.

761 Denkschrift, S. 9.

Ständige Kommission diente darüber hinaus der Lösung solcher Vermögensstreitigkeiten, die durch den Vermögensvertrag nicht oder unzureichend abgedeckt waren, oder es wurden Arrangements auf Gegenseitigkeit vereinbart.

Durch diese Konstruktion sollte eine möglichst alle befriedigende, und auch möglichst geräuschlose, Abwicklung der Problemfälle gewährleistet werden, andrerseits konnte über diese Konstruktion der Einfluß der politischen Willensbildung in den nationalen Regierungen mittelbar gewährleistet werden. Dieser Einfluß war, natürlich im Rahmen der Verträge, aber auch interpretierbar auf dem Grundsatz der Gegenseitigkeit, bis zum Eintritt in das Schiedsgerichtsverfahren gegeben.

Neben der Betonung des Vorrangs des Rechts auf Privateigentum deuten auch die Verfahrensweisen der Schlichtungsorgane darauf hin, daß dieser delikate Problemkomplex in gutem Einvernehmen bewältigt werden sollte. Für den Schlichtungsausschuß war das Prinzip der Einstimmigkeit für Empfehlungen vorgeschrieben. Auch die Verfahrensweise der Ständigen Kommission war auf die Erzielung von einvernehmlichen Standpunkten ausgelegt. Im Schiedsgericht hätten Gutachten mit Mehrheitsentscheidung zustande kommen können. Aber auch in diesem Gremium gab es nur einstimmige Voten.

Ignaz Seidl-Hohenveldern vergleicht die Konstruktion des Schiedsgerichtsverfahrens im Rahmen des österreichisch-deutschen Vermögensvertrages und dessen Methode, eine einheitliche Interpretation des Vertrages sicherzustellen, mit jener Regelung, die sich im Gründungsvertrag der Europäischen Wirtschaftsgemeinschaft findet.[762]

Wichtiger für unseren Zusammenhang ist aber die politische Dimension dieser Konstruktion: Der Vermögensvertrag war die nur unter großen Anstrengungen gelungene Ausbalancierung der deutschen und österreichischen Interessen. Eine einander widersprechende Rechtsprechung in den beiden Staaten hätte erhebliche Risiken generieren können. Diese Erwartung bei den Regierungen und die Intention, die durch die Enteignungen und die Regelungen des Vermögensvertrages erwachsenen Härten für österreichische und deutsche Staatsbürger zu lindern und damit auch der hieraus resultierenden Verbitterung bei den Betroffenen entgegenzutreten erklärt die ausgeklügelte Schlichtungsmaschinerie des Vermögensvertrages.[763]

Diese Strategie ist auch aufgegangen. Während der ganzen Zeit der Verhandlungen über den Vermögensvertrag ist die Materie immer wieder ausführlich in der Öffentlichkeit diskutiert worden, wobei die Art und Weise der Debatte nicht selten zu Irritationen und Verstimmungen geführt hat,

---

762 Vgl. SEIDL-HOHENVELDERN, Austrian-German Arbitral Tribunal, S. VIII. Er bezieht sich auf Artikel 177.

763 Vgl. ebd., S. 25.

die bis in die Verhandlungen und in die parlamentarische Behandlung des Vertrages wirkten. Mit Inkrafttreten des Vertrages ebbt die politische Diskussion in der Öffentlichkeit sehr rasch ab. Wir verzeichnen in der Literatur einige Aufsätze, die sich mit der Auslegung bestimmter Passagen des Vermögensvertrages befassen oder auf Regelungen, Fristen des Vertrages informativ aufmerksam machen. Insgesamt aber pendelt sich das Interesse an der Abwicklung des Vermögensvertrages auf sehr niedrigem Niveau ein, womit sich auch die politischen Wogen glätten und sich die Beziehungen zwischen den beiden Regierungen freundlicher gestalten.

Abbildung 4: Die Entwicklung des Handels zwischen Österreich und der Bundesrepublik Deutschland

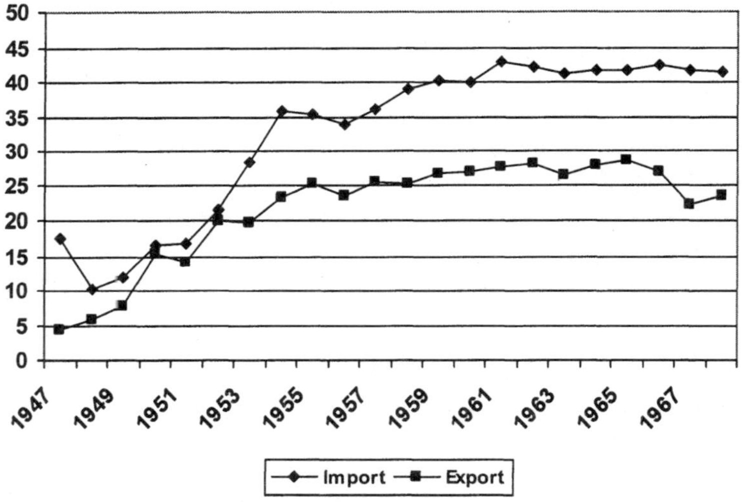

Quelle: Nautz, Wirtschaft und Politik, Tabelle 3, S. 168-173.

Aber auch die beiden Volkswirtschaften profitierten von der Beruhigung und der Wiederherstellung einer soliden Vertrauensbasis. Tatsächlich kam es in den 1960er Jahren zu einer Belebung der Deutsch-Österreichischen Wirtschaftsbeziehungen. Dies gilt sowohl für den Außenhandel als auch für den Kapitalverkehr. Diese positive Entwicklung war eingebunden in das Europa in jener Zeit prägende Wachstumsklima, das die Betrachter gelegentlich vom Goldenen Zeitalter sprechen läßt.

Die Handelsbeziehungen zwischen den beiden Volkswirtschaften dürfte von der Verbesserung des Klimas profitiert haben, wenngleich ein direkter kausaler Zusammenhang zwischen vermögensrechtlichen Regelungen und der positiven Entwicklung des Handels, der auch von der Bildung der Handelsblöcke EWG und EFTA abhängig war,[764] natürlich nicht belegbar ist. Immerhin entwickelte sich die Bundesrepublik sehr rasch zum wichtigsten Handelspartner Österreichs.

Bei der Entwicklung der Direktinvestitionen läßt sich eine Beziehung eher herstellen: Neuinvestitionen aus Deutschland standen zunächst die ungeklärten Konsequenzen des Staatsvertrages entgegen. So gab es bis Anfang der 1960er Jahre kaum bundesdeutsche Neuinvestitionen in Österreich. Oskar Günwald und Ferdinand Lacina weisen für das Jahr 1961 eine Nominalbeteilung bundesdeutscher Kapitalgeber von 406,2 Millionen Schilling oder 9,5 Prozent der gesamten ausländischen Direktbeteiligungen nach. Bis 1969 stieg dieser Anteil auf 27,7 Prozent oder 2.862,1 Millionen Schilling. Damit kletterte die Bundesrepublik bei den Direktbeteiligungen von Rang 5 auf Rang 1.[765]

---

764 Vgl. Fritz BREUSS, Österreichs Außenwirtschaft 1945–1982, Wien 1983.

765 GRÜNWALD / LACINA, Auslandskapital, S. 62f.

Tabelle 17: Ausländische Direktbeteiligungen nach Herkunftsländern

			Summer der Nominalbeteiligungen			
			1969		1961	
Rang 1969	Rang 1961	Land	Mio. ATS	v.H.	Mio. ATS	v.H.
1	5	BRD	2.862,1	27,7	406,2	9,5
2	1	USA	1.906,8	18,5	1.185,9	27,9
3	3	Schweiz	1.600,8	15,5	584,2	13,7
4	2	Großbritannien	894,5	8,7	648,4	15,2
5	4	Benelux	804,2	7,8	543,2	12,8
6	6	Italien	725,1	7,0	304,7	7,2
7	7	Frankreich	427,1	4,1	248,4	5,8
8	8	Schweden	275,0	2,7	108,7	2,6
		Sonstige Länder	170,0	1,7	223,4	5,3
		Holdings	654,7	6,3		
		Gesamt	10.320,3	100,0	4.253,1	100,0

Quelle: GRÜNWALD / LACINA, Auslandskapital in Österreich, S. 62f. – Unter der Rubrik „Holding“ sind jene liechtensteinischen und schweizerischen Holdinggesellschaften zusammengefaßt, die unklare Besitzverhältnisse aufweisen.

Auf der Grundlage des Österreichisch-deutschen Vermögensvertrages wurde zwar nur der geringste Teil der deutschen Vermögenswerte in Österreich zurückgegeben; vor allem die großen deutschen Unternehmen mußten hier auf größere Werte verzichten. Dies wurde aber selbst vom damaligen liberalen Justizminister nicht als so problematisch angesehen. Es treffe ja keinen Armen, war sein Argument. Die deutschen Unternehmen waren darauf angewiesen, ihre Anteile in Österreich über Holdings in Drittstaaten, über Rückkauf oder über Neuinvestitionen wieder aufzustocken. Dies führte selbstredend zu deutlichen Worten der so Geschädigten. Es siegte dann aber die ökonomische Vernunft, und man fügte sich in Dinge, die sowieso nicht zu verhindern waren. Die deutschen Unternehmen nutzten vielmehr die Chance, die die wirtschaftliche Dynamik der Nachkriegszeit bot, und knüpften an alte Geschäftsverbindungen an. Die deutsche Wirtschaft wurde zum wichtigsten Partner Österreichs, wo die Geschäftsleute auch den Glauben an den Rechtsstaat und gute Handelsgepflogenheiten nicht verlieren mußten, da ihnen der Vermögensvertrag, im Kontrast zu den Bestimmungen des Staatsvertrages einen Weg eröffnete, alte Schulden in Deutschland einzutreiben.

Wenn man dies und die fast vollständige Befriedigung der Interessen der deutschen privaten Inhaber kleinen Eigentums in Erwägung zieht und in Relation zu den abzuschreibenden Vermögenschaften der deutschen juristischen Personen stellt, so kann man vielleicht von einer symbolischen Politik sprechen, die das Ziel hatte, zu demonstrieren, daß es in Österreich auf der Basis des Vorrangs des privaten Eigentums wieder Rechtssicherheit für wirtschaftliches Engagement gab. Wenn dies ein Ziel im Hintergrund des Vermögensvertrages und dessen Abwicklung war, so ist diese symbolische Politik erfolgreich gewesen.

VIII. QUELLEN UND LITERATUR

1. ARCHIVALIEN

Politisches Archiv des Auswärtigen Amtes, Berlin (PA)

Abteilung III, Referat 304, 94.19 Österreich

B 11 – 135	Innenpolitsche Angelegenheiten Österreich
B 11 – 949	Deutsches Vermögen in Österreich 21.08.1950 – 31.12.1952
B 11 – 950	Deutsches Vermögen in Österreich 01.01.1953 – 15.09.1953
B 11 – 951	Deutsches Vermögen in Österreich 16.09.1953 – 31.01.1954
B 11 – 952	Deutsches Vermögen in Österreich 01.02.1954 – 31.12.1954
B 11 – 1400	Grundsätzliche Fragen der politischen Beziehungen zu Österreich
B 11 – 1401	Deutsch – Österreichische Kommission
B 11 – 1402	Bilaterale Abkommen, Staatsbesuche in Österreich
B 11 – 1403	Staatsbesuche, wirtschaftliche Beziehungen
B 11 – 1404	Behandlung dt. Vermögen in Österreich
B 11 – 1405	Staatsangehörigkeitsfragen, Protokollfragen
B 11 – 1412	Dt. Vermögen in Österreich, Band 1
B 11 – 1413	Dt. Vermögen in Österreich, Band 2

Referat 203, 94.19 Österreich

B 23 – 56	Deutsch- österreichische Kommission 1. –4. Arbeitstagung Gemischte Kommission
B 23 – 57	Deutsch- österreichische Kommission 4. –5. Arbeitstagung Gemischte Kommission Diverser Schriftverkehr
B 23 – 58	u.a.: Verhandlungen über Gmundener Abkommen, Adenauer in Wien
B 23 – 59	Raab in Bonn, Aufzeichnungen über Österreich
B 23 – 60	Reisen Österreich Deutschland, kulturpolitische Beziehungen
B 23 – 61	Politische Beziehungen Österreich, Allgemein
B 23 – 62	u.a. Deutsches Auslandsvermögen in Österreich
B 23 – 63	u.a. Deutsches Auslandsvermögen in Österreich
B 23 – 64	Vermögensvertrag, Denkschrift zum Vermögensvertrag

Referat 506/507 Rechtsabteilung

B 86 – 82	Deutsches Vermögen in Österreich, Einzelfälle

B 86 – 170	Deutsches Vermögen in Österreich, Einzelfälle
B 86 – 470	Gemischte österreichisch deutsche Kommission
B 86 – 471	Gemischte österreichisch deutsche Kommission
B 86 – 472	Gemischte österreichisch deutsche Kommission
B 86 – 473	Gemischte österreichisch deutsche Kommission
B 86 – 474	Gemischte österreichisch deutsche Kommission
B 86 – 475	Gemischte österreichisch deutsche Kommission
B 86 – 476	Gemischte österreichisch deutsche Kommission
B 86 – 477	Gemischte österreichisch deutsche Kommission
B 86 – 478	Gemischte österreichisch deutsche Kommission
B 86 – 479	Gemischte österreichisch deutsche Kommission
B 86 – 480	Gemischte österreichisch deutsche Kommission
B 86 – 481	Gemischte österreichisch deutsche Kommission
B 86 – 482	Gemischte österreichisch deutsche Kommission
B 86 – 483	Gemischte österreichisch deutsche Kommission
B 86 – 484	Gemischte österreichisch deutsche Kommission
B 86 – 750	Gemischte österr. dt. Kommission und Ständige Kommission
B 86 – 751	Gemischte österr. dt. Kommission und Ständige Kommission
B 86 – 752	Gemischte österr. dt. Kommission und Ständige Kommission
B 86 – 753	Gemischte österr. dt. Kommission und Ständige Kommission
B 86 – 754	Schlichtungsausschuß, Durchführung dt.-östr. Vermögensvertrag
B 86 – 755	Schlichtungsausschuß, Durchführung dt.-östr. Vermögensvertrag
B 86 – 756	Schlichtungsausschuß, Durchführung dt.-östr. Vermögensvertrag
B 86 – 757	Schlichtungsausschuß, Durchführung dt.-östr. Vermögensvertrag
B 86 – 758	Schiedsgericht
B 86 – 759	Schiedsgericht
B 86 – 760	Bestellung der Mitglieder Schlichtungsausschuß, Schiedsgericht, und Ständiger Kommission
B 86 – 761	Bestellung der Mitglieder Schlichtungsausschuß, Schiedsgericht, und Ständiger Kommission
B 86 – 762	Durchführung dt.-östr. Vermögensvertrag, Wertermittlung
B 86 – 763	Wertermittlung
B 86 – 764	Rollendes Material
B 86 – 765	Rollendes Material
B 86 – 766	Deutsche Industrie, Gutachten Guggenheim „Altvermögen“
B 86 – 767	Deutsche Industrie
B 86 – 768	Forderungen von Banken
B 86 – 769	Sonderhefte: u.a. Verwertung nicht rückgabefähigen Vermögens
B 86 – 770	Sonderhefte: u.a. Staatsangehörigkeitsausweis SBZ, verlagerte Baugeräte
B 86 – 771	Sonderhefte: u.a. Entschädigungsfragen aufgrund des dt. Vermögensvertrages

B 86 – 772	Sonderhefte: u.a. Gmundener Abkommen, gewerbl. Rechtschutz
B 86 – 773	Sonderhefte: u.a. Bausparkassen, Reichsvermögen
B 86 – 774	Kulturvermögen der Reichsbahn
B 86 – 775	Der österreichische Staatsvertrag
B 86 – 776	Der österreichische Staatsvertrag
B 86 – 777	Gesetze und Gutachten, u.a. dt.-östr. Vermögensvertrag und Denkschrift
B 86 – 778	Gesetze und Gutachten, u.a. 2. Verstaatlichungs- und Entschädigungsgesetz
B 86 – 779	Presseveröffentlichungen, Gutachten
B 86 – 1179	Schlichtungsausschuß, Durchführung dt.-östr. Vermögensvertrag
B 86 – 1180	Schiedsgericht, Einzelfälle
B 86 – 1181	Bestellung der Mitglieder Schlichtungsausschuß, Schiedsgericht und Ständiger Kommission, Sitzungen des Schlichtungsausschusses
B 86 – 1201	Familiengesellschaften, Ständige Kommission
B 86 – 1363	Beendigung der Tätigkeit der zwischenstaatlichen Organe

Abteilung 130: Geheimarchiv

B 130 – 4696a	Vorgänge um Abschluß Staatsvertrag, z.B. Mueller Graaf bei Raab, Figl

Bundesarchiv Koblenz (BA) Bestand IV A/2 01260

B 126 – 9154	Dt. Auslandsvermögen: Österreich, Allg. und Einzelfälle, 1959
B 126 – 9155	Dt. Auslandsvermögen: Österreich, Allg. und Einzelfälle, 1959–61
B 126 – 9158	Deutsches Auslandsvermögen: Österreich, Sonderfälle 1959
B 126 – 9159	Deutsches Auslandsvermögen: Österreich, Sonderfälle 1960–61
B 126 – 9163	Dt. Auslandsvermögen: Österreich, Ständige Kommission 1958–62
B 126 – 9164	Deutsches Auslandsvermögen: Österreich
	Denkschrift, Briefwechsel, Ratifikationsverfahren Vermögensvertrag
B 126 – 9165	Dt. Auslandsvermögen: Österreich, Kulturausschuß, Art 20 VV
B 126 – 9167	Deutsches Auslandsvermögen: Österreich, Gemischte Kommission 1956
B 126 – 9168	Deutsches Auslandsvermögen: Österreich, Gemischte Kommission 1956–57
B 126 – 9169	Deutsches Auslandsvermögen: Österreich, Gemischte Kommission 1958–59
B 126 – 9276	Deutsches Auslandsvermögen: Österreich, Vermögensvertrag etc. 1954–57
B 126 – 19172	Dt. Auslandsvermögen: Österreich, Verschiedenes, 1961–63
B 126 – 19173	Dt. Auslandsvermögen: Österreich, Verschiedenes, 1957–64

B 126 – 19174	Deutsches Auslandsvermögen: Österreich, Gutachten des Schiedsgerichts
B 126 – 23079	Deutsches Auslandsvermögen: Österreich, Ständige Kommission 1960 –62
B 126 – 26001	Dt. Auslandsvermögen: Österreich, Verschiedenes, 1959–65
B 126 – 26002	Deutsches Auslandsvermögen: Österreich, Erfassung von Vermögenswerten und Investitionen, Bankenausschuß der Gemischten Kommission, 1955–65
B 126 – 26003	Deutsches Auslandsvermögen: Österreich, Ständige Kommission 1959 –65
B 126 – 39039	Deutsches Auslandsvermögen: Österreich, Verschiedenes: u.a.: Lastenausgleich, Tagungen sowie Beendigung der Tätigkeit der zwischenstaatlichen Organe 1966–71
B 126 – 38044	Deutsches Auslandsvermögen: Österreich, Fragen und Verfahren nach Art 87 VV
B 126 – 68345	Deutsches Auslandsvermögen: Österreich, Personelle und organisatorische Angelegenheiten der Gemischten und Ständigen Kommission, des Schlichtungsausschusses und des Schiedsgerichts
B 126 – 68346	Deutsches Auslandsvermögen: Österreich, Tagungen des Schlichtungsausschusses Band 6 – 8
B 126 – 68347	Deutsches Auslandsvermögen: Österreich, Tagungen des Schlichtungsausschusses Band 9 – 10
B 126 – 68348	Dt. Auslandsvermögen: Österreich, Gutachten Schiedsgericht
B 126 – 68349	Dt. Auslandsvermögen: Österreich, Gutachten Schiedsgericht
B 184 – 101	Studiengesellschaft für privatrechtliche Auslandsinteressen
B 184 – 102	Studiengesellschaft für privatrechtliche Auslandsinteressen
B 184 – 103	Studiengesellschaft für privatrechtliche Auslandsinteressen
B 184 – 104	Studiengesellschaft für privatrechtliche Auslandsinteressen
B 184 – 105	Studiengesellschaft für privatrechtliche Auslandsinteressen
B 184 – 106	Studiengesellschaft für privatrechtliche Auslandsinteressen
B 184 – 107	Studiengesellschaft für privatrechtliche Auslandsinteressen
B 184 – 108	Studiengesellschaft für privatrechtliche Auslandsinteressen: Vermögensschutzgesellschaft
B 184 – 109	Studiengesellschaft für privatrechtliche Auslandsinteressen Arbeitstagung gemischte Kommission, Denkschrift, Bundesratsdrucksache
B 184 – 110	Studiengesellschaft für privatrechtliche Auslandsinteressen German Assets in Austria
B 184 – 111	Studiengesellschaft für privatrechtliche Auslandsinteressen
B 184 – 112	Studiengesellschaft für privatrechtliche Auslandsinteressen Erfassung der beschlagnahmten Vermögenswerte 23.01.1953
B 184 – 113	Studiengesellschaft für privatrechtliche Auslandsinteressen Arbeitsgruppe Staatsvertrag

B 184 – 114	Studiengesellschaft für privatrechtliche Auslandsinteressen Deutsches Vermögen in Österreich, Schriftverkehr
B 184 – 115	Studiengesellschaft für privatrechtliche Auslandsinteressen Deutsches Vermögen in Österreich
B 184 – 116	Studiengesellschaft für privatrechtliche Auslandsinteressen Deutsches Vermögen in Österreich, Österreichische Zeitungen
B 184 – 117	Studiengesellschaft für privatrechtliche Auslandsinteressen Deutsches Vermögen in Österreich, Österreichische Zeitungen
B 184 – 118	Studiengesellschaft für privatrechtliche Auslandsinteressen Deutsches Vermögen in Österreich, Österreichische Zeitungen
B 184 – 119	Studiengesellschaft für privatrechtliche Auslandsinteressen Deutsches Vermögen in Österreich, Österreichische Zeitungen

Sammlung Druckschriften
Signatur ZSg. 1-650/1
Nachrichten der Studiengesellschaft für privatrechtliche Auslandsinteressen 1949–1953
Hefte 1-11,14

Historisches Archiv der Deutschen Bundesbank, Frankfurt am Main (HABuBa)

Deutsch österreichischer Vermögensvertrag

B 330/3732	Band 1 1956–57 R 117/17: Kreditinstitute, Wertpapiere
B 330/3733	Band 2 1954–56 R 117/1: Österr. Staatsvertrag, Bankenausschuß, Londoner Schuldenabkommen
B 330/3734	Band 3 1955–57 R 117/1: Denkschrift Vermögensvertrag, Wertpapiere, Überweisungen
B 330/3735	Band 4 1955–58 R 117/1: Materialien Vertrag, Protokolle gemischte Kommission
B 330/3736	Band 5 1956–58 R 117/1: Denkschrift Vermögensvertrag, Londoner Schuldenabkommen
B 330/3737	Band 6 1958–59 R 117/1: Verwaltungsabkommen Ständige Kommission, Schlichtungsausschuß, Schiedsgericht, diverses Bankrechtliches
B 330/3738	Band 7 1958–59 R 117/1: Deckungswerte Art 34 Vermögensvertrag, Umstellungsrechnung
B 330/3739	Band 8 1957–60 R 117/1: Sozialversicherung, Krankenkassen, diverse Protokolle
B 330/3740	Band 9 1950–68 R 117/1: Diverse Protokolle Ständige Kommission, Bankenausschuß,

B 330/3741	Band 10 1958–61 R 117/1: Belegenheit von Forderungen, Banken, Wertpapiere
B 330/3742	Band 11 1958–62 R 117/1
B 330/3743	Band 12 1940–65 R 117/1
B 330/3744	Band 13 1962–66 R 117/1
B 330/3745	Band 14 1961–68 R 117/1: Anmeldung dt. Forderungen in Österreich, Banken
B 330/2481	Deutsches Auslandsschuldenabkommen J10/221 Art 5 LSA Abs 4 Österreich 1954–56
B 330/2878	Deutsches Vermögen in Österreich D110/6, 1963–65
B 330/4632	Deutsches Vermögen in Österreich D110/6, 1954–55
B 330/4633	Deutsches Vermögen in Österreich D110/6, 1956ff.
B 330/4634	Deutsches Vermögen in Österreich D110/6, 1956
B 330/4635	Deutsches Vermögen in Österreich D110/6, 1957
B 330/4636	Deutsches Vermögen in Österreich D110/6, 1958
B 330/4637	Deutsches Vermögen in Österreich D110/6, 1958–62

Archiv der Republik, Wien (AdR)

Schachtel 6693	Bundesministerium für Finanzen – Sonderumlegung 33: Östrr.-Dt. Vermögenvertrag 1957 – 1963, Ratifikation
Karton Zahl 1 –15 Karton Zahl 16-30 Karton Zahl 31-50 Karton Zahl 51–70 Karton Zahl 71–90 Karton Zahl 91– 104	Gruppe 04/ BKA Schiedsgericht. Gutachten mit Akten
Karton Zahl 73–77	Gruppe 04/ BKA Schiedsgericht Gutachten ohne Akten
Ordner 1.-10. Tagung Ordner 11.-20. Tagung Ordner 30.-39. Tagung	Gruppe 04/ BKA Schiedsgericht: Ordner Protokolle über Tagungen des Schlichtungsausschusses
Schlichtungsausschuß Karton Zahl 1-20 Schlichtungsausschuß Karton Zahl 1141-1170	Gruppe 04/ BKA Schlichtungsausschuß Gemeinsame Geschäftsstelle des österreichisch-deutschen Schlichtungsausschuß
Karton ohne Beschriftung Zahl 821-960	Gruppe 04/ BKA Schlichtungsausschuß Entscheidungen in Abschrift

Bundeskanzleramt Wien, Ministerratsdienst

Karte 10 Regierung Raab II – 42/1	Verhandlungsergebnis der Gemeinsamen Kommission bezüglich des Vertrages zur Regelung vermögensrecht-

	licher Beziehungen zwischen der Republik Osterreich und der BRD Maßnahmen a)-f)
Karte 11 Regierung Raab II – 53	Inter. General Electric Comp., New York; Ansprüche gemäß § 17 des 1 .Staatsvertragsdurchührungsgesetz auf das Vermögen der Osram Ges. und der AEG Union, Berlin, in Österreich – 53/25 TOP17
Karte 12 Regierung Raab II – 81/35 TOP 21	Entwurf eines Durchführungsgesetztes betreff Vertrag zwischen Republik Österreich und der BRD zur Regelung vermögensrechtlicher Beziehungen
Karte 12 Regierung Raab II – 8 1/47 TOP 32b	Österreichischer deutscher Vermögensvertrag- Ratifizierung durch den Bundespräsidenten
Karte 12 Regierung Raab II –8 1/48	Reise des Bundesministers für die Auswärtigen Angelegenheiten nach Bonn zum Austausch der Ratifizierungsurkunden, betreff österreichischer- deutscher Vermögensvertrag
Karte 12 Regierung Raab II – 84/25	Austausch der Ratifizierungsurkunden des Vermögensvertrages mit Deutschland- Delegation (Figl)
Karte 12 Regierung Raab II – 87/23 TOP 12	Kommission für den österreichischen deutschen Vermögensvertrag
Karte 12 Regierung Raab II – 88/29 TOP 17	Regierungsabkommen zur Durchführung des Teil V des Vermögensvertrages
Karte 13 Regierung Raab II – 105/11 TOP 3	Österreichisch- deutscher Vermögensvertrag. Mitteilung der österreichischen Schiedsrichter für das Schiedsgericht an die Regierung der BRD (vertraulich)
Karte 14 Regierung Raab II – 118/28 TOP 12	Östereichisch-deutscher Vermögensvertrag. Änderung in der Zusammensetzung der ständigen Kommission und des Schlichtungsausschusses
Karte 14 Regierung Raab II – 9/32	Anstelle der zu gründenden Holding Gesellschaft zum Abverkauf gemäß Art. 22 des Staatsvertrages in das Eigentum der Republik Österreich übergegangener deutscher Vermögenswerte wird Staatssekretär Dr. Withalm und Staatssekretär Dipl. Ing. Gerhart ermächtigt, dem Bundesminister für Finanzen zur Seite zu stehen (siehe Punkt 24 des Beschluß Prot. 8)
Karte 15 Regierung Raab III – 14/35	Österreichisch-deutscher Vermögensvertrag. Bestellung eines neuen stellvertretenden Schiedsrichters
Karte 16 Regierung Raab III – 19/29	Verfahrensordnung des Schiedsgerichts des österreichisch deutschen Vermögensvertrages; Beratungen der Schiedsrichter und Regierungsvertreter in Bonn
Karte 16 Regierung Raab III – 19/30	4. Tagung der ständigen Kommission nach dem österreichisch deutschen Vermögensvertrages in Bonn
Karte 16 Regierung Raab III – 28/31	Verfahrensordnung des Schiedsgerichts des österreichisch deutschen Vermögensvertrages
Karte 16 Regierung Raab III – 28/32	Änderung in der Zusammensetzung der ständigen Kommission und des Schlichtungsausschusses für den österreichisch deutschen Vermögensvertrages
Karte 16 Regierung Raab III –	Anstelle Staatssekretär a.D. Dr. Withaim wird nunmehr

28/22	Abgeordneter zum Nationalrat Dr. Rudolf Reisetbauer dem Bundesminister für Finanzen in Angelegenheit ehemaliger deutscher Vermögenswerte zur Seite stehen (vgl. Punkt 32 des Beschluß Protokoll Nr. 9)
Karte 17 Regierung Raab III – 29/42	Ministerkomitee zur Verwertung des Vermögens der aufgelösten deutschen Turnvereine (Punkt 33e des Beschluß Prot. Nr. 5 vom 4.9.1956); anstelle von Bundesminister Helmer wird Bundesminister Afritsch in das Komitee bestimmt
Karte 17 Regierung Raab III – 30/35	Der Bundeskanzler wird anstelle des erkrankten Nationalrates Dr. Rudolf Reisetbauer dessen Aufgaben in Angelegenheiten ehemaliger deutscher Vermögenswerte übernehmen
Karte 18 Regierung Raab III – 43/38	Österreichisch-deutscher Vermögensvertrag; Änderung in der Zusammensetzung der ständigen Kommission und des Schlichtungsausschusses
Karte 21 Regierung Raab IV – 17/25	Österreichisch-deutscher Vermögensvertrag; Änderung in der Zusammensetzung der Ständigen Kommission und des Schlichtungsausschusses
Karte 21 Regierung Raab IV – 20/44	Deutsch-Österreichischer Vermögensvertrag in Bad Kreuznach
Karte 21 Regierung Raab IV – 17/4f	Resolution der Sudetendeutschen Landsmannschaft, betr. Ersuchen um Gesetzwerdung des Auslandsrentenübernahmegesetzes und Abschluß der Vermögensverhandlungen mit der BRD
Karte 22 Regierung Gorbach I – 9/4a	Schreiben der sudetendeutschen Landsmannschaft in Österreich; Ersuchen, dass bei den vermögensrechtlichen Verhandlungen mit der BRD keine Entfertigungserklärung oder Interventionsverzicht seitens der österreichischen Bunderregierung abgegeben wird
Karte 23 Regierung Gorbach I – 31/26	Österreichisch-deutscher Vermögensvertrag; Änderung in der Zusammensetzung der Ständigen Kommission und des Schlichtungsausschusses
Karte 24 Regierung Gorbach I – 51/32	Bilanzmäßige Sanierung der „Österreichischen Rundfunk Ges.m.b.H." durch Einbringung des Rundfunkzwecken dienenden Bundesvermögensabgabe
Karte 25 Regierung Gorbach I 1962 – 77/19	Ständige Kommission und Schlichtungsausschuß gemäß österreichisch deutscher Vermögensvertrag; Bestellung des Ministerialrates Dr. Trimmel zum ständigen Mitglied und Ausscheiden vom Ministerialrates Dr. Neudörfer
Karte 27 Regierung Gorbach II 1963 – 16/45 TOP 32	Österreichisch deutscher Vermögensvertrag; Verlängerung der Amtsdauer der österreichischen Mitglieder des Schiedsgerichtes und deren Vertreter – Maßgabe
Karte 28 Regierung Klaus 1 1964 – //23 TOP 15	Ständige Kommission nach dem österreichisch deutschen Vermögensvertrag 11. Tagung in Hamburg
Karte 31 Regierung Klaus II 1966 – 11/22 5.7.66	Deutscher Vermögensvertrag; Bestellung von Gesandten Dr. Reichmann zum Vorsitzenden der österreichi-

	schen Delegation in der ständigen Kommission
Karte 3la Regierung Klaus III 1967 – 46/46 TOP 38 30.5.67	Bericht des Bundesministers für Auswärtige Angelegenheiten betreff Österreichisch deutschen Vermögensvertrag vom 15.06.1957, Änderung in der ständigen Kommission und des Schlichtungsausschusses
Karte 3la Regierung Klaus III 1967 – 52/91 25.7.67	Österreichischer deutscher Vermögensvertrag
Karte 36 Regierung Kreisky I 1971 – 47/25 30.3.71 TOP 8	Österreichisch-deutscher Vermögensvertrag vom 15. Juni 1957: Bestellung von Ersatzmitgliedern für den Schlichtungsausschuß nach dem österreichisch-deutschen Vermögensvertrag
Karte 36 Regierung Kreisky I 1971 – 47/26 30.3.7 1 TOP 19	Bestellung des Ministerialrates im Bundesministerium für Finanzen Dr. Johann Jaich als Ersatzmitglied für Ministerialrat Dr. Kellner in der ständigen Kommission nach dem österreichisch-deutschen Vermögensvertrag
Karte 38 Regierung Kreisky I 1971 – 70/24 28.09.71 TOP15	Österreichisch deutscher Vermögensvertrag vom 15.06.1957 Bestellung von a.o bev. Botschafter Dr. Otto Eiselberg zum Vorsitzenden der österreichischen Delegation in der ständigen Kommission
Karte 38 Regierung Kreisky I 1971 – 71/23 5.10.71 TOP 11	Österreichisch deutsches Schiedsgericht. Bestellung von 2 österreichischen Schiedsrichtern und einen Schiedsrichter
Karte 38 Regierung Kreisky I 1971 – 73/27 19.10.71 TOP 18	Änderung in der Zusammensetzung der ständigen Kommission und des Schlichtungsausschusses

2. GEDRUCKTE QUELLEN

Adenauer: „... Wir haben wirklich etwas geschaffen.“. Die Protokolle des CDU-Bundesvorstands 1953–1957 (Forschungen und Quellen zur Zeitgeschichte, Band 16), bearbeitet von Günter BUCHSTAB, Düsseldorf 1990.

Adenauer: „... um den Frieden zu gewinnen“. Die Protokolle des CDU-Bundesvorstands 1957–1961 (Forschungen und Quellen zur Zeitgeschichte, Band 24), bearbeitet von Günter BUCHSTAB, Düsseldorf 1994.

Adenauer: „... Stetigkeit in der Politik“. Die Protokolle des CDU-Bundesvorstands 1961–1965 (Forschungen und Quellen zur Zeitgeschichte, Band 32), bearbeitet von Günter BUCHSTAB, Düsseldorf 1998.

Agreement on German External Debts 1953, ATS 17 Australian Treaty Series, http://bar.austlii.edu.au/au/other/dfat/treaties/1954/17.html.

Amtliche Verlautbarung über die Konferenz von Potsdam vom 17.7. bis 2.8.1945, www.dhm.de/lemo/html/Nachkriegsjahre/DieAlliierteBesatzung/potsdamerKonferenz.html.

Bulletin des Presse- und Informationsamtes der Bundesregierung, Nr. 91 (21. Mai 1958).

Bundesgesetzblatt der Bundesrepublik Deutschland, diverse Jahrgänge (BGBlD).

Bundesgesetzblatt der Republik Österreich, diverse Jahrgänge (BGBlÖ).

Bundesratsdrucksache 23/58 vom 24. Januar 1958.

Die Kabinettsprotokolle der Bundesregierung, Band 10 – 1957, bearbeitet von Ulrich ENDERS und Josef HENKE, München 2000.

Die Kabinettsprotokolle der Bundesregierung, Band 11 – 1958, bearbeitet von Ulrich E ENDERS und Josef HENKE, München 2001.

Die Kabinettsprotokolle der Bundesregierung. Kabinettsausschuß für Wirtschaft, Band 1: 1951–1953, bearbeitet von Ulrich ENDERS, München 1999.

Die Kabinettsprotokolle der Bundesregierung. Kabinettsausschuß für Wirtschaft, Band 2: 1954–1955, bearbeitet von Michael HOLLMANN, München 2000.

Die Kabinettsprotokolle der Bundesregierung. Kabinettsausschuß für Wirtschaft, Band 3: 1956–1957, bearbeitet von Ralf BEHRENDT und Uta RÖSSEL, München 2001.

Deutscher Bundestag, Wahlperiode 1949, Drucksache 3389.

Foreign Relations of the United States, Volume III, 1945, Washington 1968

Foreign Relations of the United States, 1955–1957, Volume V: Austrian State Treaty; Summit and Foreign Ministers Meetings, 1955, Washington 1988.

Gesetz über den Vertrag vom 12. Juni 1957 zwischen der Bundesrepublik Deutschland und der Republik Österreich zur Regelung vermögensrechtlicher Beziehungen, in: Bundesgesetzblatt [der Bundesrepublik Deutschland), Teil II, Nr. 12, 1958, 12. Juni 1958, S. 129-151.

Kammer für Arbeiter und Angestellt für Wien, Wirtschafts- und Sozialstatistisches Handbuch 1970, Wien 1971.

Monatsberichte der Deutschen Bundesbank, Dezember 1965.

Nachrichten der Studiengesellschaft für privatrechtliche Auslandsinteressen, Februar 1949 ff.

Prokuraturgesetz vom 12.9.1945 StGBl 172, i.d.F. BGBl 1948/154, BGBl 1949/20, BGBl 1989/343, BGBl 1992/763, in: Manfred KREMSER (Hg.), Anwalt und Berater der Republik. Festschrift zum 50. Jahrestag der Wiedererrichtung der österreichischen Finanzprokuratur, Wien 1995, S. 1-14.

Protokolle des Kabinettsrates der Provisorischen Regierung Karl Renner 1945, hg. von der Österreichischen Gesellschaft für Quellenstudien, Band 1: Protokolle des Kabinettsrates 29. April 1945 bis 10. Juli 1945, Horn – Wien 1995

Regierungsvorlage. Vertrag zwischen der Republik Österreich und der Bundesrepublik Deutschland zur Regelung vermögensrechtlicher Beziehungen, 19. Februar 1958, Nr. 412 der Beilagen zu den Stenographischen Protokollen des Nationalrates VIII.GP, S. 1-63.

SCHWARZ, Hans Peter / Rainer POMMERIN (Hg.), Adenauer und die Hohen Kommissare, Band 2, München 1990.

Stenographische Protokolle des Deutschen Bundestages, 3. Wahlperiode, 29. Sitzung, Bonn, Freitag, den 9. Mai 1958, S. 1584-1597 (2. und 3. Lesung des Entwurfs eines Gesetzes über den Vertrag vom 15. Juni 1957 zwischen der Bundesrepublik Deutschland und der Republik Österreich zur Regelung vermögensrechtlicher Beziehungen).

Vertrag zwischen der Republik Österreich und der Bundesrepublik Deutschland zur Regelung vermögensrechtlicher Beziehungen, in: Bundesgesetzblatt für die Republik Österreich, Jg. 1958, 34. Stück, 26. Juni 1958, S. 1179-1206.

VEITER, Theodor, Das deutsche Eigentum in Vorarlberg nach 1945. Industrie, Handels- und Gewerbeunternehmungen, die von der französischen Besatzungsmacht als Deutsches Eigentum deklariert und behandelt wurden, in: Montfort. Vierteljahresschrift für Geschichte und Gegenwart Vorarlbergs 34, 1982, S. 412-419 (Listen von als „Deutsches Eigentum" deklarierten Unternehmungen in Vorarlberg).

3. LITERATUR

ABELE, Hans, Anmerkungen zu einer Wirtschaftsgeschichte der Gegenwart: Österreich seit 1945, in: Hans ABELE / Ewald NOWOTNY / Stefan SCHLEICHER / Georg WINCKLER (Hg.), Handbuch der österreichischen Wirtschaftspolitik, 3. Aufl. Wien 1989, S. 65.

ABELE, Hans / Ewald NOWOTNY / Stefan SCHLEICHER / Georg WINCKLER (Hg.), Handbuch der österreichischen Wirtschaftspolitik, 3. Aufl. Wien 1989.

ABLEITINGER, Alfred, Österreichisch-deutsche Nachkriegsbeziehungen, in: Robert A KANN / Friedrich E. PRINZ (Hg.), Deutschland und Österreich. Ein bilaterales Geschichtsbuch, Wien – München 1980, S. 199-219.

ABLEITINGER, Alfred / Siegfried BEER / Eduard G. STAUDINGER (Hg.), Österreich unter alliierter Besatzung 1945–1955, Wien – Köln – Weimar 1998.

ATZENHOFER, Rosmarie, Wie das Deutsche Eigentum wieder „deutsch" wurde, in: Margit SCHERB / Inge MORAWETZ (Hg.), In deutscher Hand? Österreich und sein großer Nachbar, Wien 1990, S. 61-85.

Austria in the New Europe (Austrian Contemporary Studies 1), New Brunswik – London 1993.

BACHINGER, Karl / Felix BUTSCHEK / Herbert MATIS / STIEFEL, Dieter (Hg.), Abschied vom Schilling. Eine österreichische Wirtschaftsgeschichte, Graz – Wien – Köln 2001.

BERGHAHN, Volker, Conceptualizing the American Impact on Germany: West German Society and the Problem of Americanization, The American Impact on Western Europe: Americanization and Westernization in Transatlantic Perspective (GHI, Conference Papers on the Web: www.ghi-dc.org/conpotweb/westernpapers/berghahn.pdf)

BEZEMEK, Ernst, Dokumentation der Betriebe des USIA-Konzerns, in: Studien und Forschungen aus dem Niederösterreichischen Institut für Landeskunde, hg. v. Helmuth FEIGL u. Andreas KUSTERNIG, Band 5: Die USIA-Betriebe in Niederösterreich. Geschichte, Organisation, Dokumentation, Wien 1983, S. 80-340.

BISCHOF, Günter / Josef LEIDENFROST (Hg.), Die bevormundete Nation. Österreich und die Alliierten 1945–1949 (Innsbrucker Forschungen zur Zeitgeschichte 4), Innsbruck 1988.

BISCHOF, Günter, Die Planung und Politik der Alliierten 1940–1954, in: Rolf STEININGER / Michael GEHLER (Hg.), Österreich im 20.Jahrhundert. Ein Studienbuch in zwei Bänden. Vom Zweiten Weltkrieg bis zur Gegenwart, Wien – Köln – Weimar 1997, S. 107-144.

BMJ & BMWF (Hg.), 25 Jahre Staatsvertrag. Protokolle des wissenschaftlichen Symposiums „Zeitgeschichte und Justiz", Wien 1981.

BOCK, Fritz, Das Durchführungsgesetz zum deutschen Eigentum (1. Staatsvertragsdurchführungsgesetz), Wien o.J. (1956).

BOCK, Fritz, Probleme des Deutschen Eigentums, in: Berichte und Informationen v. 13. April 1956, S. 249-251.

BÖHMER, Peter und Ronald FABER unter Mitarbeit von Michael WLADIKA, Die österreichische Finanzverwaltung und die Restitution entzogener Vermögen 1945 bis 1960. Die Finanzprokuratur, hg. von der Historikerkommission, Wien 2002.

BÖS, Josef, Drei Volksaktien-Experimente, in: Die Gegenwart 13. Jg. (Nr. 4) Nr. 306 vom 22. Februar 1958.

BÖS, Josef, Österreich zwischen Ost und West, in: Die Gegenwart 11. Jg. (Nr. 5) Nr. 255, vom 10. März 1956, S. 154-157.

BREUSS, Fritz, Österreichs Außenwirtschaft 1945–1982, Wien 1983.

BRUSATTI, Alois, Die historischen Grundlagen der österreichischen Verstaatlichung, in: Karl Heinz MANGOLD (Hg.), Wissenschaft, Wirtschaft und Technik. Wilhelm Treue zum 60. Geburtstag, München 1969, S. 221-229.

BUKOVICS, Wilhelm, Das Deutsche Eigentum in Österreich und seine rechtliche Behandlung auf Grund des Ersten Staatsvertragsdurchführungsgesetztes, Wien 1956.

BUTSCHEK, Felix, Die österreichische Wirtschaft 1938–1945, Stuttgart 1978.

BUTSCHEK, Felix, Die österreichische Wirtschaft im 20. Jahrhundert, Stuttgart 1985.

Der Deutsch-Österreichische Vermögensvertrag, Sonderbeilage Nr. 4/1958 zu Wertpapier-Mitteilungen Teil IV B, Nr. 28 vom 12. Juli 1958.

DEUERLEIN, Ernst, Einheit Deutschlands. Bd. 1: Die Erörterungen und Entscheidungen der Kriegs- und Nachkriegskonferenzen 1941–1949. Darstellungen und Dokumente, 2. Auflage, Frankfurt/M. – Berlin 1961.

DEUERLEIN, Ernst, Potsdam 1945. Quellen zur Konferenz der „Großen Drei“, München 1963.

DEUTSCH, Renate, Chance auf Veränderung. Geschichte der Verstaatlichung in Österreich II, in: Sachen, 1.-2. Ausgabe, Heft 7, hg. von der Arbeitsgemeinschaft für Sozialwissenschaftliche Publizistik, Wien 1878.

Deutsch-Österreichischer Vermögensvertrag. Berufung auf bürgerlich-rechtlich begründete“ Einwendungen, in: Außenwirtschaftsdienst des Betriebsberaters, Heft 10, Oktober 1959, S. 228f.

Die USIA-Betriebe in Niederösterreich. Geschichte, Organisation, Dokumentation, Wien 1983.

DIWOK, Fritz / Hildegard KOLLER, Reinhard Kamitz – Wegbereiter des Wohlstands, Wien u.a. 1977.

DOMKE, Martin, The War Claims Act of 1962, in: The American Journal of International Law, 57, 1963.

DWORAK, Hugo / Peter SYMPHER, Die Rechtsprechung des Schiedsgerichts des österreichisch-deutschen Vermögensvertrages, 1.4.1959-31.3.1963 (Wertpapier-Mitteilungen, Sonderbeilage Nr. 6/1963 zu Teil IV Nr. 51/52 vom 21./28. Dezember 1963: Die Rechtsprechung des Schiedsgerichts des österreichisch-deutschen Vermögensvertrages.

EBERT, Michael, Bonn Wien. Die Deutsch-Österreichischen Beziehungen von 1945 bis 1961 aus westdeutscher Perspektive unter besonderer Berücksichtigung der Österreichpolitik des Auswärtigen Amtes, Berlin 2003.

EISTERER, Klaus Österreich unter alliierter Besatzung, in: Rolf STEININGER / Michael GEHLER (Hg.), Österreich im 20. Jahrhundert. Ein Studienbuch in zwei Bänden. Vom Zweiten Weltkrieg bis zur Gegenwart, Wien – Köln – Weimar 1997, S. 147-216.

ERKER, Paul (Hg.), Rechnung für Hitlers Krieg. Aspekte und Probleme des Lastenausgleichs, Heidelberg – Ubstadt-Weiher – Basel 2004.

ENGELMANN, Frederic C., Haggling for the Equilibium: The Renegotioan of the Austrian Coalition, 1959, in: American Political Science Review 56 (1961), S. 651-662.

FAUST, Fritz, Die wirtschaftliche und politische Einheit Deutschlands im Potsdamer Abkommen, in: Friedrich KLEIN / Boris MEISSNER (Hg.), Das Potsdamer Abkommen und die Deutschlandfrage, I. Teil: Geschichte und rechtliche Grundlagen, Wien – Stuttgart 1977, S. 123-142.

FÉAUX DE LA CROIX, Ernst, Staatsvertragliche Ergänzungen der Entschädigung, in: Ernst FÉAUX DE LA CROIX / Helmut RUMPF, Der Werdegang des Entschädigungsrechts unter national- und völkerrechtlichem und politologischem Aspekt, München 1985, S. 201-310.

FÉAUX DE LA CROIX, Ernst / Helmut RUMPF, Der Werdegang des Entschädigungsrechts unter national- und völkerrechtlichem und politologischem Aspekt (Die Wiedergutmachung nationalsozialistischen Unrechts durch die Bundesrepublik Deutschland, hg. vom Bundesminister der Finanzen in Zusammenarbeit mit Walter Schwarz, Band 3), München 1985.

FELBER, Ulrike / Peter MELICHAR / Markus PRILLER / Berthold UNFRIED / Fritz WEBER (Projektleitung): Eigentumsänderungen in der österreichischen Industrie 1938 – 1945 /Teil I Branchen- und Falldarstellungen /Teil II, hg. von der österreichischen Historikerkommission, Wien 2002.

GEHLER, Michael, „Kein Anschluß, aber auch keine chinesische Mauer." Österreichs außenpolitische Emanzipation und die deutsche Frage 1945–1955, in: Alfred ABLEITINGER / Siegfried BEER / Eduard G. STAUDINGER (Hg.), Österreich unter alliierter Besatzung 1945–1955, Wien – Köln – Weimar 1998, S. 205-268.

GEHLER, Michael / Rolf STEININGER (Hg.), Österreich und die europäische Integration 1945–1993, Wien – Köln – Weimar 1993

GRUBER, Karl, Ein politisches Leben. Österreichs Weg zwischen den Diktaturen, Wien – München – Zürich 1976.

GRÜNWALD, Otto, Ferdinand LACINA, Auslandskapital in der österreichischen Wirtschaft. Studie der wirtschafswissenschaftlichen Abteilung der Kammer für Arbeiter und Angestellte für Wien, Wien 1970.

GURSKI, Hans, Die Behandlung österreichischer Forderungen nach dem Deutsch-Österreichischen Vermögensvertrag, in: Außenwirtschaftsdienst des Betriebs-Beraters, Heft 7, Juli 1958, S. 140-143.

HAAS, Karl / Fritz WEBER, Deutsches Kapital in Österreich. Zur Frage der deutschen Direktinvestitionen in der Zeit des 1. Weltkrieges bis zur Weltwirtschaftskrise, in: Jahrbuch zur Zeitgeschichte. Jg. 1979. Wien 1980.

HACKER, Jens, Einführung in die Problematik des Potsdamer Abkommens, in: Friedrich KLEIN / Boris MEISSNER (Hg.), Das Potsdamer Abkommen und die Deutschlandfrage, I. Teil: Geschichte und rechtliche Grundlagen, Wien – Stuttgart 1977, S. 5-42.

HAERPFER, Christian, Wahlverhalten, in: Herbert DACHS u. a. (Hg.), Handbuch des politischen Systems Österreichs, Wien 1991, S. 475-497.

HAMANN, C.A., Der Begriff „Regelung" im Sinne des Art. 23 Abs. 4 des Staatsvertrages betr. Die Wiederherstellung eines unabhängien und demokratischen Österreich vom 25.5.1955, in: Neue Juristische Wochenschrift 13/22, 1960, S. 999f.

HANSEN, Nils, Eine peinliche Mission. Wien, 14. Mai 1955: Wider die Enteignung deutschen Vermögens durch den österreichischen Staatsvertrag, in: Historisch-politische Mitteilungen. Archiv für Christlich-Demokratische Politik 2 (1995), S.223-246.

HARRER, Kurt G., Zur Frage der Belegenheit von Forderungen, in: Österreichische Juristen-Zeitung, 4/24, 1959, S. 648-655

HARRER, Kurt G., Zur Entstehung und Problematik des Ersten Staatsvertragsdurchführungsgesetzes, in: ÖJZ 1956, 477ff.

HEISSENBERGER, Franz, Der Wiederaufbau in Österreich. Die finanzielle Kulisse, Frankfurt/M. 1961.

HENDRICH, Karl, Die wirtschaftliche Durchdringung Österreichs durch Deutschland und deren betriebswirtschaftliche Folgen, Wien 1948.

HERBST, Ludolf / Constantin GOSCHLER (Hg.), Wiedergutmachung in der Bundesrepublik Deutschland, München 1989.

HOFFMANN, Manuela, Die Problematik des Lastenausgleichs und die Formulierung und Durchführung des Deutsch-Österreichischen Vermögensvertrages, in: Paul ERKER (Hg.), Rechnung für Hitlers Krieg – Aspekte und Probleme des Lastenausgleichs, Heidelberg – Ubstadt-Weiher – Basel 2004, S. 33-44.

HUGHES, Michael L., Shouldering the Burdens of Defeat. West Germany and the Reconstruction of Social Justice, Chapel Hill – London 1999

HUTTER, Clemens M., Kaprun. Geschichte eines Erfolgs. Salzburg 1994.

IMHOF, Eckard Paul, Ausländische Direktinvestitionen in Österreich im Rahmen eines internationalen Vergleichs unter besonderer Berücksichtigung der Direktinvestitionen, Diss. Universität Wien 1960.

JAGSCHITZ, Gerhard, Amerikanisierung oder Europäisierung? Globale Prozesse in der europäischen Transformation, in: Peter GERLICH / Krysztof GLASS (Hg.), Verwestlichung Europas (Zentraleuropa Mitteleuropa. Gemeinsamkeiten und Trennlinien, Band 13), Wien – Poznań 1999, S. 25-39.

JANSSEN, Hermann, Das amerikanische Freigabe-Gesetz vom 10. März 1928 (Settlement of war claims act of 1928), mit einem Vorwort von Wilhelm KIESSELBACH, Mannheim u.a. 1928.

JANSSEN, Hermann, The Return of Seized Private Property to German, Austrian and Hungarian Nationals, Düsseldorf 1955.

KANN, Robert A. / Friedrich E. PRINZ (Hg.), Deutschland und Österreich. Ein bilaterales Geschichtsbuch, Wien – München 1980

KAPS, Franz, Zur Frage der Reichsmarkforderungen deutscher Kreditinstitute gegen österreichische Schuldner, in: Wertpapier-Mitteilungen Teil IV B, Nr. 38 vom 17. September 1960, S. 1050-1061.

KASTNER, Ernst, Das „Kleine Deutsche Eigentum" als Nachlaßvermögen, in: Österreichische Hefte 1959, S. 137ff.

KASTNER, Ernst: Die gesellschaftsrechtlichen Bestimmungen des Staatsvertrages und des 1. Staatsvertragsdurchführungsgesetzes, in: ÖJZ 1956, S. 484ff.

KASTNER-NEUDÖRFER, Zur Auslegung des Artikels 87 des Vermögensvertrages, Juristische Blätter 1960, S. 57.

KEYSERLINGK, Robert H., 1. November 1943: Die Moskauer Deklaration – Die Alliierten, Österreich und der Zweite Weltkrieg, in: Rolf STEININGER / Michael GEHLER (Hg.), Österreich im 20. Jahrhundert. Vom Zweiten Weltkrieg bis zur Gegenwart, Band 2, Wien – Köln – Weimar 1997, S. 9-37.

KEYSERLINGK, Robert H., Austria in World War II. An Anglo-American Dilemma, Kingston – Montreal 1988.

KIMMEL, Christian, Die wirtschaftlichen Folgen der Reparationszahlungen Deutschlands nach den Weltkriegen, Diss., Freiburg, Schweiz 1973.

KLAMBAUER, Otto, Die USIA-Betriebe, Wien 1978.

KLAMBAUER, Otto, Ein Überblick über Entwicklung und Organisation des USIA-Konzerns, in: Studien und Forschungen aus dem Niederösterreichischen Institut für Landeskunde, hg. v. Helmuth FEIGL u. Andreas KUSTERNIG, Band 5: Die USIA-Betriebe in Niederösterreich. Geschichte, Organisation, Dokumentation, Wien 1983, S. 1-79.

KLAMBAUER, Otto, Zur Frage des deutschen Eigentums in Österreich, in: Jahrbuch für Zeitgeschichte, Wien 1978, S. 127-174.

KLEIN, Friedrich / Boris MEISSNER (Hg.), Das Potsdamer Abkommen und die Deutschlandfrage, I. Teil: Geschichte und rechtliche Grundlagen, Wien – Stuttgart 1977.

KOSCH, Norbert / Gerhard COEHLER, Zum Begriff der „Regelung" im Sinne des Art. 22h des dt.östr. VV. Verhindert eine ungegründete Einwendung nach bürgerlichem Recht diese Regelung, in: ADR 2, 1961, S. 98-101.

KREISKY, Bruno, Im Strom der Politik. Erfahrungen eines Europäers, Berlin 1988.

KREMSER, Manfred (Hg.), Anwalt und Berater der Republik. Festschrift zum 50. Jahrestag der Wiedererrichtung der österreichischen Finanzprokuratur, Wien 1995.

LACINA, Ferdinand / Oskar GRÜNWALD, Auslandskapital in der österreichischen Wirtschaft, Wien 1970.

LEHMANN-RICHTER, Arnold, Die gerichtliche Beurteilung rückwirkender Gesetzesänderungen im Wiedergutmachungsrecht, in: forum historiae iuris, 11. Dezember 2002, www.rewi.hu-berlin.de/online/fhi/0112lehmann-richter.htm.

LEHNER, Peter Ulrich, Das Versicherungswesen in der Zweiten Republik, in: Wolfgang ROHRBACH (Hg.), Versicherungsgeschichte Österreichs, Band III, S. 813-852.

LILLICH, Richard. (Hg.), The Valuation of Nationalized Property in International Law, Charlottesville, Va. 1972.

LORENZ-LIBURNAU, Hans, Die Versicherungsbestimmungen des österreichisch-deutschen Vermögensvertrages, in: Die Versicherungs-Rundschau, 1958, S. 354-363.

LUZA, Radomir, Österreich und die großdeutsche Idee in der NS-Zeit, Wien 1977.

MANNLICHER, Egbert, Die rechtliche Stellung des Deutschen Eigentums in Österreich, in: Berichte und Informationen 8/345, 1953, S. 1-5.

MANNLICHER, Egbert, Was ist überhaupt „Deutsches Eigentum"?, in: Berichte und Informationen 10/477, 1955, S. 1-8.

MARAVIČ, H. v., Die Behandlung von Versicherungsfragen im Deutsch-Österreichischen Vermögensvertrag, in: Veröffentlichungen des Bundesaufsichtsamtes für das Versicherungs- und Bausparkassenwesen, 1958, S. 206-214.

MATHIS, Franz, Big Business in Österreich I. Österreichische Großunternehmen in Kurzdarstellungen, Wien 1987.

MATHIS, Franz, Big Business in Österreich II. Wachstum und Eigentumsstruktur der österreichischen Großunternehmen im 19. und 20. Jahrhundert, Wien 1990.

MATHIS, Franz, Deutsches Kapital in Österreich vor 1938, in: ALBRICH u.a., Tirol und der Anschluß, Innsbruck 1988, S. 435-451.

MATIS, Herbert, Vom Kriegselend zum Wirtschaftswunder – Der Schilling im „goldenen Zeitalter", in: Karl BACHINGER / Felix BUTSCHEK / Herbert MATIS / Dieter STIEFEL (Hg.), Abschied vom Schilling. Eine österreichische Wirtschaftsgeschichte, Graz – Wien – Köln 2001, S. 155-285.

MEISSNER, Boris / Theodor VEITER (Hg.), Das Potsdamer Abkommen und die Deutschlandfrage, II. Teil: Berliner Deklaration und Sonderfragen, Wien – Stuttgart 1987.

MERKL, Adolf, Vor und nach dem Vertrag mit Bonn, in: Die österreichische Nation, 9/7, Juli 1957, S. 97-101.

MULLEY, Klaus-Dieter, Die Entnazifizierung der österreichischen Wirtschaft. Verdrängte Schuld, verfehlte Sühne, in: Sebastian MEISSL u.a. (Hg.), Entnazifizierung in Österreich 1945–1955, Wien 1986, S. 457-488.

NAUTZ, Jürgen, Wirtschaft und Politik. Die Bundesrepublik Deutschland, Österreich und die Westintegration 1945–1961, in: Michael GEHLER, Rolf STEININGER (Hg.), Österreich und die europäische Integration 1945–1993, Wien – Köln – Weimar 1993, S. 149-177.

NEMSCHAK, Franz, Zehn Jahre österreichische Wirtschaft 1945–1955, Wien 1955.

NOLAN, Mary, Americanisation or Westernization?, The American Impact on Western Europe: Americanization and Westernization in Transatlantic Perspective: German Historical Institute Washington DC, Conference Papers on the Web: www.ghi-dc.org/c onpotweb/westernpapers/nolan.pdf.

OTRUBA, Gustav, Österreichs Wirtschaft im 20. Jahrhundert. Wien 1968.

PAPE, Matthias, Die Deutsch-Österreichischen Beziehungen zwischen 1945 und 1955. Ein Aufriß, in: Historisch-politische Mitteilungen. Archiv für Christlich-Demokratische Politik 2 (1995), S. 149-172.

PAPE, Matthias, Ungleiche Brüder. Österreich und Deutschland 1945–1965, Köln – Weimar – Wien 2000.

PESCHORN, Wolfgang, Die Geschichte der Finanzprokuratur, in: Manfred KREMSER (Hg.), Anwalt und Berater der Republik. Festschrift zum 50. Jahrestag der Wiedererrichtung der österreichischen Finanzprokuratur, Wien 1995, S. 15-34.

PFEIFER, Helfried, Die Rechtslage der Flüchtlinge deutscher Volkszugehörigkeit in Österreich, in: Ostdeutsche Wissenschaft 10 (1963), S. 255-238.

PLÖCHL, Gerhardt / Josef VLCEK, Die Rechtsvorschriften über das deutsche Eigentum in Österreich samt den einschlägigen Nebenbestimmungen, Wien – Stuttgart 1959.

RATHKOLB, Oliver, The Foreign Relations between the U.S.A. and Austria in the late 1950s, in: Austria in the Nineteen Fifties (Austrian Contemporary Studies 3), 1995, 24-38.

RAUCHENSTEINER, Manfried, Die Zwei. Die Große Koalition in Österreich 1945/46, Wien 1987.

ROMBECK-JASCHINSKI, Ursula, Das Londoner Schuldenabkommen. Die Regelung der deutschen Auslandsschulden nach dem Zweiten Weltkrieg, München 2005.

ROOS, Gerd J., Zur Konfiskation privater deutscher Auslandsvermögen, Stuttgart 1956.

RUMPF, Helmut, Die Regelung der deutschen Reparationen nach dem Zweiten Weltkrieg, in: Archiv des Völkerrechts 23 (1085), S. 74-101.

RUPIEPER, Hermann-Josef, Der besetzte Verbündete. Die amerikanische Deutschlandpolitik, Opladen 1991.

SANDGRUBER, Roman, Ökonomie und Politik. Österreichische Wirtschaftsgeschichte vom Mittelalter bis zur Gegenwart (Österreichische Geschichte, Band 5), Wien 1995.

SCHWARZ, Hans-Peter, Adenauer. Der Staatsmann, 1952–1967, Stuttgart 1991.

SCHWARZER, Gudrun, Friedliche Konfliktregulierung. Saarland – Österreich – Berlin, Tübingen 1994.

SEIDEL, Hans, Struktur und Entwicklung der österreichischen Industrie. (Studien des Österreichischen Instituts für Wirtschaftsforschung). Wien 1977.

SEIDL-HOHENVELDERN, Ignaz, Entscheidungen nationaler Gerichte in völkerrechtlichen Fragen. Österreichische Rechtsprechung 1945–1950, in: Zeitschrift für ausländisches öffentliches Recht und Völkerrecht, 14, 1952, S. 248-250.

SEIDL-HOHENVELDERN, Ignaz, The Austrian-German Arbitral Tribunal, New York 1972.

SEIDL-HOHENVELDERN, Ignaz, The Valuation of Nationalized Property in Austria, in: R. LILLICH (Hg.), The Valuation of Nationalized Property, Charlottesville, Va. 1972, S. 78-85.

SIEGLER, Heinrich, Österreichs Souveränität, Neutralität, Prosperität, Wien – Bonn – Zürich 1967.

SPORRER, Maria / Herbert STEINER (Hg.), Fritz Bock. Zeitzeuge, Wien – München – Zürich 1984.

STEARMAN, William Lloyd, Die Sowjetunion und Österreich 1945–1955, Bonn – Wien Zürich 1962.

STEININGER, Rolf / Michael GEHLER (Hg.), Österreich im 20. Jahrhundert. Vom Zweiten Weltkrieg bis zur Gegenwart, 2 Bände, Wien – Köln – Weimar 1997.

STIEFEL, Dieter, Die österreichischen Lebensversicherungen und die NS-Zeit – Wirtschaftliche Entwicklung. Politischer Einfluß. Jüdische Polizzen, Wien – Köln – Weimar 2001.

STIEFEL, Dieter, Entnazifizierung in Österreich, Wien 1981.

STOURZH, Gerald, Geschichte des Staatsvertrags 1945–1955. Österreichs Weg zur Neutralität, 3. Auflage, Graz 1985.

STOURZH, Gerald, Um Einheit und Freiheit. Staatsvertrag, Neutralität und das Ende der Ost-West-Besetzung Österreichs 1945–1955, 4. Aufl. (Studien zu Politik und Verwaltung, Bd. 62), Wien – Köln – Graz 1998.

STRAUCH, G., Der Deutsch-Österreichische Vermögensvertrag, in: Wertpapiermitteilungen, Sonderbeilage 4/58 zu Teil IV B Nr. 28.

TONČIĆ, Lujo, Österreichs Ringen um die Potsdamer Beschlüsse, in: Berichte und Informationen 1/11, 1946.

UHL, Heidemarie, Zwischen Versöhnung und Verstörung. Eine Kontroverse um Österreichs historische Identität fünfzig Jahre nach dem „Anschluß", Wien – Köln – Weimar 1992.

URBAN, Waltraut, Österreichisch-deutsche Wirtschaftsbeziehungen. Zwischen Westintegration und Ostöffnung (Laxenburger internationale Studien, Bd. 8, hg. vom Österreichischen Institut für Internationale Politik), Wien 1995.

VAS, Oskar, Wasserkraft- und Elektrizitätswirtschaft in der Zweiten Republik, Wien 1956.

VEITER, Theodor, Beitreibung übergegangener deutscher Altforderungen, in: Berichte und Informationen 1959, Nr. 652, S. 7f.

VEITER, Theodor, Administrative Durchführung des Vermögensvertrages. Die Aufgaben der Ständigen Kommission, des Schiedsgerichtes usw., in: Berichte und Informationen, 13/632, 1958, S. 7-9.

VEITER, Theodor, Auseinandersetzungen um „Deutsches Eigentum". Die gesellschaftsrechtlichen Probleme – 120 Anträge, zum Teil sehr komplizierte Fälle, in: Berichte und Informationen, 15/712, 1960, S. 9-11.

VEITER, Theodor, Das deutsche Eigentum in Vorarlberg nach 1945. Industrie, Handels- und Gewerbeunternehmungen, die von der französischen Besatzungsmacht als Deutsches Eigentum deklariert und behandelt wurden, in: Montfort. Vierteljahresschrift für Geschichte und Gegenwart Vorarlbergs, 34 (1982), S. 412-419.

VEITER, Theodor, Das österreichisch-deutsche Schiedsgericht. Die Verfahrensordnung in Sachen des Vermögensvertrages, in: Berichte und Informationen, 15/710, S. 11f.

VEITER, Theodor, Das Potsdamer Abkommen in der österreichischen Rechtspraxis, in: Boris MEISSNER / Theodor VEITER (Hg.), Das Potsdamer Abkommen und die Deutschlandfrage, II. Teil: Berliner Deklaration und Sonderfragen, Wien – Stuttgart 1987, S. 197-208.

VEITER, Theodor, Der Nachweis der deutschen Staatsangehörigkeit bei deutschem Eigentum in Österreich, in: Österreichische Juristen-Zeitung, 13/7, 4. April 1958, S. 169-173.

VEITER, Theodor, Der Schlichtungsausschuß nach dem Vermögensvertrag. Praktische Ratschläge auf Grund der ersten Erfahrungen, in: Berichte und Informationen, 14/659, 1959, S. 5-7.

VEITER, Theodor, Die beiden Motivenberichte zum Vermögensvertrag. Fragen um das große Deutsche Eigentum wird ausgewichen, in: Berichte und Informationen, 13/608, 1958, S. 7-8.

VEITER, Theodor, Die Belegenheit von Forderungen nach dem österreichisch-deutschen Vermögensvertrag, in: Österreichische Juristen-Zeitung, 14/18, 1959, S. 478-487.

VEITER, Theodor, Die Rechtsstellung des fremden, insbesondere des deutschen Eigentums in Österreich, Wien – Stuttgart 1958.

VEITER, Theodor, Klarstellungen und Mißverständnisse, Replik zu den vorstehenden Ausführungen [von Steins] in: Berichte und Informationen 14/670, 1959, S. 7-9.

VEITER, Theodor, Österreichisch-deutsche Vermögensfrage vor Endlösung, in: Berichte und Informationen, 16/761, 1961, S. 11-12.

VEITER, Theodor, Rechtsquellen zum Fragenkreis „Deutsches Eigentum", in: Berichte und Informationen 6/259, 1953, S. 8-10.

VEITER, Theodor, Wichtige Termine für die Rückgabe Deutschen Eigentums. Der 16.7. und die Dreimonatsfrist nach Art. 106 VermV, in: Berichte und Informationen, Heft 675, vom 26. Juni 1959, S. 8.

VEITH, Werner / Karl-Heinz BÖCKSTIEGEL, Der Schutz von ausländischem Vermögen im Völkerrecht. Mit einem Vorwort von Hermann J. Abs, Baden-Baden 1962.

VEROSTA, Stephan, Die internationale Stellung Österreichs 1938 bis 1947, Wien 1947

VON RIEKHOFF, Harald / Hanspeter NEUHOLD (Hg.), Unequal partners: A comparative Analysis of the Relations Between Austria and the Federal Republic of Germany and Between Canada and the United States, Boulder – San Francisco – Oxford 1993.

VON STEIN, Hans-Joachim, Vermögensvertrag und Londoner Schuldabkommen, in: Berichte und Informationen, 14/670, 1959, S. 5-7.

WEBER, Fritz, Die Spuren der NS-Zeit in der österreichischen Wirtschaftsentwicklung, in: Österreichische Zeitschrift für Geschichtswissenschaften 3, 1992, S. 135-165.

WEBER, Fritz, Die wirtschaftliche Entwicklung, in: Dachs u.a. (Hg.), Handbuch des politischen Systems Österreichs, Wien 1992, S. 20-36.

WEBER, Fritz, Die wirtschaftliche Entwicklung, in: Emmerich TÁLOS / Herbert DACHS / Ernst HANISCH / Hans STAUDINGER (Hg.), Handbuch des politischen Systems Österreichs. Erste Republik 1918–1933, Wien 1995, S. 23-42

WEBER, Fritz / Karl HAAS, Deutsches Kapital in Österreich. Zur Frage der deutschen Direktinvestitionen in der Zeit vom Ende des Ersten Weltkrieges bis zur Weltwirtschaftskrise, in: Jahrbuch für Zeitgeschichte 1979, Wien 1980, S. 169-235.

WEBER, Fritz, Österreichs Wirtschaft in der Rekonstruktionsperiode nach 1945, in: Zeitgeschichte 14, 1987, S. 267-298.

WEBER, Wilhelm (Hg.), Die Verstaatlichung in Österreich, Berlin 1964.

WEINZIERL, Erika / Kurt SKALNIK (Hg.), Österreich: die zweite Republik, Wien – Graz – Köln 1972.

WEITNAUER, Hermann, Der Deutsch-Österreichische Vermögensvertrag, in: Der Betrieb, Beilage 11/57 zu Heft 36.

WIFO Monatsberichte 1955ff.

WILL, Karin, Die Verwaltung des sowjetischen Vermögens in Österreich, Wien 1978.

WITHALM, Hermann, Aufzeichnungen, Graz u.a. 1973.

WITTEK-SALZBERG, Liselotte, Die wirtschaftlichen Auswirkungen der Okkupation Österreichs, Wien 1970.

WOYKE, Wichard, unter Mitarbeit von Johannes VARWICK, Europäische Union. Erfolgreiche Krisengemeinschaft. Einführung in Geschichte, Strukturen, Prozesse und Politiken, München – Wien 1998.

ZIEGLER, Rolf, Das Netz der Personen- und Kapitalverflechtungen deutscher und österreichischer Unternehmen, in: Kölner Zeitschrift für Soziologie und Sozialpsychologie, 36, 1984, S. 585-614.

ZIGANKE, Hans, Zur Frage der Reichsmark-Forderungen deutscher Kreditinstitute gegen österreichische Schuldner, in: Wertpapiermitteilungen, Teil IV B, 20, 1960, S. 526-536.

BEITRÄGE ZUR WIRTSCHAFTS- UND SOZIALGESCHICHTE

Hrsg. von **Jürgen Schneider, Markus A. Denzel** und **Rainer Gömmel**

93 **Dieter H. Kollmer**, Rüstungsgüterbeschaffung in der Aufbauphase der Bundeswehr. Der Schützenpanzer HS 30 als Fallbeispiel. 2002, 308 S. *08077-5*

94 **György Kövér / Agnes Pogány**, Die binationale Bank einer multinationalen Monarchie: Die österreichisch-ungarische Bank. 2002, 204 S. *08078-3*

95 **Margarete Wagner-Braun**, Zur Bedeutung berufsständischer Krankenkassen innerhalb der privaten Krankenversicherung in Deutschland bis zum II. Weltkrieg. Die Selbsthilfeeinrichtungen der katholischen Geistlichen. 2002, 368 S. *08177-1*

96 **Jürgen Schneider u.a. (Hrsg.)**, Unternehmen, Innovationen und Weltmarkt in der Schutzschaltertechnik seit 1948. Das Fallbeispiel E–T–A Elektrotechnische Apparate GmbH in Altdorf bei Nürnberg. 2003, 474 S. *08219-0*

97 **Marcus Holzammer,** Der Apotheker Joseph Schedel – Tagebücher aus Japan und China. 2003, 265 S. *08402-9*

98 **Danny Weber**, Die sächsische Landesstatistik im 19. Jh. Institutionalisierung – Professionalisierung. 2003, 162 S. *08424-X*

99 **Albert Lisse**, Handlungsspielräume deutscher Verwaltungsstellen bei den Konfiskationen in der SBZ 1945–1949. 2003, 244 S. *08449-5*

100 **Markus A. Denzel (ed.)**, From Commercial Communication to Commercial Integration. Middle Ages to 19th Century. 2004, 272 S. *08473-8*

101 **Oliver Werner**, Ein Betrieb in zwei Diktaturen. Von der Bleichert Transportanlagen GmbH zum VEB VTA Leipzig 1932 bis 1963. 2004, 275 S. *08544-0*

BEITRÄGE ZUR WIRTSCHAFTS- UND SOZIALGESCHICHTE

Hrsg. von **Jürgen Schneider, Markus A. Denzel, Rainer Gömmel** und **Margarete Wagner-Braun**

102 **Annerose Menninger**, Genuss im kulturellen Wandel. Tabak, Kaffee, Tee und Schokolade in Europa (16.–19. Jh.). 2004, 488 S. *08624-2*

103 **Sabine Todt**, Kleruskritik, Frömmigkeit und Kommunikation in Worms im Mittelalter und in der Reformationszeit. 2005, 386 S. *08681-1*

104 **Markus Albert Diehl**, Von der Marktwirtschaft zur nationalsozialistischen Kriegswirtschaft. Die Transformation der deutschen Wirtschaftsordnung 1933–1945. 2005, 195 S. *08741-9*

105 **Michael B. Klein**, Zwischen Reich und Region. Identitätsstrukturen im Deutschen Kaiserreich (1871–1918). 2005, 392 S. *08807-5*

106 **Ewald Röder**, Der Deutsch-Österreichische Vermögensvertrag von 1957. 2006, 252 S. *08936-5*

107 **Festschrift für Rolf Sprandel**. Wirtschaft – Gesellschaft – Mentalitäten. Hrsg. v. Hans-Peter Baum / Rainer Leng / Joachim Schneider 2006, ca. 770 S. *08882-4*